U0598592

杭州电子科技大学学术专著出版基金资助

中国粮食供求区域均衡变化研究

模型构建与模拟分析

梅燕 著

中国社会科学出版社

图书在版编目(CIP)数据

中国粮食供求区域均衡变化研究:模型构建与模拟分析/梅燕著.—北京:中国社会科学出版社,2009.10
ISBN 978-7-5004-8276-5

Ⅰ.①中… Ⅱ.①梅… Ⅲ.①粮食—供求关系—研究—中国 Ⅳ.①F323.7

中国版本图书馆 CIP 数据核字(2009)第 184935 号

责任编辑 周晓慧
责任校对 林福国
封面设计 毛国宣
技术编辑 李 建

出版发行 中国社会科学出版社
社 址 北京鼓楼西大街甲 158 号 邮 编 100720
电 话 010—84029450(邮购)
网 址 http://www.csspw.cn
经 销 新华书店
印 刷 北京新魏印刷厂 装 订 丰华装订厂
版 次 2009 年 10 月第 1 版 印 次 2009 年 10 月第 1 次印刷
开 本 880×1230 1/32
印 张 12.625 插 页 2
字 数 305 千字
定 价 33.00 元

二 国际数据来源 …………………………………… (18)

第二章 理论模型基础与文献综述 ………………………… (19)
第一节 局部均衡理论模型 ………………………………… (19)
一 单一市场局部均衡理论模型 …………………………… (19)
二 多市场、多区域局部均衡理论模型 …………………… (21)
第二节 大国贸易理论模型 ………………………………… (26)
一 大国进口贸易模型 ……………………………………… (26)
二 大国出口贸易模型 ……………………………………… (28)
第三节 中国粮食供求均衡问题研究的现状与进展 …… (29)
一 中国粮食安全问题的研究现状 ………………………… (29)
二 中国粮食供求历史变化趋势及其原因研究 ………… (32)
三 影响中国粮食供求均衡的主要问题研究 …………… (39)
四 中国粮食供求均衡模型构建的现状与进展 ………… (45)
五 现有中国粮食供求均衡变动趋势预测结果 ………… (53)
六 对现有研究文献的评述 ………………………………… (58)

第三章 中国粮食供求格局历史变化及其成因实证分析 …… (60)
第一节 中国粮食生产区域格局变化分析 ………………… (60)
一 中国粮食播种面积格局变化 …………………………… (60)
二 中国粮食单产格局变化 ………………………………… (64)
三 中国粮食总产量格局变化 ……………………………… (66)
第二节 中国粮食消费需求结构格局变化分析 ………… (75)
一 中国粮食口粮消费格局变化 …………………………… (75)
二 中国粮食饲料粮消费格局变化 ………………………… (81)
三 中国粮食种子消费格局变化 …………………………… (85)
四 中国粮食工业消费格局变化 …………………………… (88)

目　录

第一章　导论 ………………………………………………… (1)

第一节　研究背景、问题提出及研究意义 ……………… (1)

一　研究背景 ………………………………………………… (1)

二　问题提出及研究意义 ………………………………… (6)

第二节　研究目的与拟解决的关键问题 ………………… (7)

一　研究目的 ………………………………………………… (7)

二　拟解决的关键问题 …………………………………… (7)

第三节　研究的主要方法 ………………………………… (8)

一　实证分析与数量模型模拟研究相结合 …………… (8)

二　归纳分析与演绎分析相结合 ………………………… (8)

三　比较分析与对策分析相结合 ………………………… (9)

第四节　研究的基本框架与内容 ………………………… (9)

一　研究框架 ………………………………………………… (9)

二　研究内容 ………………………………………………… (9)

第五节　相关概念界定 …………………………………… (13)

一　粮食的属性 …………………………………………… (13)

二　粮食的概念 …………………………………………… (14)

三　本书研究的粮食范围 ………………………………… (15)

第六节　数据来源 ………………………………………… (16)

一　国内数据来源 ………………………………………… (17)

五 中国粮食损耗及其他消费格局变化 …………………… (90)
第三节 中国粮食贸易格局变化分析 ………………………… (92)
一 中国粮食国际贸易总量变动趋势 …………………… (93)
二 中国粮食国际贸易结构变动趋势 …………………… (96)
三 中国粮食国际贸易省区结构变动趋势 ………… (103)
第四节 中国粮食供求格局变化成因实证分析：
基于空间计量经济学模型 ………………………… (107)
一 理论分析与变量设置 ……………………………… (107)
二 研究方法与数据处理 ……………………………… (111)
三 实证模型估计结果与分析 ………………………… (114)
第五节 本章小结 ……………………………………………… (119)

第四章 影响中国粮食供求区域均衡的关键问题 ………… (121)
第一节 粮食生产能力发展潜力受限 ……………………… (122)
一 耕地面积持续减少，农业耕地质量不断下降 … (122)
二 水利资源分布不均，粮食生产灌溉效率不高 … (136)
三 农业劳动力流失严重，农村劳动力结构失调 … (138)
四 农业科技投入力度不够，农业科技推广缓慢 … (149)
五 农业扶持力度有限，粮食补贴政策尚不完善 … (150)
第二节 粮食消费需求持续刚性增长 ……………………… (158)
一 人口总数继续增长，粮食口粮消费稳中略降 … (158)
二 畜产品需求增长，粮食饲料粮消费持续增加 … (160)
三 生物能源需求增长，粮食工业消费不断增加 … (163)
四 区域发展差距扩大，粮食消费区域失衡加剧 … (170)
第三节 国际粮食市场负面影响日益增大 ………………… (173)
一 人民币持续升值，进出口压力增大 ……………… (174)
二 全球粮食供求偏紧，粮价持续飞涨 ……………… (177)

第四节 本章小结 …………………………………… (180)

第五章 中国—世界农业区域市场均衡模型的构建 …… (182)
第一节 CWARMEM 模型有关概念界定 ……………… (182)
一 模型区域范围 …………………………………… (183)
二 模型产品范围 …………………………………… (186)
第二节 CWARMEM 模型的构建原理 ………………… (188)
一 模型前提假设 …………………………………… (189)
二 模型结构构建 …………………………………… (190)
第三节 CWARMEM 模型计算系统模块方程式构成 … (195)
一 农产品生产供给模块 …………………………… (198)
二 农产品消费需求模块 …………………………… (202)
三 价格转移模块 …………………………………… (206)
四 均衡条件模块 …………………………………… (207)
第四节 CWARMEM 模型求解算法与运行系统 ……… (207)
一 CWARMEM 模型求解算法说明 ……………… (207)
二 CWARMEM 模型运行系统说明 ……………… (211)
第五节 本章小结 …………………………………… (212)

第六章 CWARMEM 模型数据处理及模型参数设定 …… (214)
第一节 CWARMEM 模型基础数据库设计 …………… (214)
一 模型数据库结构 ………………………………… (214)
二 模型数据库变量 ………………………………… (215)
第二节 CWARMEM 模型基期数据处理 ……………… (219)
一 生产供给模块基期数据 ………………………… (220)
二 消费需求模块基期数据 ………………………… (221)
三 价格转移模块基期数据 ………………………… (226)

四 模型基期供求平衡表 …………………………………… (227)
第三节 CWARMEM 模型参数设定 ………………………… (228)
一 模型参数估计 ………………………………………… (230)
二 模型参数校准 ………………………………………… (241)
三 模型中其他参数说明 ………………………………… (242)
第四节 本章小结 ……………………………………………… (244)

第七章 基于 CWARMEM 模拟分析中国粮食供求区域均衡趋势 ………………………………………… (245)
第一节 CWARMEM 模型模拟情景的影响机理与方案设计 ………………………………………… (245)
一 耕地资源情景影响机理与方案设计 ………………… (246)
二 水资源情景影响机理与方案设计 …………………… (249)
三 农业科技进步情景影响机理与方案设计 ………… (252)
四 人口自然增长情景影响机理与方案设计 ………… (255)
五 农村劳动力跨区域流动情景影响机理与方案设计 ………………………………………………… (257)
六 城乡居民收入变化情景影响机理与方案设计 … (260)
七 生物乙醇燃料应用情景影响机理与方案设计 … (262)
八 国内粮食生产者补贴政策情景影响机理与方案设计 ………………………………………………… (265)
九 人民币汇率变动情景影响机理与方案设计 …… (268)
第二节 CWARMEM 模型情景方案模拟结果及分析 … (269)
一 耕地资源情景方案模拟结果及分析 ……………… (271)
二 水资源情景方案模拟结果及分析 ………………… (275)
三 农业科技进步情景方案模拟结果及分析 ……… (279)
四 人口自然增长情景方案模拟结果及分析 ……… (283)

五 农村劳动力跨区域流动情景方案模拟结果及分析 …………………………………（288）
六 城乡居民收入变化情景方案模拟结果及分析 …（296）
七 生物乙醇燃料应用情景方案模拟结果及分析 …（301）
八 国内粮食生产者补贴政策情景方案模拟结果及分析 ………………………………………（305）
九 人民币汇率变动情景模拟结果及分析 …………（310）
第三节 本章小结 ………………………………………（313）

第八章 结论及政策启示 ………………………………（316）
第一节 主要结论 ………………………………………（316）
一 改革开放以来中国粮食供求区域均衡格局已发生明显变化 ……………………………………（317）
二 人口和区域发展是影响中国粮食供求区域变化的关键因素 ……………………………………（318）
三 粮食自然及生产条件的变动影响粮食综合生产能力的提高 ……………………………………（319）
四 居民消费升级和生物能源发展会导致中国粮食需求结构发生变动 …………………………（321）
五 贸易条件变化对中国粮食进出口贸易变动有显著影响效应 ……………………………………（323）
第二节 政策启示 ………………………………………（324）
一 构建科学、合理的中国粮食生产区域布局 ……（324）
二 保护和改善中国粮食可持续发展的生产条件 …（324）
三 适度提高部分粮食主销省区的粮食自给率 ……（326）
四 开发非主要粮食作物为生物燃料的生产原料 …（327）
五 构建区域差异化粮食生产者补贴政策体系 ……（327）

六 探索粮食主销区支持粮食主产区的利益机制 …（328）
七 整合中国国内及国际两个粮食市场资源 ………（329）

参考文献 ………………………………………………………（330）
附录一 中国各省市区粮食产品基期供求平衡表 ………（354）
附录二 国外各区域粮食产品基期供求平衡表 …………（365）
附录三 世界各粮食产品供求平衡表（1990—2005）……（372）
附录四 CWARMEM **模型系统部分弹性数据** ……………（376）
致谢 …………………………………………………………（394）

第一章　导论

第一节　研究背景、问题提出及研究意义

一　研究背景

农业是国民经济的基础产业，承担着保障城乡居民农产品供给的基本任务，保障国家粮食安全是农业发展的首要目标。国以民为本，民以食为天，食以粮为主。粮食作为人类维持生存最基本的必需品，一直有着无比重要的社会政治经济意义。作为一个拥有13亿人口的大国，中国既是粮食生产大国又是粮食消费大国，粮食始终是经济发展、社会稳定和国家自强自立的基础，粮食问题更是关系到国计民生的大问题，关乎国家稳定发展和社会安定。自新中国成立以来，粮食便是影响农村政策乃至影响国家经济方针的主要因素之一。因此，立足国内粮食的基本自给，实现粮食产量稳定增长，保证粮食安全始终是中国农业和经济发展政策的主要目标之一。

经过三十余年的农业政策和经济发展改革，中国粮食供求格局已发生了较大的变化。20世纪90年代中后期中国就已实现了粮食从长期短缺到总量基本平衡、丰年有余的历史性转变，但随着中国经济持续高速增长，农村工业化与城镇化进程的不断加快以及农业市场化与国际化程度的不断提高，影响中国粮食供求格

局的国内外环境和主要因素发生了重大变化。

首先，从国内的角度来看。

1. 中国粮食生产潜力受到自然资源条件和国内工业化、城镇化进程的约束。首先是耕地面积的约束，中国耕地资源的数量和质量呈现出逐渐下降趋势。1996年，中国耕地总面积为19.51亿亩，2007年底降为18.26亿亩，10年间净减少了1.25亿亩。从长远看，随着工业化、城镇化进程的加快，耕地减少的趋势仍难以扭转。与此同时，中国不少地区土壤有机质含量下降较快，据统计，目前约40%的耕地正处于不断退化的状态。其次是粮食生产水资源利用的约束。中国人均水资源仅为世界人均水平的1/4，而且分布不均，水土资源不匹配。农业水利基础设施的老化失修，导致2006年全国耕地中有较完善灌溉设施的水浇地为8.25亿亩，仅占耕地总面积的45%。再次是自然气候条件不稳定性的增加。农业是受气候变化影响最大的产业，近十年来中国年均受灾面积达7.27亿亩，农业防灾减灾、灾后恢复生产的压力比较大（万宝瑞，2008）。尤其是近三年来，农业成灾率居高不下。2005年中国因自然灾害损失粮食690亿斤，2006年达到894亿斤，2007年超过900亿斤。此外，由于中国农业经营规模小，而化肥、农药、农机等农用生产资料价格不断上涨，劳动成本不断提高，粮食的比较效益持续下降，农民从事粮食生产的机会成本不断增大，种植粮食的意愿进一步减弱。中国人均占有耕地不足1.4亩，人均经营耕地只有2亩，种粮比较利益较低。以2006年为例，种粮每亩净利润（不含补贴）仅为154.8元，按人均2亩计算，人均获得的粮食净收入只有309.6元。近几年来，粮食主产区50%以上的青壮年劳动力外出打工，老人和妇女成了主要劳动力。从事粮食生产的农民受教育水平低、劳动力结构不合理，直接影响了农业科技接受能力，限制了新品种、新技术在粮食生产中的推广应用。因此，受到上述因素的影响，中国粮食生产能力的发展潜力有限。

2. 中国粮食需求总量呈现出持续刚性增长的态势。第一，人口不断增长与流动带来了粮食口粮需求压力。中国拥有世界上最多的人口，尽管人口增长速度在减缓，但由于人口基数较大，人口总量不断增加的趋势不可避免，这势必会带来粮食需求的不断增加。随着农村工业化与城镇化进程的加快，中国各省区之间的经济发展不平衡逐步扩大，由此带来的劳动力跨区域流动日益频繁，且主要的流动人口集中在“长三角”、“珠三角”以及“京津”等主要经济发达地区，人口的不断流入使得这些非粮食主产区的粮食消费总量增长迅速。第二，城乡居民消费结构的升级带来粮食饲料需求的增加。随着中国经济的增长和城乡居民收入的提高，人们的食物消费结构处于不断变化之中，从侧重数量的“温饱型消费”逐步转变为注重质量与营养的“小康型消费”，畜产品消费比重不断攀升，由此带来的饲料粮食消费需求不断增加，近十年来年均增长3.0%左右。第三，粮食工业消费需求快速增长。据统计，1995—2000年期间工业用粮年均增长3.7%，2000—2005年年均增长6.5%，而2006年，工业用粮达到6522.7万吨，比2005年增加595.6万吨，增长了10.1%。这些变化均表明，中国粮食消费需求总量不断增加的趋势不可避免。

因此，虽然自2004年以来中国政府增加了粮食生产扶持力度，截至2007年中国粮食生产实现了连续4年增产，加上国内粮食库存，中国粮食供给基本上能够满足需求。但中国粮食供求格局仍然会处在长期的紧平衡状态（国家粮食局，2006），而自然风险随时可能会打破国内的粮食供求平衡状态，使得中国粮食供求格局再度失衡。

其次，从国际的角度来看。

在中国国内粮食供求均衡格局变动的同时，国际市场粮食供求格局也不容乐观，全球粮食供求格局已呈现出偏紧的状态（FAO，2008）。这表现在：

1. 全球粮食总产量因严重自然灾害而降低。近年来，全球气候异常，灾害严重，给世界粮食生产造成巨大损失。尤其是近年来世界粮食主要出口国自然灾害频发。例如，最近几年澳大利亚冰冻灾害导致小麦严重歉收。全球第二大大米输出国越南暴发虫灾，导致 2007 年以来亚洲的大米价翻了一倍。恶劣的气候酿成欧洲小麦主产区遭受灾难性损失。孟加拉国更是受到洪水和泥石流袭击，农业生产受到严重打击。

2. 全球粮食消费量不断增加。随着世界人口的增加，各国 GDP 增长和居民收入提高，人们生活质量不断提升，有能力消费更多的粮食和食用植物油（FAO，2008）。许多国家和地区对肉蛋奶鱼等动物蛋白消费量快速增长，从而导致消耗更多的饲料粮（丁声俊，2006）。据联合国粮农组织（FAO）最新发布的数据，2006 年，世界谷物消费总量已经增长到了 20.43 亿吨，比 1996 年增长了 11.7%。

3. 生物乙醇燃料的应用增加了粮食工业消费需求，并推动了全球粮食价格的上涨。出于应对石油价格暴涨和保护生态环境的战略目标，替代性生物清洁能源备受青睐。生物乙醇燃料是生物清洁能源的主要品种，一些国家开始大量利用玉米、大豆等粮食生产生物乙醇燃料。据联合国粮农组织报告，目前生物燃料生产消耗了近 1 亿吨谷物，仅美国在 2007—2008 年度为了生产生物燃料就用掉了 8100 万吨玉米。美国作为世界上最大的玉米生产国和消费国，采取大幅度补贴政策，大大刺激了玉米燃料乙醇的生产，玉米燃料乙醇占美燃料乙醇总量的比例高达 90% 左右。同时国际能源价格上升和生物质燃料发展是推动世界和中国食品价格上涨的根本原因（World Bank，2008）。自从 2006 年底以来，全球食物价格不断上涨，截至 2008 年 2 月底，国际食品价格同期比 2007 年又上涨了 83%。2007 年，全球小麦价格同比上涨了 112%，大豆价格上涨了 75%，玉米价格上涨了 47%，稻谷价格上涨了 150%。

4. 全球粮食储备量猛降至 30 年来最低水平。一方面，全球粮食总产量下降；另一方面，粮食消费量增长，两种相反的作用必然导致全球粮食储备量下降。2006 年，全球粮食总储备量下降到 3.75 亿吨，比上年下降 16.2%；粮食期末库存只占当年总产量的 17.1%，占当年总消费量的 16.5%，低于 FAO 确定的世界粮食安全底线。迄今，全球粮食储备量已减少至 30 年以来的最低水平，使得国际市场粮食供求格局不容乐观（FAO，2008）。

鉴于中国粮食问题一直是国内外学术界关注的焦点，众多学者从不同角度利用不同的研究方法对中国粮食问题进行了大量的研究，取得了丰富的研究成果。尽管已有的文献对中国粮食供求均衡现状和未来变化趋势的判断不尽一致，但总的来看，首先，现有大部分文献对中国粮食供求均衡问题的研究侧重将中国国内和粮食产品整体作为研究对象，而少有研究考虑到中国不同区域尤其是省区层次上的粮食供求问题以及不同粮食产品之间供求格局变动的差异性。研究认为，目前中国粮食供求格局的结构性矛盾主要体现在区域结构矛盾和品种结构矛盾两方面（国家发改委，2004；郭玮，2005；姜长云，2005；王雅鹏，2005）。其次，从以往的研究背景来看，大部分研究集中在 20 世纪 90 年代中后期（Brown，1994；FAO，1995；IFPRI，1995；USDA，1995；

OECF，1995；梅方权，1995；陈锡康，1995；朱希刚等，1995；黄季焜等，1996；程国强等，1999；黄佩民等，2000），而这些相关研究均是基于中国农业市场是“封闭”市场的假设，其研究的涉及范围仅限于中国国内，没有考虑到作为一个农业大国，中国在加入WTO以后国内、国际两个市场之间已呈现出愈来愈密切的相互影响关系。此外，在研究方法上，现有大部分研究仍局限于统计性描述或采用计量经济学方法，少数学者基于局部均衡理论构建的区域化市场模型大都仅涉及单一产品或模型区域，尚未细分到省区层次，同时这些模型对中国粮食供求的分析仍停留在全国整体层面上。

二　问题提出及研究意义

尽管自2004年以来中国粮食生产出现了重要转机，但尚未得到有效恢复，制约粮食安全的深层次矛盾并没有消除。短期内，中国耕地资源减少和水资源短缺的趋势不可逆转，人口不断增加的趋势也不可改变，而国内粮食市场与国际粮食市场的联系日益紧密，这就可能使得中国粮食供给和需求在较长时期内将始终面临着生产资源不足而需求总量增加的双重压力，以及国内外粮食市场环境变化的双重挑战。有关中国粮食供求均衡问题的研究结果多是定性模糊判断，而部分采用数量模型分析的研究结论也主要集中在20世纪90年代中后期，对中国加入WTO后的粮食供求均衡问题关注较少，尤其缺乏具体定量的实证数据分析，且关于中国粮食区域供求均衡问题研究尚不多见。

因此，如何突破现有的研究思路与方法，分析新形势下中国粮食生产、消费和贸易条件变动的关键因素对中国粮食供求区域均衡格局的影响效应，探讨中国粮食供求区域市场均衡的内在机理，利用数量经济学模型定量分析和预测中国粮食供求格局状况，对工业化与城镇化发展过程中把握中国粮食供求区域均衡格局变化趋势，采取有效的农业政策措施，确保全球化背景下中国国内粮食安全，具有十分重要的现实应用意义和学术研究价值。

第二节　研究目的与拟解决的关键问题

一　研究目的

本书拟在全面回顾中国粮食供求区域均衡格局历史变化过程，并对其变化原因进行实证分析的基础上，分析并总结当前影响中国粮食供求区域均衡的主要问题；基于国际学术界广泛采用的"多市场、多区域局部均衡模型"的理论和方法，以稻谷、小麦、玉米、大豆、薯类、其他杂粮六种主要粮食为研究对象，构建共涉及 18 种（类）主要农产品和将中国各省区与世界其他国家划分为 57 个区域的"中国—世界农业区域市场均衡模型（简称 CWARMEM）"；运用此模型模拟分析不同情景条件下的政策方案设计对中国和各省区粮食未来供给、需求和贸易的影响程度。同时据此在全国和区域两个层次上综合提出未来中国粮食供求均衡政策启示。

二　拟解决的关键问题

根据上述研究目的，本书拟解决如下关键问题：

1. 研究 1978 年以来中国粮食生产区域格局、消费结构格局以及国际贸易格局的历史变化趋势，并运用空间计量经济学模型探讨导致这一变化趋势的原因。

2. 归纳总结并分析当前影响中国粮食供求区域均衡的主要问题。

3. 采用国际学术界应用广泛的“多市场、多区域局部均衡模型”理论和方法在 GAMS 软件系统中构建 CWARMEM 模型。

4. 针对当前影响中国粮食供求区域均衡的主要问题，设计影响中国粮食供求区域均衡变动的关键情景方案。

5. 运用 CWARMEM 模型实证模拟分析不同情景下中国粮食供求均衡变动趋势，并分析其影响机理。

6. 提出与稳定中国粮食供求均衡、保障国内粮食安全目标相适应的政策建议。

第三节　研究的主要方法

一　实证分析与数量模型模拟研究相结合

运用农业经济学、国际经济学、计量经济学和数理经济学等理论与方法，首先，对中国粮食供求区域均衡格局的历史变化进行一般统计分析，并利用空间计量经济学方法对中国粮食供求及国际贸易区域格局的历史变化原因进行实证分析；其次，在此基础上，分析和总结当前影响中国粮食供求均衡的主要问题，并采用国际学术界应用广泛的“多市场、多区域局部均衡模型”理论和方法，结合本书研究目的，构建 CWARMEM 模型；最后，采用该模型，对不同情景下中国粮食供求区域均衡趋势及其内在机理进行探讨和数量模拟分析。

二　归纳分析与演绎分析相结合

在充分审视中国国内外宏观和微观环境变化的基础上，本书归纳、总结并演绎、分析了当前影响中国粮食供求区域均衡的主要问题，并针对这些主要问题，设计了影响中国粮食供求区域均衡变动的九种关键情景方案。

三　比较分析与对策分析相结合

本书的研究对象涉及不同地区、不同种类粮食产品以及不同情景方案，因此在实证分析中，本书对中国不同省区之间、粮食品种之间、粮食与其他农产品之间、国内区域市场之间和国内市场与国际市场之间在生产（供给）、需求、价格和贸易等方面存在的互动关系进行了多角度比较分析。结合已有的研究成果，本书从全国和区域两个层次上提出中国未来粮食供求均衡发展的具体政策目标，使研究更具有理论意义和现实应用价值。

第四节　研究的基本框架与内容

一　研究框架

本书在系统整理和学习国内外有关研究成果以及收集大量统计数据的基础上，采用规范研究与实证研究相结合、定性分析与定量分析相结合、比较分析与对策研究相结合以及归纳分析与演绎分析相结合的方法综合研究了中国粮食供求均衡问题，并通过情景模拟研究方法对不同情景下中国粮食供求均衡变化情况进行详细分析。本书研究思路及技术路线框架如图 1.1 所示。

二　研究内容

本书由以下章节组成。

第一章，导论。介绍了本书的研究背景与研究意义、研究目的和拟解决的主要问题、相关概念界定、研究的主要方法、研究的基本框架与内容、研究数据来源等。

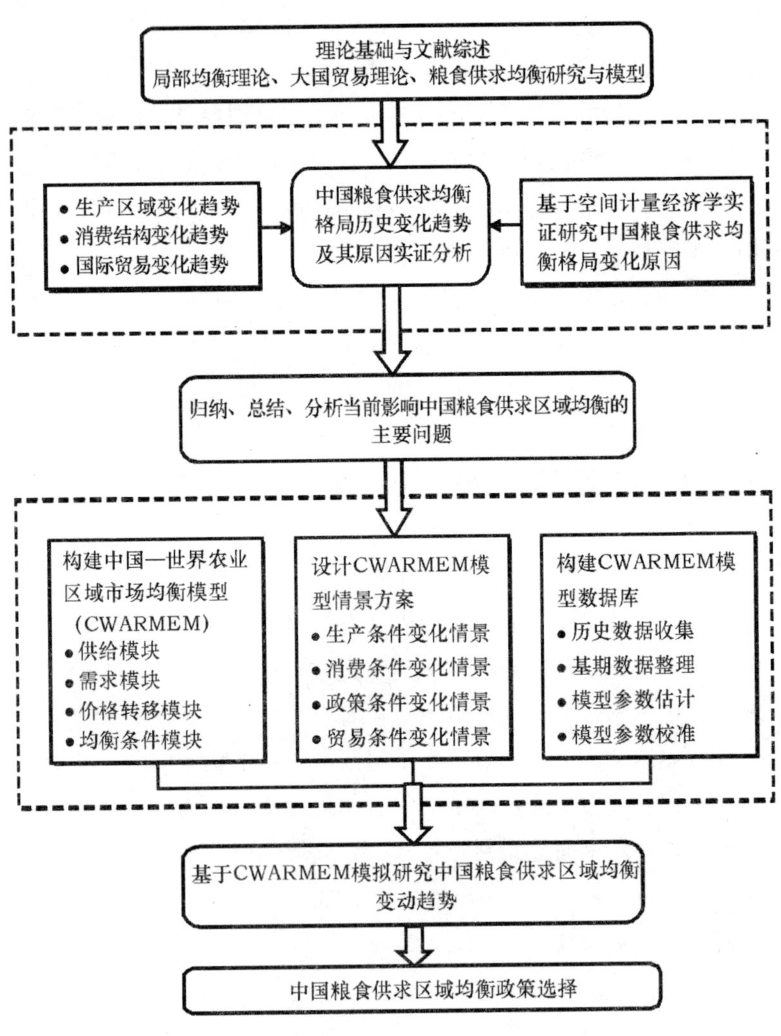

图 1.1　研究思路与技术路线

第二章，理论模型基础与文献综述。主要是在综述有关局部均衡理论和大国贸易理论的基础上，比较全面、系统地总结、探讨了国内外学者关于中国粮食供求均衡问题的研究现状及进展等相关文献的研究方法及其研究结论，并对现有研究文献进行了评述。

第三章，中国粮食供求格局历史变化趋势及其成因实证分析。共包括两部分内容。首先，基于中国31省区粮食生产、消费和贸易历史数据，分别探讨了中国粮食生产区域格局的变化、中国粮食消费结构格局的变化以及中国粮食国际贸易格局的变化情况。其次，采用空间计量经济学模型理论和方法着重从粮食自然与生产条件、粮食生产技术与效益因素、人口与区域经济特征因素以及粮食政策因素四个方面实证分析了中国粮食供求格局变化的成因。

第四章，影响当前中国粮食供求均衡的关键问题分析。本章对新形势下中国粮食发展所面临的关键问题进行了详细分析，分别讨论了影响粮食生产、消费和国际贸易格局变化的主要因素，为本书CWARMEM模型情景方案的构建和影响机理提供理论设计基础。

第五章，中国—世界农业区域市场均衡模型（CWARMEM）的构建。基于本书局部均衡模型框架和研究模型的前提假设，利用“多市场、多区域局部均衡模型”的理论和分析方法，将中国31省区纳入全球化背景下，以稻谷、小麦、玉米、大豆、薯类、其他杂粮六种主要粮食为研究对象，在GAMS软件系统中构建本书的核心计算模型——CWARMEM，共涉及18种（类）主要农产品和包括中国各省区在内的世界57个区域；详细界定了本模型的研究对象范围，描述了CWARMEM模型的工作流程，建立了模型的数学等式，共涉及10791个方程式，并揭示了模型各个数学方程的经济含义；说明了本模型方程式所涉及的求解算法以及以GAMS为重点软件的模型求解过程。

第六章，CWARMEM 模型数据处理及模型参数设定。根据 CWARMEM 模型结构，设计了模型数据需求结构，并在收集模型需要的 217 个国家及中国 31 省区生产、消费、价格和贸易等方面的时间序列数据所形成的模型的 ACCESS 基础数据库的基础上，一方面分别基于生产供给理论和消费需求函数估计理论，采用双对数模型对 CWARMEM 模型中所涉及的生产系统和需求参数进行了实证计量估计；另一方面按照 CWARMEM 模型中设定方程式的相关约束条件和局部均衡模型校准方法，利用基期供求平衡表将计量估计的参数调整为适合该模型运行的参数矩阵，至此得到了中国国内各省区生产供给系统和需求系统的弹性数据集。该数据集包括各产品单产价格弹性、面积价格弹性和要素价格弹性、城乡居民收入价格弹性、食物消费需求价格弹性。

第七章，基于 CWARMEM 模型模拟分析不同情景下中国粮食供求区域均衡变动趋势。在充分审视、合理判断国内外农业与粮食发展的宏观与微观环境变化趋势的基础上，选择“城市化与工业化进程导致耕地资源减少”，“农业水利灌溉设施完善带来粮食水资源利用率提高”，“粮食生产技术进步”，“人口自然增长”，“农村劳动力跨区域流动”，“经济增长过程中城乡居民收入提高引起的食品消费结构变化”，“生物乙醇燃料应用和发展对中国粮食需求结构的变化影响”，“国内粮食生产者直接补贴政策变化”，“人民币汇率变动”九种不同情景，利用本书构建的 CWARMEM 模型进行不同情景方案的模拟，并对模拟结果进行比较和分析。

第八章，主要结论和政策启示。简要总结了本书的主要研究结论，并分别从全国和区域两个层次上提出与稳定中国粮食供求均衡、保障国内粮食安全目标相适应的相关政策建议。

第五节　相关概念界定

一　粮食的属性

随着经济全球化和市场经济的发展，对粮食本质和特点的认识不断加深。

粮食是一种特殊商品。粮食供给的价格弹性大，需求的价格弹性小，因而导致生产多了就会出现“卖粮难”，谷贱伤农；生产少了价格就会过分上涨，消费者难以承受。另外，粮食供求不仅受商品价值规律的支配，还受宏观调控和政府干预的影响，后者往往起着稳定价格的重要作用。

粮食是基础性公共产品。粮食是国民经济战略物资，是全体社会成员的生活必需品，涉及千家万户，具有“放大”效应——每户多买一点就会出现供应紧张，如果不正确引导，就可能引发大的波动，带来连锁反应（万宝瑞，2008）。中国20世纪80年代末和90年代初两次出现通货膨胀，都与粮食供求出现问题有关。粮食是基础性公共产品的属性决定了国家应扶持粮食生产，仅靠市场调节难以解决粮食供需矛盾。

粮食是弱质产业产品。粮食是自然再生产和经济再生产相结合的产物，既受自然风险影响，又受市场风险影响。加之中国农业基础设施薄弱、农业生产经营规模小、农民素质不高等因素，粮食生产比较效益低。近年来，在惠农政策强有力的推动下，种粮效益稳步提高，但与经济作物相比，效益差距仍然较大。目前，粮食与棉花效益比为1:5，与蔬菜效益比为1:4（万宝瑞，2008），因此，政府必须采取特殊政策对粮食生产进行长期扶持。这也是世界各国尤其是发达国家的普遍做法。

粮食是多功能产品。农业包括粮食具有食品保障、原料供给、生态保护、观光休闲、文化传承等功能（张培刚，2002）。粮食与国家安全紧密相连，粮食生产与国土整治、动植物保护、环境工程等息息相关，具有保护自然、稳定生态、促进人与自然和谐相处的功能。由于粮食具有经济、社会、文化、生态等多种功能，对粮食产业就不能简单地用经济标准来衡量（张培刚等，2002）。

二 粮食的概念

在国内外主要研究机构和学者的理论研究中，对粮食概念的定义差别较大，这也是关于粮食供求趋势预测研究结论差别甚远的原因之一。因此本书首先总结国内外对粮食的几种不同定义。

（一）国内传统的粮食概念

在中国，粮食是“供食用的谷物、豆类和薯类的统称”，有狭义和广义两种概念。狭义的粮食概念主要是指谷物类，包括稻谷类、麦类、玉米和高粱等。广义的粮食概念在狭义的粮食概念上增加了豆类和薯类，同时包括各种粮食作物和粮食部门经营的全部品种。也有少数学者认为，粮食还应该包括其他一切能维持人体生命、保证肌体发育、补充营养消耗的各种产品，等同于Food一词的含义。“大粮食”概念的提出为解决中国粮食供求矛盾提供了一种新的思路，有利于改变人们传统的膳食观念和食物结构，同时也逐步向国际化粮食观靠拢。

（二）国内中国统计局的粮食概念

国家统计局出版的《中国统计年鉴》（2005）和《中国农村统计年鉴2004》（2004）[①] 所给出的粮食概念中除包括稻谷、

① 2005年《中国统计年鉴》，第480页；2004年《中国农村统计年鉴》，第438页。

小麦、玉米、高粱、谷子、其他杂粮外，还包括薯类和大豆。粮食不同于谷物，谷物包括了稻谷、小麦、玉米、谷子、高粱和其他谷物，不包括豆类和薯类。因此，粮食比国际上通行的谷物口径大，相当于谷物、薯类和大豆之和。目前国内出版的大多数有关粮食的统计数据和关于粮食问题的研究均取自该粮食概念。

（三）联合国粮农组织（FAO）的粮食概念

在 FAO 出版的生产年鉴当中，FAO 关于 Food 产品目录包括八大类：（1）谷物类；（2）块根和块茎作物类；（3）豆类；（4）油籽、油果和油仁作物；（5）蔬菜和瓜类；（6）糖料作物；（7）水果、浆果；（8）家畜、家禽、畜产品。所列出的产品目录里面没有对应的“粮食”产品，FAO 一般意义上的粮食概念是指谷物类，包括 15 种粮食产品，主要指稻谷、小麦、玉米、大麦、燕麦、黑麦、荞麦、谷子（小米）、高粱和六种其他谷物等。照此理解，FAO 的粮食概念里面不包括豆类和薯类，而中国国家统计局的粮食概念里面则包括这两种产品。

三　本书研究的粮食范围

由于本书所构建的模型涉及世界上其他国家，而国内与国际的数据来源不尽一致，例如，国内各省区的数据主要来自于中国国内统计部门的年鉴数据，国际的数据主要来自于联合国粮农组织统计（FAOSTAT），因此为保持研究的一致性，本书结合上述国内与国际 FAO 粮食产品的界定，将研究的粮食产品范围界定如下（见表 1.1）。

表 1.1 本书研究的粮食产品范围

粮食产品范围	FAO 分类代码
小麦	1001
稻谷	1006.1
玉米	1005
大豆	1201
其他杂粮	
大麦	1003
黑麦	1002
燕麦	1004
小米	1008.2
高粱	1007
其他谷物	1008.90_a
薯类	
木薯	714.1
马铃薯	701
甜薯	714.2
山药	0714.90_a
淀粉根	0714.90_b

资料来源：笔者整理。

第六节　数据来源

尽管本书的研究对象重点在粮食产品，但为了全面分析和判断粮食产品及其他替代或者互补农产品的供求变化对其供求均衡的影响，因此本书研究所需要的数据涉及中国31省区以及世界26个区域（共包括217个具体国家）以及小麦、玉米、稻谷、薯类、其他杂粮、大豆、油菜籽、棉花、糖料、牛肉、羊肉、猪肉、禽肉、蛋类、奶类以及豆饼与菜籽饼等18种（类）主要农产品生产、消费、价格和贸易数据，其研究所采用的数据主要有以下几个来源。

一　国内数据来源

本书所采用的国内数据主要来源于各类年鉴及统计资料，主要包括：历年《中国统计年鉴》、《中国农村统计年鉴》、《中国农业年鉴》、《中国农业统计资料》、《中国农村住户调查年鉴》、《全国农产品成本收益资料》、《中国畜牧业统计年鉴》、《中国食品工业年鉴》、《中国饲料工业年鉴》、《中国人口统计年鉴》、《中国市场统计年鉴》、《中国物价年鉴》、《中国城镇居民家庭收支调查资料》（1987—1994）、《中国物价及城镇居民家庭收支调查》（1995—1999、2003）、《中国价格及城镇居民收支调查》（2000—2002、2004—2005）、《中国城市（镇）生活与物价年鉴》（2006—2007）、《中国农产品价格调查年鉴》、《新中国五十五年统计资料汇编》、《中国农业统计资料汇编》（1949—2004）、《新中国农产品价格四十年》、《全国粮食价格资料汇编》（1950—1980）、《建国以来全国农产品成本收益资料汇编》（1951—1997）、《中国农业发展报告》（2003—2007）、中国价格信息网、中国种植业信息网、中国农业信息网、中国资源环境经济人口数据库、中国Wind金融数据库以及各省统计年鉴。

二　国际数据来源

本书所采用的国际数据来源于 FAO 数据库、World Bank（WDI）数据库、UNCOMMTRADE 贸易数据库、USDA（美国农业部）PSD 数据库、FARPRI 数据库、OECD 数据库、AMAD 数据库等。

第二章　理论模型基础与文献综述

第一节　局部均衡理论模型

局部均衡（Partial Equilibrium，简称 PE）理论最先由马歇尔在 1920 年提出。在应用经济学领域，局部均衡模型是一种常用的数量分析工具，被广泛地用于关于经济政策在市场中的影响效应分析。

相对于一般均衡分析，局部均衡分析关注的是集中考察某一种或一组商品的市场，它能够较为深入地了解政策变量与供给、需求行为之间的关系，从而获得较详细的政策影响结果。为了研究不同情景方案对粮食供求市场均衡的变动影响，本书选择局部均衡模型分析方法。

局部均衡理论模型共分为两种类型。如果忽视其他产品的外部性和不完全竞争，那么就是简单的单一市场局部均衡模型；如果在不完全竞争的条件下，同时考虑产品的外部性问题，那么就需要考虑采用多市场、多区域局部均衡模型（Joseph & Hall，1997）。

一　单一市场局部均衡理论模型

若不考虑贸易的话，那么在封闭经济条件下，一个简单的单个市场局部均衡模型（Partial Equilibrium Modeling）可以仅由以下三组方程式、两个经济主体（生产者和消费者）以及三个基本变量（供给 S、需求 D 和价格 P）构成（黄益平等，2000）。模型方程式如下：

供给方程：$S=S(P)$　(2.1)

需求方程：$D=D(P)$　(2.2)

均衡条件：$S=D$　(2.3)

若考虑贸易的话，那么在开放经济条件下，单个市场局部均衡模型方程式中需要引入国际市场。在这里，也可以用一组模型来表示这种局部均衡状态，假设该市场为净进口市场，即在模型中考虑国内市场和进口市场（Joseph & Hall，1997）。假设弹性是固定值，则模型方程式可以表示如下：

国内供给方程：$Q^S=Q^S(P)=K^S(P)^{\varepsilon^S}$　(2.4)

国内需求方程：$Q^D=Q^D(P)=K^D(P)^{\eta^D}$　(2.5)

进口供给方程：$M^S=M^S(P^*)=K^{MS}(P^*)^{\varepsilon^{MS}}$　(2.6)

进口需求方程：$M^D=Q^D(P)-Q^S(P)$　(2.7)

价格方程等式：$P^*(1+t+w)=P$　(2.8)

在式（2.4）至式（2.8）中，Q^S 表示国内供给，Q^D 表示国内需求，M^S 表示进口市场供给，M^D 表示国内进口需求；K^S，K^D，K^{MS} 均为常数；ε^S 和 ε^{MS} 表示国内供给弹性和进口供给弹性；η^D 表示国内需求弹性；t 表示税率，w 表示配额价格差异比率；P 表示国内产品价格，P^* 表示国际市场价格。

上述公式均表示一般情况下的单个市场局部均衡模型形式，其中供给方程和需求方程可以根据研究需要来决定具体的函数形式，可以是线性的，也可以是非线性的。笔者以线性函数形式为例来推导该模型方程式的求解过程。对上述各式两边分别取对数，同时将 P^* 均用 P 表示，可得以下转换方程式：

国内供给方程：$\ln(Q^s) = \ln(K^S) + \varepsilon^s \ln(P)$　　(2.9)

国内需求方程：$\ln(Q^D) = \ln(K^D) + \eta^D \ln(P)$　　(2.10)

进口供给方程：$\ln(M^S) = \ln(K^{MS}) + \varepsilon^{MS}\ln(P) - \varepsilon^{MS}\ln(1+t+w)$　　(2.11)

进口需求方程：
$$\ln(M^D) = \ln(Q^D) - \ln(Q^S) = \ln(K^D) + \eta^D\ln(P) - \ln(K^S) - \varepsilon^S\ln(P) = \ln(K^D/K^S) + (\eta^D - \varepsilon^S)\ln(P) \tag{2.12}$$

令 $M^D = M^D(P) = K^{MD}(P)^{\eta^{MD}}$，则 $\ln(M^D) = \ln(K^{MD}) + \eta^{MD}\ln(P)$　　(2.13)

由式（2.12）和式（2.13）可得进口需求方程：

$\ln(M^D) = \ln(K^{MD}) + \eta^{MD}\ln(p)$，

其中 $\eta^{MD} = \left[\frac{(\eta^D K^D - \varepsilon^S K^S)}{K^{MD}}\right]$。

这样，根据式（2.4）至式（2.8）可以得到式（2.14），求得均衡价格 P：

$$K^{MS}(P)^{\varepsilon^{MS}}(1+t+w)^{-\varepsilon^{MS}} + K^S(P)^{\varepsilon^S} - K^D(P)^{\eta^D} = 0 \tag{2.14}$$

同时也可以根据线性方程式（2.9）至式（2.14），得到式（2.15），求得均衡价格 P：

$$\ln(P) = [\ln(K^{MD}) - \ln(K^{MS}) + \varepsilon^{MS}\ln(1+t+w)]/[\varepsilon^{MS} - \eta^{MD}] \tag{2.15}$$

二　多市场、多区域局部均衡理论模型

“多市场、多区域局部均衡模型”的基本结构与单个市场局部均衡的结构并无太大区别，只是它包含了多个市场和多个区域，且各个区域市场之间有紧密的联系。同时，每个市场上的供

给或需求不但是其本身价格，也是其他产品价格的函数。值得注意的是，“多市场、多区域局部均衡模型”可以小而简单，同时也可以大而复杂，模型的大小和复杂程度取决于研究的问题、可获得的数据以及构建模型的成本等一些因素（Roningen，1997），因此这也决定了建模的前提条件。本书正是基于这种考虑，在研究全球化背景下不同情景方案对中国粮食供求区域市场影响的过程中，将与粮食市场相关的其他市场如畜产品市场也纳入研究的范围之内。因此本书所构建的模型正是基于“多市场、多区域局部均衡模型”理论框架。

首先，在不考虑贸易的条件下，仅考虑“多市场局部均衡模型”。图 2.1 表示的是在封闭条件下两个垂直产品市场连接（Vertical Linkages）均衡模型，其中产品 2 为产品 1 的投入品（Input），产品 1 为产品 2 的使用者（Input User）。

在图 2.1 表示的两个垂直产品市场局部均衡模型当中，若产品 2 的市场受到外部因素的影响而产生相应变化，则作为产品 2 的使用者产品 1 的市场也会发生变化，而这一变动过程也是两个紧密相关的产品市场逐步走向均衡的过程。如图 2.1 中所示，第一，当供给曲线 *S*4 向左上方移动至 *S*5 时，即产品 2 的供给会减少，产生新的价格 *P*5，高于原来的均衡价格 *P*4；第二，产品 2 供给价格的变化，使得产品 1 市场的生产成本升高，因此供给减少，导致产品 1 的供给曲线由 *S*1 移至 *S*2，产品 1 的产量和需求量由 *Q*1 降至 *Q*2；第三，产品 1 产量的下降，导致对产品 2 需求的减少，因此使得产品 2 的需求曲线从 *D* 左移至 *D*6，形成产品 2 新的均衡价格 *P*6 和生产量 *Q*6；第四，产品 2 新的均衡价格 *P*6 低于前面的价格 *P*5，导致产品 1 市场的供给增加，供给曲线由 *S*2 右移至 *S*3，形成产品 1 新的均衡价格 *P*3，同时产品 1 的产量和需求量由 *Q*2 升至 *Q*3。

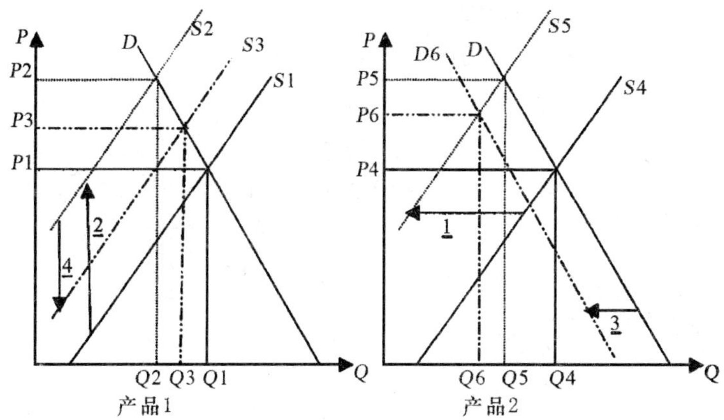

图 2.1 两个垂直产品市场连接局部均衡模型

资料来源：Vernon O. Roningen（1997），"Multi-Market, Multi-Region Partial Equilibrium Modeling," Joseph F. Francois and Kenneth A. Reinert（1997），*Applied Methods for Trade Policy Analysis*, p. 239.

其次，在考虑贸易的条件下，若分析某个产品市场的均衡问题，就会涉及不同国家（地区）的不同市场连接问题，这就需要考虑"多区域局部均衡模型"。图 2.2 为一个简单的仅考虑单个市场的多区域局部均衡模型。

在图 2.2 中，假设进口国该类产品所有的进口均从出口国进口。其中 T 为该产品的关税。

在自由贸易条件下，进口国进口（$D1-S1$），出口国出口（$S3-D3$），根据假设条件：

$$D1-S1=S3-D3 \tag{2.16}$$

当进口国对进口产品征收关税 $T=P2-P1$ 时，则进口国国内产品价格由 $P1$ 升至 $P2$，同时进口量下降到（$D2-S2$）；而对于出口国来讲，产品价格也由 $P3$ 降至 $P4$，同时出口量下降到

($S4-D4$)，根据假设条件：

$$D2-S2=S4-D4 \tag{2.17}$$

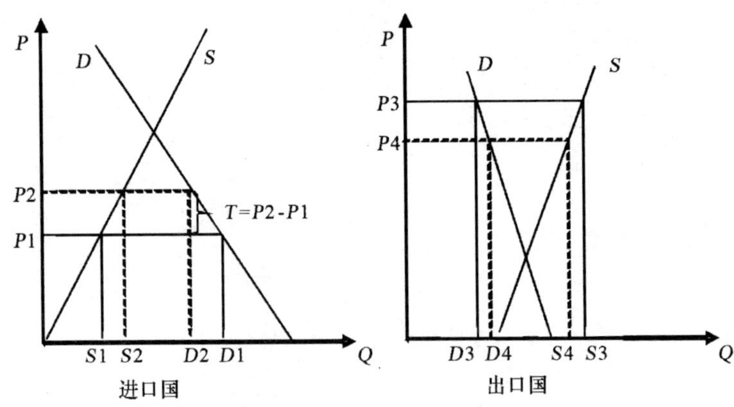

图 2.2　两个贸易国产品局部均衡模型

资料来源：Vernon O. Roningen (1997), "Multi-Market, Multi-Region Partial Equilibrium Modeling," Joseph F. Francois and Kenneth A. Reinert (1997), *Applied Methods for Trade Policy Analysis*, p. 241.

式（2.16）和式（2.17）便是上述两个区域的市场均衡条件。

如果将上面的“多市场局部均衡模型”和“多区域局部均衡模型”相连接，那么我们就可以得到“多市场、多区域局部均衡模型”。图 2.3 以两个市场和两个区域为例，表示了这个模型的运行结构。

局部均衡经济模型在国际许多著名的研究机构已被广泛地用来分析各种政策变化和外界条件冲击对经济主体的影响效应（Francois, *et al.*, 1997）。尤其自 20 世纪 90 年代以来，各国经济联系越来越紧密，1994 年规模最大的全球多边贸易谈判——

乌拉圭回合贸易协定标志着全球化进程趋势的不断加快（Tongeren，*et al.*，2001）。国际贸易和外国资本投入（FDI）在20世纪90年代以前所未有的速度增长（WTO，1998），各国政府面临着全球化经济浪潮给本国经济所带来的机遇和挑战，决策部门需要更加科学、系统和定量化的政策分析工具。尤其是在农业政策分析部门，由于农业贸易在全球贸易谈判中的重要地位，许多政府部门意识到农业政策分析的必要性（Francois，*et al.*，1997）。

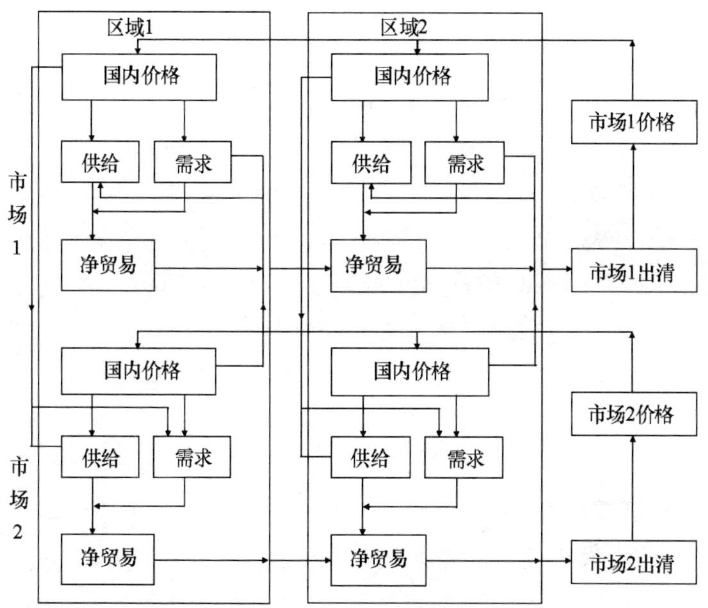

图2.3　多市场、多区域局部均衡模型结构

资料来源：Vernon O. Roningen（1997），"Multi-Market, Multi-Region Partial Equilibrium Modeling," Joseph F. Francois and Kenneth A. Reinert（1997），*Applied Methods for Trade Policy Analysis*，p. 243.

第二节 大国贸易理论模型

作为粮食生产和消费大国，中国的粮食国际贸易一直受到世界的关注。粮食贸易中“大国效应”成为人们关注的焦点始于1994年。当时，美国学者莱斯特·布朗（Brown，1994）发表了一篇论文《谁来养活中国》，他预测中国粮食产品将出现巨大的供需缺口，并认为中国在世界市场上大量购粮，必然会导致粮价上涨，即“大国效应”显现。此后，国内许多学者开始关注这一问题，并普遍认为“大国效应”会影响中国利用国际市场解决粮食安全保障问题。

“大国效应”（Large Country Effect）是指当一个国家某种商品的出口量或者进口量在世界进出总量中所占份额较大时，该国对国际市场价格往往具有举足轻重的影响能力（李晓钟等，2004)。“大国效应”在国际贸易研究领域常被用来分析关税的经济效应（Gardner & Kimbrough，1990；Moller & Woodland，2000)。本书研究是在全球化背景下展开的，必将考虑到“大国”假设下中国粮食供求均衡的状况，因此本书先对“大国贸易”理论研究进行综述，以期为后面的实证研究奠定理论基础。

一 大国进口贸易模型

大国进口贸易的情形如图2.4所示。在国际市场上，进口的贸易大国将不再像进口的贸易小国一样面临着水平的剩余供给曲线，也就是说，不仅仅是国际市场价格的接受者，而是面临着向上倾斜的供给曲线 S_w。在大国的国内市场中存在着国内需求曲线 D_d 和国内供给曲线 S_d，在封闭经济条件下，大国的 D_d 和 S_d 共同决定了国内的均衡价格 P_d。由于国际市场价格 P_w 低于国内

市场价格 P_d，因此当国内市场开放后，必然增加进口趋势。国内市场价格 P_d 以下的任何价格水平，在国内都会产生超额的需求，用曲线表示即为在国际市场的 D_d。由于该国大量增加进口，原来的国际市场剩余需求曲线 D_w 和来自该大国的超额需求曲线 D_d 叠加，在国际市场上形成了新的拐折的剩余需求曲线 D_{w1}。同时又由于该国进口量很大，国际市场价格不能再维持在 P_{w0} 的水平，而是上涨到了新的价格水平 P_w，国际市场上新的均衡点为 E_w。此时，大国国内的价格也不能维持在 P_d 的水平，而是下降到了和国际市场相同的 P_w（这是在国内需求条件不变且不考虑运输费用等其他因素的理想的自由贸易状态下）。同时在国内需求不变的前提下，其面临的供给不仅有来自国内的 S_d，而且有来自进口的部分，从而形成新的供给曲线 S_{d1}，国内市场的均衡点由 E_{d1} 变到了 E_{d2}，该国的进口量为 $E_{d1}E_{d2}$ 的水平距离。总的来看，由于该贸易大国大幅度增加进口，国内供给增加，国内价格下降；同时由于进口增加，国际市场需求扩大，拉动了国际市场价格的上升，在自由贸易的情况下，对于该贸易大国，国内外的价格趋于一致（陈凯，2005）。

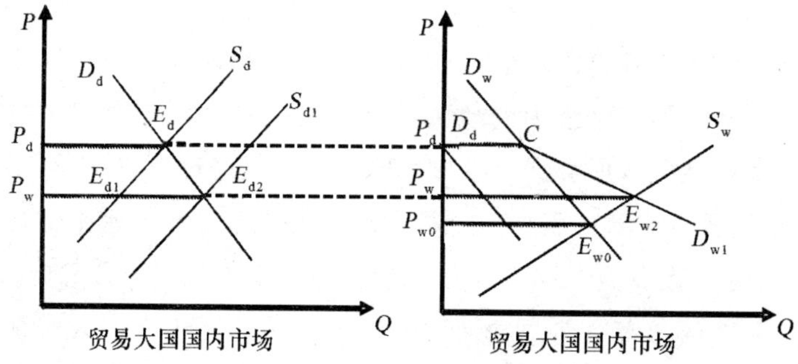

图 2.4　大国进口贸易模型

二　大国出口贸易模型

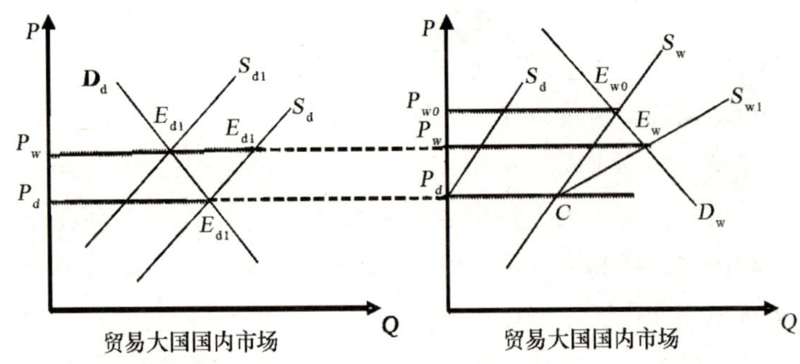

图 2.5　大国出口贸易模型

大国出口贸易模型如图 2.5 所示。出口贸易大国的核心内容就是由于该国出口量很大从而可以影响国际价格的变化。在该国封闭经济的国内市场上，需求曲线 D_d 和国内供给曲线 S_d 相交于 E_d，决定了均衡的国内市场价格 P_d。此时国际市场上剩余需求曲线 D_w 和剩余供给曲线 S_w 相交于 E_{w0}，决定了国际市场价格 P_{w0}。如果 P_{w0} 高于 P_d，则存在出口大国模型。在开放经济下，由于存在价格差异，该国将在高于 P_d 的区域增加出口，从而在国际市场上形成了该国的超额供给曲线 S_d；又由于该国出口量足够大以致可以影响到国际市场价格，所以经过 S_d 与已经存在的 S_w 叠加形成新的剩余供给曲线 S_{w1}，该曲线从价格水平恰好等于 P_d 的 C 点发生了拐弯。在需求保持不变的情况下，S_{w1} 与 D_w 相交于新的均衡点 E_w，从而也决定了新的国际市场上的均衡价格 P_w。显然，P_w 是介于 P_{w0} 和 P_d 之间的。这样就会带来该贸易大国国内出口增加，价格上升，国内消费者的需求量减少，相当

于面临着 S_{d1} 这样的一条供给曲线。在国际市场上该大国出口使得供给增加，价格下跌。在自由贸易情况下，当不考虑运输费用等因素的时候，国内外的价格趋于一致，形成新的国际市场上的均衡价格 P_w（陈凯，2005）。

第三节　中国粮食供求均衡问题研究的现状与进展

一　中国粮食安全问题的研究现状

学术界对中国粮食供求均衡问题的讨论和研究始于 20 世纪 80 年代中期，起初主要是侧重从粮食安全的角度来研究该问题，以介绍国外理论、方法和政策主张为主（梁子谦，2007）。近几年来，对中国粮食供求现状的评估主要基于对中国未来粮食安全问题现状的判断，不同学者采用不同的研究方法大致得出三种不同的观点。

第一种是比较乐观的观点，认为中国粮食安全问题在长期看来并不严峻。比较有代表性的是，黄季焜（2004）认为，中国已成为世界上所有发展中国家中食物最安全的国家之一，中国不存在对国家食物和粮食安全构成巨大威胁的因素。他通过 CAPSiM 模型预测，到 2020 年，中国的大米自给率达到 106%，小麦的自给率可达 96%，中国的口粮基本安全，但玉米的进口量将达到国内玉米总需求量的 1/3，但这也不会威胁中国的粮食安全和社会稳定。朱希刚（2004）通过相关统计数据和模型预测分析认为，从 2004 年开始，中国进入新一轮粮食总产量增长时期，国内粮食产量的增长可以做到供需基本平衡。丁声俊（2005）则分别从中国粮食产销格局和粮食进出口概况两个角度对中国 2001 年以后粮食供求平衡现状进行了分析。他认为，由于近几年来中国粮食总产量增长，再加上国内国际两个市场资源互补，同时国家粮食储备较为充足，因此中国粮食供求关系处于平衡状态，以粮食为重点的食物安全形势良好。姜长云（2005）也认为，由于口粮需求总量将呈下降趋势，中国的粮食安全压力将不会随着粮食消费需求总量的增长而出现同比例增长，粮食安全压力不会增加很多。

第二种是比较谨慎的观点。保障粮食安全课题组（2003）阐述了中国粮食安全形势不容乐观的表现：粮食生产的基础还比较脆弱，许多地方基本上还是靠天吃饭；主产区农民种粮收入下降，影响种粮积极性；耕地和粮食播种面积均呈下降趋势；粮食生产规模小，商品率低，科技含量低，生产成本较高，在国内外粮食市场竞争力较弱；水资源短缺，农业基础设施薄弱，水旱灾害比较严重，农业生态遭到破坏；粮食流通方面还存在粮食主产区与主销区尚未建立起长期稳定的购销关系等问题；国家对储备粮的宏观调控机制不健全，管理制度不完善；国家财政支持的力度不够，影响粮食和农业的发展后劲。因此，从长远看，随着城镇化进程的加快，非农用地增长过快，中国粮食总产量将无法完全满足国内粮食需求（朱泽，2004）。吕新业（2003）认为，中国粮食安全目前有四个特点：粮食生产能够满足消费的需求，粮食安全状况良好；大宗粮食品种是生产和消费的主体：稻谷产销平衡有余，小麦产销不平衡，玉米消费呈增长趋势；粮食消费结构日趋合理；粮食出口持续增加，进口减少。刘笑然等（2003）认为，粮食安全问题的主要表现是：粮食安全观念滞后，实现平衡代价大；粮食供给呈紧张趋势，安全不容乐观；粮食生产竞争能力差，结构性矛盾突出；粮食流通体制不顺，价格机制难以发挥作用；深加工转化滞后，产业化程度低；宏观调控尚需改进，进出口调节滞后。陶建平等（2003）则从饲料粮的角度分析了粮食安全方面的问题。他们认为，畜牧业发展过于迅猛、饲养技术落后是饲料粮消费增长过快的原因之一，饲料粮短缺是21世纪粮食安全的主要威胁之一。对粮食储备量及质量存在的问题，郑兆山（2003）也指出，一方面储备量还没有达到全国1年消费量的标准；另一方面储藏时间普遍超长，一般不低于3—5年，有的长达8年以上，导致粮食品质降低。

第三种观点则比较折中，认为中国粮食安全形势在短期内并不严峻，中国粮食供求基本平衡。如程国强（2003）认为，虽然当前粮食市场总体上供大于求，但粮食安全无论是现在还是将来都是一个不可回避的战略问题，应该高度重视今后3—5年内可能出现的粮食供需“拐点”。罗良国等（2005）对2000年以后的中国粮食供求状况进行了分析。他们认为，近几年来中国粮食生产供给与消费需求暂时出现了缺口，但利用库存和市场调节，基本达到了粮食的产需平衡，而未来几年中国粮食的产需关系在总体上仍可保持相对平稳的发展趋势，粮食生产已进入了新的恢复性增长时期。李宁辉（2005）采用中国农业科学院农业经济与发展研究农业政策研究室的“粮食主产区农民收入动态监测系统模型”对中国粮食供需状况进行了判断。他认为，中国粮食产需关系在总体上仍可保持相对平稳的发展态势，但也存在一定规模的国内产需缺口。而柯柄生（2006）对中国粮食安全问题提出了以下几个方面的基本认识和判断：（1）粮食安全不是短期问题，而是长期问题；（2）粮食安全主要不是流通问题，而是生产问题；（3）粮食安全不是谷物问题，而是食物问题；（4）粮食安全不是价格问题，而是数量问题；（5）粮食安全不是局部性问题，而是全局性问题；（6）粮食安全不是农民的目标，而是政府的目标。因此，要真正解决粮食安全保障问题，关键在于政府职能的发挥。国家应当通过有效的政策措施，通过市场机制或者补贴机制，让农民有增加粮食生产的主观积极性；通过各种服务和帮助，让农民有增加粮食生产的客观可能性。

尽管对中国粮食安全问题现状的研究观点不尽一致，然而大多数学者认为，中国粮食安全在短期内比较乐观，但从中长期来看，必须高度重视中国的粮食安全问题，保护和提高中国粮食综合生产能力仍然是十分必要的。概括起来，主要有以下几点原因：一是中国总人口还要继续增加，虽然增加的速度会逐渐降低，但人口的基数越来越大，每年增加的绝对量相当大，对粮食的消费需求会不断增长；二是随着经济的发展，人民生活水平不断提高，尤其是数量巨大的农民生活将会发生质的变化；三是工业化、城镇化步伐不断加快，总体上耕地仍然会持续减少；四是随着食品加工业能力的提高以及能源性粮食消费的兴起，粮食工业消费需求必然会不断增加。这决定了从中长期来看，仍然需要重视中国粮食安全，有效保护耕地资源，提高粮食综合生产能力，为中国粮食安全提供有力保障。

二　中国粮食供求历史变化趋势及其原因研究

国内外学术界对中国粮食供求历史变化趋势及其原因的研究主要基于粮食生产、消费和贸易三个角度来探讨的，因此，笔者将主要从这三个方面进行综述。

（一）中国粮食生产区域格局的历史变化趋势及其原因研究

早在20世纪90年代中期，国内学者曾对中国粮食生产区域格局变化及其原因做过一些研究。例如，在黄爱军（1995）首先注意到中国粮食生产区域重心北移和南北粮食供需格局呈现逆转之后，李炳坤（1996）、李仁元（1996）和翼名峰（1996）以及鲁奇等（1997）曾对中国市场化改革以来所形成的资源报酬率等因素的区域差异作了解释，但他们的解释仅停留在假设层次上，没有基于实证分析。此后，伍山林（2000）采用 1982—1998 年中国省区数据，对粮食生产集中度与时间两个因素进行简单一元回归检验的实证结果表明，人均耕地资源的变化和非农产业发展的就业拉力是导致中国粮食生产发生区域性变化的主要原因。高帆（2005）采用类似于伍山林的分析方法，进一步得出的研究结论是，中国粮食生产区域总体上呈现出从四川、湖北、湖南等“中心”产粮区向东北、西部等“边缘”区域转移的倾向，粮食播种规模和单产水平区域差异的扩大加剧了中国粮食生产区域格局的变化。程叶青等（2005）的研究结论则进一步表明，中国北方和中部地区已成为中国粮食生产的“新”的增长中心，农业生产条件、技术、宏观经济环境和土地利用方式的变化是导致这种区域变化的主要原因。殷培红等（2006）利用 2000—2003 年分县统计数据，重点研究 21 世纪初中国粮食主产区的空间格局及区域差异，结果表明，20 世纪 90 年代后期以来，中国粮食生产重心进一步北移，同时开始出现“西扩”趋势。最近，钟甫宁等（2007）对全国四个水稻主产区水稻播种面积发生的变化进行了回归分析，他们认为，各区域水稻生产相对于替代作物净收益的差异是导致不同区域水稻生产布局变化的直接原因。

基于上述学者的研究可以发现，中国粮食生产区域格局已经发生了一定的变化，“南粮北运”的传统粮食生产区域格局已经变成了“北粮南运”、“中粮西运”的新区域格局，这对在新时期内关注中国粮食供求均衡的变动研究具有重要的背景意义。但是，上述大部分对中国粮食生产区域格局方面的研究忽视了区域之间地理空间联动效应以及较少考虑粮食各品种之间的差异性，这可能会使研究的结论存在一定的局限性，因此有必要从区域、粮食不同品种的角度对这一问题作进一步细化研究和分析。

（二）中国粮食消费结构变动趋势及其原因研究

国外学术界对于中国粮食消费结构变动趋势的研究要早于国内。早在20世纪80年代初期，瓦尔克（Walker，1984）就运用新中国成立以来粮食消费数据，详细分析了中国粮食消费变动历史过程及其特征。随后拉迪（Lardy，1984）利用中国1978—1983年粮食消费时序数据分析了中国改革开放后城乡居民消费结构变动情况。其他学者还从微观的角度，采用线性支出系统（LES）以及扩展的线性支出系统（ELES）模型对中国城乡居民食物消费结构变动及其特征进行了实证分析（Van，1984；Lewis & Andrews，1989）。他们的研究结论均表明，中国城乡居民的消费结构存在较大差异，农村居民的粮食消费价格弹性高于城镇居民。随着居民收入的提高，农村居民畜产品需求量的增加将会导致中国粮食消费需求结构的变动。在20世纪90年代，国外学者对中国粮食消费的研究更为集中在从微观的角度来研究消费者行为特征，且主要发展和应用了经典的消费理论模型，如线性支出系统（LES）、扩展的线性支出系统（ELES）模型、几乎理想的需求系统模型（AIDS）（Fan & Wailes，1995；Gao，1996；Huang & Rozelle，1998；Zhuang & Abbott，2007）。这些研究侧重从微观的角度探讨在改革开放20年左右的时间里，随着中国经济不断发展和居民收入持续增长，中国食物消费结构不断升级变动的过程以及中国城乡居民食物消费结构的差异性及其不同的消费特征。

国内学术界对中国粮食消费结构历史变化趋势的研究开始得较晚，而且与国外学者的研究相比，国内学者主要侧重从宏观的角度利用时序统计数据，运用描述性方法来总结和分析中国粮食消费结构的历史变化趋势。比如，石少龙（1999）对中国改革开放以来20年间城乡居民粮食消费概况及其趋势进行了分析。他的研究结论表明，城镇居民人均直接消费粮食的数量逐年下降，口粮消费趋向高质量、多品种，粮食加工食品消费比重不断增长，而农村居民粮食消费的变化主要体现在细粮消费的增加上。

国内部分学者对粮食消费结构的变动趋势研究逐步细化。例如，辛贤等（2003）通过构建中国区域饲料粮市场的非线性空间均衡模型研究了贸易自由化背景下中国城乡畜产品消费增长对中国区域饲料粮市场生产、消费和流通的影响。朱晶（2003）则通过对1985—2000年期间省级数据的实证分析认为，农民食品消费水平更多地与其收入和购买力水平紧密相连，而扩大粮食生产的比重实际上对粮食和其他食品的消费带来负面影响，贫困缺粮地区则更是如此；收入水平和粮食播种面积比重对农民食品消费总支出的影响大于对粮食消费量的影响，贫困缺粮地区更是如此。李小军等（2005）借助几乎理想的需求系统模型（AIDS）建立联立方程，对粮食主产区农村居民食物消费行为进行计量分析。结论表明，大米、小麦等粮食产品是主产区农村居民消费的必需品，在主产区农村居民消费中处于基础地位，表现出一定的消费“刚性”，所以其支出变动幅度较小；而一种食物消费需求在主产区农村居民生活中的地位越重要，基础性越强，其需求量就越少受价格波动的影响。反之则越易受价格波动的影响。尚强民（2005）发现，由中国人特定消费习惯所决定，与现阶段粮食消费水平相联系，国内食用植物油需求出现快速增长；与养殖方式变化和养殖总量增长相联系，国内蛋白粕需求量出现快速增长。国内市场食用植物油和豆粕需求旺盛引发了大豆消费量的“井喷式”增长。潘月红（2007）的研究则表明，口粮、饲料用粮、工业用粮、种子用粮、损耗及贸易用粮是中国粮食消费的主要方式，其中口粮是最主要的消费途径。在口粮消费中，小麦和稻谷是中国粮食消费的主要对象，农村地区则是粮食消费的主力军；城镇人均粮食消费量日趋稳定，农村人均粮食消费量平稳趋降；饲料用粮和工业用粮消费快速增长，种子用粮消费平稳趋降；城乡居民的粮食消费结构有所调整，对杂粮的需求增加；同时粮食消费中的城乡和地域差异将进一步缩小，而粮食消费链延长，粮食消费趋于多样化和方便化。王恩胡等（2007）利用统计时序数据考察了改革开放后中国城乡居民食品结构的演进，发现随着经济的发展和收入的增加，城乡居民直接粮食消费持续减量，而肉、奶、蛋等动物性食品及水果等园艺业产品消费不断增加，“食物革命”悄然展开。王川等（2007）则从区域的角度，利用2000—2005年中国粮食消费数据，对东、中、西部三个区域的粮食消费需求现状进行了分析，并细化到粮食口粮消费、饲料用粮消费、工业用粮消费、种子用粮消费以及损耗消费等不同的消费结构变化。研究结论表明，经济发展水平的差异是影响不同地区粮食供需平衡差异的重要原因。

国内外学者分别侧重从宏观和微观的角度来研究中国粮食消费结构变动趋势，得到的研究结论和研究成果较为丰富，但对当前一些新问题如农村劳动力的跨区域流动，生物能源的应用和发展等对中国粮食消费结构格局变动的影响效应方面的研究还不多见。在新时期下，探讨这些因素对中国粮食供求均衡的影响是十分必要的。

（三）中国粮食贸易历史变化趋势及其原因研究

从历史上看，中国粮食贸易最早可以上溯到明代。明清政府认为，粮食进口是缓解东南沿海地区人多地少、粮食供给紧张、困难的一个手段，因而对其采取鼓励政策。晚清乃至民国时期，政府在粮食贸易方面政策干预较少，粮食净进口呈上升趋势，于

20世纪30年代达到高峰水平（卢锋，1997）。新中国成立后，在20世纪50年代中国粮食出口大于进口，粮食国际贸易的性质主要是换汇换机器设备，推进国家的经济建设；20世纪六七十年代粮食进口大于出口，性质是救济人民生活、获得外汇和支持世界革命；20世纪80年代到90年代中期仍然是进口大于出口，性质是进一步改善人民生活、支持工业化建设和进行产业结构调整（瞿商，2006）。但到了20世纪90年代中后期，中国粮食贸易格局出现了历史性转折，粮食出口开始大于进口。同时由于国内粮价的形成机制逐渐由政府定价向市场形成价格过渡，粮食价格越来越反映供求关系，进出口贸易通过调节国内供求关系从而对国内粮价的影响也越来越大。进出口贸易不仅调节国内粮食的数量平衡关系，而且成为国内粮价的一个重要影响因素，且进出口贸易对国内外粮食比价的敏感度日益提高（叶兴庆，1999）。随着中国粮食流通体制改革进程的不断加快以及作为世贸组织成员来参与国际市场竞争，中国的粮食贸易逐步与国际市场接轨。但有学者认为，虽然中国很早就通过粮食的进出口参与国际市场贸易，但并没有很好地遵循国际市场规则、利用国际市场机制以提升粮食经营的效率，因此成为粮食国际贸易中一个不和谐的音符。这种不和谐表现为三个明显的特征：粮食进出口的易位、反常和低效。自20世纪90年代以来，中国在粮食国际贸易中的进出口地位频繁转换。根据国际市场价格的高低选择粮食进出口的方向本无可厚非，但反常的“贱卖贵买”行为，导致中国从粮食国际贸易中所获得的经济福利退化，粮食贸易效率低下（鲁靖等，2006）。

国内外学者对粮食贸易“大国效应”的关注始于1994年美国学者莱斯特·布朗（Lester Brown）。他认为中国粮食将出现巨大的供需缺口，且中国将在国际市场上大量进口粮食，必然导致世界粮食价格上涨，出现粮食市场的“大国效应”。此后，国内外学者开始关注中国粮食市场的“大国效应”问题，尽管现有的理论研究不多见，但所涉及的观点普遍认为，“大国效应”会影响中国利用国际市场解决粮食安全保障问题。

姚今观（2001）认为，中国是一个大国，进口粮食多了，就会产生“大国效应”，国际粮食市场价格就会上涨，从而会自动起到遏制进口的作用。程簌兰等（2000）、李炳坤（2000，2002）认为，中国作为一个粮食等农产品的生产和消费大国，在粮食进口贸易中具有典型的“大国效应”，即使少量的进口也会引起国际市场价格攀升，这样，反过来又会抑制粮食等农产品的进口。然而，“大国效应”虽然会使粮价大幅度提高，但粮价大幅度提高的同时又刺激了国内的供给；并且由于技术进步，农产品的产量和质量会以更快的速度提高，这会导致其价格下跌。李晓钟等（2004）通过定量分析则认为，某商品国际市场价格的变化会引起该国某商品比较优势的变化。从中国现阶段农业生产技术条件和农产品实际成本构成看，有利于中国比较优势发挥的贸易格局可表现为：净出口畜产品、水产品和园艺类等劳动密集型农产品，净进口粮食等土地密集型农产品。但是，当粮食国际市场价格上升时，国内粮食生产的比较优势状况也会发生变化。他们利用斯皮尔曼（Spearman）等级相关系数和格兰杰（Granger）因果检验对中国小麦和稻米的国际市场价格指数与进口额之间的相关性进行测算和分析。实证结果表明，中国粮食进口贸易中“大国效应”的显现是有条件的；由于中国粮食外贸依存度较低，即使考虑“大国效应”，中国粮食进口尚有较大的上升空间。高度关注粮食安全保障并不排除中国利用国际市场获取更多的比较利益。从某种意义上说，更好地利用国际市场恰可进一步增强市场的稳定性和抗击市场波动的能力，无疑会更有利于中国粮食安全保障。而杨燕等（2006）利用类似李晓钟等（2004）的研究方法，通过运用格兰杰因果关系检验对中国粮食进口贸易中的“大国效应”进行实证分析。结果表明，中国粮食进口量的变动是影响国际市场粮食价格变动的重要原因；国际市场粮食价格的变动却不是影响中国粮食进口量变动的原因，说明中国的粮食进口贸易中存在着扭曲的“大国效应”。范建刚（2007）通过对粮食进出口贸易“大国效应”的内涵进行剖析认为，这种效应的发生面临一系列约束条件，具有品种、时段、传递等方面的有限性，因此，合理确定粮食进出口允许规模，有效利用国际市场解决国内问题是中国粮食外贸政策应有的选择。

三　影响中国粮食供求均衡的主要问题研究

伴随着粮食供求形势的变化，国内部分学者对影响中国粮食供求均衡的因素也进行了研究。张剑雄（2007）认为，影响中国粮食供求均衡的因素主要表现在六个方面：粮食消费增长与耕地“量减质降”的趋势不会改变；水资源短缺且时空分布不均匀，农田灌溉危机频生，作物生产环境恶化；粮食生产比较效益太低，农业投入不足，城乡差距不断扩大，农民种粮积极性严重受挫；粮食直补政策实施过程中存在一些不容忽视的问题；粮食流通体制不健全；粮食储备制度不完善。本书将从供给和需求两个层面进行具体分析。

（一）从供给层面分析

从长远来看，粮食供给能力是粮食安全的决定性因素。粮食供给由本国粮食生产能力、进口能力以及储备能力三个方面构成。本国粮食生产能力具有最根本性的决定作用，进口和储备对粮食生产的波动具有缓冲和调节作用。

1. 粮食供给波动的影响

钟甫宁（1995）认为，粮食供给波动影响到一国的粮食安全，它主要受宏观政策、粮食生产、市场发育程度、粮食贸易和粮食储备等因素的影响。蒋乃华（1998）认为，粮食生产波动和价格波动与粮食安全问题密切相关，对生产者、消费者的福利有着直接的影响。大多数学者都将粮食生产波动和粮食价格波动相混淆，误认为中国粮食生产的波动性很高，但蒋乃华通过粮食生产的国际比较认为，中国是世界上粮食生产波动性最小的国家之一。李岳云（2001）认为，中国改革开放以来粮食生产波动频率明显加快，而且呈现出两增一减的波动趋势，给中国的粮食安全带来了不利影响。马九杰（2001）认为，交通运输、仓储、分销体制等直接影响粮食的供给状况，因此也是影响粮食安全的重要因素。娄源功（2003）则构建了粮食专项储备模型，假定自 2005 年之后的 25 年内，所列年份每年都有 -3% 的粮食供给波动率。其研究所得出的结论是，到 2030 年中国人口达到最高峰时，中国储备粮的规模（此时与吞吐量相等）为 7790 万吨。在理论上它可以平抑 6.21% 之内的粮价上扬，但在实际调控时若时机选择恰当，其功能会增强，反之则会减弱。

2. 粮食生产受到多种因素影响，具有不稳定性

在众多研究中，关注最多的是自然资源因素对粮食生产的影响。自然资源是农业赖以存在的前提和基础，自然资源的优劣直接影响粮食生产状况的好坏。罗思格兰特（Rosegrant，2001）和莱辛格（Leisinger，2002）认为，由于世界人口的快速增长，自然资源储备的急剧减少，人们越来越关注世界粮食生产系统的未来生产能力。影响中国粮食生产供给能力的自然资源因素主要是耕地资源的不断减少和水资源的短缺（国家发改委，2006）。

在耕地资源影响分析中，傅泽强（2001）认为，耕地的数量变化及质量状况与粮食生产存在着密切的关系，因此保护耕地数量，提高耕地质量，改善农田生态环境，有利于增加粮食产量，保障国家粮食安全。陈江龙、曲福田（2006）认为，农地非农化是影响粮食生产的因素之一。他们从理论上研究了农地非农化对粮食安全的综合效应，并通过计算农地非农化所导致的粮食产量损失及其占粮食需求量的比重两个指标，实证分析了农地非农化对中国粮食安全的影响。结果表明，1989—2000 年农地非农化使中国的粮食总产出下降了 1.42%，同时他们还设计了不同的情景方案：如果 2000—2030 年农地非农化面积在 1997—2002 年年均农地非农化面积的基础上扩大 10%—50%，农地非农化所导致的粮食产出损失最高为粮食需求量的 6% 左右。因此，应该适当释放农地，以促进经济发展。李岳云（2007）认为，不顾农业承受能力，牺牲农民利益的过度的工业化和城市化发展战略，是“三农”问题日趋严峻的政策性原因，也是中国粮食安全的直接诱因。其负面影响表现在：对耕地的大量占用，使粮食种植面积锐减，造成粮食总产下降；对高素质劳动力的大量吸引，使农业劳动力老龄化、女性化和弱质化，造成粮食单产不高。而东梅（2006）利用粮食总量安全系数、粮食产量波动系数、粮食外贸依存度和粮食储备四个粮食安全宏观指标以及灰色模型分别从短期和长期定量分析了退耕还林对中国宏观粮食安全的影响及其程度，最后得出这样的结论：从短期看，退耕还林并没有严重影响中国的总量粮食安全；而从长期看，在保证人均粮食消费的基础上，应该适当调整退耕还林的规模。

在水资源影响因素分析中，柯兵（2004）认为，农业灌溉用水的需求并没有增加，只是由于工业用水和生活用水的增加，农业用水受到了挤兑；同时由于水污染和水资源总量的不足，农业用水趋于紧张并且成本增加。他通过对中国粮食生产的直接用水成本和虚拟用水的机会成本进行比较，认为中国粮食生产的用水成本很高。因此通过提高进口粮食的比例，合理配置和灵活调整水资源，有利于中国水资源的可持续利用以及国家长远的粮食安全。

也有部分学者开始关注支撑粮食安全的财政投入成本和风险。如王家新等（2004）以江苏省为例对粮食安全成本进行了实证分析。江苏粮食安全的财政成本在大幅度波动中不断增长。曹荣湘（2005）分析了财政投入在收购低价粮方面的风险。他指出了中国为确保粮食安全所付出的巨大成本。李勇等（2007）对粮食安全财政成本及其风险进行了研究。通过实证分析发现，1995—2005年，中国每生产1万吨粮食所开销的财政支出呈递增趋势。中国的粮食安全财政成本偏高，中长期粮食安全财政成本也会偏高，尤其表现为粮食储备规模过大。现行的粮食最低收购价政策如果持续下去，将对中长期财政带来很大的风险压力。

3. 粮食贸易的不稳定影响到粮食供给，进而影响粮食供求均衡

粮食贸易受到本国进口能力、世界粮食市场供求状况以及各种政治、军事因素的影响，具有内在的不稳定性。粮食贸易及其政策与粮食储备状况紧密相关，它们的变化会导致粮食供给的波动，进而影响一国的粮食安全。马晓河（1997）认为，中国外贸体制改革滞后，造成内贸与外贸脱节，粮食进出口调节不灵，反应过度。往往是粮食丰收了进口，歉收了出口，对国内粮食市场不仅难以起到调节作用，反而还造成了冲击，放大和加剧了国内粮食供求矛盾，对粮食安全造成不利影响。陈劲松（1998）

也认为，部门分割的管理体制使粮食生产与流通脱节、内贸与外贸脱节，造成粮食市场剧烈波动、进出口逆向调节，影响到中国的粮食安全。卢锋（1998）认为，虽然粮食贸易的国际环境日益复杂，但中国面临大规模粮食禁运的可能性不大，粮食禁运风险不足以成为影响中国粮食安全的关键性因素。蒋庭松（2004）通过构建一个中国区域经济一般均衡模型 CERD，并应用该模型对入世对中国粮食生产、贸易和自给率的影响进行了模拟。模拟结果显示，总体而言，入世对中国经济有益，但各地区和各部门受到的影响不一样。农业是受到冲击的部门之一，不过入世对农业的负面影响并不太大，这主要是因为中国的农业保护水平在入世前就比较低。尽管如此，对于主要从事农业生产的某些中西部农民而言，入世后收入可能会下降，从而影响他们的粮食安全。刘剑文（2004）在论述贸易自由化对中国粮食安全深层次影响的基础上，认为贸易自由化是一把“双刃剑”，对粮食安全既具有积极的一面，又具有消极作用。为确保农民收入水平的提高，应发挥中国农产品的比较优势，充分利用国际市场，适当增加进口，以保证中国粮食安全。任雪琴（2006）认为，加入 WTO 以后，国内粮食市场逐步扩大对外开放，随着农产品贸易的自由化，粮食进口关税的逐步降低，对中国的粮食安全也会产生一定的影响。这主要表现在三方面：（1）关税减让对粮食生产会产生一定冲击；（2）结构性调整增加了转轨时期的就业难度，部分人群的营养安全受到威胁；（3）中国自主实现粮食安全的难度加大，增加了引发国内粮食市场波动的不利因素。樊明太等（2005）应用中国农业 CGE 模型，就中国在 WTO“后过渡期”进一步的贸易自由化对经济和粮食安全的影响进行了模拟和分析。基本的结论是：中国的贸易自由化对粮食安全会产生一定的冲击，引致粮食自给率下降，但这种影响要在现实中显形化还需要一定的条件。

（二）从需求层面分析

在粮食供给一定的情况下，粮食需求的变动直接影响到一国的粮食安全状况。影响粮食需求变动的因素主要有粮食价格的变动，人口的增长，收入的变化，城市化、工业化进程以及粮食市场的发育状况等。

1. 人口增长因素

人口增长因素对粮食安全的影响主要表现在对粮食需求的变化上，人口的增长会使粮食的直接消费持续增长。人口因素包括人口数量和人口结构。在粮食供应一定的情况下，人口越多，预示着粮食不安全的程度越高。温铁军（2003）认为，中国这个人口大国的粮食总产量与人口的增长必须同步变化，这是一个基本规律，违背这个规律就要付出代价。人口结构的变化会带来消费结构的改变，消费结构的改变意味着对粮食需求的增加。可见，人口因素是影响粮食安全的一个重要因素。

2. 城市化、工业化进程

随着我国市场经济的发展和城市化进程的加快，城市人口的比重增加，粮食商品化率提高，粮食间接消费增加，因此粮食总产量必须持续增加才能满足日益增长的粮食需求，否则就会面临粮食不安全的风险。而且彭珂珊（1999）认为，随着中国城市化进程的加快，农村中越来越多的素质较高的人进入城市从事非农行业，在非农人口增加对粮食需求的同时，又因粮食生产者素质普遍降低而影响粮食的生产供应。这种粮食供需因素上的逆向发展，无疑会对粮食安全造成重大影响。李岳云（2007）认为，工业化、城市化使粮食消费能力增强，如生产供给没有相应提高，则后果严重。因此在推进工业化、城市化过程中，必须坚持科学发展、城乡统筹，高度重视粮食安全；尽量减少耕地流失，增加“工业反哺农业，城市支援农村的力度”，提高粮食综合生产能力，缓解粮食供求矛盾。

四　中国粮食供求均衡模型构建的现状与进展

国内外学者和相关研究机构主要是基于一般均衡理论和局部均衡理论构建数量化的农业政策分析模型来研究中国粮食供求均衡问题的，这在国外起步较早，且模型的构建技术相对较为成熟，而国内的类似研究还相对薄弱。

（一）国外主要农业政策分析模型

在 1986 年“乌拉圭回合”谈判中，全球多边贸易自由化首次被基于以发达国家农场支持成本为基础的全球局部均衡模型的分析结论来提出（Tyers & Anderson，1986）。随后，美国和经合组织（OECD）成员国也开始展开以局部均衡模型为基础的研究来分析全球农产品贸易自由化（Dixit，*et al.*，1992）。如美国农业部经济研究中心（USDA/ERS）开发了 SWOPSIM 模型（Static World Policy Simulation Model）；OECD 开发 AGLINK 模型（Roningen，1989；OECD，1989）。这些模型均是基于“多市场、多区域局部均衡模型”理论开发的早期农业政策分析模型。同时随着模型技术和计算机技术以及数据采集技术的发展，越来越多的农业政策分析模型被开发和使用，除局部均衡模型以外，也出现了一批以一般均衡（General Equilibrium，简称 GE）理论为基础的政策分析模型。到目前为止，许多国家主要的研究机构和政府决策部门，均建有较为成熟的农业政策分析模型。表 2.1 和表 2.2 分别是自 20 世纪 80 年代以来研究文献当中出现的主要 GE 和 PE 模型。

表 2.1 国外现有文献中涉及的基于“一般均衡”农业政策分析模型

模型名称	参考文献	开发时间	开发机构	目前状态
RUNS	Burniaux & Mensbrug-ghe（1990）	1990	OECD（经济合作组织）	不使用
INFORUM	Almon（1991）	1991	University of Maryland（美国马里兰大学）	使用
BDS	Brown *et al.*（1992）	1992	University of Michigan（美国密歇根大学）	使用
GREEM	Lee *et al.*（1994）	1994	OECD（经济合作组织）	使用
WTO House-model	Francois *et al.*（1995）	1995	WTO（世界贸易组织）	使用
MEGABARE/GTEM	ABARE（1996）	1996	ABARE（澳大利亚农业资源经济局）	使用
GTAP	Hertel（1997）	1997	Purdue University（美国普渡大学）	使用
G-Cubed	Mckibbin & Wilcoxen（1999）	1999	EPA（联合国环境保护署）	使用
CHINAGRO	Keyzer & Veen（2006）	2004	IIASA（国际应用系统分析研究所）	使用

资料来源：笔者根据上述文献综合整理。

表 2.2 国外现有文献中涉及的基于“局部均衡”农业政策分析模型

模型名称	参考文献	开发时间	开发机构	目前状态
GOL	Roningen & Liu（1985）；Roningen *et al.*（1991）	1985	USDA/ERS（美国农业部经济研究中心）	使用
GAP/GLS	Salomon（1998）；Tyers & Anderson（1986）	1986	FAL，Germany（德国食品政策研究所）	使用

续表

模型名称	参考文献	开发时间	开发机构	目前状态
SWOPSIM	Roningen (1986); Roningen *et al.* (1991)	1986	USDA/ERS (美国农业部经济研究中心)	不使用
WFM	FAO (1986, 1993)	1986	FAO (联合国粮农组织)	使用
CER	Ingco (1987); Larson (1990)	1987	WB (世界银行)	使用
VOMM	Ingco (1987); Larson (1990)	1987	WB (世界银行)	使用
ATPSM	Peters & Vanzetti (2004)	1988	UNCTAD (联合国贸发组织)	使用
IIASA - BLS	Parikh, Fisher & Frohberg *et al.* (1988)	1988	IIASA (国际应用系统分析研究所)	使用
GOLD	OECD (1988)	1988	OECD (经济合作组织)	使用
GAPsi	Frenz & Manegold (1988)	1988	FAL, Germany (德国食品政策研究所)	使用
MISS	Mahe & Tavera (1988)	1988	INRA, France (法国国家农业研究所)	不使用
AGLINK	OECD (1992); Conforti & Londero (2001)	1989	OECD (经济合作组织)	使用
FAPRI	FAPRI (1989, 1994)	1989	FAPRI (美国农产品政策研究所)	使用
WATSIM	Lampe (1998)	1989	EU & University Bonn (欧盟和波恩大学)	使用

续表

模型名称	参考文献	开发时间	开发机构	目前状态
MTM	Huff & Moreddu (1989)	1989	OECD (经济合作组织)	使用
WTM	SEAP (1992)	1992	SEAP (土耳其东南安纳托利亚区域发展研究中心)	使用
IMPACT	Rosegrant (2000, 2002)	1993	IFPRI (国际食品政策研究所)	使用
ESIM	Tangermann & Josling (1994); Munch (1999)	1994	USDA/ERS & University of Gottingen, Germany (美国农业部和哥廷根大学)	使用
IFPSIM	Oga & Yanagishima (1996) Furuya & Koyama (2005)	1995	JIRCAS (日本国际农林水产中心)	使用
CAPRI	Britz (2005)	1995	EU & University Bonn (欧盟和波恩大学)	使用
DRAM	Tongeren (2000)	2000	LEI (荷兰农业经济研究所)	使用
PEATSim	James Stout & David Abler (2003)	2003	USDA/ERS & Penn State University (美国农业部和宾州大学)	使用

资料来源：笔者根据上述文献综合整理。

尽管各种政策分析模型（包括基于一般均衡和局部均衡理论）较多，但是从国外的学术研究情况来看，除了采用全球农产品贸易政策分析模型（GTAP）以外，国际学术界更多的是基于“多市场、多区域局部均衡模型”（Multi-market, Multi-region

Partial Equilibrium Modeling）的一般结构，建立了各种全球性的农业市场政策分析模型（Francois, *et al.*, 1997），用于研究全球化背景下世界各国农业与贸易政策改革、技术进步、环境资源变化及其他宏观变量对全球、各地区以及各个国家农业市场与贸易、粮食安全和经济福利等方面的影响问题（Chambers, 1992; Tyers & Anderson, 1992; Sadoulet *et al.*, 1995; Francois, 2000; Pustovit, *et al.*, 2003）。

（二）国内主要农业政策分析模型

尽管国际机构和发达国家高度重视农业政策分析和效果评估，且早在20世纪90年代就建有较为完善的分析模型体系，但由于中国长期处在短缺和封闭的经济条件下，且计量经济学在1980年左右才正式发展起来，现有的宏观政策分析模型主要是以国民经济总体部门为研究对象（汪同三，2001），因此中国农业政策分析模型研究起步较晚。

随着中国加入WTO及农业进入发展新阶段，中国农业政策目标日益多元化；而在开放的经济全球化和国家决策日益民主化的条件下，中国农业政策的制定和执行日趋复杂化（钱克明，2003）。国内也有部分学者和研究机构开始借鉴或者构建一些模型来进行中国农业政策研究。表2.3展示了国内现有文献中所涉及的农业政策分析模型及其相关信息。

表2.3　　国内现有农业政策分析模型

模型名称	参考文献	开发时间	模型类别	模型层次
CAPSiM（Chinese Agricultural Policy Simulation Model）	黄季焜等（2003）	1989	局部均衡模型	国家层次

续表

模型名称	参考文献	开发时间	模型类别	模型层次
中国农业 CGE 模型	樊明太等（2004）	1998	一般均衡模型	国家层次
CERD（中国区域经济一般均衡模型）	蒋庭松（2004）	2004	一般均衡模型	国家层次
CMPSEM（China Meat-Product Spatial Equilibrium Model）	辛贤等（2003）	2002	空间均衡模型	区域层次
中国分区域 CGE 模型	刁新申等（2003）	2003	一般均衡模型	区域层次
CARMEM（Chinese Agriculture Regional Market Equilibrium Model）	陆文聪等（2004）	2004	局部均衡模型	区域层次
CPSDPM（China's Provinces Soybean Supply and Demand Projection Model）	陈永福（2003）	2003	局部均衡模型	省级层次
HAPA（Heilongjiang Agricultural Policy Analysis Model）	卢江勇等（2004）	1992	一般均衡模型	省级层次
JAPA（Jiangsu Agricultural Policy Analysis Model）	周曙东等（2000）	1999	局部均衡模型	省级层次
HAS（Hainan Agricultural Policy Analysis Model）	过建春（2002）	2002	局部均衡模型	省级层次

资料来源：笔者根据上述文献整理。

中国农业政策分析模型多集中在国家层面。如黄季焜等于1989年建立了农业局部均衡模型——“中国农业政策分析和预测模型”（CAPSiM），CAPSiM 模型是中国学者在国内学术界首次构建的中国农业局部均衡模型。该模型的许多相关研究成果已在国内外产生很大的学术影响，但该模型是以整个中国为对象，尚未考虑中国的地区差异因素。刁新申等人（2003）建立了将中国分为七大区域和包括 15 种（类）主要农产品在内的 28 个部门的中国 CGE 模型，着重分析了入世后关税降低对中国农村经济及农产品市场供求的影响。但由于区域化 CGE 模型需要以全面的分区部门投入—产出系数为基础，而在中国尚未编制分地区社会核算矩阵（SAM）的情况下，现有统计数据难以满足这种建模要求，以致他们对中国农产品消费和贸易的分析也仅停留在全国层次上。陈永福等（2003）通过借鉴日本 IFPSIM 模型，建立了一个分省别的中国大豆供求模型，模拟分析了转基因政策和关税配额对中国大豆供求的影响。但该模型仅涉及大豆一种农产品。辛贤等（2003）和尹坚等（2003）分别基于空间均衡模型研究了中国饲料粮及肉类产品的供求和地区贸易问题，这种以区间运输成本最小化为目标的局部市场均衡模型，虽能较好地反映运输基础设施与费用对市场均衡的影响，但现实中区间运输路线与方式的多样化和不确定性，会导致模型结构的高度繁杂化。因此，国际学术界至今仅将空间均衡模型应用于运输路线与方式相对稳定的一种（类）农产品市场均衡问题的研究。陆文聪（2004）采用他与德国联邦农业科学院（FAL）市场分析与贸易政策研究所合作建立的将中国划分为七个区域和 17 种（类）主要农产品的“中国农产品区域市场均衡模型”，分析不同政策背景下未来中国粮食等主要农产品产需变化趋势。但由于该模型仅将中国划分为七个区域，没有细分到省区层次，因此模型分析结果的实际应用价值仍有一定的局限性。蒋庭松（2004）构建的中国区域经济一般均衡模型（简称 CERD）是一个关于中国经济的多地区模型，类似于多地区的全球性模型（如 GTAP）。但该模型考虑到了生产要素如劳动力和资本在不同的国家和国内不同地区（或者部门）之间是可以自由流动的，这使得该模型在分析的过程中能够模拟分析各地区之间商品和要素流动的联系。他应用CERD模型模拟了入世对中国粮食生产、贸易和自给率的影响效果。樊明太等（2004）所构建的中国农业CGE模型基本结构来源于他们与澳大利亚莫纳什大学（Monash）政策研究中心合作研制的PRCGEM模型，属于比较静态的分析模型，包括各经济主体和政府在一个时期内的行为方程，共涉及15种（类）农产品，并细化了农业政策工具及其作用机制，同时将农村劳动力独立区分出来，考虑农村劳动力迁移和收入分配、农村住户和城镇住户的收入机制、消费行为等经济特征。他们利用该模型就中国在WTO“后过渡期”进一步的贸易自由化对经济和粮食安全的影响进行了模拟和分析。

中国现有省级层次的农业政策分析模型较少，主要有以下三类。第一个省级层次的农业政策分析模型是由德国基森大学凯斯廷·莫尼卡（Kesting Monika）和鲍尔·西格弗里德（Bauer Siegfried）教授在1992年专门为黑龙江省农业部门构建的黑龙江省农业政策分析模型（Heilongjiang Agricultural Policy Analysis Model，简称HAPA）。该模型是基于一般均衡理论和福利经济学理论的非线性区域性多市场农业政策分析模型，主要用来模拟在市场经济条件下经济要素发生变化和政策措施对区域农业的影响效应。HAPA模型的主要特点在于考虑到了省区的地区性差异和区域间的运输活动，并利用非线性成本对模型结果进行校正，属于数学规划模型（卢江勇等，2004）。与该模型不同的是，1999年由南京农业大学周曙东教授研发的江苏省农业政策分析模型（Jiangsu Agricultural Policy Analysis Model，简称JAPA）引入了近乎理想化的线性需求系统（LA/AIDS模型）来分析主要农产品的消费需求特征，对居民的农产品消费行为进行了测定。JAPA模型构建的目的主要在于为政府部门提供一个决策支持系统，用于进行农业外部环境的预测，对现行经济政策进行评价以及对计划中的政策方案进行模拟。该模型属于局部均衡模型，采用了非线性规划模型来构建生产和消费模块（周曙东等，2000）。但HAPA和JAPA模型中均假设农产品的生产投入系数固定不变，不能随市场和政策环境的变化而变化，因此在2000年由华南热带农业大学过建春教授开发的海南农业政策分析模型（简称HAS）中，他通过引入C－D生产函数和要素需求函数使农产品的生产投入系数随市场和政策的变化而变化。该模型在对海南省社会经济发展及其政策分析评价的基础上，考虑到海南自然资源和社会资源、环境因素、交通运输能力、运输成本等约束条件，以生产者剩余和消费者剩余最大化为目标而构建的（卢江勇等，2004；过建春，2002）。这三组省级模型尽管考虑到了区域层次上的农业政策分析问题，但均是基于“封闭条件”假设，没有考虑到在农业开放条件下的环境变化对农业生产的影响效应问题，因此这三组模型在模型的变量设置和前提假设方面均存在一定的局限性。

五　现有中国粮食供求均衡变动趋势预测结果

对中国粮食供求均衡格局未来的判断主要从两个角度展开：一是国内外学者利用上面提到的农业政策分析模型或者其他计量预测分析模型对中国粮食供给和需求进行预测分析；二是国内部分学者通过构建粮食安全预警系统来判断中国未来的粮食供求均衡格局变动情况。下面将分别从这两个角度进行文献综述。

国内外许多专家学者建立预测模型以对中国粮食供求格局的

未来变动进行预测的研究者和研究机构较多。尤其是莱斯特·布朗先生在 1994 年提出的“21 世纪谁来养活中国”的论断引发了国内外学术界对中国粮食问题研究的大讨论，因此在 20 世纪 90 年代中后期，相关研究成果非常多，研究结论也较为丰富。表 2.4 详细列出了国内外 20 世纪 90 年代关于中国粮食供求研究的部分预测结果。

表 2.4　国内外 20 世纪 90 年代关于中国粮食供求研究部分预测结果

研究者或研究机构	预测年份	简要说明	预测结构		
			年生产增长率（%）	年需求增长率（%）	预测期终年净进口量（百万吨）
Chen & Buckwell（1991）	1980—2000	需求方面无价格反应，供给方面由过去顺延	1.8—2.9	2.1—2.9	-17—58
Gamaut & Ma（1992）	1990—2000	用中国台湾的消费方式来预测中国未来的粮食需求	1.3	1.9—2.7	50—90
Brown（1994）	1995—2030	没有模型，借鉴日本、韩国和中国台湾地区的经验	-0.6	1.0—1.9	216—378
OECF（1995）	1993—2010	分地区模型，基本是趋势分析，不考虑价格影响	0.6	1.9	104
USDA（1995）	1995—2010	同世界模型相连，价格内生，弹性是假设的	0.88	1.15	39
FAO（1995）	1990—2010	世界预测模型，部分计量模型，价格内生	1.9	1.8	15

续表

研究者或研究机构	预测年份	简要说明	预测结构		
			年生产增长率（%）	年需求增长率（%）	预测期终年净进口量（百万吨）
IFPRI（1995）	1990—2010	世界预测模型，非计量模型，价格内生，包括中国台湾	1.7	1.64	14
WB（1995）	1990—2010	计量预测模型，价格内生	1.9	2.0	22
OECD（1995）	1990—2010	没有模型，假设生产增长等于人口增长	1.3—1.5	1.4—1.5	20—54
中国农科院（1985）	1984—2000	供求分开预测，无价格反应，专家判断分析	1.7—2.2	1.1—2.3	-47—13
梅方权（1986）	1995—2030	计量经济模型，考虑了区域影响	1.24	1.24	14
钟甫宁和Carte（1991）	1990—2000		0.8—2.4	1.7—2.0	-28—118
黄季焜（1996）	2000—2025	局部均衡模型，弹性均来自计量估计	1.5	1.4	32

资料来源：Huang, J. K., Rozelle, S. & Rosegrant, M. W., "China's Food Economy to the Twenty-First Century: Supply, Demand, and Trade," *Economic Development and Cultural Change*, 1999, 47（4）: 737-766；黄季焜等：《迈向21世纪的中国粮食经济》，中国农业出版社1998年版，笔者根据其中的相关资料计算整理。

从上述研究者或研究机构关于中国粮食供求早期的研究文献中可以发现，他们的研究成果存在较大的差别。究其原因，范（Fan）和索姆比亚（Sombilla，1997）认为与这些模型对中国宏观经济假设、估计模型参数所采用的方法以及选择预测的模型结构不一致有较大关系。尽管这些研究成果不尽一致，但是几乎所有的研究结果在这两点上是相近的：（1）中国粮食供给偏紧的局面将继续存在，不会改变；（2）中国进口的粮食数量会增加（肖国安，2004）。同时这些对中国粮食供求预测的早期研究提供了研究思路的参考，并为后面的研究者建立研究中国农业部门的政策分析模型提供了方向。

关于粮食安全预警系统的研究，国内起步较晚。1975 年，联合国粮农组织（FAO）已经建立了一个“全球粮食和农业信息及预警系统”（GIEWS），定期或不定期提前发布有关粮食方面的信息，分阶段报告全球或地区粮食产量短缺情况，提供快捷可靠的未来粮食展望信息。之后，一些发达国家建立了粮食预警系统。FAO 还曾于 1991 年 7 月召开“加强亚太地区国家早期预警和食物信息系统”的工作会议。美国农业部曾帮助印度耗资 100 万美元建立一个粮食预警系统（安晓宁，1998）。

在中国，这项工作起步较晚，1992—1994 年，中国人民大学发表了农业经济预警研究报告，1996 年农业部市场信息司受 FAO 的委托就中国粮食安全预警及其组织结构与职能运作进行了分析研究，一些农业经济专家也对粮食安全预警进行了理论研究。1997 年徐静、张玉香、安晓宁、李志强等承担了农业部软科学课题——“中国粮食安全早期预警系统研究”，但他们仅提出了预警系统的指标体系（农业部，2001）。2002 年 4 月，中国农业科学院梅方权研究员主持的国家自然科学基金“九五”重点项目——“粮食与食物保障及预警系统的理论研究”通过验收，该成果主要解决了四个问题：（1）系统阐述了粮食预警系统的理论基础；（2）设计了粮食安全预警指标体系和警情指标敏感网；（3）研究并开发了五种各具特色的预警分析模型；（4）开发了相应的模型数据库与网络支持系统并实现了联网（梅方权等，2006；李志强等，1998）。冷淑莲（2004）从理论与方法层面阐述如何及时把握粮食基本供求态势，对粮食供求状况进行动态监测、力度测量与警情预报（刘萍，2005）。

此外，马九杰（2001）提出了粮食安全预警指标体系；邓乃扬等（2003）运用支持向量分类法建立了一种粮食安全预警模型；宁自军（2003）运用贝叶斯矩阵法建立了一种粮食安全预警模型；游建章（2002）对四种预警方法进行了评价；朱韵等（2001）对四川省粮食安全预警进行了实证分析。与此同时，福建省人民政府等还制定了具有可操作性的粮食安全预警应急方案。肖国安等（2006）在对六种传统预警模型包括粮食趋势产量增长率预警模型、粮食供求预警模型、粮食安全系数预警模型、粮食周期波动预警模型、景气分析预警模型、粮食安全综合预警模型的详细介绍的基础上，提出动态粮食安全预警模型。该模型不是停留在一个时点上，而是考虑了一个动态平衡过程；不但考虑了当年的供求平衡，而且还考虑了上年储备率情况和下一年的储备率要求；不但考虑了上年度粮食增长率，而且还考虑了因上年价格因素对下年粮食产量的影响；都用增长率来比较，统一了量纲；全面考虑了影响粮食供求平衡的因素，如既考虑了产量和需求的增长，又考虑了储备随产量及需求增加而增加的情况。

与粮食预警指标体系相比，利用农业政策分析模型或者其他计量预测分析模型对中国粮食供求均衡问题的研究能够提供更多相对丰富和精确的定量信息，但在已有的相关数量分析模型中，细化到粮食品种和区域的研究尚不多见。

六 对现有研究文献的评述

通过上述对国内外学者对中国粮食供求均衡问题研究文献的回顾，不难看出，国内外学者对与中国粮食供求均衡相关的问题作了大量的研究，取得了丰富的研究成果。

在研究范围上，大部分研究主要从某一角度或层面进行分析，且侧重于粮食增产方面，较少从全国或省区层次研究各种因素对粮食生产、需求和贸易的整体影响及其在粮食主产区与主销区之间、粮食品种之间、国内市场与国际市场之间所表现出的互动关系。

在研究方法上，国内大部分研究仍局限于统计性描述或采用计量经济学方法上，尽管有少数学者基于局部均衡理论构建了区域化市场模型，但大都仅涉及单一产品或模型区域，尚未细分到省区层次，同时这些模型对农产品的供求分析仍停留在全国整体层面上。且中国学术界现有的局部均衡模型和 CGE 模型，其涉及范围仅限于中国国内，均未考虑作为一个农业大国，中国在加入 WTO 以后国内、国际两个市场之间已呈现出愈来愈密切的相互影响关系。为弥补模型中所存在的这种国内与国际市场关系相互脱节的不足，有少数学者采用了将中国模型与全球贸易模型进行联结或采取将有关国际市场价格预测数据直接导入中国模型等方法，但这种方法同时也会因模型结构差异或预测数据可靠性问题而影响研究结果。

值得关注的是，国内外学术界对中国粮食供求均衡问题的讨论和研究始于 20 世纪 80 年代中期，尤其是在 20 世纪 90 年代中后期，相关研究成果非常多，研究结论也甚为丰富。随着中国自 1995 年以来，粮食自给率一直稳定在 95% 以上，尤其是经历了连续五年粮食增产之后，对中国粮食均衡问题的研究似乎沉寂下来，对中国粮食供求均衡相对权威的研究已中断了很多年。大部分对粮食供求均衡预测的结果均是建立在中国农业市场国际化程度不高的基础上的，因此相关的研究结论就具有一定的局限性。在中国加入世界贸易组织长达七年的时间里，中国农业市场和粮食市场的国际化程度都较 20 世纪 90 年代有了很大的提高，在新的粮食市场环境下，需要突破现有的研究思路与方法，采用全局、科学的观点和视野去重新思考并研究中国的粮食问题，既要考虑到国际市场条件的变化对中国的影响，也要关注中国对国际市场的影响。

基于此，本书主要针对上述学术研究中所存在的一些关键问题，借鉴国外学术界的相关研究进展和发展前沿，采用国际学术界已广泛应用的“多市场、多区域局部均衡模型”理论与结构，建立一个以研究中国粮食问题为重点的农业市场分析模型，科学探究全球化背景下中国粮食供求区域均衡变化的内在机理，以有效提升研究成果的科学性和应用价值。

第三章　中国粮食供求格局历史变化及其成因实证分析

中国作为一个世界上人口最多的发展中国家，既是一个粮食生产和消费大国，也是一个粮食贸易大国。实现粮食产量稳定增长、保证国内粮食供求基本平衡是长期以来中国农业政策的基本目标之一。随着中国人口刚性增长，耕地面积不断减少，粮食生产能力面临新的挑战；由居民生活水平提高所导致的消费升级引起了国内粮食消费需求结构的不断变化；按照加入 WTO 的协定，2006 年即在中国结束五年过渡期之后，开始严格执行 WTO 规则，农产品贸易自由化进程进一步加快，国内粮食市场开放程度逐步提高，由此带来的贸易进口冲击可能会对中国国内粮食供求平衡产生一定的影响。

本章将从分析中国粮食生产区域格局变化、消费需求数量及结构演变和进出口贸易历史变化入手，探讨这些历史变化背后的原因，以为后面章节的模型构建与模拟分析提供参考。

第一节　中国粮食生产区域格局变化分析

一　中国粮食播种面积格局变化

（一）中国粮食播种总面积变动趋势

图 3.1 展示的是自新中国成立以来中国粮食总播种面积绝对

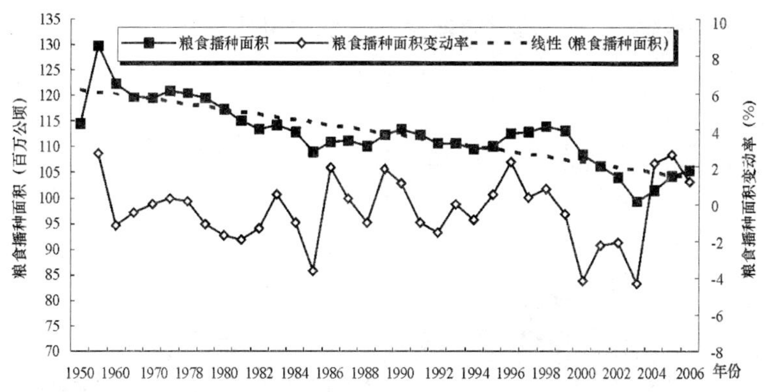

图 3.1 中国粮食播种面积变动率（1950—2006）

资料来源：1978 年以前粮食播种面积数据来源于《中国农业统计资料汇编》（1949—2004）；1978 年以后数据来源于 2007 年《中国统计年鉴》。

值和相对变化率的变动趋势情况。从图 3.1 中粮食播种面积的线性趋势可以看出，中国粮食播种面积呈现出明显的下降趋势。1978 年以前粮食的播种面积减少的转折点出现在 1960 年左右，这是由当时相关农业政策的历史原因所形成的。在 1978 年以后近三十年间，粮食播种面积持续下降，已由 1978 年的 11723.4 万公顷下降到 2006 年的 10548.9 万公顷，尽管中间年份如 1985 年和 1995 年都较前期播种面积有所增加，但均没有超过 1978 年的播种面积。值得关注的是，2003 年中国粮食播种面积降到 1978 年以来的最低谷，仅有 9941.0 万公顷，突破了 1 亿公顷的底线，这也导致了 2003 年中国粮食产量降至历史最低点，2003 年底粮食价格开始全面上涨。尽管 2004 年以后在中央政府出台的粮食生产支持政策带动下，随后几年的粮食播种面积开始回复，但仍然低于 2000 年以前的粮食播种面积。这主要是由于近些年工业化和城镇化进程加快，尤其是东部沿海等经济发达地区耕地面积的缩减和粮食种植比较利益的下降而导致的。

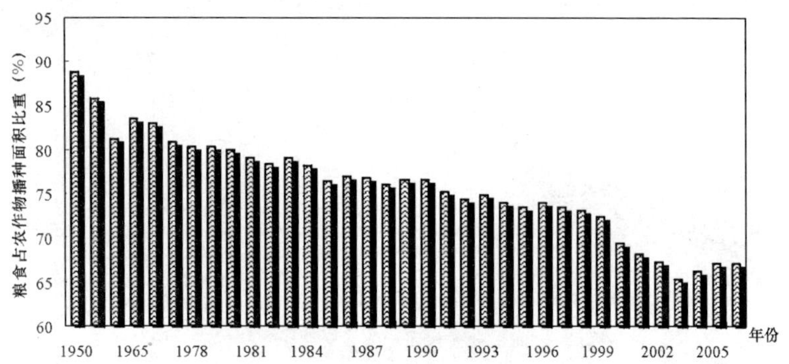

图 3.2　中国粮食占农作物播种面积比重变动率（1950—2006）

资料来源：1978 年以前粮食播种面积和农作物播种面积数据来源于《中国农业统计资料汇编》（1949—2004）；1978 年以后的数据来源于 2007 年《中国统计年鉴》。

在粮食播种面积总量下降的同时，中国粮食播种面积占农作物总播种面积的比重也在不断下降。图 3.2 展示了这一变化趋势。从图 3.2 可以看出：改革开放前粮食播种面积占农作物播种面积的比重在 80%—90% 之间，下降较为缓慢；但自 1978 年以后，尤其在 1999 年以后，该比重迅速下降，已由 1978 年的 80.34% 下降至 2006 年的 67.07%。尽管这里面有 20 世纪 90 年代中期农业结构调整政策的影响，但其深层次原因仍然是粮食作物与其他经济作物的比较利益较低以及从事粮食生产与从事其他非农产业工作的比较利益差距较大而引起的，农民种粮机会成本较大，积极性受到影响。随着农业生产资料成本如化肥、农药等资料价格的不断上涨，而粮食价格上升的幅度却较小，因此中国粮食总体播种面积不断减少的趋势在短期内是不可逆转的。

（二）中国粮食播种总面积产品结构变动趋势

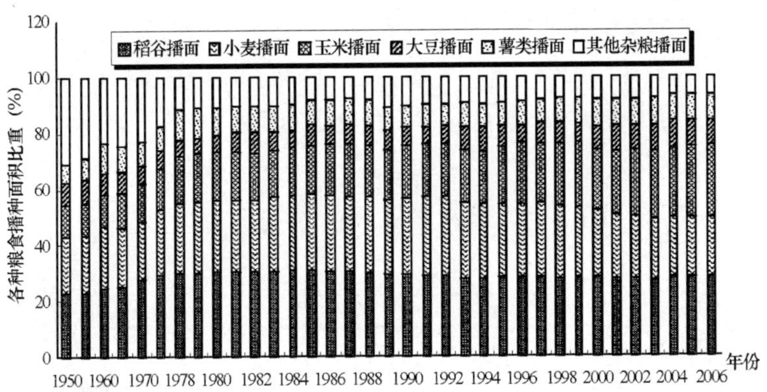

图 3.3　粮食播种面积产品结构变动情况（1950—2006）

资料来源：1978 年以前各种粮食播种面积数据来源于《中国农业统计资料汇编》（1949—2004）；1978 年以后的数据来源于 2007 年《中国统计年鉴》。

通过进一步分析不同粮食品种播种面积的变化趋势可以了解中国粮食总体播种面积结构的变化情况。图 3.3 展示了自新中国成立以来稻谷、小麦、玉米、大豆、薯类和其他杂粮播种面积占粮食总播种面积的比重变化情况，体现了这个阶段粮食播种面积的变动趋势。总体来看：（1）稻谷、小麦和玉米三种主要粮食的播种面积比重占到了 70%—75% 左右，且呈现出不断上升的趋势。但比较而言，玉米播种面积增长的速度最快，由 1950 年的 11.32% 逐步上升到 1978 年的 17.08%，2006 年该比重已经上升到 25.56%，成为超过小麦，仅次于稻谷的第二大产量的粮食品种，略低于稻谷 2 个百分点。而稻谷和小麦的播种面积则是稳中有降。(2) 大豆、薯类和其他杂粮三种粮食的播种面积在1950—2006年期间发生了较为显著的变化，三者总的播种面积比重由1950年的45.89%逐步下降到1978年的28.26%，直至2006年的24.89%。尤其是其他杂粮的播种面积，由1950年的30.77%已经降至2006年的6.69%。而大豆和薯类的播种面积比重相对较为稳定，分别保持在9%和6%左右。但由于粮食播种总面积在不断减少，实际上大豆和薯类的播种面积也是下降的。

二 中国粮食单产格局变化

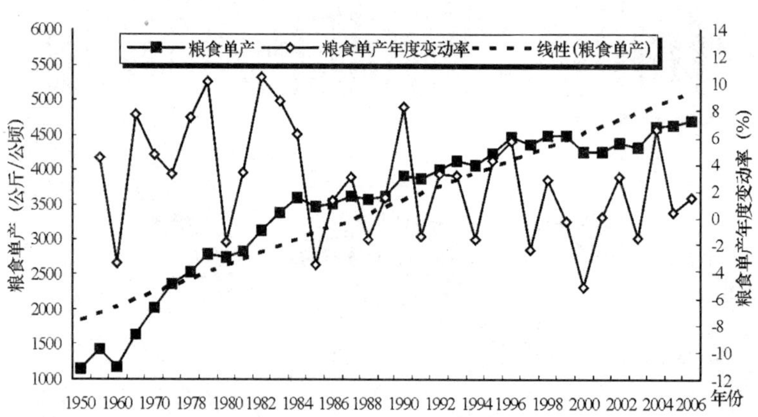

图3.4 中国粮食单产变动率（1950—2006）

资料来源：1978年以前粮食单产数据来源于《中国农业统计资料汇编》(1949—2004)；1978年以后的数据来源于2007年《中国统计年鉴》。

在中国粮食播种面积不断减少的趋势下仍然能保持粮食产量的稳定增长，粮食单产的不断提高起到了重要的作用。图3.4和图3.5分别展示了新中国成立以来中国粮食总体单产和不同粮食产品单产的变动情况。

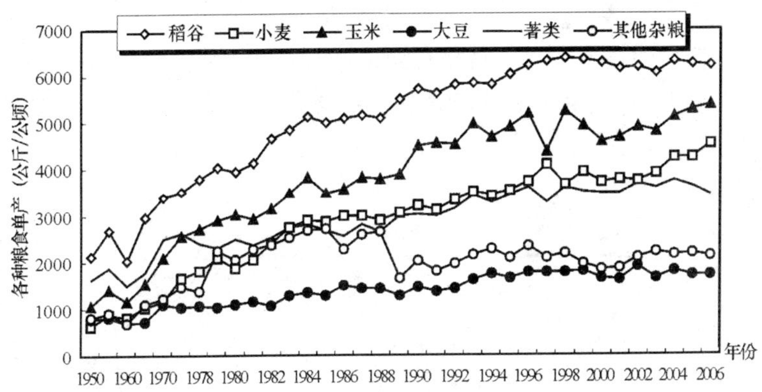

图 3.5　各种粮食单产变动情况（1950—2006）

资料来源：1978 年以前各种粮食单产数据来源于《中国农业统计资料汇编》（1949—2004）；1978 年以后的数据来源于 2007 年《中国统计年鉴》。

1. 从图 3.4 中粮食平均单产的线性趋势可以看出，中国粮食单产呈现出明显的增长趋势。2006 年底的粮食单产已达到 4716 公斤/公顷，是 1950 年粮食单产的 4.08 倍，是 1978 年粮食平均单产的 1.87 倍。这表明新中国成立以来中国的年粮食总产量在总体上呈现出强劲的增长势头。这与中国农业科技进步水平的不断提高和农业水利基础设施的逐步改善是密切相关的。

2. 从图 3.5 中六种不同粮食产品的单产变化趋势可以看出，稻谷的单产最高且提高最快，玉米次之，小麦第三，但大豆、薯类和其他杂粮的单产则相对较低且提高速度缓慢。这主要是因为稻谷、小麦和玉米是中国主要的三种粮食产品，消费和生产量都较高，对稻谷、玉米和小麦的科技研究也相对普遍，所以这三种粮食增产方面的技术成果也更为丰富且推广应用广泛，单产提高的速度更快。

三　中国粮食总产量格局变化

（一）中国粮食总产量的变动情况

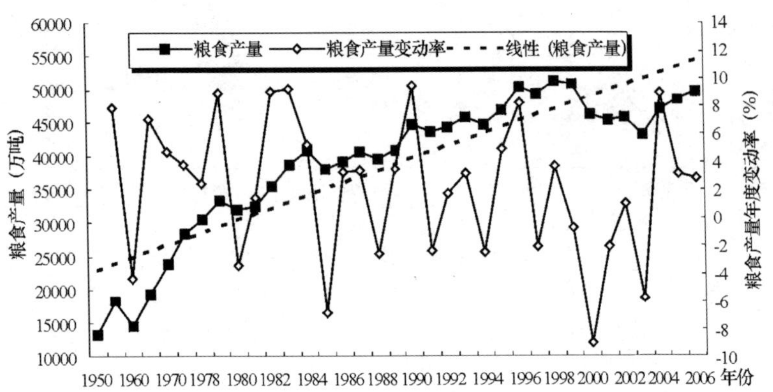

图 3.6　中国粮食总产量变动趋势（1950—2007）

资料来源：1978 年以前粮食产量数据来源于《中国农业统计资料汇编》（1949—2004）；1978—2006 年的数据来源于 2007 年《中国统计年鉴》；2007 年粮食产量数据来源于国家统计局 2008 年发布的《2007 年国民经济和社会发展统计公报》；粮食产量年度变动率由笔者计算得出。

图 3.6 展示的是自新中国成立以来中国粮食总产量绝对值和相对变化率的变动趋势情况。（1）从图 3.6 中粮食产量的线性趋势可以看出，中国粮食总产量呈现出明显的增长趋势。2007 年底的粮食总产量已达到 50150 万吨（国家统计局，2008），分别是 1950 年粮食生产总量的 3.81 倍，1978 年粮食生产总量的 1.65 倍。这表明新中国成立以来中国的年粮食总产量在总体上呈现出强劲的增长势头。（2）从图 3.6 中的粮食产量年度变动率也可以看出，中国粮食产量的变化具有明显的波动特征。在

1950—2007年期间，粮食产量年度变化率最大达到9.49%，而最小为-9.09%，分别发生在1990年和2000年。从统计数据来看，1950—1978年，共发生了五次粮食增产和减产交替出现的波动情况，形成了五次粮食波动周期，每个周期的平均时间长度持续约5年左右。但在1978—2007年间，已经发生了七次粮食增产和减产交替出现的波动情况，形成了七次粮食波动周期，每个周期的平均时间长度持续约3年左右。这表明新中国成立以来中国的年粮食总产量的波动特征较为明显，且呈现出波动频率加快，波动周期缩短的变化趋势。究其原因，主要是改革开放以后，中国粮食生产除了受到自然灾害因素的影响，还受到了在经济迅速发展过程中，由工业化和城镇化进程所带来的耕地面积减少的制约以及农业结构调整、粮食需求变动和粮食政策变动等因素的影响。

（二）中国粮食总产量的产品结构变化

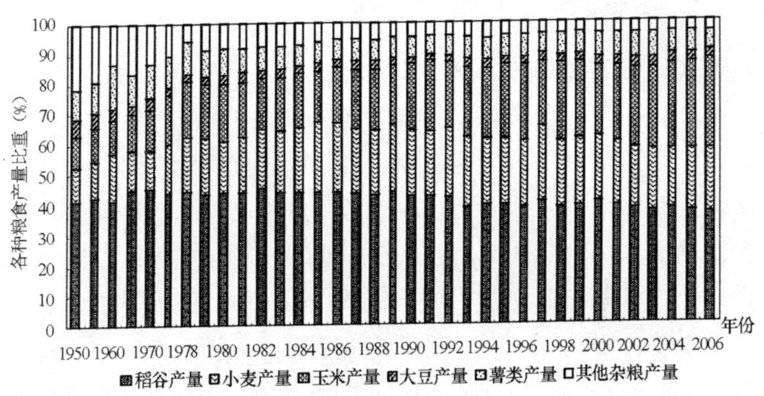

图3.7　粮食总产量产品结构变动情况（1950—2006）

资料来源：1978年以前各种粮食产量数据来源于《中国农业统计资料汇编》（1949—2004）；1978年以后的数据来源于2007年《中国统计年鉴》。

图 3.7 展示的是自新中国成立以来稻谷、小麦、玉米、大豆、薯类和其他杂粮产量占粮食总产量的比重变化情况，表明了这个阶段粮食产量产品结构的变动趋势。（1）稻谷和小麦两种粮食的比重一直占到粮食总产量的 60%—65% 左右，但稻谷的产量比重呈现出一定的下降趋势，小麦的产量略微上升。2006 年稻谷和小麦的产量比重分别为 37% 和 21%，分别比 1950 年下降了 5 个百分点和上升了 10 个百分点。（2）玉米的产量比重上升较快。由 1950 年的不到 11% 逐步上升到 1978 年的 18%，1998 年玉米的产量比重已达到 26%，成为超过小麦，仅次于稻谷的第二大粮食品种。2006 年该比重已经上升到 29%，略低于稻谷 8 个百分点。这主要是玉米消费需求的不断增加刺激了玉米播种面积的增加，同时玉米的生产技术进步也带来了玉米单产的上升。（3）大豆的产量比重呈现出稳中有降的趋势。与 1950 年 6% 的比重相比较而言，在 1978 年以后的 30 年里，大豆的产量比重一直稳定在 2%—3% 之间。但从长期的发展趋势来看，中国大豆产量增长缓慢，且表现出一定的下降趋势。这主要是由于生产区域的土质以及品种等因素的影响，中国大豆的单产与世界其他主要大豆生产国家比较相对较低，且出油率不高，这也使得中国大豆在改革开放以后的年份中一直处于净进口地位。（4）与改革开放前相比，中国的薯类和其他杂粮的产量比重在 1978 年以后下降更为迅速。两者的粮食总产量比重由 1950 年的 31% 下降到 2006 年的 10% 左右。这主要是由于在新中国成立初期水利设施不够健全的条件下，薯类和其他杂粮因其耐旱、耐碱和抗旱涝而成为中国尤其是中国北方地区的主要粮食作物。但随着水利设施的改善，稻谷、小麦和玉米等主要粮食作物生产迅速占主导地位，同时城乡居民收入的不断增长，粮食的口粮消费结构发生了变化，使得薯类和其他杂粮的口粮消费比重越来越低，呈现出不断下降

的趋势。但是，随着薯类和其他杂粮的工业消费和饲料消费需求的增加，两者的生产量可能会有所增加。

（三）中国粮食产量的区域格局变化

考察中国粮食总体的产量及其品种结构的变化仅能了解全国的平均粮食生产情况，为了反映区域之间粮食生产的差异，本书采用“生产集中度”指标来量化中国稻谷、小麦、玉米、大豆、薯类和其他杂粮六种粮食生产的区域格局变化情况。表 3.1 展示了 1978 年以来全国不同省区的稻谷、小麦、玉米、大豆、薯类和其他杂粮的生产集中度。

从稻谷生产情况来看，华东地区和中南地区是中国稻谷的主产区，在 2006 年稻谷产量占全国稻谷总产的 58.78%。20 世纪 80 年代中期以来，尽管江西的生产集中度明显提高及江苏和安徽略有提高，但浙江的集中度显著降低，这导致华东地区在全国稻谷总产量中的份额呈现出明显的下降趋势。占全国稻谷总产约 23% 的中南地区，河南、湖北和湖南三省的稻谷生产集中度则基本保持稳定变化态势。东北地区稻谷产量占全国总产的比重已从 1978 年的 2.95% 上升至 2006 年的 11.65%，其中黑龙江的稻谷增长十分明显。西南地区的稻谷集中度略有提高。华南地区的稻谷生产集中度呈现逐步下降趋势，其中广东省的下降程度十分显著。上述情况表明，近 30 年来中国稻谷生产的省区格局发生了一定程度的变化，黑龙江、吉林、江西在中国稻谷总产中的份额呈现明显的上升趋势，浙江、湖南、湖北、广东和广西是稻谷集中度下降的主要省区，而其他省份基本保持原有的地位。

从小麦生产情况来看，自 1978 年以来中国小麦生产的区域格局发生了比较明显的变化。东北、华北、华南、西北和西南地区在全国小麦总产中所占的份额呈现不同程度的下降趋势，而华东和中南地区的小麦生产集中度却呈现上升趋势。从省市区层次上考察，黑龙江、四川、湖北、西藏、浙江、广东和北京是小麦集中度下降的主要省市区，而河南和安徽是小麦生产集中度提高十分明显的省份，分别从 1978 年的 16.12% 和 5.18% 提高到 2006 年的 27.02% 和 9.25% 。

从玉米生产情况来看，自 1978 年以来，中国东北、西南和西北的玉米生产集中度呈现出一定的下降趋势，而华北地区玉米生产集中度的提高则相当明显，华东、华南和中南地区增幅十分有限。在东北地区，辽宁和黑龙江的减产幅度大于吉林的增产幅度。在西南地区，全部五个省市的玉米生产集中度均呈现下降态势，其中四川下降幅度最大。西北地区玉米生产地位略有下降，是因为甘肃省玉米生产明显减少。华北地区玉米集中度的提高，主要是因为内蒙古生产规模的明显扩大。

表 3.1　中国各省市区粮食生产集中度指标变化值（1978—2006）　（%）

		稻谷				小麦				玉米			
		1978	1985	1995	2006	1978	1985	1995	2006	1978	1985	1995	2006
华北	北京	0.17	0.15	0.09	0.00	1.21	0.85	0.98	0.29	1.08	1.67	1.19	0.50
	天津	0.09	0.10	0.21	0.07	0.89	0.51	0.64	0.50	0.56	0.86	0.72	0.52
	河北	0.40	0.46	0.49	0.29	11.91	8.67	10.37	11.00	9.23	10.64	10.57	8.80
	山西	0.04	0.03	0.02	0.00	2.40	3.44	2.64	2.42	4.84	3.29	3.60	4.45
	内蒙古	0.00	0.05	0.21	0.36	0.96	1.73	2.57	1.39	0.34	2.50	4.63	7.50
	合　计	0.71	0.79	1.02	0.73	17.37	15.20	17.20	15.60	16.06	18.96	20.71	21.78
东北	辽宁	1.52	1.56	1.41	2.34	0.28	0.03	0.62	0.06	10.78	7.02	7.36	7.83
	吉林	0.89	1.09	1.60	2.70	0.46	0.12	0.19	0.03	10.39	12.43	13.20	13.64
	黑龙江	0.54	0.97	2.54	6.60	5.20	4.39	2.65	0.89	11.12	6.45	10.83	8.41
	合　计	2.95	3.62	5.55	11.65	5.93	4.54	3.46	0.98	32.28	25.90	31.39	29.87

续表

		稻谷				小麦				玉米			
		1978	1985	1995	2006	1978	1985	1995	2006	1978	1985	1995	2006
华东	上海	1.39	0.91	0.86	0.49	0.30	0.25	0.23	0.11	0.10	0.06	0.04	0.02
	江苏	9.36	9.72	9.71	9.82	7.22	9.67	8.73	7.83	2.20	3.47	2.42	1.36
	浙江	8.70	8.05	6.58	3.87	1.06	1.05	0.53	0.23	0.50	0.21	0.13	0.19
	安徽	6.26	6.90	6.86	7.16	5.18	7.06	6.84	9.25	0.68	1.03	2.43	2.05
	福建	4.43	4.04	3.91	2.79	0.47	0.20	0.18	0.02	0.00	0.00	0.06	0.09
	江西	7.88	8.75	8.03	9.68	0.19	0.12	0.07	0.02	0.02	0.02	0.08	0.04
	山东	0.44	0.37	0.49	0.58	14.92	17.44	20.16	18.09	10.94	14.69	13.78	12.11
	合　计	38.46	38.75	36.43	34.39	29.34	35.80	36.75	35.55	14.43	19.48	18.93	15.85
中南	河南	1.42	1.34	1.60	2.34	16.12	17.81	17.16	27.02	8.38	8.42	8.55	9.93
	湖北	8.82	9.32	9.34	8.35	4.23	4.03	3.56	2.33	1.84	1.81	1.34	1.43
	湖南	13.70	13.87	13.16	12.71	0.71	0.34	0.27	0.13	0.39	0.32	0.35	0.94
	合　计	23.94	24.54	24.11	23.39	21.06	22.18	20.99	29.47	10.62	10.54	10.24	12.31
华南	广东	10.36	9.26	8.81	6.84	0.94	0.09	0.07	0.02	0.11	0.11	0.23	0.47
	广西	6.66	5.85	6.80	6.37	0.20	0.01	0.03	0.02	1.84	1.44	1.39	1.36
	合　计	17.02	15.11	15.62	13.21	1.13	0.10	0.09	0.03	1.95	1.55	1.61	1.83
西南	四川	10.45	11.43	11.33	9.41	8.11	7.29	7.15	4.92	7.84	9.06	5.62	4.93
	贵州	2.44	1.92	2.30	2.45	0.82	0.34	1.05	0.71	3.11	2.47	2.13	2.33
	云南	3.01	2.87	2.76	3.57	1.60	0.72	1.35	1.05	4.16	3.90	3.03	3.11
	西藏	0.01	0.01	0.03	0.02	4.39	3.67	2.49	0.25	1.81	1.17	1.12	0.01
	合　计	15.91	16.23	16.41	15.44	14.91	12.02	12.04	6.95	16.93	16.59	11.91	10.38
西北	陕西	0.00	0.00	0.00	0.00	0.35	0.14	0.24	3.98	0.00	0.01	0.01	3.05
	甘肃	0.60	0.52	0.35	0.47	4.66	4.93	4.02	2.50	5.22	4.57	2.52	1.50
	青海	0.00	0.00	0.00	0.00	0.99	0.73	0.68	0.37	0.00	0.00	0.00	0.01
	宁夏	0.20	0.25	0.25	0.39	0.90	0.68	0.67	0.72	0.11	0.22	0.54	0.84
	新疆	0.20	0.18	0.25	0.33	3.34	3.67	3.85	3.84	2.40	2.18	2.13	2.59
	合　计	1.00	0.96	0.85	1.19	10.25	10.15	9.47	11.41	7.73	6.98	5.21	7.98

续表

		大豆				薯类				其他杂粮			
		1978	1985	1995	2006	1978	1985	1995	2006	1978	1985	1995	2006
华北	北京	0.20	0.21	0.24	0.16	0.14	0.14	0.09	0.01	0.65	0.46	0.31	0.06
	天津	0.33	0.45	0.69	0.16	0.08	0.13	0.06	0.02	1.13	1.16	1.34	0.03
	河北	4.30	3.67	5.82	2.79	5.17	5.55	4.22	0.03	14.11	17.58	15.60	5.54
	山西	1.78	1.69	1.63	1.73	1.80	2.47	1.97	5.94	12.65	14.32	14.75	7.14
	内蒙古	0.26	2.74	3.89	6.54	0.96	1.85	2.28	4.89	1.61	10.61	7.40	7.93
	合　计	6.87	8.75	12.27	11.39	8.15	10.14	8.61	10.89	30.14	44.13	39.40	20.70
东北	辽宁	7.53	5.20	3.06	2.06	0.68	0.60	1.11	4.53	20.03	15.58	23.58	6.84
	吉林	9.12	8.61	5.80	7.60	0.82	0.94	1.07	1.52	13.26	8.66	8.50	5.17
	黑龙江	28.09	29.88	31.65	37.33	2.51	1.68	2.50	1.82	15.96	8.39	8.85	9.21
	合　计	44.75	43.69	40.51	46.99	4.00	3.23	4.68	7.87	49.25	32.63	40.93	21.22
华东	上海	0.20	0.10	0.17	0.11	0.00	0.00	0.02	6.22	0.00	0.00	0.00	0.35
	江苏	4.82	5.31	3.40	3.36	5.73	5.13	2.76	6.14	0.21	0.30	0.04	9.45
	浙江	1.59	1.05	1.40	1.89	2.27	2.63	2.17	0.95	0.00	0.00	0.00	1.46
	安徽	4.89	6.70	4.76	7.83	7.09	8.06	7.21	0.08	1.13	0.86	0.40	3.29
	福建	0.66	0.89	1.27	1.15	2.62	3.09	4.28	3.29	0.03	0.03	0.22	0.22
	江西	1.45	1.38	2.20	1.13	0.65	1.06	1.91	5.76	0.00	0.05	0.08	0.10
	山东	7.60	7.57	9.11	3.89	20.83	16.80	10.96	0.98	5.30	8.89	6.50	1.66
	合　计	21.22	23.01	22.31	19.36	39.18	36.78	29.32	23.43	6.66	10.14	7.23	16.52
中南	河南	9.19	9.83	7.90	4.06	11.56	8.01	8.77	1.57	4.78	4.70	3.63	4.34
	湖北	3.97	2.27	2.93	2.41	2.84	3.88	4.14	3.65	0.44	0.45	0.39	1.74
	湖南	1.72	2.08	2.82	2.67	3.42	3.29	3.90	4.44	0.27	0.12	0.28	0.98
	合　计	14.87	14.17	13.65	9.14	17.82	15.18	16.81	9.66	5.50	5.27	4.30	7.07
华南	广东	1.06	1.12	1.29	1.31	4.49	5.56	7.39	7.72	0.03	0.02	0.01	0.49
	广西	0.93	1.35	2.18	1.90	0.61	0.80	1.55	1.43	0.03	0.03	0.14	0.17
	合　计	1.98	2.48	3.47	3.21	5.10	6.36	8.94	9.15	0.07	0.04	0.15	0.66

续表

		大豆				薯类				其他杂粮			
		1978	1985	1995	2006	1978	1985	1995	2006	1978	1985	1995	2006
西南	四川	3.57	3.20	3.01	3.19	17.63	19.13	20.28	6.46	1.30	3.21	3.58	5.94
	贵州	1.59	1.05	1.02	1.00	1.80	2.11	4.13	1.15	0.14	0.16	0.48	1.19
	云南	1.26	0.91	0.96	0.85	1.53	2.42	2.42	0.91	0.07	0.05	0.06	5.64
	西藏	0.00	0.00	0.01	0.01	0.00	0.02	0.01	2.35	0.00	0.00	0.00	6.06
	合　计	6.41	5.16	5.01	5.05	20.95	23.67	26.83	10.87	1.50	3.42	4.12	18.82
西北	陕西	2.64	1.74	1.52	2.65	2.65	2.36	2.11	13.52	3.49	2.52	1.70	1.36
	甘肃	0.73	0.61	0.55	0.82	1.48	1.72	1.83	1.81	2.08	1.30	1.21	9.88
	青海	0.00	0.00	0.00	0.00	0.25	0.32	0.45	1.75	0.00	0.00	0.00	0.81
	宁夏	0.26	0.25	0.22	0.10	0.27	0.15	0.27	5.55	0.34	0.20	0.09	0.51
	新疆	0.26	0.14	0.50	1.28	0.14	0.08	0.14	5.52	0.96	0.34	0.89	2.46
	合　计	3.90	2.74	2.78	4.85	4.79	4.64	4.81	28.15	6.87	4.36	3.88	15.01

说明：重庆和海南分别纳入四川省和广东省，以保持数据的一致性。

资料来源：1978 年以前粮食产量数据来源于《中国农业统计资料汇编》（1949—2004）；1978 年以后的数据来源于历年《中国统计年鉴》。

从大豆生产情况来看，大豆的生产区域较为集中，主要集中在东北地区三个省份和华东地区的部分省区，两个地区大豆产量在 2006 年占全国大豆总产量的 66.35%。如东北地区的黑龙江省大豆产量占到了全国总产量的 30%—40%，且呈现出明显的上升态势，由 1978 年的 28.09% 上升到 2006 年的 37.33%，年均增长 1.00% 左右。辽宁和吉林的大豆生产比重逐渐降低。华东地区的生产集中度逐渐降低，由 1985 年的 23.01% 下降至 2006 年的 19.36%，但该地区的安徽省大豆生产量明显增加，而山东省的大豆生产集中度已由 1978 年的 7.60% 下降到 2006 年的 3.89%。近三十年来中国大豆生产的省区格局发生了一定程度的变化，大豆生产进一步向东北地区集中，尤其是黑龙江省。同时华北地区的内蒙古大豆生产增长较快，有取代华东地区成为中国国内第二大大豆生产区域的可能性，而其他非主产区的大豆生产则相对较为稳定。

从薯类生产情况来看，自 1978 年以来中国薯类生产的区域格局发生了比较明显的变化。尽管华东地区仍然是全国薯类产量最高的区域，但一方面从发展趋势上看，已表现出不断下降的态势；另一方面山东省的薯类生产主体地位被取代，该省的薯类生产集中度已由 1978 年的 20.83% 显著地降为 0.98%，而江西、安徽、江苏等省区的薯类生产集中度不断提高。除中南地区以外，东北、华北、华南、西北和西南地区在全国薯类总产中所占的份额都呈现出不同程度的上升趋势。尤其是，西北地区薯类生产量增长速度较快，这主要是因为陕西的薯类生产集中度明显增加，由 1978 年的 2.65% 上升至 2006 年的 13.52%，占到西南地区生产量的 48.03%。

从其他杂粮生产情况来看，自 1978 年以来，中国东北和华北地区的其他杂粮主体地位的重要性逐年下降，其他杂粮的生产集中度不断减小，两地区的生产集中度总和已由 1978 年的 79.39% 减至 2006 年的 41.92%；而华东、中南、西南和西北地区其他杂粮的生产集中度提高则相当明显，尤其是西南和西北两个地区，分别由 1978 年的 1.5% 和 6.87% 增至 2006 年的 18.82% 和 15.01%，这两个地区已成为重要的杂粮生产区域。西南地区的云南和西藏以及西北地区的甘肃三个省区的杂粮生产量不断增长，是西南和西北地区主要的其他杂粮生产省区。

上述情况表明，自 1978 年以来，中国粮食生产区域格局发生了一定的变化，且不同粮食具有不同的变化特征。中国稻谷生产在继续保持以南方地区为主的基本格局下呈现出向东北和西南地区扩展的态势；玉米生产呈现出以华北地区部分省市为主的集中趋势；而小麦生产则进一步向部分主产区如河南、河北两省集中；大豆生产也在向主产区如东北地区的黑龙江省逐步集中；薯类的生产则进一步向西南地区的陕西省集中；其他杂粮也逐步由华北和东北地区向西南和西北地区集中。

第二节　中国粮食消费需求结构格局变化分析

在分析中国粮食消费结构格局的变化之前，需要对消费统计数据做一些说明。由于消费数据统计的难度，至今中国权威统计部门还未公布完整的消费需求数据。对于粮食消费数据来讲，主要包括口粮消费、饲料粮消费、工业消费、种子消费和损耗及其他消费。其中，除口粮消费数据可以直接从相关统计年鉴中获得以外，其他的消费数据均需要通过相应的计算处理得到。关于这些数据的处理方法，本书在第六章中将专门对其作出说明，在此就不赘述了。

一　中国粮食口粮消费格局变化

自改革开放以来，随着经济发展，居民收入的不断提高，粮食口粮消费格局发生了较大的变化。但由于中国人民的消费习惯，对粮食的口粮消费总量仍然较高，尤其是像稻谷，80%以上仍然是口粮消费。同时，城乡居民收入差距的不断扩大，对城乡居民的粮食口粮消费特征也产生了一定的影响。下面将分别从城乡居民人均粮食消费量、消费总量以及不同粮食品种的口粮消费特征等方面探讨1978年以来中国粮食口粮消费格局的变化情况。

（一）粮食总体口粮消费量变化情况

1. 城乡居民人均口粮消费量变化情况

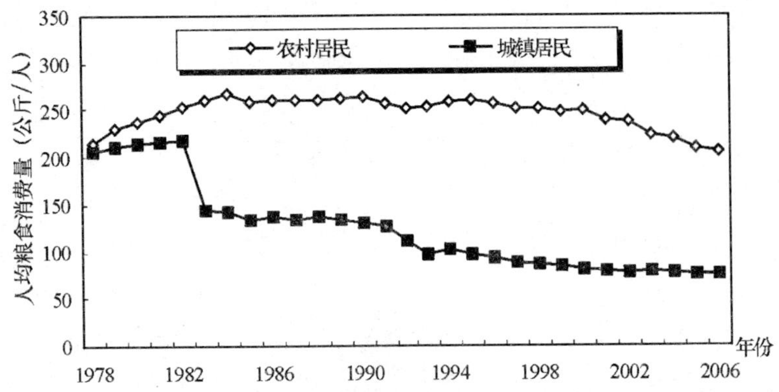

图 3.8　中国城乡居民人均口粮年消费量变化情况（1978—2006）

资料来源：根据 2007 年《中国农业发展报告》数据计算整理。

图 3.8 展示的是城镇居民和农村居民自 1978 年以来人均口粮年消费量的变动情况，从中可以看出以下两点：（1）城镇居民和农村居民人均口粮年消费量变动经历了不同的阶段，但总体上均呈现出不断减少的趋势。对于农村居民来讲，在 1978—1984 年间，农村居民人均口粮年消费量一直升高，由 1978 年的 215 公斤/人升至 1984 年的 267 公斤/人，这也是近三十年来农村居民人均口粮年消费量的历史最高点。1985 年农村居民人均口粮消费量有所减少，但 1986—1990 年间又开始恢复不断增加的趋势，直至 1990 年的 262 公斤/人。随后又经历了 1991—1993 三年的下降过程，但 1994—1995 年又有所回升。一直到 1995 年以后，农村居民人均口粮年消费量才开始逐年减少，2006 年已减少至 206 公斤/人。与此不同的是，城镇居民人均口粮年消费

量自1982年以后就逐年下降，已由1982年最高时期的217公斤/人降至2006年的76公斤/人，年均减少4.12%。（2）城镇居民和农村居民人均口粮年消费量差距不断扩大。1978年两者仅差10公斤/人，2006年两者差距已达到130公斤/人。这主要是因为城乡居民食物消费结构差异所造成的，尤其是随着城乡居民收入差距的扩大，两者的人均口粮消费量差距可能会进一步扩大。

2. 城乡居民口粮消费总量变化情况

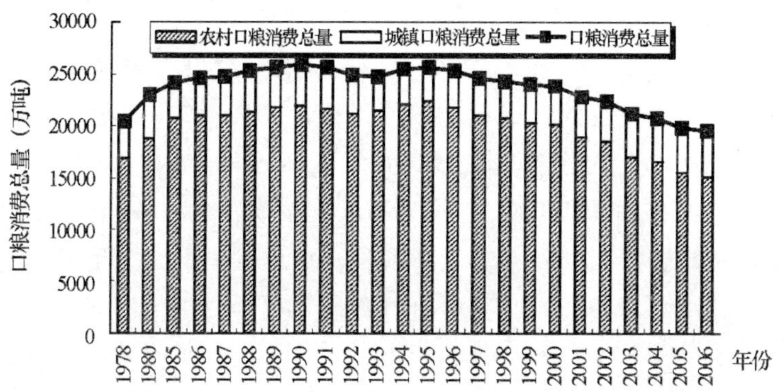

图3.9　中国城乡居民粮食口粮消费总量变化情况（1978—2006）

资料来源：根据《中国农业发展报告2007》数据计算整理。

图3.8是从人均消费量的角度反映城乡居民人均口粮消费量的变动和差异情况，图3.9进一步从总量的角度展示了中国城镇居民和农村居民自1978年以来口粮年消费总量的变动情况。从中可以看出以下两点：（1）中国粮食口粮消费总量经历了增加——减少——增加——减少的变化阶段，但是从线性发展趋势来看，总体上仍然呈现出不断减少的趋势。在1978—1990年间，中国粮食口粮消费总量从1978年的20513万吨上

升至 26000 万吨，年均增长 1.84%。随后经历了 1991—1993 三年的略微下降过程，但 1994 年和 1995 年又有所回升，直至 1996 年以后，中国整体口粮年消费总量才开始逐年减少，2006 年已减少至 19543 万吨，近 10 年间年均下降了 2.48%。从图 3.8 的分析中可以看出，口粮消费总量之所以出现这样的变动趋势，是因为与农村人均消费量的变动趋势相关。(2) 从口粮消费总量的城乡结构来看，农村口粮消费量占粮食口粮消费总量的比重不断下降，但城镇口粮消费量占粮食口粮消费总量的比重则稳步上升。1978 年两者的比重分别为 82.74% 和 17.26%，但 2006 年农村口粮消费量比重降至 77.59%，城镇口粮消费量比重升至 22.41%。这主要是因为中国城镇化程度不断提高所导致的，尽管城镇居民人均口粮消费量不断下降，但由于城镇人口增速较快，2006 年城镇人口已达到 57706 万，占到总人口的 43.90%，是 1978 年城镇人口的 3.35 倍，这使得城镇粮食口粮消费总量不断增长。可以预见的是，随着中国城镇化进程的加快，城镇口粮消费量占粮食口粮消费总量的比重仍会进一步增加。

（二）粮食口粮消费量的不同品种结构变化情况[①]

为具体反映城乡居民不同粮食产品口粮消费变动情况，图 3.10 和图 3.11 分别从人均消费量和消费总量两个角度展示了这一趋势。从这两个图中可以观察到以下三点：

① 由于数据的不可获得性，笔者无法找全 2006 年各种粮食品种的城乡消费数据，主要是缺失城镇的 2006 年消费统计数据。为保证数据的一致性，在此主要分析 1995—2005 年共 10 年间城乡居民不同粮食产品口粮消费量的变动情况。

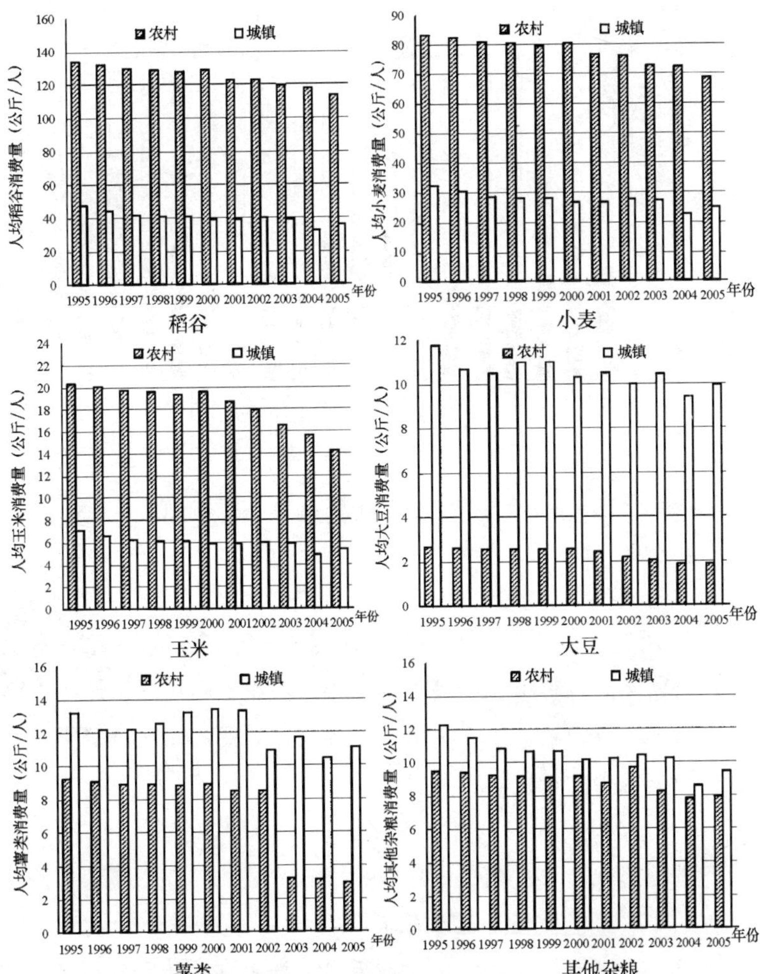

图 3.10 中国城乡居民不同粮食口粮人均消费量变化情况（1995—2005）

资料来源：农村人均消费量数据来源于 1996—2007 年《中国农村住户调查统计年鉴》；城镇人均消费量数据来源于《中国物价及城镇居民家庭收支调查》（1995—1999、2003）、《中国价格及城镇居民收支调查》（2000—2002、2004—2005）、《中国城市（镇）生活与物价年鉴》（2006）。

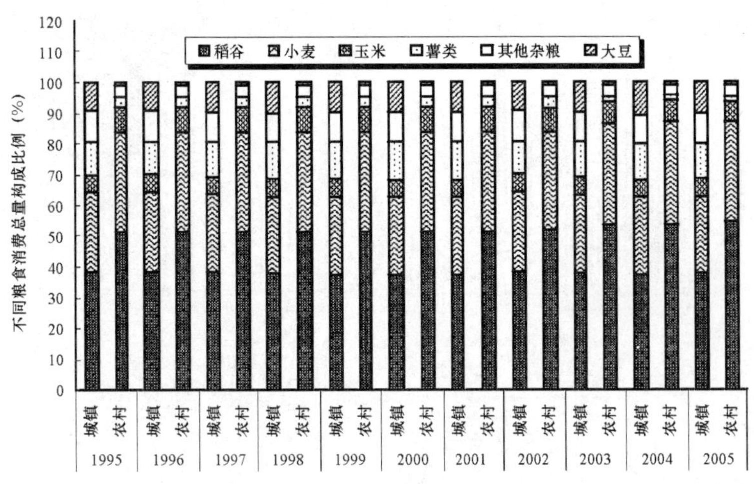

图 3.11 中国城乡居民不同粮食口粮总消费量构成（1995—2005）

资料来源：同图 3.10。

1. 从人均口粮年消费量的角度来看，1995—2005 年，城镇和农村居民的各种粮食产品人均口粮年消费量均呈现出逐年下降的趋势，这也导致了图 3.8 中城镇和农村居民的人均口粮年消费总量不断减少的情况。

2. 城镇居民人均稻谷、小麦和玉米三种主要粮食的年口粮消费量均远低于农村居民的年口粮消费量，但大豆、薯类和其他杂粮的年口粮消费量却高于农村居民的年口粮消费量。以 2005 年为例，城镇居民稻谷、小麦和玉米三种粮食产品的人均年消费量分别为 36.23 公斤/人、24.81 公斤/人和 5.41 公斤/人，但农村居民稻谷、小麦和玉米的人均年消费量则为 113.40 公斤/人、68.40 公斤/人和 14.20 公斤/人，后者分别是前者的 3.13 倍、2.76 倍和 2.62 倍。城镇居民大豆、薯类和其他杂粮三种粮食产品的人均年消费量分别为 9.91 公斤/人、9.38 公斤/人和 11.02

公斤/人，但农村居民大豆、薯类和其他杂粮的人均年消费量则为1.90公斤/人、3.00公斤/人和7.98公斤/人，后者分别是前者的19.17%、27.22%和84.26%。这也反映出城乡居民通过粮食摄入的膳食营养素的不同。

3. 从口粮消费总量的角度来看，城镇居民稻谷、小麦、玉米、大豆、薯类和其他杂粮六种粮食产品的口粮消费总量均持续增加，但农村上述六种粮食产品的口粮消费总量却不断下降。与1995年相比较，2005年城镇居民上述六种粮食产品的口粮消费总量分别上升了21.83%、20.04%、21.62%、34.97%、33.12%和24.34%，而农村居民上述六种粮食产品的口粮消费总量则分别下降了26.44%、29.01%、39.37%、38.43%、71.66%和21.70%。

综合上面对中国粮食口粮消费量和消费结构变动情况的分析可以看出，尽管城镇和农村居民人均粮食口粮消费量不断减少，但城镇粮食口粮消费总量却持续增加，农村粮食口粮消费总量则不断下降，这主要是由于在总人口持续自然增长的情况下，中国城镇化进程不断加快所导致的城镇人口增加造成的。因此，可以预见在一定时期内城镇口粮消费量占粮食口粮消费总量的比重仍会进一步增加。同时，由于城乡居民消费习惯的不同，他们对粮食口粮消费具有显著不同的品种结构特征。

二　中国粮食饲料粮消费格局变化

自20世纪90年代以来，饲料粮[①]已成为中国粮食总需求的

---

① 在中国，饲料粮主要是各种粗粮，包括玉米、高粱、大麦、燕麦、薯类等，其他的粮食产品如稻谷和小麦被用作饲料粮消费的比重较小，大豆主要是其副产品——豆饼被用来作为畜产品饲养过程中的部分饲料。

重要部分。据农业部统计数据，在90年代后期，中国生产的1/3粮食均用做饲料粮消费（农业部发展计划司，2002）；从发展的趋势来看，随着粮食口粮消费比重的进一步下降，粮食总消费需求量的增加将主要由饲料粮消费需求增加所拉动（田维明等，2007）。因此了解中国粮食饲料粮消费格局的变化，有助于把握未来的发展趋势，具有重要的现实意义。粮食饲料粮消费需求的增加是由于城乡居民畜产品消费需求的不断增长所带动的，畜产品需求的稳步增长带动了畜产品产量的不断变化。因此本书将畜产品产量的变动趋势与饲料粮消费格局的变化一起加以比较和分析。

需要说明的是，中国至今仍未对饲料粮生产和使用单独进行统计，因而无法直接获得粮食饲料粮消费的统计数据。本书是综合借鉴已有学者（陈永福，2004；肖国安，2004；田维明等，2007）处理类似问题的方法，采用不同饲养方式下的饲料转化率来进行转化处理的，具体的处理方法参考本书第六章中的详细叙述。同时由于20世纪80年代至90年代初期畜产品统计数据至今仍受到学者的质疑，尽管有部分学者通过相关方法对数据进行了调整（辛贤等，2004；蒋文华，2004），但继1998年调整了1996年畜产品产量以后的统计数据基本被认为是较为准确的，而1996年前后又是城乡居民食物消费结构变动的转折时期，因此本书所选用的数据分析期为1996—2006年。

图3.12—3.14分别展示了中国畜产品产量及结构变动趋势，以及各种主要畜产品粮食饲料消费结构变化趋势和中国粮食饲料粮消费产量及产品结构变动的趋势。

首先，从图3.12中可以看出，中国畜产品总量在1996—2006年保持持续增长的趋势，年均增长率为6.98%，2006年畜产品总量已达到14299.51万吨。从畜产品的增长结构来看，猪肉、牛肉、羊肉、禽肉、蛋类和奶类六种主要畜产品在近十年间的产量年均增长率分别为 5.11%、7.75%、10.00%、6.28%、4.13% 和 16.20%，这表明奶类的产量增长最为迅速，与近十年来奶类的消费需求不断增长具有明显的正相关关系。同时该变化与 20 世纪 80 年代至 90 年代中期牛肉和禽肉的生产量增长更快不尽相同。相比之下，猪肉和蛋类产量的年均增长率分别为 5.11% 和 4.13%，增长较为平稳，但猪肉和蛋类仍然是中国畜产品的主要产品，2006 年两者总产量共占畜产品总产量的 56.93%，这与中国城乡居民的饮食消费习惯和结构密切相关。

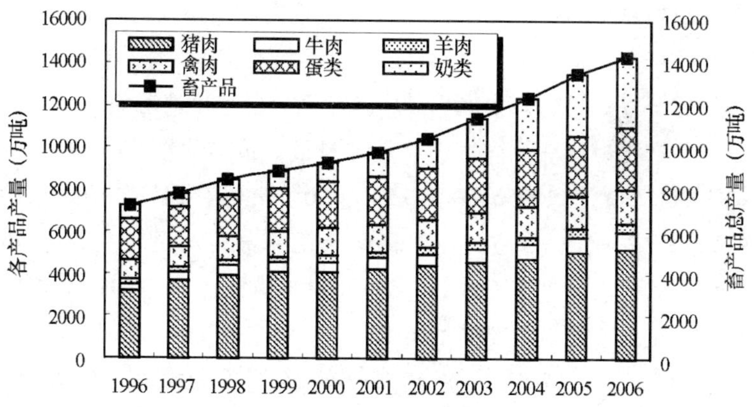

图 3.12　中国畜产品产量及结构变动趋势（1996—2006）

资料来源：笔者根据 2007 年《中国统计年鉴》数据计算整理得到。

从图 3.13 和图 3.14 中可以看出：（1）畜产品产量的快速增长也带动了粮食饲料粮消费量的快速增加。图 3.13 的数据表明，六种粮食饲料粮消费总量已由 1996 年的 12878.80 万吨增加到 2006 年的 21576.20 万吨，2006 年比 1996 年增加了 1.68 倍，年均增长5.30%。从粮食产品结构来看，玉米是最主要的饲料粮品种，2006年玉米饲料粮消费占粮食饲料粮总消费量的43.62%，也是玉米总产量的64.79%，但玉米的饲料消费量有所下降，这可能是因为随着玉米工业消费量的不断增加，饲料粮的消费比重有所下降。大豆饼和稻谷的饲料粮消费在近十年中不断增长，2006年已分别占到粮食饲料粮总消费量的14.54%和32.54%，均高于1996年的比重。这可能与华东地区、中南和西南地区的畜牧业发展相关，因为在这些地区，稻谷（主要是劣质大米）常被用来饲养牲畜，在湖南和湖北、江西等省区，稻谷的饲料粮消费占到总饲料粮消费量的50%以上（辛贤等，2007）。而小麦和薯类的饲料粮消费保持相对稳定，占到粮食饲料粮消费总量的7%—8%左右，且呈现出稳中略降的趋势。(2)不同的畜产品饲料粮消费品种结构存在较大差异。从图3.14中的数据可以观察到，猪肉作为中国城乡居民主要消费的畜产品种类，生产猪肉所消费饲料粮数量也是最高的，如2006年饲养生猪共消费饲料粮12056.50万吨，占2006年粮食饲料粮消费总量的55.88%，且玉米是饲养生猪所采用的主要饲料，占2006年生猪饲养所用饲料粮消费总量的38.86%。蛋类消费的饲料粮也较多，且玉米也是主要的饲料粮品种，而其他畜产品饲料粮的消费量所占比重较小，这主要是因为养殖牛羊等大牲畜主要以草料为饲料，因此粮食饲料粮消费量较少。

基于上面对中国粮食饲料粮消费量和消费结构变动情况的分析，可以看出，随着居民收入的不断提高所带来的食物消费结构的升级，畜产品的消费量会进一步增加，对粮食消费的间接消费需求之一——饲料粮消费量也会随着畜牧业的发展而不断增长，这将会对粮食的消费需求结构产生一定的影响。

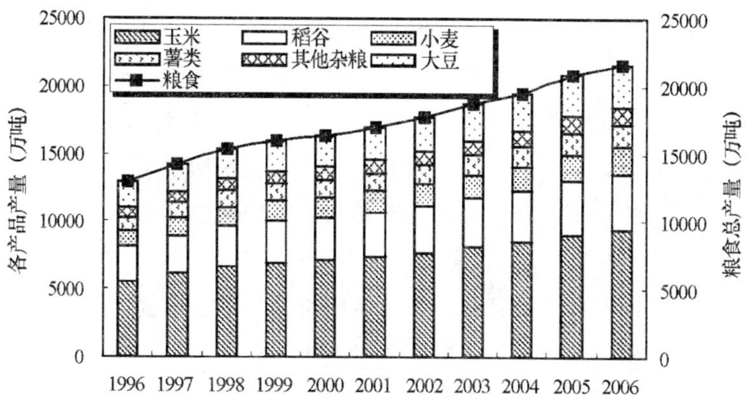

图 3.13　中国粮食饲料消费产量及产品结构变动趋势（1996—2006）

资料来源：笔者根据本书第六章中饲料粮消费需求的处理方法计算得出。

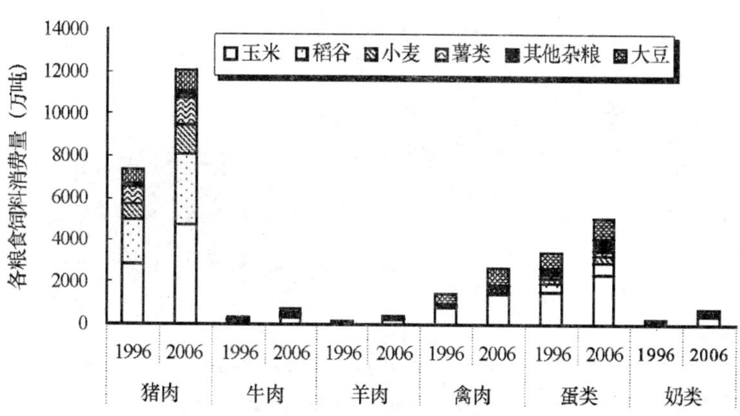

图 3.14　中国主要畜产品粮食饲料消费结构变化趋势（1996—2006）

资料来源：同图 3.13。

三　中国粮食种子消费格局变化

种子居于农业生产链条的最上游，是农业发展的核心推动力和农业生产技术以及生产资料发挥作用的载体，优良品种种子对农作物增加产量和改善品质起着至关重要的作用。从粮食消费结构来看，种子消费也是粮食消费中较为重要的组成部分。一般来讲，农民所用的粮食种子中一部分是自家上年粮食留种，另一部分则是从市场上直接购买。尤其是随着农业科学技术的不断进步及其应用的推广，种子市场不断繁荣，单产高、环境适应性强的粮食种子不断推出，使得中国整体粮食种子消费格局发生了变化。由于粮食种子消费总量由单位面积用种量和粮食播种面积决定，图 3. 15 和图 3. 16 分别从这两方面反映了稻谷、小麦、玉米和大豆四种粮食产品的种子消费变化趋势。

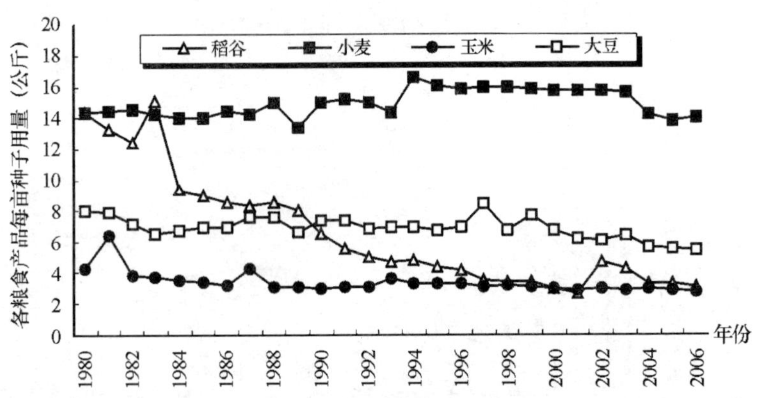

图 3. 15　中国主要粮食产品每亩种子消费量变动趋势（1980—2006）

说明：稻谷每亩种子消费量为早籼稻、粳稻、晚稻三种产品的平均值。

资料来源：笔者根据 2007 年《全国农产品成本收益资料汇编》数据整理得到。

从图 3. 15 和图 3. 16 中可以发现：（1）在 1980—2006 年间，尽管稻谷、小麦、玉米和大豆四种粮食产品的单位面积用种量在中间年份均有所波动，但从线性趋势上分析，总体仍呈现出不断

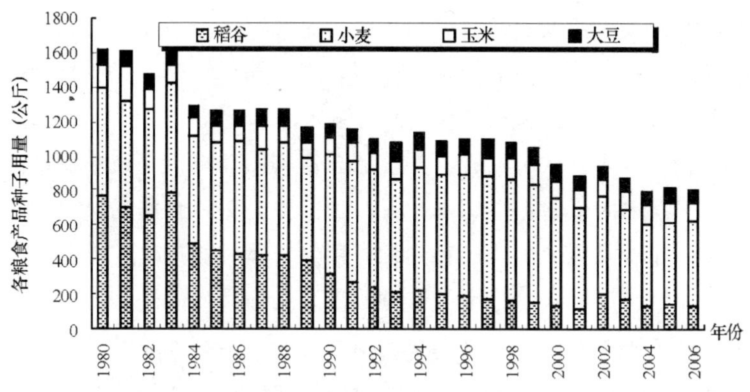

图 3.16　中国主要粮食产品种子消费总量变动趋势（1980—2006）

资料来源：笔者根据图 3.15 中每亩种子用量乘以各种产品播种面积计算整理得到。

下降的趋势，其中稻谷下降最为迅猛，小麦较为缓慢，玉米和大豆下降幅度不大。如 2006 年稻谷、小麦、玉米和大豆四种粮食产品的单位面积用种量分别为 3.07 公斤/亩、4.02 公斤/亩、2.73 公斤/亩和 5.46 公斤/亩，分别是 1980 年单位面积用种量的 21.31%、97.70%、64.24% 和 68.68%。这表明中国稻谷的种子生产技术水平提高最快，与水稻生产科技水平的不断提高密切相关，其原因是稻谷是中国居民口粮消费的主要品种，稳定提高稻谷单产是保障粮食口粮消费安全的首要目标。（2）不同粮食品种的种子消费格局变动有所差异。比如，相对于稻谷、小麦和大豆种子消费总量不断下降的趋势，玉米种子消费量呈现出稳定的上升态势，与 2000 年相比，2006 年玉米种子消费已增至 110.45 万吨，增加了 6.69 万吨。这可能是由于相对于其他粮食品种，玉米种子是中国商品化率最高的种子，商品化率接近 100%。且根据相关资料，用作饲料和加工的玉米种子是主要的种子消费方向，玉米的播种面积增长速度较快，因此随着玉米价格的提升和种植面积的进一步扩大，玉米种子特别是优质良种的需求扩大将是一个长期趋势。

综上所述，从短期看，种子的总需求相对稳定，这主要是因为种子需求的价格弹性几乎为零。种子作为一种必需的农业生产资料，其需求量由单位面积的种子用量与播种面积决定。单位面积的种子用量受栽培技术的影响。随着栽培技术的进步，单位面积的种子用量逐年呈下降趋势，但每年的下降幅度较慢，从短期来看其用量相对稳定，几乎不受价格变化的影响。种子播种面积主要受种植结构调整因素的影响，受种子价格的影响很小。可以说，种子是一种典型的缺乏价格弹性的必需品。但从长期来看，科技含量高的优质种子将会有较大的市场空间，其消费量会不断增加。

四　中国粮食工业消费格局变化

根据国家统计局公布的工业用粮统计指标解释，工业用粮是指食品加工、工业、手工制酒精、饮料酒、溶剂、制药、浆砂等用的粮食。其中，稻谷工业消费主要是酿制白酒；小麦工业消费主要是面粉加工、方便食品加工、酿酒、酱油和味精等方面；玉米工业消费主要是提供酿酒或发酵制品的原料，生产白酒、酒精、柠檬酸等以及加工各种淀粉糖及发酵品，近年来玉米也开始应用在生物乙醇燃料的生产加工方面；大豆工业消费主要是大豆油加工以及豆粕、豆制品的加工方面；薯类工业消费主要是淀粉加工；其他杂粮工业消费在啤酒、发酵制品中的应用较为广泛。为反映中国粮食工业消费格局的变化情况，图 3. 17 和图 3. 18 分别展示了中国粮食工业消费总量以及稻谷、小麦、玉米、大豆、薯类和其他杂粮六种粮食产品工业消费比重的变化趋势。

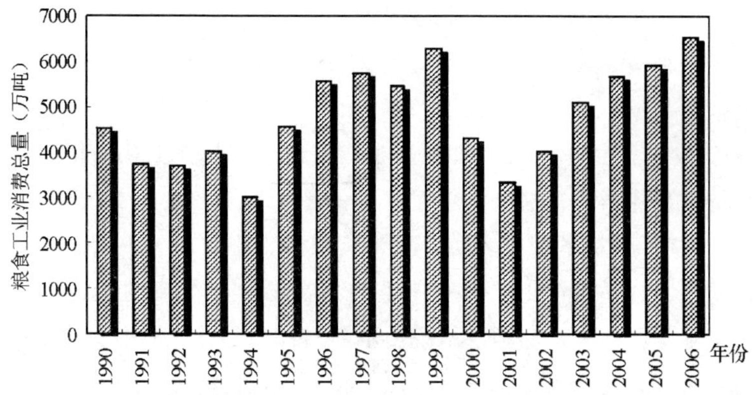

图 3.17　中国粮食工业消费总量变动趋势（1990—2006）

资料来源：笔者根据本书第六章关于粮食工业消费需求数据处理方法计算整理得到。

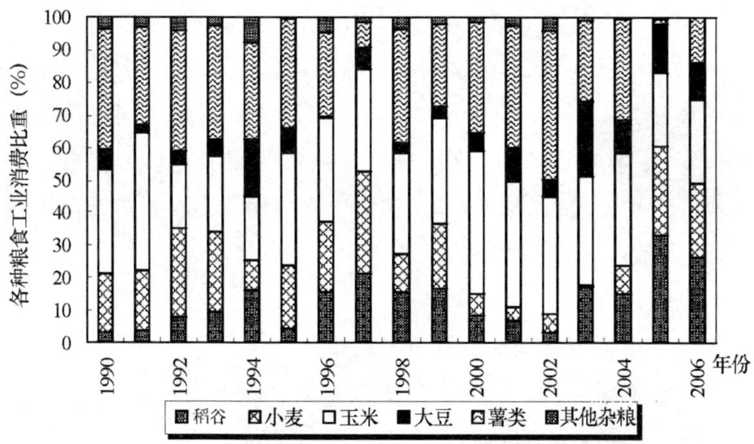

图 3.18　中国各种粮食产品工业消费总量变动趋势（1990—2006）

资料来源：同图 3.17。

从上述两个图中可以发现：（1）在近二十年中，中国粮食工业消费总量经历了减少——增加——减少——增加的螺旋上升变动趋势，但从总量的线性趋势来判断，粮食的工业消费量不断增长。1990—2000 年中国工业用粮消费量年均增长 3.74%，2000—2005 年年均增长率已达到 6.54%，特别是 2006 年，工业用粮达到 6522.67 万吨，比 2005 年增加 595.55 万吨，增长了 10.05%。随着中国粮食加工业能力的快速增长，工业用粮也将会持续快速增长，这势必会对中国的消费需求产生重要的影响。(2) 图 3.18 中的数据表明，玉米、稻谷、小麦和薯类的工业消费量较大，占粮食工业消费比重的 90% 以上，但各自的变动趋势不尽相同。玉米和稻谷呈现出不断增加的趋势，但小麦的工业消费量开始逐步下降，薯类工业消费相对较为稳定。尤其是中国工业玉米消费量不断增加，且增幅较大。伴随着能源短缺而来的生物能源热潮，玉米作为生物燃料乙醇的最大来源已经被赋予新能源的属性，其需求量正持续大幅度增加，加剧了供需缺口。根据最新的统计数据，2006—2007 年度中国玉米总供给量比上年度增加 6.2%，总消费比上年度增加 4.4%。其中，饲料消费增加 1.6%；食用消费减少 6.7%；工业消费加 18.8%。因此，在工业消费快速增长的刺激下，国内玉米供给将向偏紧的方向发展(农业部信息中心，2008)。

五　中国粮食损耗及其他消费格局变化

粮食损耗及其他消费需求主要指的是各粮食产品产后损耗，包括生产、运输、储存和管理过程中的损失。比如，农村的粮食损失比较严重，包括种子的损失、收获中的损失、农户储粮中的损失等方面。该种消费数据通过粮食产量乘以损耗率得到。图 3.19 和图 3.20 分别按照本书第六章关于粮食损耗及其他消费需求数据的处理方法整理得到 1978 年以来中国粮食整体以及稻谷、小麦、玉米、大豆、薯类和其他杂粮的损耗及其他消费需求量变动趋势。

从图 3. 19 和图 3. 20 中可以观察到：（1）从总量的角度来看，中国粮食损耗及其他消费总量呈现出总体上升的趋势，但占粮食总产量的比例保持在 3%—4% 之间。如在 2006 年，全国粮食损耗及其他消费总量已达到 1515. 4 万吨，占到粮食总产量的 3. 0%，而 1978 年该消费量为 996. 5 万吨，为 1978 年粮食总产量的 3. 3%。数据表明，粮食损耗消费也是粮食消费的重要组成部分，若在粮食生产、加工、运输和储存过程中仍然未有较好的管理方法，这一消费量将随着粮食产量的增长而稳定提高；若能减少粮食损耗消费量或者基本解决这一损失，那么对于缓解中国粮食供求均衡矛盾也会起到一定的作用。（2）从品种结构的角度来看，稻谷、小麦和玉米的产后损耗较为严重，2006 年三者共占到粮食损耗及其他消费总量的 89. 5%。一方面是因为这三种粮食的产量较高，另一方面是因为这三种产品的加工需求和储存都较多，因此导致其损耗消费量也相对较高。

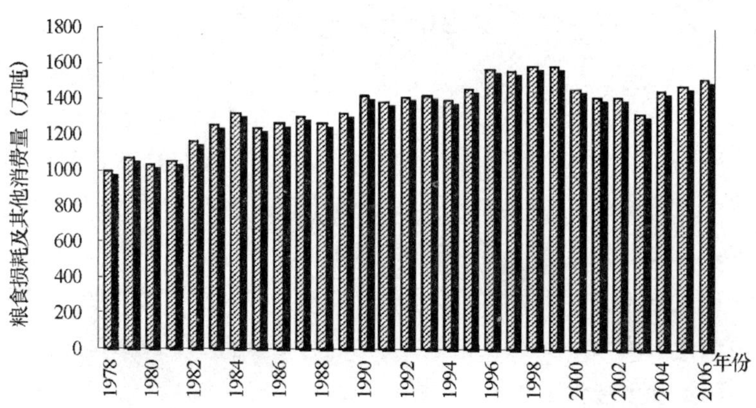

图 3. 19　中国粮食损耗及其他消费总量变动趋势（1978—2006）

资料来源：笔者根据第六章关于粮食损耗及其他消费需求数据处理方法计算整理得出。

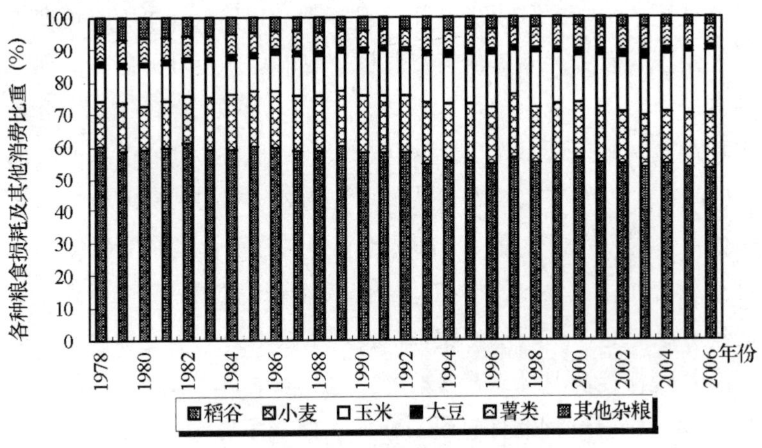

图 3.20　中国各种粮食产品损耗及其他消费比重变动趋势（1978—2006）

资料来源：同图 3.19。

第三节　中国粮食贸易格局变化分析

作为拥有十多亿人口的大国，中国粮食消费绝大部分来自国内生产，粮食自给率一直在 95% 左右。但在经济全球化和中国改革开放不断扩大的背景下，粮食国际贸易对调节中国国内粮食供求也具有重要意义（卢锋等，2007）。因此认识中国粮食贸易总量规模、产品和国际市场结构变动趋势以及国内各省区粮食贸易结构与国际粮食供求市场变动的趋势是分析和判断国际市场对中国粮食区域供求均衡影响的起点。

一　中国粮食国际贸易总量变动趋势

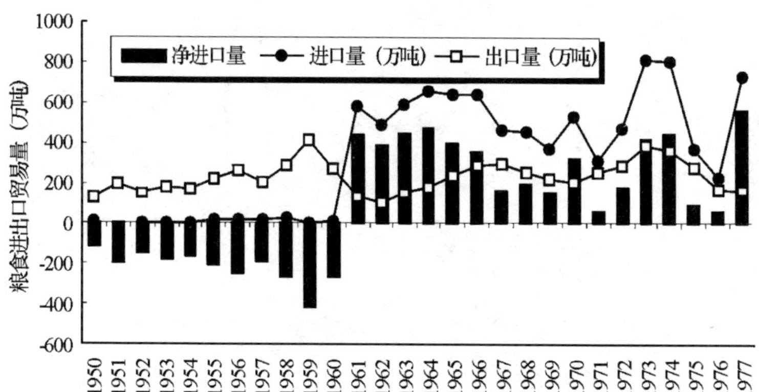

图 3.21　中国粮食进出口贸易总量变动趋势（1950—1977）

资料来源：进口量和出口量数据来自 1984 年《中国对外经济贸易年鉴》；净进口量据笔者计算整理。

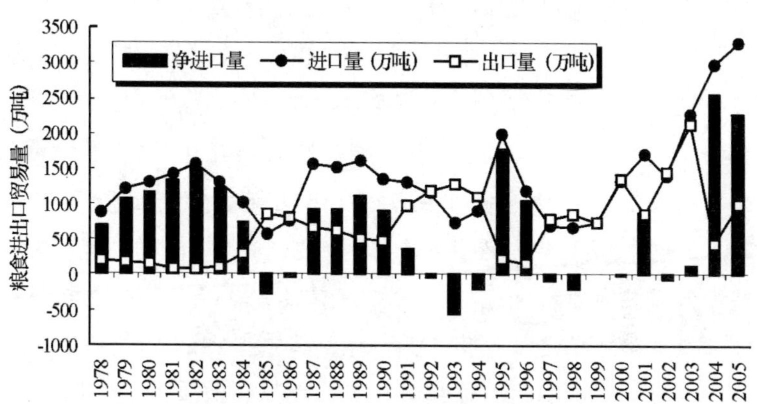

图 3.22　中国粮食进出口贸易总量变动趋势（1978—2007）

资料来源：进口量和出口量数据来自 2007 年《中国农村统计年鉴》；净进口量据笔者计算整理。

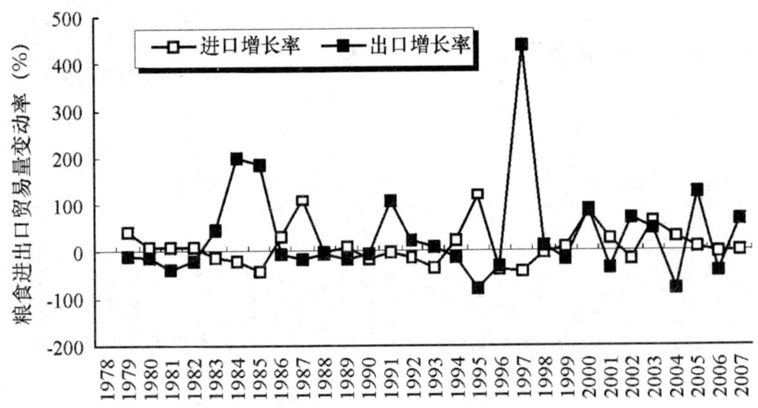

图 3.23　中国粮食进出口贸易量相对变动率（1978—2007）

资料来源：根据图 3.22 数据计算得到。

图 3.21—3.23 分别表示了自 20 世纪 50 年代以来，中国改革开放前后粮食国际贸易进出口量变动情况以及改革开放以后中国粮食进出口贸易相对变动率情况。从这三个图中中国粮食贸易变动量的绝对变化趋势至少可以看出以下四点：（1）在新中国成立后的十年间，中国是世界粮食贸易的重要参与者，主要表现为中国向国际市场上出口粮食。在 1950—1960 年，中国粮食出口累计总量达到 2500.14 万吨，年均出口量约为 250 万吨，1959 年达到了 415.75 万吨，其中出口的主要粮食品种为南方的大米和东北的大豆（瞿商，2006）。这期间的粮食进口量非常小，总计 90.16 万吨，其中主要是填补少量小麦消费的缺口。这期间的粮食国际贸易特征和性质与当时国家的"以农促工"的工业化发展战略相关，粮食贸易与其他产品的国际贸易一样，起到增加国家外汇的作用。（2）在 1961—1977 年间，中国粮食贸易主要是净进口态势。这主要因为在

20 世纪 50 年代末 60 年代初期，中国农业和粮食发展由于自然灾害等因素，造成粮食供给严重不足，国家从 1961 年开始制订并执行进口粮食的计划，中国开始成为粮食净进口国。这种状态一直持续到改革开放后的 1985 年才有所改变。（3）在改革开放以后，随着农村经济体制改革和对外开放，中国粮食生产不断增加，粮食自给率不断提高，在 1985 年实现了粮食进出口贸易的历史性转折，由持续近三十年的粮食净进口变为净出口。但随后在 1986—1991 年间，又出现了近 6 年的粮食净进口局面，但这期间粮食净进口波动不大，保持在 1000 万吨左右。自 1992 年以后，中国粮食国际贸易在国际市场上的进出口地位不断交替，且净进口和净出口规模波动幅度较大。但从这个时期的粮食净进口量变动来看，净进口较大的年份都是国内粮食相对紧缺和粮食价格上升时期。（4）自 2003 年年底以来，中国粮食贸易净进口总量与 20 世纪 90 年代相比已有大幅增长，如 2006 年，净进口量已达到 2594.20 万吨，2007 年有所回落，仍然保持在 2100 万吨左右。但是从粮食进出口贸易相对变化的趋势看，中国粮食近几年来进口增长率持续下降（图 3.23）。这是由于中国国内粮价快速上扬，进口绝对量不断增加，预示着中国粮食供求进入改革时期的第三次相对紧缺阶段（卢锋等，2007）。由此可以判断，中国国内粮食供求仍然处于“紧平衡”状态。另外可能是受人民币汇率和国际市场粮食价格不断上升的影响，中国粮食进口相对增长率在减缓，而净进口的减少可能会进一步促使国内粮价上涨。

二　中国粮食国际贸易结构变动趋势

（一）中国粮食进出口贸易产品结构变动趋势分析

表 3.2　中国粮食分品种进出口贸易量变动情况（1980—2006）　（万吨）

年份	稻谷		小麦		玉米		大豆	
	进口量	出口量	进口量	出口量	进口量	出口量	进口量	出口量
1980	14.8	109.0	1097.2		163.8	19.9	56.5	11.5
1981	8.9	58.8	1307.0		67.6	14.1	56.8	13.8
1982	21.9	46.9	1380.0		156.9	6.8	36.2	14.9
1983	7.9	56.6	1101.9		211.0	6.1		35.0
1984	12.5	118.9	1000.0		5.5	95.1		84.0
1985	21.1	101.9	541.0		9.1	633.7	0.1	114.0
1986	32.2	95.6	611.0		58.8	564.0	29.1	137.0
1987	54.1	98.9	1320.0		154.2	392.0	27.3	171.0
1988	31.0	70.5	1455.0		10.9	391.2	15.2	148.0
1989	93.4	32.0	1488.0		6.8	350.2	0.1	117.0
1990	5.9	33.0	1253.0		36.9	340.4	0.1	94.0
1991	14.3	69.0	1237.0		0.1	778.2	0.1	111.0
1992	1.0	95.0	1058.0			1034.0	12.1	66.0
1993	9.7	144.2	645.0	29.1	0.1	1110.0	9.9	37.3
1994	51.4	154.1	732.8	26.8	0.2	874.9	5.2	83.3
1995	164.5	5.7	1162.7	22.5	526.4	11.5	29.8	37.6
1996	77.4	27.7	829.9	56.5	44.7	23.8	111.4	19.3
1997	35.9	95.2	192.2	45.8	0.3	667.1	288.6	18.8
1998	26.0	375.6	154.8	27.5	25.2	469.2	320.1	17.2
1999	19.1	271.7	50.5	16.4	7.9	433.3	432.0	20.7
2000	24.9	296.2	91.9	18.8	0.3	1047.9	1041.9	21.5

续表

年份	稻谷		小麦		玉米		大豆	
	进口量	出口量	进口量	出口量	进口量	出口量	进口量	出口量
2001	29.3	187.0	73.9	71.3	3.9	600.0	1394.0	26.2
2002	23.8	199.0	63.2	97.7	0.8	1167.5	1131.5	30.5
2003	25.9	261.7	44.7	251.4	0.1	1639.1	2074.1	29.5
2004	76.6	90.9	725.8	108.9	0.2	232.4	2023.0	34.9
2005	52.2	68.6	353.8	60.5	0.4	864.2	2659.1	41.3
2006	73.0	125.3	61.3	151.0	6.5	309.9	2827.0	39.5
2007	48.7	134.3	10.1	307.3	3.5	491.8	3082.1	47.5

说明：(1) 空格表示当年进出口贸易量为0。

资料来源：1980—2006年数据根据2007年《中国粮食发展报告》第131页和133页数据整理；2007年数据来自中国农业部网站进度数据。其中，进口数据见http：//sjzl. agri. gov. cn/rpt/reportControl/reports. aspx? Target =_ self&reportID = 21；出口数据见http：//sjzl. agri. gov. cn/rpt/reportControl/reports. aspx? Target =_ self&reportID = 20。

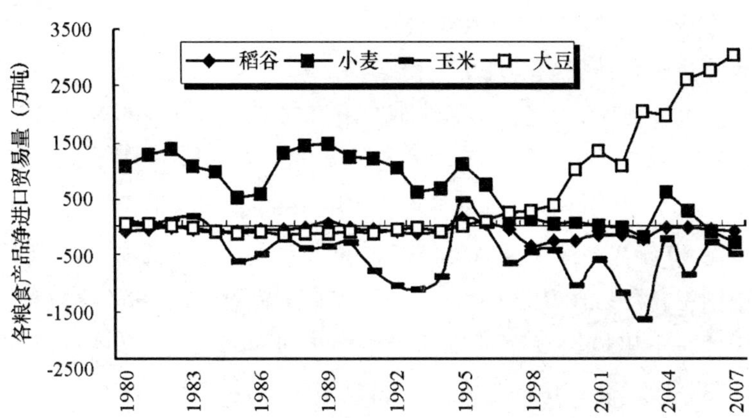

图3.24　中国粮食分品种净进口贸易量变动趋势（1980—2007）

资料来源：净进口数据笔者据表3.2数据计算整理。

表3.2和图3.24分别报告了1980—2007年中国四类主要粮食品种（稻谷、小麦、玉米和大豆）进出口贸易量和净进口贸易量的变动趋势。从这两张图表中可以看出以下三点：

（1）在1980—2007年共28年间，中国稻谷和玉米主要以净出口为主，但从发展趋势来看，稻谷和玉米净出口贸易量不断减少，其中玉米减幅相对较大。例如，稻谷在1998年净出口349.6万吨，2007年已减至85.6万吨，年均减少13.1%；玉米出口量最高时在2003年达到1639.0万吨，2007年已减至488.3万吨，年均减少21.5%。这可能是因为近几年中国国内玉米消费量（主要是饲料消费和工业消费量）不断增长，所以出口贸易量不断减少；而稻谷的国内消费相对于玉米的消费量而言较为稳定，增长幅度不大。

（2）在1980—2007年，中国由传统的小麦净进口地位逐渐转变为净出口地位。例如，在1980—2001年间，中国小麦一直是净进口，在1989年国内净进口小麦高达1488万吨。但是，小麦净进口贸易规模呈现出下降趋势，2002年开始出现净出口贸易，如2003年中国净出口小麦达206.7万吨，2007年已达297.2万吨。

（3）就大豆进出口贸易而言，在1980—2007年，中国由20世纪80年代初的大豆净出口国转变为大豆净进口贸易大国，是中国粮食贸易产品结构变动的主要粮食品种。在1982年以前，中国是小规模大豆净进口国，年净进口量不到50万吨；但在1983—1995年，中国是大豆净出口国，1987年大豆净出口高达143.7万吨，年均出口大豆85.1万吨；1995年后，中国再次成为大豆净进口国，且进口贸易规模持续扩大，2000年突破净进口大豆1000万吨，2003年突破2000万吨，2007年已突破3000万吨，净进口大豆达到3034.7万吨。这主要是因为中国大豆与美国和南美的大豆相比，平均单产低，相对成本高，出油率又低2个百分点左右，所以进口大豆具有明显的市场优势（陈锡文等，2003）。随着中国植物油加工和消费需求的不断增加，中国国内大豆进口需求激增，且在一段时期内，大豆的净进口贸易格局还会持续。

表3.3　中国2008年与2007年粮食分品种贸易结构变化比较（万吨，%）

粮食种类	统计指标	2008年1—5月累计	2007年1—5月累计	同比变动率
稻谷	进口	22.2	21.0	5.7
	出口	64.7	55.2	17.4
	净进口	-42.5	-34.1	24.6
小麦	进口	0.5	7.6	-94.1
	出口	22.1	81.6	-73.0
	净进口	-21.6	-74.1	-70.8
玉米	进口	0.7	0.7	2.9
	出口	10.9	350.9	-96.9
	净进口	-10.2	-350.2	-97.1
大豆	进口	1365.1	1133.5	20.4
	出口	26.6	21.9	21.3
	净进口	1338.6	1111.6	20.4
合计	进口	1388.5	1162.8	19.4
	出口	124.3	509.6	-75.6
	净进口	1264.1	653.2	93.5

资料来源：中国农业部网站进度数据报表（同表3.2）。

2007年年底国家开始取消原有的粮食出口退税政策，决定在2008年1月1日至12月31日，将对小麦、玉米、稻谷、大豆等原粮及其制粉共57个税目产品征收5%—25%不等的出口暂定关税，这使得中国粮食进出口在2008年上半年出现新的变化。表3.3比较了2008年1—5月与2007年1—5月同期累计的粮食贸易结构变化。稻谷净出口同比增加了24.1%，小麦净出口减少了70.8%，玉米净出口减少了97.1%，大豆净进口增加了20.4%，累计粮食净进口量较2007年同期增加了93.5%，这主要是由于大豆净进口量的增长所导致的。

因此，中国粮食贸易的产品结构主要是：稻谷、玉米和小麦仍然维持净出口的地位，但玉米和小麦的净出口规模有所下降；大豆是中国主要净进口粮食品种，且这一贸易规模呈不断扩大趋势，这对国内粮食供需平衡起到了一定的调节作用。

（二）中国主要粮食进出口贸易市场结构

表3.4和表3.5分别比较了近十年间中国稻谷、小麦、玉米和大豆四种原粮进出口贸易国际市场结构的变动情况。

表3.4 中国1996—2006年各粮食产品出口贸易国际市场结构 （%）

贸易国家和地区位次		1	2	3	4	5	
稻谷	1996	阿尔及利亚	韩国	日本	朝鲜	毛里求斯	其他国家
		24.53	24.17	18.33	12.92	4.35	15.70
	2006	日本	韩国	俄罗斯	科特迪瓦	利比里亚	其他国家
		13.79	12.98	12.74	12.64	8.86	38.99
小麦	1996	朝鲜	蒙古	中国香港	越南	俄罗斯	其他国家
		58.50	15.90	13.20	7.60	3.40	0.00
	2006	菲律宾	韩国	越南	印度尼西亚	孟加拉国	其他国家
		40.10	36.06	13.41	6.67	2.77	1.01
玉米	1996	朝鲜	韩国	日本	马来西亚	俄罗斯	其他国家
		49.19	35.86	10.08	3.89	0.94	0.04
	2006	韩国	日本	马来西亚	越南	印度尼西亚	其他国家
		63.31	14.79	12.06	2.56	2.02	5.26

续表

贸易国家和地区位次		1	2	3	4	5	
大豆	1996	日本 88.76	朝鲜 10.95	中国香港 0.19	韩国 0.07	俄罗斯 0.02	其他国家 0.00
	2006	日本 48.51	韩国 18.51	美国 10.94	越南 7.32	朝鲜 5.50	其他国家 2.88

说明：(1) 这里用到的数据是根据 STIC Rev. 2 分类标准选取的稻谷 (042)、小麦 (041)、玉米 (044)、大豆 (2222) 贸易数据；(2) 小麦数据中不包含小麦粉的数据。(3) 表中的数据表示市场份额。

资料来源：笔者根据联合国 COMTRADE 数据库数据计算整理得到。

表 3.5　中国 1996—2006 年各粮食产品进口贸易国际市场结构　(%)

贸易国家和地区位次		1	2	3	4	5	
稻谷	1996	泰国 83.26	越南 12.61	印度 2.02	巴基斯坦 1.44	美国 0.40	其他国家 0.26
	2006	泰国 96.63	越南 2.99	老挝 0.31	巴基斯坦 0.02	日本 0.02	其他国家 0.02
小麦	1996	加拿大 42.52	澳大利亚 28.60	美国 26.59	法国 2.28	德国 0.00	其他国家 0.00
	2006	澳大利亚 51.39	美国 31.01	加拿大 17.60	墨西哥 0.00		其他国家 0.00
玉米	1996	美国 79.70	阿根廷 19.91	缅甸 0.19	英国 0.05	澳大利亚 0.05	其他国家 0.10
	2006	美国 80.38	印度 5.67	老挝 4.95	德国 2.59	阿根廷 1.63	其他国家 4.77
大豆	1996	美国 79.02	阿根廷 10.79	巴西 5.43	俄罗斯 3.74	加拿大 0.96	其他国家 0.06
	2006	巴西 40.32	美国 36.30	阿根廷 21.62	乌拉圭 1.69		其他国家 0.06

说明：(1) 这里用到的数据是根据 STIC Rev. 2 分类标准选取的稻谷 (042)、小麦 (041)、玉米 (044)、大豆 (2222) 贸易数据；(2) 小麦数据中不包含小麦粉的数据。(3) 表中的数据表示市场份额。

资料来源：笔者根据联合国 COMTRADE 数据库数据计算整理得到。

从粮食进出口贸易格局的变动来看：

1. 中国稻谷出口市场相对分散，进口市场较为集中；在1996—2006年间，出口市场结构有更为分散的趋势，进口市场结构则较为集中和稳定。如1996年和2006年，中国分别出口稻谷到28个和70个不同的国家（COMTRADE，2008），稻谷出口最大的贸易伙伴均在20%左右；相反，中国稻谷进口贸易伙伴比较单一，1996年83.26%的进口稻谷来自泰国，2006年该比重已经达到96.63%，越南这样的进口贸易市场份额在逐渐减小。

2. 中国小麦进出口市场较为集中，但在近十年间，出口市场结构变动较大，进口市场结构较为稳定。中国小麦主要出口到周边亚洲国家，如1996年出口到朝鲜的小麦占到总出口量的58.5%，但在2006年，出口到菲律宾和韩国的小麦已达到76.16%，出口结构呈现变动趋势。小麦的进口国家在1996—2006年间一直以加拿大、澳大利亚和美国为主，三个国家的进口贸易量累计占总进口贸易量的97%以上。

3. 中国玉米进出口市场较为集中，但在1996—2006年期间，主要进出口贸易市场结构发生了一定的变化。中国玉米出口市场主要是韩国、日本、马来西亚等亚洲国家，进口市场主要是美国；但1996年朝鲜作为中国玉米第一出口贸易伙伴，在2006年出口贸易中的份额不到0.5%。同样1996年阿根廷作为中国玉米第二大进口贸易伙伴，在2006年进口贸易中的份额不到0.1%。进出口贸易结构变动较大。

4. 中国大豆出口市场结构逐步分散，而进口市场仍然较为集中。如1996年，88.76%的大豆出口贸易量在日本市场上，但这一比重在2006年已降至48.51%，出现了如韩国、越南等新的出口贸易伙伴。目前巴西已取代美国成为中国的主要进口贸易伙伴，在近十年间，中国从巴西、美国和阿根廷的进口总量占到95%以上，2006年已达到98.3%。这表明中国大豆进口贸易相对于出口贸易来讲，贸易依存度更高。

三　中国粮食国际贸易省区结构变动趋势

表3.6和表3.7显示了1999—2006年中国国内各省区粮食国际贸易结构变动趋势。

从出口贸易的角度来看：（1）黑龙江省已成为中国国内主要的稻谷出口省份，2006年该省稻谷出口贸易量占到全国稻谷出口贸易量的50%以上；而传统的稻谷出口省份除江西省以外，其他省份的稻谷出口减少幅度均较大，比如，湖南、湖北、安徽三省在1999年和2006年出口贸易比重分别从14.11%降至0.07%，从5.82%减至0.34%，从16.37%降至2.60%。（2）小麦出口贸易的省区结构变动较大，且出口省区集中度较高。黑龙江省和山东省已占到全国小麦总出口贸易量的75.60%，而1999年吉林和辽宁两省区的小麦出口贸易占全国98.35%，但该比重在2006年已降至2.69%。值得关注的是，作为小麦生产大省的河南，在出口贸易量方面并不大，这可能是因为全国90%以上的小麦加工业在河南省，因此国内消费量较大。（3）玉米出口贸易省区市场较为集中，但在1999—2006年市场结构有所变动，吉林、辽宁开始成为新的玉米出口大省，黑龙江和内蒙古两省区的玉米出口贸易比重已分别下降了28.21%和47.53%。（4）大豆的省区出口市场明显开始呈现出分散的趋势。如1999年，国内出口的93.89%大豆贸易是黑龙江省出口的，但该比重在2006年已减至43.31%，而江苏和辽宁两省的大豆出口贸易已占到29.37%。

上述国内省区出口贸易格局变化与本书在前面章节研究得到

的关于中国粮食生产区域格局的变动趋势保持一致。

表 3.6 中国粮食出口贸易各省区比重变动趋势（1999—2006）（%）

份额 / 省区	稻谷		小麦		玉米		大豆	
	1999	2006	1999	2006	1999	2006	1999	2006
安徽	**16.37**	2.60	0.01	3.10	0.01	0.00	0.00	0.28
北京	5.63	3.34	0.82	1.41	0.05	0.00	0.05	0.75
福建	0.10	0.45	0.00	0.00	0.00	0.00	0.00	3.55
甘肃	0.00	0.00	0.00	0.00	0.00	0.00	0.00	0.00
广东	0.25	0.34	0.00	9.12	0.00	0.65	0.94	1.76
广西	0.08	0.25	0.00	0.05	0.00	0.02	0.00	0.00
贵州	0.00	0.00	0.00	0.00	0.00	0.00	0.00	0.00
海南	0.42	0.00	0.00	0.00	0.00	0.00	0.00	0.00
河北	0.00	0.20	0.63	0.45	0.09	1.99	0.01	2.94
河南	0.02	0.87	0.00	0.09	0.00	0.05	0.00	0.00
黑龙江	7.39	**51.56**	0.00	**62.78**	**34.94**	6.73	**93.89**	**43.31**
湖北	5.82	0.19	0.01	0.00	0.00	0.00	0.00	4.55
湖南	**14.11**	0.07	0.00	0.00	0.00	0.00	0.00	0.00
吉林	2.33	6.40	**71.57**	0.75	1.60	**59.93**	0.32	9.19
江苏	9.29	2.72	0.08	2.34	0.04	0.09	0.00	**14.57**
江西	**22.20**	**18.50**	0.01	0.00	0.00	0.00	0.00	0.00
辽宁	10.00	5.24	**26.78**	1.94	0.63	**15.23**	2.75	**14.80**
内蒙古	0.12	0.62	0.00	4.39	**61.90**	**14.47**	0.36	0.99
宁夏	0.00	0.00	0.00	0.00	0.00	0.00	0.00	0.00
青海	0.00	0.00	0.00	0.00	0.00	0.00	0.00	0.00
山东	0.00	0.07	0.02	**12.82**	0.46	0.81	0.00	1.27
山西	1.36	2.79	0.00	0.00	0.00	0.00	0.00	0.00
陕西	0.01	0.01	0.00	0.02	0.00	0.00	0.00	0.00

续表

份额 省区	稻谷		小麦		玉米		大豆	
	1999	2006	1999	2006	1999	2006	1999	2006
上海	1.61	0.00	0.00	0.25	0.00	0.00	1.69	0.92
四川	0.00	0.91	0.00	0.01	0.00	0.00	0.00	0.00
天津	0.12	0.01	0.06	0.38	0.08	0.01	0.00	0.49
西藏	0.00	0.00	0.00	0.00	0.00	0.00	0.00	0.00
新疆	0.18	1.81	0.00	0.08	0.00	0.00	0.00	0.24
云南	0.05	0.60	0.01	0.02	0.00	0.01	0.00	0.37
浙江	2.55	0.36	0.02	0.01	0.20	0.01	0.00	0.00
重庆	0.00	0.07	0.00	0.00	0.00	0.00	0.00	0.00

资料来源：笔者根据2000年和2007年《中国农村统计年鉴》中各地区粮食出口贸易量数据计算整理得到。

从进口贸易的角度来看：（1）广东省已成为中国国内主要的稻谷进口省份，2006年该省稻谷进口贸易量占到全国稻谷进口贸易量的50.53%；而传统的稻谷进口省份吉林的进口贸易比重已从1999年的29.65%降至不到0.01%。（2）河南和河北以及广东是国内主要的小麦进口省份，三个省份小麦进口贸易总量在2006年已占到85.23%；而山东省作为1999年最大的小麦进口贸易省份，其小麦进口贸易总量占全国比重已由57.88%降至2006年1.37%。（3）玉米进口贸易省区市场在1999—2006年间市场结构变动较大。比如，广西和山东已取代江苏、辽宁和天津，成为新的玉米进口大省区，两者在2006年进口的玉米贸易总量占到全国玉米总进口的89.93%。（4）东部地区是大豆的主要进口省区，江苏、福建、广东、浙江四省在2006年进口的大豆贸易量占全国大豆总进口的85.73%。

表 3.7　中国粮食进口贸易各省区比重变动趋势（1999—2006）　（%）

省区 \ 份额	稻谷		小麦		玉米		大豆	
	1999	2006	1999	2006	1999	2006	1999	2006
安徽	0.00	2.25	0.61	0.45	1.74	0.01	1.81	0.00
北京	0.93	1.34	3.94	3.43	1.13	0.00	**17.74**	2.94
福建	1.13	2.41	2.23	1.09	3.35	0.00	0.00	**11.36**
甘肃	0.65	0.57	0.00	0.00	0.00	0.00	0.00	0.00
广东	**13.98**	**50.53**	**10.41**	**10.08**	0.00	0.05	**26.84**	**23.09**
广西	9.48	0.18	0.00	0.01	0.00	**34.84**	0.00	0.08
贵州	1.51	0.05	0.28	0.00	0.00	0.00	0.00	0.00
海南	3.72	0.04	2.50	0.00	0.00	0.61	0.00	0.00
河北	3.64	0.12	**14.56**	**53.22**	1.18	3.55	0.00	0.29
河南	2.27	0.10	1.16	**21.93**	0.85	1.01	2.68	0.01
黑龙江	9.24	0.02	0.51	0.00	0.00	0.12	0.00	0.03
湖北	0.82	0.05	0.06	0.40	1.30	1.07	0.00	0.04
湖南	5.01	0.21	1.55	1.59	0.00	0.16	0.00	0.01
吉林	29.65	0.00	0.50	0.00	0.00	2.35	0.00	0.03
江苏	0.00	0.66	0.67	0.36	**31.01**	0.00	**12.54**	**33.07**
江西	3.82	0.85	0.00	0.05	0.00	0.00	0.00	0.00
辽宁	1.21	0.00	0.00	0.02	**19.03**	0.00	2.94	7.10
内蒙古	1.79	0.05	0.00	0.08	0.00	0.00	0.00	0.00
宁夏	0.69	0.00	0.00	0.00	0.00	0.00	0.00	0.00
青海	0.28	0.04	0.29	0.00	0.18	0.00	0.00	0.00
山东	0.98	1.97	**57.88**	1.37	6.14	**55.09**	0.00	7.00
山西	0.00	0.00	0.62	0.80	0.00	0.01	0.00	0.01
陕西	2.15	**12.32**	0.00	0.48	0.00	0.11	0.00	0.00
上海	1.56	0.07	0.85	0.10	9.02	0.02	7.83	1.53
四川	1.68	0.05	0.58	3.95	2.04	0.08	0.00	0.05

续表

省区＼份额	稻谷		小麦		玉米		大豆	
	1999	2006	1999	2006	1999	2006	1999	2006
天津	0.62	0.34	0.47	0.39	**12.93**	0.00	**18.70**	5.10
西藏	0.30	0.01	0.00	0.00	0.00	0.01	0.00	0.00
新疆	0.84	0.00	0.00	0.00	0.00	0.80	0.00	0.00
云南	1.39	2.45	0.00	0.16	0.00	0.00	0.00	0.04
浙江	0.66	1.09	0.33	0.01	**10.08**	0.01	8.90	8.21
重庆	0.00	**22.24**	0.00	0.03	0.00	0.09	0.00	0.00

资料来源：笔者根据2000年和2007年《中国农村统计年鉴》中各地区粮食进口贸易量数据计算整理得到。

第四节　中国粮食供求格局变化成因实证分析：基于空间计量经济学模型

对于粮食自给率要求保持较高水平的中国来讲，粮食供求均衡格局的变化在很大程度上反映为粮食供给尤其是粮食生产格局的变化，因此本书将基于空间计量经济学模型重点探讨中国粮食生产区域格局变化背后的原因。同时从前面的分析中可知，大豆、薯类和其他杂粮的生产比重不大，分布的区域也较为集中，生产格局的变动不是很明显，因此本书以稻谷、小麦和玉米三种粮食为主要研究对象。

一　理论分析与变量设置

对一个国家来说，粮食生产区域格局的变化是一个相当复杂的经济现象，它不仅受到自然条件、资源禀赋、粮食政策及经济发展状况等一系列环境因素的影响，而且在微观层面上还受到粮食生产成本、单产和价格变化所诱发的农民生产行为变化的影响。不同地区粮食生产的自然条件、要素投入以及经济发展特征不同都会使得粮食生产布局在农业生产结构中作出不断调整。基于此，本书在解释中国粮食生产区域格局变化成因变量中，主要控制粮食自然与生产条件因素、生产技术与效益因素、人口与区域经济特征因素和粮食政策因素四方面的变量。

1. 粮食自然与生产条件。由于受到气候条件尤其是降水和气温因素的制约及不同粮食所具有的不同的自然适应性，粮食生产会在区域上形成不同的结构，从而使粮食生产区域格局具有明显的自然地理特征。尤其对中国这样一个自然条件差异大、自然灾害频发而农业水利基础设施又相当薄弱的粮食生产大国来说，就更不能忽视气候变化和自然灾害对中国粮食生产区域变化的影响。

首先，在以往研究中国粮食生产格局变化成因的文献中，均没有将自然条件因素作为解释变量来考虑，但是已有的研究表明，气候变化会影响粮食的生产，同时农业自然灾害与粮食生产之间也存在相应的联系。国内学者对 20 世纪 80 年代以来的数据分析结果显示，气候变化和农业自然灾害已成为影响中国粮食生产的重要障碍因素。其中，在气候变化因素中，降水变化是影响中国粮食生产的主要原因；在农业自然灾害因素中，中国粮食生产的波动性在很大程度上受制于受灾状况并具有显著的区域差异，水灾和旱灾都会对中国各地区粮食产量形成影响，相比较而言旱灾影响更大。中国粮食生产区域分布广泛，各地区之间农业自然生产禀赋差异较大，因此自然生产条件因素的变化会对中国粮食生产区域空间格局变化产生一定的影响。鉴于此，本书将各地区的自然条件因素引入分析模型中。但是自然条件包括的因素众多，本书不可能选取全部的变量。基于上述学者研究的结果，本书分别选取成灾比例（成灾面积/受灾面积）指标和年均降水量指标来大致表示当地粮食生产的自然灾害程度情况和降水情况，并假设这两个指标与粮食总产量之间呈现负相关和正相关关系。

其次，在农业生产投入要素中，水利基础设施是农业的命脉，也是中国各省区粮食单产不断攀升的重要原因。而有效灌溉面积反映了各地区对农业水设施投入的差异，进而影响到中国粮食生产总体区域格局。基于此，本书选取各省区有效灌溉面积指标以反映不同省区农业水利设施差异程度对粮食总产量的影响，并假设这个指标与粮食总产量之间呈现正相关关系。

2. 粮食生产技术与效益因素。在粮食播种面积一定的情况下，粮食生产技术决定了粮食产量的变动方向，而粮食比较效益会直接影响农民的粮食生产行为。在非农经济相对发达的地区，因农民的非农就业机会较多，农民种粮的机会成本就较大，这就会在某种程度上影响农民的种粮积极性和该地区的粮食生产规模；反之，在经济欠发达地区，因农民种粮机会成本较小，该地区的粮食生产就会保持相当的稳定性。

基于此，实证模型中分别采用单产指标来衡量粮食生产技术，采用各种粮食单位成本收益指标来反映粮食生产效益情况。

3. 人口与区域经济特征要素。各地区的粮食生产情况会受到区域经济环境的影响，这主要基于以下的假定：宏观的区域经济特征会影响微观的农户粮食生产行为。

对中国这样一个人多地少，经济正处于持续高速增长且又存在明显地区差距的农业发展大国来说，近三十年来快速推进的农村工业化与城市化，已使中国尤其是沿海发达地区具有明显粮食生产区位优势的大量耕地资源转化为非农业用地。在中国人口区域分布本已严重失衡的情况下，这种大规模的耕地资源流失与非农化，导致中国特别是东南沿海地区的人地矛盾更加突出，从而进一步削弱了这些地区的粮食生产增长能力。

粮食经营规模小和农民兼业化程度高是中国粮食生产经营的基本特征。在中国粮食政策逐步市场化而农业土地流转又缺乏有效制度保证的条件下，随着工业化与城市化的发展，农村劳动力向非农产业转移和向经济发达地区流动，已成为解决农村剩余劳动力就业问题和提高农民收入的重要途径。但农村劳动力的产业转移和地区流动将因农民非农收入与种粮收入比较收益的扩大而影响农民的粮食生产行为。在经济相对发达的地区，由于当地农民的非农就业机会较多，非农收入成为农民家庭收入的主要来源，致使农民从事粮食生产的劳动力机会成本增大，这就降低了农民的种粮积极性，从而会缩减这些发达地区粮食的生产规模；反之，在经济欠发达地区，因农业劳动力的非农就业机会少，农民种粮的机会成本也较低，这样在欠发达地区的粮食生产就可能在一定时期内保持相对的稳定性。但如果欠发达地区农村劳动力出现向其他地区的大规模转移，使农民家庭收入结构出现明显非农化倾向，这也会削弱该地区农民从事粮食生产的积极性。

基于此，在实证模型中，笔者分别采用人均耕地面积、劳动力报酬和非农就业收入变量来反映当地的人口与区域经济特征。

4. 粮食政策条件要素。农民的粮食生产行为还受到国家粮食政策的影响。在粮食生产缺乏政府干预的情况下，理性的粮食生产者将追求预期单产、价格和成本三者所构成的预期生产收益的最大化，因此，粮食生产的区域变化在某种程度上可表现为不同地区粮食生产者对成本收益变化的反应（Backus 等，1997）。

但在政府干预的情况下，农民就必须考虑政府粮食政策要求，使粮食生产符合政府的粮食政策目标。例如，自 1978 年以来，国家实行“双轨制”粮食政策，农民粮食生产行为不仅受制于国家粮食定购任务，而且定购价格和市场价格对粮食生产具有边际和突增的双重调节作用（金和辉，1990；郑毓盛等，1993）。此外，经过近三十余年粮食政策的市场化改革，尤其是 2001 年中国全面实行开放粮食市场的购销政策市场化改革，中国已基本形成了国内粮食市场区域一体化格局，不同省区之间的粮食贸易会对中国区域粮食生产发挥调节作用。

在实证模型中，将粮食政策条件变量作为虚拟变量来处理，即以 2001 年开始实行以取消粮食定购为核心的粮食购销政策市场化改革为时间界限，分别设置“1”和“0”变量值。

二　研究方法与数据处理

鉴于中国粮食生产在区域上可能存在某种程度的互动关系，本书采用空间计量模型来实证分析粮食生产区域格局变化的影响因素。在空间计量经济学中，判断空间变量是否具有相关性，通常可以采用 *Moran's I*（MI）指数检验。MI 指数的计算公式为：

$$Moran's\ I = \frac{1}{\sum_{i=1}^{n}\sum_{j=1}^{n} w_{ij}} \times \frac{\sum_{i=1}^{n}\sum_{j=1}^{n} w_{ij}(x_i - \bar{x})(x_j - \bar{x})}{\sum_{i=1}^{n}(x_i - \bar{x})^2/n} \quad (3.1)$$

其中，x_i 和 x_j 分别表示第 i 和 j 地区的观察值，$i, j = 1, 2, \cdots, n$；$\bar{x}$ 为所有观察值的平均值；w_{ij} 表示二位空间权重矩阵 W_{ij} 的元素，且可以定义为：若第 i 和 j 地区相邻，则 $w_{ij} = 1$；若第 i 和 j 地区不相邻，则 $w_{ij} = 0$。*Moran's I* 指数值范围为 $[-1, 1]$；当 $Moran's\ I > 0$ 时，表明各地区之间存在空间正相关；当

Moran's I<0 时，则表明存在空间负相关。*Moran's I* 的数值越大，表示空间相关程度越高，即一个地区的某种经济特征受到邻近地区同一经济特征的影响程度也越大；反之则越小（Anselin，1988）。

空间计量模型一般可分为“空间滞后模型”（简称“SLM 模型”）或“空间误差模型”（简称“SEM 模型”）两种基本形式。前者主要用于研究一个地区解释变量的空间溢出效应，后者则主要用于研究空间相关性对被解释变量的影响程度。鉴于本书的研究目的，笔者选择“SEM 模型”作为实证分析的基本模型。基于面板数据的 SEM 模型的一般表达式（Anselin，1999；Elhorst，2003；Driscoll 等，1998）为：

$$y_{it} = a_i + x_{it}\beta + \mu_{it} \quad t = 1, 2, \cdots, T; \ i = 1, 2, \cdots, N \tag{3.2}$$

$$\mu_{it} = \lambda W \mu_{it} + \varepsilon \tag{3.3}$$

式中：y 为被解释变量；x 为解释变量矩阵；β 为待估参数；μ 为误差项向量；λ 表示被解释变量向量的空间误差参数；W 为空间权重矩阵，一般采用“邻接矩阵”（Contiguity Matrix）；μ 为满足正态分布的随机误差向量。整理式（3.2）和式（3.3）可得：

$$y_{it} = a_i + \lambda W \mu_{it} + x_{it}\beta + \varepsilon \tag{3.4}$$

在式（3.4）中，a_i 称为非观测效应；$\lambda W \mu_{it}$ 为样本中邻近地区解释变量的误差冲击对本地区观察值的影响程度，λ 和 W 意义同前；β 为待估参数；ε 是随机误差项；x_{it} 满足严格的外生性假定，即 $E(\mu_{it} \mid x_i, a_i) = 0$。若非观测效应 a_i 与解释变量相关，即 $Cov(x_i, a_i) \neq 0$，那么模型就是固定效应模型；反之，若非观测效应 a_i 与解释变量不相关，即 $Cov(x_i, a_i) = 0$，那么模型就是随机效应模型。

基于上述分析，笔者选择粮食 zu 作物产量的“生产集中度”（Pc）作为模型的因变量，选择“自然灾害程度”（Ncd）、“降水量”（Yrain）、“水利灌溉设施状况”（Irrig）、“技术进步”（Ptech）、“生产效益”（Pprof）、“人地关系”（Lland）、“非农就业”（Naempl）、“农业劳动报酬”（Lprice）和“粮食政策虚拟变量”（Dpolicy）作为解释变量，以综合分析研究自然与生产条件、生产技术与效益、人口与区域经济发展和政策变化四方面因素对中国粮食生产区域格局变化的整体影响。根据式（3.4）的基本结构，本书拟对稻谷、小麦和玉米三种主要粮食作物生产分别简化空间误差面板分析模型为式（3.5）：

$$Pc_{it} = a_i + \beta_1 Ncd_{it} + \beta_2 Yrain_{it} + \beta_3 Irrig_{it} + \beta_4 Ptech_{it} + \beta_5 Pprof_{it} + \beta_6 Lland_{it} + \beta_7 Naempl_{it} + \beta_8 Lprice_{it} + \beta_9 Dpolicy + \lambda W\mu_{it} + \varepsilon \tag{3.5}$$

本章实证分析主要基于由 1978—2006 年全国 29 个省（市、区）有关统计数据组成的面板数据。为保持 1978 年以来省区数据的时序一致性，本书将重庆和海南分别纳入四川省和广东省。产量、单产和播种面积及耕地面积、有效灌溉面积、农作物总播种面积、成灾面积和受灾面积、人均 GDP、人口等有关数据来自国家统计局《新中国五十年农业统计资料》和《中国统计年鉴》。单位面积粮食生产成本、生产收益和劳动力价格等数据直接从历年《全国农产品成本收益资料汇编》中获得。由于无法从统计数据中直接获取各个省区的年均降水量，笔者在此采用各个省会城市的年均降水量来代替，其数据来自历年《中国统计年鉴》。每个省区粮食生产集中度按该省区粮食产量占全国总产量的比重来计算。成灾比例按统计中的成灾面积占受灾面积的比重计算；非农收入比例由（1－农户家庭农业收入占家庭经营总收入的比重）来表示。其中，农户家庭经营总收入和农业收入采用《中国统计年鉴》和《中国农户调查年鉴》中统计数据；

城市化程度由城市人口占总人口比重来表示；劳均耕地面积通过耕地面积除以农业劳动力数量计算得到；技术进步指标采用以1978年为基期的粮食单产指数来衡量。粮食政策变量采用虚拟变量的设置方法，即以2001年开始实行以取消粮食定购为核心的粮食购销政策市场化改革为时间界限，分别设置“1”和“0”变量值。空间权重矩阵各行各列元素均由1和0两个元素组成，设置方法同前面模型介绍所述。

三 实证模型估计结果与分析

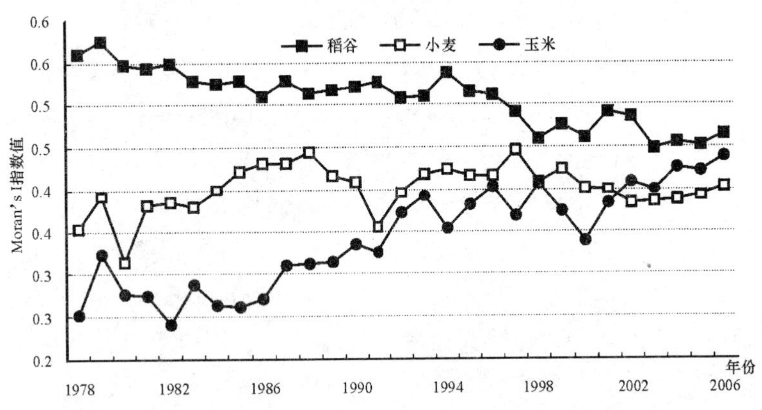

图3.25 1978年以来中国三种粮食的Moran's I指数值变化情况

资料来源：笔者计算整理。

图3.25是根据式（3.1）计算的中国稻谷、小麦和玉米的MI指数值变化情况。从图3.25中我们可以发现，稻谷、小麦和玉米三种粮食在不同年份的MI指数值均大于零，这表明自1978年以来，中国稻谷、小麦和玉米生产在不同省区之间表现出强烈的依赖特征，且稻谷的省区相关程度高于小麦和玉米。这表明中国粮食生产具有明显的省区溢出效应，一个省区粮食产量的变化

会对其邻近省区的粮食生产产生一定的影响。此外，根据 MI 指数值的变化可以认为，1978 年以来中国稻谷、小麦和玉米生产的区域关联程度存在一定的时序差异。其中，稻谷生产的省区关联程度呈现出明显的下降趋势；相反，小麦和玉米生产的省区相关程度却呈现出不断的上升态势。这一指数变化表明，在全国层次上，稻谷生产区域不断扩散，而小麦和玉米的生产区域则逐步集中，这一结论与上述“生产集中度”指标测算的结果保持一致。

随后，基于由 1978—2006 年全国 29 个省份组成的面板数据及式（3.5）的模型结构，采用 GAUSS 计算程序，笔者对三种粮食作物生产的空间模型进行了实证估计。模型估计结果见表 3.8。因为普通最小二乘法可能会导致空间计量模型的有偏或无效估计（Anselin，1988），所以笔者在模型估计中采用目前国际学术界广泛采用的“广义矩阵法”（GMM）作为最大似然估计法的替代方法（Baltagi 等，2003；Kupoor 等，2007；Druska 等，2004；Fingleton，2008）。

首先从表 3.8 中的 F 值和 R^2 值可以看出，尽管三种粮食生产空间模型实证估计的固定效应和随机效应两组方程都具有很好的拟合优度，全部自变量能解释 96% 以上的因变量变化，但 Wald F 统计检验却显示，在 1% 显著性水平下两组方程都不能拒绝无固定效应的零假设，而 Hausman 检验则拒绝了固定效应模型与随机效应模型之间的无差别零假设，这证明固定效应模型的估计结果比随机效应模型具有更为可靠的解释力。因此，笔者选用固定效应方程作为下文进一步讨论的依据。为分析的需要，表 3.8 仅列出固定效应方程作为空间计量模型的估计结果。

表 3.8 粮食生产空间误差模型的估计结果

	稻谷		小麦		玉米	
	系数	t 值	系数	t 值	系数	t 值
常数项	-0.183 (1.150)	-0.164	1.323 ** (0.656)	2.616	-1.432 ** (0.608)	-2.357
自然与生产条件						
自然灾害程度(Ncd)	-0.164 ** (0.180)	-1.624	-0.497 ** (0.215)	-2.312	-0.026 ** (0.012)	-2.167
年均降水量(Yrain)	0.522 *** (0.117)	4.461	0.001 ** (0.000)	2.025	0.000 (0.000)	-0.732
水利灌溉设施状况(Irrig)	2.026 *** (0.370)	5.476	1.835 ** (0.773)	2.374	1.363 ** (0.586)	2.235
生产技术与效益因素						
技术进步(Ptech)	0.137 ** (0.060)	2.283	1.158 *** (0.166)	6.976	1.906 *** (0.139)	13.71
生产效益(Pprof)	0.011 (0.012)	0.917	0.383 (0.321)	1.193	0.046 (0.034)	1.353
人口与区域发展因素						
人地关系(Lland)	0.591 * (-0.347)	1.703	1.155 * (-0.597)	1.934	3.800 *** (0.409)	9.291
劳动力报酬(Lprice)	-0.442 *** (0.120)	-3.683	-0.049 ** (0.023)	-2.130	-0.011 (0.027)	-0.407
非农就业(Naempl)	-2.148 *** (0.392)	-5.479	-2.569 *** (0.724)	3.548	-1.414 ** (0.657)	-2.153
粮食政策变量(Dpolicy)	0.1488 * (0.089)	1.649	0.056 (0.168)	0.333	0.053 (0.176)	0.301
空间误差参数(λ)	-0.697 * (0.174)	-4.005	-0.423 ** (0.125)	-3.384	-0.332 ** (0.147)	-2.258
R^2	0.983		0.969		0.975	
调整 R^2	0.982		0.967		0.971	
F 值	46.84 **		31.26 ***		20.68 **	

续表

	稻谷		小麦		玉米	
	系数	t值	系数	t值	系数	t值
Wald F Test	268.5		227.4		219.3	
Hausman Test	24.63		26.92		135.2	
Panel data 样本量	647		647		647	

说明："＊＊＊、＊＊、＊"分别表示在1%、5%、10%的概率水平下显著；括号里数字表示估计标准差。

资料来源：笔者计算整理。

由空间误差参数（λ）统计显著性水平可知，自1978年以来中国粮食生产存在显著的省际相关性，而且稻谷生产的相关性高于小麦和玉米；同时空间误差参数均为负数，意味着一个省份粮食生产规模的变化与邻近省份之间存在一种负向的互动关系。这说明国内粮食生产已形成了一定程度的区域一体化。这也进一步验证了上述基于MI指数分析的结论。

从自然与生产条件因素来看，"自然灾害程度"、"降水量"和"水利灌溉设施"分别对中国粮食生产的区域集中具有显著的负面或正面影响。其中降水量对玉米生产区域变化的影响却不具显著性，其原因可能在于玉米是一种比较耐旱的粮食作物。这表明自1978年以来中国粮食生产已逐步向自然条件适宜和水利灌溉基础设施较好的地区转移与集中。从生产技术经济因素来看，不具统计显著性的"种粮经济效益"意味着在经营规模小且兼业化程度较高的条件下农民种粮生产经济效益对中国粮食生产区域集中的诱导作用十分有限；而具有较高统计显著性的"技术进步"因素，则表明在播种面积相对稳定的情况下单产水平的高低直接影响到区域粮食生产的变化。从政策方面来看，中国从 2001 年开始实行的以取消粮食定购任务为核心的“粮食购销政策市场化改革”对中国粮食生产的区域变化有一定的推动作用，且这种政策效应主要表现在稻谷生产上，对小麦和玉米的影响却不具有显著性。这说明中国粮食政策市场化进程中具有不同人口压力程度的省份之间的稻谷贸易发展促进了中国稻谷生产的区域集中。

值得关注的是，模型中涉及人口与区域经济发展的三个因素对中国粮食生产区域变化的影响作用显示出一定的复杂性。其中“人地关系”对三种粮食作物的生产区域变化都具有十分显著的正面影响效应，而“非农就业”和“劳动报酬”却具有负面效应，且对不同的粮食作物也有一定的差异性。其中，这三个因素对稻谷和小麦都呈现出较高的统计显著性，而“非农就业”则仅对玉米生产具有显著影响。这一实证结果说明，三十年来不同省份人地关系的变化是导致中国粮食生产区域变化的关键因素之一，这也意味着随着人口增长、城市化加速及耕地减少，中国经济发达地区的人地矛盾将会变得突出，粮食增产潜力将相当有限，粮食生产在全国的地位有可能进一步下降。同时，随着地区经济发展差距的不断扩大，国内粮食生产也已出现了向农村劳动力报酬较低和农民非农收入占家庭总收入的比重较小的地区转移与集中，这也预示着在一些经济发展相对落后的地区，尤其是同属于粮食主产区的欠发达地区，随着大量农村劳动力向当地非农产业的进一步转移或流向城市和沿海发达地区，这些地区的粮食生产将因农民非农就业机会增多、农民收入中来自非农产业的收入不断上升和农民种粮机会成本提高而出现不断的弱化趋势，从而进一步削弱全国粮食生产的稳定增长。

第五节　本章小结

本章基于中国31省区粮食生产、消费和贸易的历史数据，分别探讨了中国粮食生产区域格局的变化、中国粮食消费结构格局的变化以及中国粮食国际贸易格局的变化情况，同时采用空间计量经济学模型理论和方法着重从粮食自然与生产条件、粮食生产技术与效益因素、人口与区域发展因素以及粮食政策因素四个方面实证分析了中国粮食供求格局变化的成因。综合上述分析，可以得到以下几点结论：

1. 自1978年以来，中国粮食生产区域格局出现了新的区域变化特征，不同的粮食产品表现出不同程度的变化。稻谷生产在南方传统产区缩减的同时呈现向东北地区的扩展；小麦生产在东北、西南地区缩减的同时已出现向华东和中南地区的集中；玉米生产则在东北、西南地区缩减的同时主要表现出向华北、中南地区的集中；大豆生产也向主产区如东北地区的黑龙江省逐步集中；薯类的生产则进一步向西南地区的陕西省集中；其他杂粮也逐步由华北和东北地区向西南和西北地区集中。

2. 中国粮食消费结构格局变化总体特征是：粮食口粮消费总量不断增加，但占粮食总消费的比重下降；饲料粮消费量随着畜牧业的不断发展和城乡居民收入的不断提高所带来的食物消费结构的升级而不断增加，且占粮食消费的比重逐步上升；从短期看，种子的消费总需求相对稳定，但从长期来看，科技含量高的优质种子的消费需求会增加；粮食工业用粮消费量在不断增加，尤其是玉米的工业用粮比重不断提高；粮食的损耗及其他消费需求总量不断上涨，但占粮食总消费需求的比重稳中略降。

3. 中国粮食国际贸易格局变化的分析结果显示：从粮食贸

易总量来看，由于中国国内粮食供求仍然处于“紧平衡”状态，同时受到近些年来人民币汇率和国际市场粮食价格不断上升的影响，中国粮食进口相对增长率减缓，而净进口贸易量也进一步减少；从粮食贸易产品结构来看，中国稻谷和玉米主要以净出口为主，但从发展趋势来看，稻谷和玉米净出口贸易量不断减少，其中玉米减幅相对较大，而中国由传统的小麦净进口地位已转变为净出口地位，同时大豆依然是中国粮食进口贸易产品结构中的主要粮食品种；从粮食贸易市场结构来看，中国稻谷出口市场相对分散，进口市场较为集中在泰国、越南等国家；中国小麦进出口市场均较为集中，但在近十年间，出口市场结构变动较大，进口市场结构较为稳定地集中在周边亚洲国家，中国玉米进出口市场均较为集中在美国，而中国大豆出口市场结构逐步分散，但进口市场仍然较为集中在美国、巴西和阿根廷三个国家。

4. 因为粮食生产格局变化是粮食供求格局变化的决定因素，所以对中国粮食供求格局变化成因实证分析结果表明：除了自然条件与技术经济因素外，人地关系、劳动力报酬和非农就业是影响中国粮食供求区域格局变化的关键因素。中国粮食生产已逐步向农村劳动力报酬较低、农民家庭非农业收入占总收入比例较小和人均耕地资源相对丰富的地区转移和集中。

第四章　影响中国粮食供求区域均衡的关键问题

中国在1996年发布的《中国粮食白皮书》中称，中国粮食已进入“供给总量平衡、丰年有余的历史阶段”，但是随着中国人口增长及经济快速发展和人们消费水平的提高与消费结构的升级，中国对粮食的需求将会继续增长。然而由于中国耕地面积不断减少，水资源短缺，生态气候条件恶化，中国粮食发展面临着一系列关键问题的挑战。尤其是，中国经过30年农业与粮食政策改革，特别是入世后中国农业贸易自由化程度的提高以及大部分省区从2001年开始就已实行以取消粮食定购和放开粮食生产为核心的粮食购销政策市场化改革，中国已基本形成了粮食资源配置的市场化机制（陆文聪等，2008）。随着中国逐步深化粮食流通体制改革，国内粮食市场已逐步全面放开，国内粮食市场区域一体化和国际化程度明显提高（聂正邦等，2007）。因此，对中国这样一个经济将保持持续高速增长的人口大国来说，审视未来粮食生产和需求的变化趋势，除了应该充分考虑耕地面积减少影响农业生产能力、人口增长引起粮食需求刚性增长和经济收入水平提高诱发食物消费偏好与结构变化等重要因素之外，还应该特别关注影响中国粮食生产、消费和国际贸易发展的关键因素。考虑这些新的影响因素将对合理判断中国及其省区在不同情景下未来粮食生产和需求的变化趋势具有重要参考意义。

因此，本章将对中国粮食发展过程中所面临的关键问题进行总结和分析，以期为本书第七章的模型情景方案设计提供理论基础。这里主要涉及国内和国外两个层面的条件，其中国内考虑粮食生产、消费和国内粮食政策条件的变化；国外主要考虑影响中国粮食进出口贸易格局的两个主要因素条件，即人民币汇率变动以及国际市场粮食供求格局变化趋势。

第一节　粮食生产能力发展潜力受限

粮食生产能力一方面受到中国所拥有的自然资源方面的硬性条件的约束，另一方面也受到农业和粮食外延生产潜力方面的限制。因此，为合理分析和判断中国粮食生产条件的变化趋势，本书对中国耕地资源、水资源条件以及农业科技水平、农村劳动力要素投入和粮食政策等方面的条件变化进行总结和分析，以期为后续的模型研究提供模拟方案的设计基础。

一　耕地面积持续减少，农业耕地质量不断下降

耕地资源属于典型的多功能性自然资源（李秀彬，1999），更是粮食生产的基础。耕地资源的变化在很大程度上决定了粮食的生产能力和潜力的大小。同时耕地资源包括数量和质量两个方面。随着人口和经济社会的发展，来自各方面耕地需求的压力不断增大，特别是在经济高速增长的中国，耕地资源的利用方式和质量在这种需求压力下经历着前所未有的变化。中国自改革开放以来耕地资源变化的总体趋势表现为向其他利用方式的转变，总面积持续减少，耕地质量不断下降，同时耕地的后备资源不断减少，这些都对粮食安全起到了明显的制约作用。因此，对中国耕地资源变化的趋势分别从数量和质

量两个角度予以分析，以此作为进一步判断中国粮食土地生产要素变动的基础。

（一）耕地资源数量变化

本书分别从耕地资源总量、人均耕地资源以及近十年来耕地资源占用结构三个方面对中国耕地资源数量变化趋势进行综合分析。

1. 耕地资源总量变化趋势

表 4.1　　1978—2007 年中国耕地总面积变化情况　　（万亩）

年份	年末耕地面积	比上年增减	年份	年末耕地面积	比上年增减
1978	149100.0	—	1993	142652.1	-486.6
1979	149247.2	147.2	1994	142359.9	-292.2
1980	148957.8	-289.4	1995	142456.5	96.6
1981	148552.6	-405.2	1996	195100.0	52643.5
1982	147909.5	-643.1	1997	194900.0	-200.0
1983	147539.4	-370.1	1998	194500.0	-400.0
1984	146780.6	-758.8	1999	193800.0	-700.0
1985	145269.5	-1511.1	2000	192300.0	-1500.0
1986	144344.9	-924.6	2001	191400.0	-900.0
1987	143833.1	-511.8	2002	188900.0	-2500.0
1988	143582.7	-250.4	2003	185100.0	-3800.0
1989	143484.0	-98.7	2004	183700.0	-1400.0
1990	143509.4	25.4	2005	183100.0	-600.0
1991	143480.7	-28.7	2006	182700.0	-400.0
1992	143138.7	-342.0	2007	182600.0	-100.0

资料来源：1978—1996 年数据来自国家统计局历年《中国统计年鉴》；1997—2002 年数据来自国家环保总局《中国环境状况公报》（1999—2002）；2003—2007 年数据来自国土资源部发布的《中国国土资源公报》（2003—2007）。

从表 4.1 可以看出，自改革开放以来，中国的耕地数量总体呈现出下降的趋势。需要说明的是，1996 年中国进行了全国第一次农业普查，结果显示，中国的实际耕地面积是 19.51 亿亩，比 1995 年统计年鉴的数据多 5.26 亿亩，这里主要是因为耕地面积数据的计量单位和统计口径标准化了，而实际耕地面积并没有增加。因此，为了进行比较，可以将耕地面积的变化分成 1978—1995 年和 1996—2007 年两个阶段来考察其变化趋势。1978 年中国耕地面积为 14.91 亿亩，到 1995 年减少到了 14.25 亿亩，减少了 6600 万亩，平均每年减少 366.67 万亩。1996 年全国第一次农业普查统计的耕地面积为 19.51 亿亩，2007 年减少至 18.26 亿亩，净减少了 1.25 亿亩，平均每年减少 1136.36 万亩。

值得指出的是，如果仅从全国尺度考察耕地总量变化，则会忽视一些重要的现象。从耕地面积变化的空间分布上看，净减少最快的一是广东、福建、上海、江苏、浙江、山东、北京、天津及辽宁等沿海省市；二是陕西、湖北、四川、湖南、山西等中部省份。尽管从全国趋势看个别年份耕地面积是净增加的，但这些自然条件较好的省份自 1978 年以来一直持续着净减少的趋势。那些自然条件较差的边远省区，如内蒙古、黑龙江、新疆、云南、广西、贵州、甘肃、宁夏等，1988 年以后耕地却基本上是净增加的。个别省区，如内蒙古和黑龙江等，增加的幅度还比较大。耕地面积变化的这种区域差异，说明在中国耕地总量的动态平衡中，生产力较低的耕地面积的增加，在数量上可能会部分地抵消优质良田的减少，因而掩盖了问题的实质。

2. 人均耕地资源变化趋势

尽管中国耕地资源总量位于世界前列，但是中国人口总量较大，使得中国人均耕地较少。据国土资源部统计，中国人均耕地面积为世界人均耕地的47%，在全世界26个人口超过5000万以上的国家中处于倒数第三位（肖国安，2005）。

表4.2　　1978—2007年中国人均耕地面积变化情况　　（亩/人,%）

年份	年末耕地面积	比上年增减	年份	年末耕地面积	比上年增减
1978	149100.0	—	1993	142652.1	-486.6
1979	149247.2	147.2	1994	142359.9	-292.2
1980	148957.8	-289.4	1995	142456.5	96.6
1981	148552.6	-405.2	1996	195100.0	52643.5
1982	147909.5	-643.1	1997	194900.0	-200.0
1983	147539.4	-370.1	1998	194500.0	-400.0
1984	146780.6	-758.8	1999	193800.0	-700.0
1985	145269.5	-1511.1	2000	192300.0	-1500.0
1986	144344.9	-924.6	2001	191400.0	-900.0
1987	143833.1	-511.8	2002	188900.0	-2500.0
1988	143582.7	-250.4	2003	185100.0	-3800.0
1989	143484.0	-98.7	2004	183700.0	-1400.0
1990	143509.4	25.4	2005	183100.0	-600.0
1991	143480.7	-28.7	2006	182700.0	-400.0
1992	143138.7	-342.0	2007	182600.0	-100.0

资料来源：笔者根据表4.1耕地总面积数据和历年《中国统计年鉴》人口数据计算得到。

根据国土资源部和国家统计局公布的最新数据显示，2007年耕地面积较1996年减少了1.25亿亩，但人口却增加了1.08亿人。这种人口与耕地逆向演进给中国粮食的发展带来了严重的人地矛盾。从表4.2中也可以看出，在1978—1995年和1996—2007年两个阶段当中，人均耕地面积也呈现出逐年下降的趋势。

如1978年人均耕地面积为1.60亩，1995年降至1.18亩，年均下降18.07%；1996年人均耕地面积为1.61亩，2007年已降至1.38亩，年均下降14.11%。

从区域的角度来讲，各省区之间的人均耕地面积差异较大，如内蒙古、黑龙江、新疆、吉林、甘肃等六省区人均耕地在3.0亩以上；而北京、上海、天津、湖南、浙江、广东、福建等省市人均耕地在1.0亩以下。据统计，全国低于FAO确定的人均耕地临界值0.80亩的县（区）达666个，主要分布在东部沿海地区，占全国县（区）总数的23.7%，其中低于0.50亩的县（区）达463个，有些县（区）人均耕地只有0.2—0.3亩。

表4.3　　全国各省市区人均耕地分布　　（个）

省　区	人均<0.5亩县数	人均0.5—0.8亩县数	人均0.8—1.0亩县数	人均1.0—1.5亩县数	人均1.5—2.0亩县数	人均2.0—2.5亩县数	人均2.5—3.0亩县数	人均3.0—4.5亩县数	人均>4.5亩县数	合计
北京	10	0	1	4	2	1	0	0	0	18
天津	0	13	0	1	2	0	2	0	0	18
河北	31	0	5	40	42	26	10	7	5	166
山西	10	0	1	11	20	18	11	24	23	118
内蒙古	25	0	0	5	2	4	1	9	53	99
辽宁	17	12	15	9	20	9	7	8	3	100
吉林	8	8	0	1	4	2	8	14	12	57
黑龙江	7	24	6	23	8	2	0	11	53	134
上海	14	1	0	5	0	0	0	0	0	20
江苏	37	8	10	32	12	5	1	0	0	105

续表

省　区	人均<0.5亩县数	人均0.5—0.8亩县数	人均0.8—1.0亩县数	人均1.0—1.5亩县数	人均1.5—2.0亩县数	人均2.0—2.5亩县数	人均2.5—3.0亩县数	人均3.0—4.5亩县数	人均>4.5亩县数	合计
浙江	21	25	17	24	1	0	0	0	0	88
安徽	14	10	4	31	20	12	17	5	0	113
福建	23	15	17	17	7	0	0	0	1	80
江西	11	16	11	33	21	7	0	0	0	99
山东	15	7	10	42	47	10	2	1	0	134
河南	38	5	5	52	41	14	1	0	0	156
湖北	19	4	9	31	21	12	0	0	4	100
湖南	23	13	36	45	4	1	0	1	2	125
广东	40	21	16	24	11	0	0	0	0	112
广西	19	6	7	32	17	9	11	4	0	105
海南	3	1	2	3	3	6	2	0	0	20
四川	18	6	9	85	47	23	9	16	1	214
贵州	1	0	7	7	6	33	20	9	2	85
云南	4	1	1	8	24	30	23	26	11	128
西藏	12	1	1	12	5	6	13	15	7	72
陕西	9	1	3	12	21	7	12	17	25	107
甘肃	8	0	0	1	5	16	9	30	16	85
青海	15	1	0	5	1	8	7	4	5	46
宁夏	3	3	0	1	3	1	1	6	6	24
新疆	8	1	1	4	7	7	14	22	27	91
全国	463	203	194	600	424	269	171	229	256	2809

资料来源：转引自周立三主编《中国农业地理》，科学出版社 2000 年版，第 96 页。

3. 中国耕地占用结构变化情况

随着经济的发展，尤其是工业经济和城镇化进程速度的不断加快，以及农村经济体制的不断改革，中国耕地占用结构发生了较大的变化，主要表现在：（1）工业化、城市化和交通道路的发展都要占用大量的耕地；（2）自然界的风蚀、水土流失和沙漠化以及盐碱化在不断破坏有限的农田和耕地；（3）在农业结构调整中，由于和经济园艺作物相比，比较效益低，许多粮田被转做种植经济作物，使得粮食种植面积不断下降；（4）在一些耕地本就稀缺的地区，为了解决耕地供给矛盾，在耕作保护技术不成熟的情况下，人为过度垦殖、毁林、毁草开荒，在获得短期收益的同时却破坏了耕地。

自 1988 年以来，原国家土地管理局每年公布的耕地增减的统计资料，一直被认为是这方面比较权威的数据。根据该局 1988—1995 年的数据分析，8 年中增加的耕地主要来源于荒地开垦，占 76%；农业结构调整和复垦所占的比例较小，分别为 13% 和 11%。在损失耕地的构成中，首先是农业结构调整，包括转变为果园、鱼塘、林地及草地的耕地，占有最大的份额，为 62%。其次为非农建设占地，占 20%。自然灾害损毁（风蚀、水蚀、沙压、洪涝）的耕地面积占 18%。表 4. 4 反映了 1997—2007 年中国耕地占用结构变化情况，在 1997—2007 年，全国因非农建设、生态退耕、农业结构调整和灾害损毁共减少耕地 18037 万亩，通过开发整理复垦耕地 4837 万亩，因此导致全国耕地净减少了 1. 23 亿亩。

从区域的角度来看，新开垦的耕地主要来自自然条件较为恶劣的东北、西北和西南地区。新疆、云南、黑龙江、内蒙古及广西等省区 8 年间荒地开垦面积最大，占全国开荒总面积的 60%，同时这几个省份也是灾害损毁耕地最为严重的地区。从结构调整占地的情况看，果园和鱼塘占地问题较为严重的省份包括广东、江苏、辽宁、湖北及陕西等，主要是东部和中部地区。退耕还林还草的耕地占总耕地面积最大的省区有内蒙古、陕西、新疆、西藏和云南，主要分布在西部地区。非农建设占地比较严重的地区明显分布在以珠江三角洲、长江三角洲和京津为中心的东部沿海地区。此外，湖北、河南及安徽等中部省份也比较严重。值得注意的是在1988—1991年期间，沿海12个省份非农建设占地在全国此类占地中的比重维持在40%左右，而在此后的4年里，比重上升到50%—55%（李秀彬，1999）。

表4.4　　1997—2007年中国耕地占用结构变化情况　　（万亩，%）

年份	当年实际占用耕地	其中								当年开发整理复垦耕地	当年净减少耕地
		非农建设		生态退耕		农业结构调整减少耕地		灾毁耕地			
		绝对数	%	绝对数	%	绝对数	%	绝对数	%		
1997	693.5	288.5	41.6	245.6	35.4	88.7	12.8	70.6	10.2	489.7	203.8
1998	863.1	264.3	30.6	246.9	28.6	105.0	12.2	246.9	28.6	471.6	391.5
1999	1262.5	307.9	24.4	591.9	46.9	160.5	12.7	202.5	16.0	607.6	654.9
2000	2349.0	244.5	10.4	1144.5	48.7	867.0	36.9	93.0	4.0	436.5	1912.5
2001	1245.1	245.6	19.7	886.1	71.2	67.5	5.4	45.9	3.7	30.9	1214.2
2002	3043.0	294.8	9.7	2138.3	70.3	523.5	17.2	86.4	2.8	511.8	2531.2
2003	4272.3	343.7	8.0	3356.0	78.6	497.0	11.6	75.6	1.8	466.2	3806.1
2004	1940.6	439.2	22.6	1099.4	56.7	307.1	15.8	95.0	4.9	518.4	1422.2
2005	1002.4	318.2	31.7	585.5	58.4	18.5	1.8	80.2	8.0	460.0	542.4
2006	1011.0	387.8	38.4	509.1	50.4	60.3	6.0	53.8	5.3	550.8	460.2
2007	354.8	282.4	79.6	38.2	10.8	7.3	2.1	26.9	7.6	293.8	61.0

资料来源：1997—2003年数据转引自梁子谦（2007）《中国粮食综合生产能力与安全研究》第77页，表5.3；2004—2007年数据由笔者根据国土资源部发布的《中国国土资源公报》（2004—2007）的数据整理得到。

（二）耕地资源质量变化

耕地资源的质量下降是影响粮食综合生产能力的制约因素。近年来，土壤肥力呈现逐年下降的趋势，特别是有机质含量下降甚为严重，造成土壤板结、团粒结构差、耕作层浅薄、蓄水保肥能力差、不耐旱、不耐寒，病虫害发生频繁，亩产量难以提高。据中国农业科学院土肥所调查数据显示，华北地区土壤有机质含量不足1.2%，低于高产稳产田有机质含量1.5%以上的标准；东北区及南方地区50%以上耕地有机质含量也低于标准的下限水平。这三个地区土壤的速效磷和速效钾含量的上限水平分别低于标准水平的50%和25%。在耕地数量日趋减少的情况下，改善和提高耕地质量水平，是今后保护和提高耕地产出能力的重要途径。

中国耕地质量总体水平不高，主要表现在以下几个方面：第一，中国有66%的耕地分布于山地、丘陵、高原地区；坡度在15°以上的耕地占耕地总数的13.6%，其中还有606.67万公顷的耕地坡度在25°以上；第二，耕地中水田比重仅占26.78%，旱地比重大，占73.22%，且有70%以上的旱地没有灌溉条件；第三，根据耕地生产水平，耕地可以划分为高产耕地、中产耕地、低产耕地，据全国第二次土壤普查数据分析，中国高产耕地占21.54%，中产耕地占37.24%，低产耕地占41.22%；第四，盐碱、沙化、水土流失等耕地较多，且受自然灾害危害较大，目前中国有盐碱耕地772.5万公顷，沙化耕地400万公顷，水土流失耕地2000万公顷（周立三等，2000）。

耕地质量下降主要由以下几方面原因造成：（1）过分依赖化肥来提高产量，农家肥施用量减少，导致耕地土壤中有机质含量下降；（2）部分农民经营土地的积极性不高，影响了土地质量；（3）公共性农田水利等基础设施投入不足；（4）新增耕地质量低于减少的耕地质量（梁子谦，2007）。

（三）耕地后备资源约束

中国后备耕地资源不足。据中国科学院自然资源综合考察委员会调查测算，中国宜农荒地为3333.33万公顷左右，但其中40%—50%为天然草地，只能种植林草加以改良；16%—20%分散于南方丘陵地区，宜种植木本粮油作物；余下可开垦为耕地的约1333.33万公顷。而这部分宜农荒地大部分处于边远地区，垦殖条件差，干旱、盐碱、沙化、低洼易涝等障碍因素多，开垦的难度较大（周立三等，2000）。

表4.5　　**中国各省市区后备耕地资源面积**　　（万亩）

省区	后备土地资源面积合计	荒草地面积	盐碱地面积	沼泽地面积	滩涂面积
全国	7075.9	4925.3	1016.8	430.3	703.4
北京	14.4	12.8	0.0	0.0	1.5
天津	9.4	4.3	0.9	0.0	4.2
河北	297.2	251.0	13.1	1.4	31.7
山西	289.4	264.8	5.7	0.4	18.6
内蒙古	266.9	71.5	27.9	132.8	34.8
辽宁	168.6	111.8	1.9	1.9	53.0
吉林	115.2	43.7	39.1	14.5	17.9
黑龙江	494.0	222.1	1.7	196.8	73.2
上海	7.7	0.1	0.0	0.0	7.6
江苏	70.8	5.1	1.7	0.2	63.8
浙江	62.5	34.1	0.7	0.0	27.7
安徽	37.3	21.5	0.1	0.2	15.6
福建	78.6	54.3	0.0	0.0	24.2
江西	87.2	67.0	0.0	0.4	19.8

续表

省区	后备土地资源面积合计	荒草地面积	盐碱地面积	沼泽地面积	滩涂面积
山东	114.2	59.4	24.0	0.1	30.8
河南	122.3	87.9	0.5	0.7	33.2
湖北	160.2	131.0	0.0	0.4	28.8
湖南	78.9	60.3	0.0	0.5	18.2
广东	86.8	57.4	0.4	0.2	28.8
广西	245.4	230.2	0.3	0.1	14.8
海南	39.8	25.1	0.0	0.1	14.4
重庆	36.8	34.2	0.0	0.0	2.6
四川	91.5	73.4	0.0	7.7	10.5
贵州	56.7	55.2	0.0	0.0	1.4
云南	458.8	453.2	0.0	0.3	5.2
西藏	1190.8	1102.0	54.7	6.4	27.7
陕西	85.4	74.7	3.0	0.1	7.6
甘肃	237.5	177.7	41.0	3.7	15.1
青海	571.1	108.2	391.3	28.7	42.8
宁夏	17.9	7.5	7.0	0.4	2.9
新疆	1482.4	1023.5	401.7	32.3	25.0

说明：此数据均为1996年全国第一次农业普查公布的数据。这里需要说明一点，全国第二次农业普查虽已完成，但还未公布较为详细的耕地后备资源数据，所以只能采用第一次农业普查的数据。

资料来源：中国自然资源数据库，http：//www.data.ac.cn/zrzy/ntBB17.asp。

中国可开发的后备土地资源（即未利用土地中的荒草地、沼泽地、盐碱地和水域用地中的滩涂）为7075.9万亩，其中荒草地4925.3万亩，占69.6%；盐碱地1016.8万亩，占14.4%；沼泽地430.3万亩，占6.1%；滩涂703.4万亩，占9.9%。这些后备资源主要分布在坡陡土薄的山地、干旱缺水的西部或低湿渍涝的洼地，大多有潜在的环境问题，可能会引起水土流失、盐碱、沙化等威胁。

总的来看，7075.9 万亩土地是中国未来能够用于增加粮食种植的最大面积。如果中国不惜一切代价来扩大粮食种植面积，这部分后备土地资源将会被利用起来。但是并不是所有后备土地资源都可以用于种植粮食，其中可用于种植粮食的土地不到50%，且这些后备土地资源主要分布在中国东北的黑龙江省和吉林以及中部地区的湖北省，而在中国的一些省区如云南和内蒙古，具有粮食生产潜力的后备土地资源就非常少（梁子谦，2007）。此外，在后备土地资源的利用问题上，还应该注意到，这些土地资源能够被利用的前提假设是这些土地能够得到有效灌溉。实际上，几乎一半以上可用于种植粮食的后备土地都需要灌溉，这意味着，中国开发利用具有粮食生产潜力的后备土地资源需要有充足的、可供利用的水资源。但是，中国的水资源是有限且分布不均的，使得后备土地资源的开发受到限制从而制约粮食综合生产能力的提高。

（四）耕地资源变化与粮食播种面积及粮食产量的变化比较

从以上的分析可以看出，中国的耕地资源总量逐年减少，而耕地的扩展潜力也因为耕地的后备资源有限而受到制约。耕地作为粮食生产重要的自然资源，它的变化情况会直接影响粮食播种面积和粮食总产量的变化情况。图 4.1 和图 4.2 分别对 1978—2007 年共 30 年间中国总的耕地面积年度变化率与粮食播种面积、粮食总产量的年度变化率进行了比较。这里采用的年度变化率指标表示的是该年耕地面积或产量（粮食播种面积或产量）的净变化量占上一年耕地面积或产量（粮食播种面积或产量）的比重。通过比较耕地面积与粮食播种面积、粮食产量的年度变化率，可以看出耕地的数量对粮食播种面积和粮食产量均有不同程度的影响。

首先，从图 4.1 中可以看出，耕地面积年度变化率和粮食播种面积变化率的趋势之间具有一定的相关性，表明耕地面积对粮食播种面积具有一定的约束作用。但在这 30 年间的不同的阶段，两者之间的变化趋势表现出不同的相关程度。如在 1978—1987 年，粮食播种面积年变化率与耕地面积年变化率保持较为一致的变化趋势，但粮食播种面积变动幅度比耕地面积变动幅度大；在 1988—1995 年间，两者的变化趋势却表现不一致，从 1996 年开始至 2003 年，每年耕地面积减少都伴随着粮食播种面积的减少，而且粮食播种面积的减少幅度大于耕地面积减少的幅度。在此阶段，中国耕地面积减少了 5.13%，同期粮食播种面积减少了 11.67%。

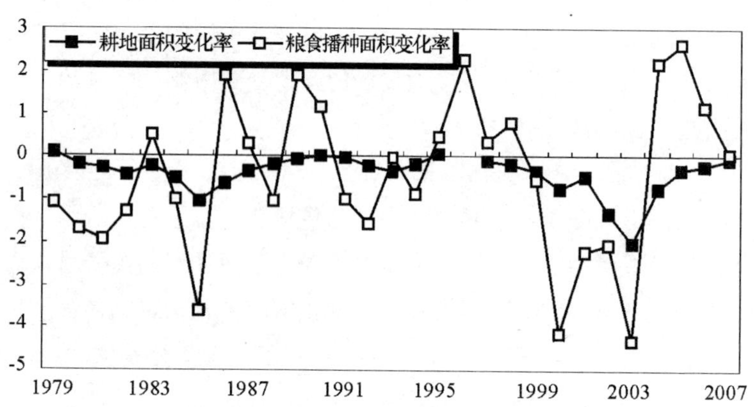

图 4.1　1978—2007 年中国耕地面积和粮食播种面积年度变化率比较

资料来源：笔者计算整理。

需要说明的是，在2003年以后，由于国家进一步强调耕地保护尤其是保护基本农田是一条不可逾越的"红线"（国土资源部，2003），同时对耕地的非农建设利用也加强了限制，因此耕地面积呈现出稳步小幅上升的态势。但2003年年底出现的粮食价格上涨，导致2004年和2005年粮食播种面积较前一年分别增加了2.3%和2.6%，扭转了前一阶段持续下降的局面。因此在2006年后，尽管粮食播种面积变化率缓慢下降，但是从绝对数来看，这几年粮食的播种面积仍然可能会增加，但幅度可能会减小。

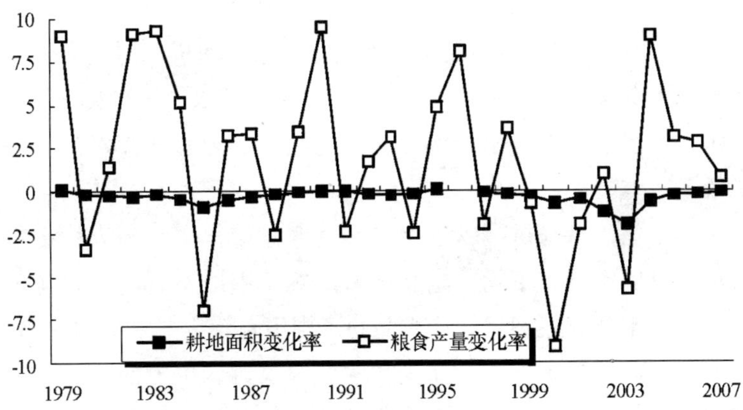

图 4.2　1978—2007 年中国耕地面积和粮食总产量年度变化率比较

资料来源：笔者计算整理。

其次，从图4.2中可以看出，与图4.1不同的是，耕地面积年变化率和粮食总产量年变化率趋势之间的相关性不强，表明两者之间变化趋势的差异较大。随着耕地面积的逐年下降，粮食总产量却是在各年份间有升有降，且波动较大。这主要是因为，影响粮食产量的因素较多，除播种面积以外，还有单产的变化，自1978年改革开放以来，中国农业科技进步水平提高较快，粮食单产逐年上升，因此使得粮食总产量年变化率与耕地面积年变化率之间相关关系不够明显。

但是，粮食单产在近些年突破性进展不大，因此在未来的一段时期内，在单产没有大幅度提高的情形下，耕地面积的变化将会对粮食总产量产生直接的影响。

二 水利资源分布不均，粮食生产灌溉效率不高

粮食作物的种植与生产除了要以一定的耕地资源作为保障外，还必须得到较为充足的水资源作为后盾和保障（龙方，2007）。中国特殊的地理气候条件决定了中国水资源时空分布不均，水土资源与生产力布局不相匹配，干旱缺水、洪涝灾害、水体污染和水土流失等水资源问题将是我们必须长期面对的严峻挑战。

就中国国情来讲，尽管中国水资源总量丰富，但人均占有量很低且时空分布不均，这就严重影响了中国现有耕地资源的充分、合理和有效利用，严重制约了中国粮食生产能力的提高，不利于中国的粮食安全。就人均水资源来讲，中国的人均水资源占有量仅是世界人均占有量的1/4，是美国的1/5，是加拿大的1/50。从耕地水资源拥有量来讲，中国每公顷耕地水资源的拥有量约为世界的3/4，这也低于美国、加拿大等国，甚至还赶不上日本；就水资源的时空分布来看，中国水资源在空间分布上是南多北少，东多西少，而中国的华北、西北又拥有大量的耕地资源，但因缺水而严重影响了这些地区的粮食生产能力；在时间分布上，中国降水的年际变化和季节变化都很大，在其变化节奏上也难以适应粮食作物生长的需求。

据统计，当前中国因农业缺水而使年均少产粮食 2600 万吨左右，若解决供水问题每年可增产粮食 10000 万吨。另据有关部门测算，到 2030 年前后当中国人口达到 16 亿峰值时，中国粮食生产水供求差额将达到 1300—1500 亿立方米之多（杨依天，2006）。可见，水资源的缺乏也是影响中国粮食供给增长的一个重要因素。随着中国人口数量和工业用水的快速增长，水资源对中国粮食生产的约束和瓶颈作用还将越发明显和突出（龙方，2007）。可以预见，农业用水的短缺肯定会给中国的粮食生产带来较大影响，水资源匮乏对粮食综合生产能力的制约已日益显现。

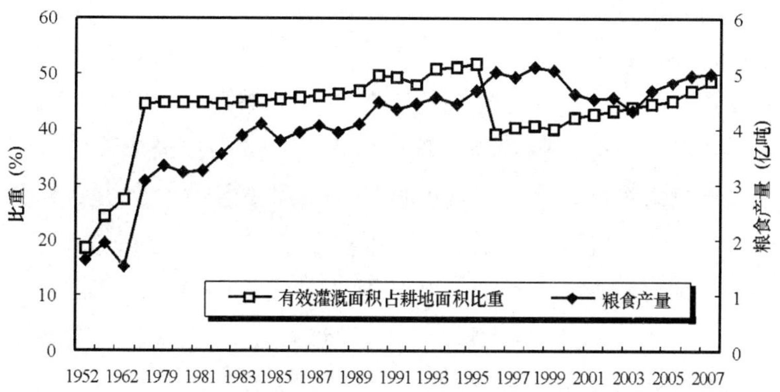

图 4.3　1952—2007 年有效灌溉面积占耕地面积比重与粮食产量变化趋势

资料来源：笔者根据《中国农业统计资料汇编》和 2006—2008 年《中国统计年鉴》数据计算整理。

灌溉对于农业生产和粮食安全保障具有比其他国家更重要的地位。中国是最大的发展中国家，灌溉面积居于世界第二，布朗（1998）认为，中国至少有 70% 的粮食生产来源于灌溉，灌溉面积的发展及其供水保证将成为中国粮食安全的主要因素。如图 4.3 显示了中国 1949 年以来有效灌溉面积占耕地面积的比例与粮食产量显著呈现出正相关关系，这进一步表明有效灌溉面积的发展一直是保障中国粮食安全生产的重要途径。近几年来，尽管中国耕地面积总量没有增加，但灌溉面积的增加是中国粮食产量创造历史性恢复奇迹的主要原因（张宁，2007）。

三　农业劳动力流失严重，农村劳动力结构失调

一直以来，劳动力供给数量对中国农业发展和粮食生产的约束并不明显，这主要是因为大家普遍认为农村存在大量的剩余劳动力。但是在经历 30 年的高速经济增长和成功的经济改革之后，坚持认为中国农村仍然有高比例、大规模的剩余劳动力的观点，已经成为缺乏经验证据的教条（蔡昉，2007）。因此，中国农村劳动力的现状是：总量供大于求的局面尚未改变，但结构性供求矛盾日益突出（韩俊，2008）。需要关注的是，作为粮食生产的重要投入要素之一，近些年来相关学者的研究表明，经济发展对粮食生产的负面影响越来越大，主要表现在工业化和城市化不仅导致耕地减少和环境污染，还导致农村劳动力从事粮食生产机会成本的增加。因此，一方面劳动力从事粮食生产机会成本较高，导致农民选择非粮产业；另一方面即便从事粮食生产也会减少劳动投入或者由于自身劳动素质的关系而导致劳动投入不够，这两方面已成为影响粮食生产发展的重要因素（郑有贵，2007）。

同时，农村劳动力的产业转移和地区流动将因农民非农收入与种粮收入比较收益差距的扩大而影响农民的粮食生产行为。在经济相对发达的地区，由于当地农民的非农就业机会较多，

非农收入成为农民家庭收入的主要来源，致使农民从事粮食生产的劳动力机会成本增大，这就降低了农民的种粮积极性，从而会缩减这些发达地区的粮食生产规模。反之，在经济欠发达地区，因农业劳动力的非农就业机会少，农民种粮的机会成本也较低，这样在欠发达地区的粮食生产就可能在一定时间内保持相对的稳定性。但如果欠发达地区农村劳动力出现向其他地区的大规模转移，使农民的家庭收入结构出现明显非农化倾向，这也会削弱该地区农民从事粮食生产的积极性（陆文聪等，2008）。

笔者认为，在中国农村劳动力仍然处于大量转移阶段且表现出转移的农村劳动力结构性失调特征的阶段，有必要对中国农业劳动力的供给变化及其对粮食生产可能带来的影响进行探讨。下面将从这两个层面进行具体分析。

（一）农业劳动力供给变化

1. 农业劳动力供给的数量变化

表 4.6 显示了自 1978 年以来，中国农村劳动力供给市场的变化情况。表 4.6 中的数据显示，从劳动力绝对数量变化的角度来看，尽管中国农村劳动力总供给量一直呈现上升的趋势，但是真正从事农业的劳动力由 1978 年占总劳动力人数的 92.9% 下降到 2006 年的 59.5%。相应地，从事非农业的劳动力比重由 7.1% 显著上升到 40.5%。这表明在改革开放近三十年中，中国农村劳动力已经大规模地从农业稳步向非农业转移，这一转移为中国在国际竞争力中获得了劳动密集型产品的比较优势，也为这一时期的经济高速增长做出了巨大的贡献（蔡昉、王德文，1999）。

表 4.6　　1978—2006 年农村劳动力供给变化情况

年份	农村劳动力总供给（万人）	从事农业劳动力		从事非农业劳动力	
		人数（万人）	比重（%）	人数（万人）	比重（%）
1978	30637.8	28455.6	92.9	2182.2	7.1
1980	31835.9	29808.4	93.6	2027.5	6.4
1985	37065.1	30351.5	81.9	6713.6	18.1
1990	42009.5	33336.4	79.4	8673.1	20.6
1995	45041.8	32334.5	71.8	12707.3	28.2
2000	47962.1	32797.5	68.4	15164.6	31.6
2006	48090.0	28631.0	59.5	19459.0	40.5

说明：笔者采用国家统计局《中国统计年鉴》中的“乡村从业人员”来表示农村劳动力的供给量。这主要是因为，按照《中国统计年鉴》中的“主要统计指标解释”，乡村从业人员是指乡村人口中劳动年龄在 16 周岁以上实际参加生产经营活动并取得实物或货币收入的人员，包括劳动年龄内经常参加劳动的人员，也包括超过劳动年龄但经常参加劳动的人员，但不包括户口在外的学生、现役军人和丧失劳动能力的人，也不包括待业人员和家务劳动者。很显然，该统计是按照劳动力的家庭所在地口径，而不管是否在什么地方和什么产业就业，务农、乡镇企业就业、非农产业经营和外出务工经商的劳动力都包括在这个数字之内（蔡昉，2007）。因此，该指标可以被认为是乡村劳动力和乡村经济活动人口（蔡昉，2004）。

资料来源：笔者根据《中国农业统计年鉴资料 1949—2004》和《中国统计年鉴 2007》数据计算整理得到。

但是，从相对变化的角度来看，农村新增劳动力的速度呈现逐渐下降的趋势。20 世纪 80 年代后期农村劳动力年均增长率在 2.5% 左右，90 年代至今农村劳动力总量的年均增长率维持在 1.1%。随着农村人口和劳动力的大量外流，一些农村出现了“六一三八九九”家庭聚集的普遍现象。随着农村青壮年劳动力大量转入非农产业和城镇，特别是随着常年外出农村的劳动力增多，务农劳动力老龄化也开始显现（韩俊，2008）。而这一现象对农业和粮食生产都可能会带来一定的隐患。如果劳动力要素的投入量有限，那么粮食生产的效率也会受到限制。

2. 农业劳动力供给的结构变化

由于劳动力存在异质性，不同类型的农村劳动力向非农产业的转移难易程度不同，在农业生产中发挥的作用也不同，因此仅仅从总量来考察农业劳动力的数量变化是不够的，还需要从结构上进行分析。在这里，农业劳动力结构变化主要是指从事农业生产的劳动力年龄结构变化、性别结构变化和受教育水平变化。由于缺乏统一的统计数据，笔者无法直接获得相关数据，只能通过相关学者①最新的文献研究成果整理得出表 4.7 至表 4.9。

表 4.7　　**2006 年农业从业人员年龄结构**

年龄阶段	乡村就业人员		非农就业人员		农业就业人员	
	人数（万人）	百分比（%）	人数（万人）	百分比（%）	人数（万人）	百分比（%）
16—20 岁	6300	13.1	3561	18.3	2739	9.6
21—25 岁	5530	11.5	5273	27.1	257	0.9
26—30 岁	5627	11.7	3094	15.9	2533	8.8
31—40 岁	13321	27.7	4515	23.2	8806	30.8
40 岁以上	17312	36.0	3016	15.5	14296	50.0
总　计	48090	100.0	19459	100.0	28631	100.0

① 这里主要参考的是如下学者的文献资料：（1）蔡昉：《破解农村剩余劳动力之谜》，《中国人口科学》2007 年第 2 期；（2）马晓河、马建蕾：《中国农村劳动力到底剩余多少》，《中国农村经济》2007 年第 12 期；（3）蔡昉主编：《中国人口与劳动问题报告 2007》，社科文献出版社 2007 年版；（4）韩俊、崔传义、范皑皑：《农业剩余劳动力微观调查》，2007 年；（5）蔡昉、王美艳：《农村劳动力剩余基期相关事实的重新考察——一个反设事实法的应用》，《中国农村经济》2007 年第 10 期。

表 4.8 2006 年农业从业人员性别结构

年龄阶段	乡村就业人员		非农就业人员		农业就业人员	
	人数（万人）	百分比（%）	人数（万人）	百分比（%）	人数（万人）	百分比（%）
男性劳动力	25680	53.4	12901	66.3	12779	44.6
女性劳动力	22410	46.6	6558	33.7	15852	55.4
总　计	48090	100.0	19459	100.0	28631	100.0

表 4.9 2006 年农业从业人员文化水平

文化水平	乡村就业人员		非农就业人员		农业就业人员	
	人数（万人）	百分比（%）	人数（万人）	百分比（%）	人数（万人）	百分比（%）
不识字或识字很少	3198	6.7	389	2.0	2809	9.8
小学程度	12682	26.4	3191	16.4	9491	33.2
初中程度	25396	52.8	12746	65.5	12650	44.2
高中程度	5059	10.5	2238	11.5	2821	9.9
中专程度及以上	1755	3.7	895	4.6	860	3.0
总　计	48090	100.0	19459	100.0	28631	100.0

综合表 4.7 至表 4.9 中的数据可以得到以下结论：

1. 中国从事农业生产的青壮年劳动力不到 50%，一半以上青壮年农村劳动力已先行转移到非农产业当中。这表明，随着青壮年农村劳动力的持续转移，农村剩余劳动力的绝大部分是中老年劳动力。根据国务院发展研究中心 2006 年对全国 17 个省 2749 个行政村进行的调查，74.3% 的村庄认为本村能够外出的青年劳动力都已经出去了，大部分村庄对自己村庄青壮年劳动力的供给情况表示担忧（韩俊等，2007）。一些典型调查也验证了这一情形。如对江苏省大丰市的抽样调查表明，在所调查的 195 个农业劳动力中，30 岁以下的占不到 3.1%，40 岁以上的占到了 75%（杨竞寸，2006）。根据国家统计局山东调查总队（2007）的抽样调查数据，在 2006 年底，山东省农业劳动力中 30 岁以下的仅占 13.6%，46 岁以上的占 48.5%。

因此，从短期来看，由于青壮年农村劳动力在向非农产业转移时占有优势，在未来的农村劳动力转移过程中，这部分从事农业生产的青壮年劳动力还可能持续转移出去，使得农业生产过程中的劳动力年龄结构呈现出更大比例的中老年劳动力。

2. 目前中国 55.4% 从事农业生产的劳动力为女性劳动力，而非农业生产中 66.3% 的农村劳动力为男性劳动力。这表明在中国农村劳动力增速减缓的同时，女性劳动力逐步占据了主要地位。这个结果也得到了典型调查的支撑。上述江苏省大丰市的抽样调查显示，在所调查的农业劳动力中，男性占 39.5%，女性占 60.5%（杨竞寸，2006）；国家统计局山东调查总队（2007）的抽样调查数据显示，在 2006 年底，山东省农业劳动力中，女性占 57.6%，比 2003 年提高了 2.9%，且有逐年上升的趋势。

3. 农业劳动力文化程度提高缓慢，与从事非农业生产的农村劳动力受教育程度相比存在较大差异。2006 年，全国从事农业生产的农村劳动力中，小学及以下文化程度的人数占 43.0%，初中及高中文化程度的人数占 54.1%，中专及以上文化程度的人数占 3.0%，但在非农产业农村劳动力中，上述三个比重分别为 18.4%、77.0% 和 4.6%。这表明教育程度高的农村劳动力倾向于流出农业之外从事非农产业。

以河南省转移的农村劳动力为例，16—35 周岁的青年人就占62.16%；大专以上学历的转移率为79.6%，中专为57.3%，高中为29.2%，初中为26.2%，小学以下学历的为15.7%。由此可见，农村劳动力的精英绝大部分离开了当地农业生产，科技推广和科技创新靠谁来完成?①

（二）农业劳动力供给变化对粮食生产的影响分析

1. 农业劳动力供给变化对粮食生产空间格局变动的影响

表4.10　2006年各省区劳动力转移情况与粮食产量变化比较

省区	调查村数（个）	外出打工劳动力比重（%）	本地从事非农就业比重（%）	本地从事农业就业比重（%）	各省平均农民年人均纯收入（元）	1990—2006年粮食产量变动（%）
江苏	391	16	44	40	8151	-5.9
浙江	145	13	30	57	6991	-44.3
上海	124	18	35	47	6630	-53.5
山东	491	27	17	56	4281	20.7
湖北	239	28	8	64	3146	-10.7
四川	75	14	5	81	2997	-32.2
重庆	89	48	8	44	2796	-17.7
湖南	100	40	14	46	2427	2.1
河南	285	35	7	58	2418	51.6
广西	108	27	4	69	2084	7.3
青海	67	43	5	52	2050	-22.5
甘肃	105	25	12	63	1917	17.0
河北	135	24	4	72	1840	18.7

①　万宝瑞：《农村全面实现小康社会的一项战略措施——河南省农村劳动力转移情况调研报告》，《中国农村经济》2004年第1期。

续表

省区	调查村数（个）	外出打工劳动力比重（%）	本地从事非农就业比重（%）	本地从事农业就业比重（%）	各省平均农民年人均纯收入（元）	1990—2006 年粮食产量变动（%）
内蒙古	80	22	3	75	1829	75.2
云南	51	9	3	88	1701	45.9
陕西	96	25	4	71	1642	1.5
贵州	168	35	6	59	981	55.7

资料来源：1990—2006 年粮食产量变动数据来自笔者计算；其他数据来自笔者根据国务院发展研究中心 2006 年对全国 17 个省 2749 个行政村进行的调查数据（韩俊等，2007）整理得出。

由于粮食自身的自然生物特性以及中国农业自然生产条件上的巨大差异，中国粮食传统的生产格局一直都是“南稻北麦”的自然生产分工。近年来，伴随着中国工业化程度的不断提高及其对农村剩余劳动力转移的需求拉动，同时由于中国的工业增长与农村劳动力需求有明显的区域性特征，中国的农村劳动力转移同样具有了突出的区域性特点。比如，东部省份如广东、浙江、江苏等经济发展迅速，一方面使其农村工业化水平不断提升，当地农业中的劳动力比例逐年下降，已由 20 世纪 90 年代的 61.92% 下降到目前的 43.37%，而农村劳动力非农就业比重从 8.64% 提升到 34.66%（韩俊等，2007）；另一方面东部省份是中国吸纳外出打工的农村劳动力的主要地区，根据国务院发展研究中心 2006 年的最新调查数据，东部吸纳的外来劳动力占所有农村中外来劳动力数量的 92%（韩俊等，2007）。该调查数据表明，经济不发达，农民人均纯收入较低的地区，由于当地劳动工资率低，农业收入比较利益低，农村劳动力更倾向于外出打工；

而经济相对发达，农民人均纯收入较高的地区，劳动力比较愿意留在当地，但也通过在本地乡镇企业、民营企业实现就业转移（表 4.10）。从表 4.10 中的数据还可以看出，劳动力转移的区域特点使得中国部分传统粮食主产区从事粮食生产的农业劳动力供给数量减少，进而对中国粮食生产的区域空间格局变化起到了一定的影响，中国粮食生产区域在总体上呈现从四川、湖北、湖南等“中心”产粮区向东北、西部等“边缘”区域转移的倾向，而非农产业发展的就业拉力和劳动力报酬区域差异是导致中国粮食生产发生区域性变化的主要原因（陆文聪等，2008）。

从各省区外出人数看，江苏、安徽、山东、河南、湖北、湖南、广东、广西、四川等省区外出务工劳动力数量较多，2004 年这些省区外出务工劳动力人数均在 500 万以上，其中四川和河南超过 1000 万人（蔡昉等，2006）。

表 4.11　外出劳动力占农村劳动力比重分布

比重(%)	分布省区市
高于 30	安徽、江西、湖北、重庆、四川
20—30	江苏、福建、河南、湖南、广东、广西和贵州
10—20	北京、天津、河北、内蒙古、辽宁、吉林、黑龙江、上海、浙江、山东
低于 10	山西、海南、云南、西藏、新疆

资料来源：笔者根据《2006 年中国人口与劳动问题报告》数据整理。

2. 农业劳动力供给变化对粮食生产成本与价格的影响

刘易斯最先建立了二元经济模型，研究了发展中国家的农村劳动力转移问题。拉尼斯与费景汉发展了这一模型，最先明确论述了发展中国家农村劳动力转移与粮食生产供给的关系问题。在刘易斯—拉尼斯—费景汉模型中，农村劳动力的持续转移分为两个阶段。在第一转折点即“粮食短缺点”或农业劳动力边际产出大于零之前，农村劳动力供给曲线将在高于生存工资的制度工资上呈现水平态，农村劳动力的转移将随着资本的持续增长而持续。第二个转折点是“刘易斯转折点”或“农业商业化点”，到达这点就意味着农村劳动力转移的完成。

表 4.12　　1978—2006 年各地区粮食产量增长变化率

地区	指标	1978	2006	增长幅度
全国	总产量（万吨）	30764.1	49747.9	61.7
华北地区	总产量（万吨）	3197.0	5733.8	79.3
	占全国比重（%）	10.4	11.5	1.1
东北地区	总产量（万吨）	3509.4	7791.4	122.0
	占全国比重（%）	11.4	15.7	4.3
华东地区	总产量（万吨）	9770.0	13502.2	38.2
	占全国比重（%）	31.8	27.1	-4.6
中南地区	总产量（万吨）	5911.0	9926.3	67.9
	占全国比重（%）	19.2	20.0	0.7
华南地区	总产量（万吨）	2599.8	3036.4	16.8
	占全国比重（%）	8.5	6.1	-2.3
西南地区	总产量（万吨）	3889.2	6561.3	68.7
	占全国比重（%）	12.6	13.2	0.5
西北地区	总产量（万吨）	1887.8	3196.5	69.3
	占全国比重（%）	6.1	6.4	0.3

资料来源：笔者根据 1980 年和 2007 年《中国统计年鉴》数据计算整理。

随着中国城乡工业企业的资本深化，从农村中先行转移出去的劳动力是农村劳动力主体中的一部分，甚至是其中的优秀分子群体（范建刚，2008）。从表 4.7 和表 4.8 中可以看出，2006 年在中国从事非农产业的 1.95 亿农村劳动力中，40 岁以下的青壮年占到了 84.5%，而农业劳动力的该数据为 50.0%；同时根据国家统计局农调总队在 2004 年的调查，2003 年在中国外出务工的1.1亿农村劳动力中，40岁以下的青壮年就占到了85.9%，且65.8%的青壮年来自粮食主产区，同时，外出务工农民的平均受教育水平也高于从事农业的农民。这表明，先行转移的农村劳动力多数是农业边际产出大于零的人员或者说是农民家庭的主要劳动力，而根据前面提到的刘易斯—拉尼斯—费景汉模型，大量农业主劳动力先行从农业中转移出去，并不必然导致农产品总供给的减少或者说短缺，但会导致农业内部劳动力供给的替代：一是农业劳动力年龄结构的老龄化，性别结构的女性化。这一点从上面的分析中已得到验证。二是农业的机械化水平提高。这主要是由于随着农业劳动力结构的变化，劳动力的素质相对下降，同时农业科技不断进步，加速了资本对劳动力的部分替代。图4.4比较了1978年以来中国粮食成本结构的变化与粮食价格变化之间的互动关系。

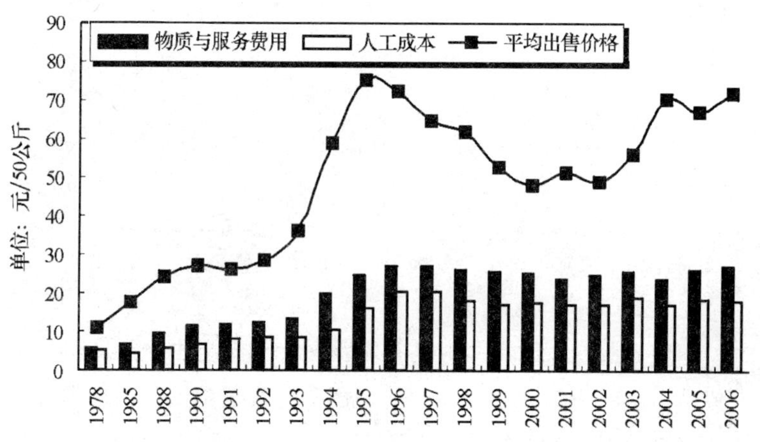

图4.4 1978—2006年粮食生产成本与价格变动趋势

资料来源：笔者根据2007年《全国农产品成本收益资料汇编》数据计算整理。

四　农业科技投入力度不够，农业科技推广缓慢

关于农业科技进步在中国粮食生产增长中的贡献程度，国内外学者早在20世纪90年代就做过研究。他们曾指出自新中国成立以来中国粮食产量不断迈上新的台阶，其中技术进步的贡献率达到48%甚至超过100%（黄季焜，1995；Fan，1991）。据黄季焜的研究，在改革初期（1978—1984），技术进步在水稻生产增长中的贡献率为48%，在其他粮食作物增长中的作用更高，达到99%。在改革开放的中后期（1984—1992），技术进步成为粮食生产增长的关键因素，技术进步的相对贡献率超过100%，高达206%。如果当时没有其他负面的影响（如80年代后期的价格因素、自然资源恶化和灾害等），粮食生产会比实际的增长率更高。

表4.13　粮食生产增长因素贡献率　(%)

增长因素＼贡献率	水稻生产			其他粮食		
	1978—1984	1984—1992	1978—1992	1978—1985	1984—1993	1978—1993
技术进步	48	165	95	.99	206	161
水利投资	3	11	5	5	10	6
生产责任制	34	0	29	51	0	35
投入—产出价格比	22	-23	2	27	-56	23
劳动与耕地机会成本	-29	-5	-22	-59	-12	-42
资源条件和自然灾害	0	-6	-3	2	-47	-27
其他	22	-42	-33	-23	-1	-41
合计	100	100	100	100	100	100

资料来源：黄季焜、罗思格兰特和罗泽尔（Rosegrant and Rozelle，1995）。

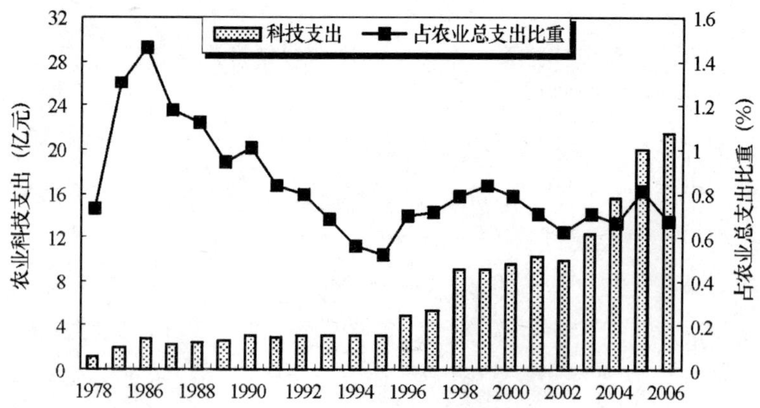

图 4.5　1978—2006 年中国农业科技支出费用及其占农业总支出比重变化

资料来源：笔者根据 2007 年《中国农村统计年鉴》数据整理。

但是，尽管农业科技投入的总费用在增加，但是从其所占农业总支出的比重变化来看，却呈现出递减的趋势。且从区域的角度来看，各个省区农业科技推广人员的分布也差异较大（图 4.6 所示）。

五　农业扶持力度有限，粮食补贴政策尚不完善

中国农业政策的核心经历了由土地政策到粮食政策的转变。在改革开放初期，以土地政策为主要内容的家庭联产承包责任制，极大地促进了农业和农村经济的发展（Lin，1994）。随着土地政策的稳定以及农产品供求状况的改变，粮食政策逐渐成为农业政策的核心（陆文聪，2005）。这可以分别从粮食市场化改革历程和粮食支持政策两个方面去分析改革开放以来中国粮食政策的变化。

（一）粮食市场化政策改革历程

自 1978 年底以来，中国的粮食政策经历了从“统购统销”

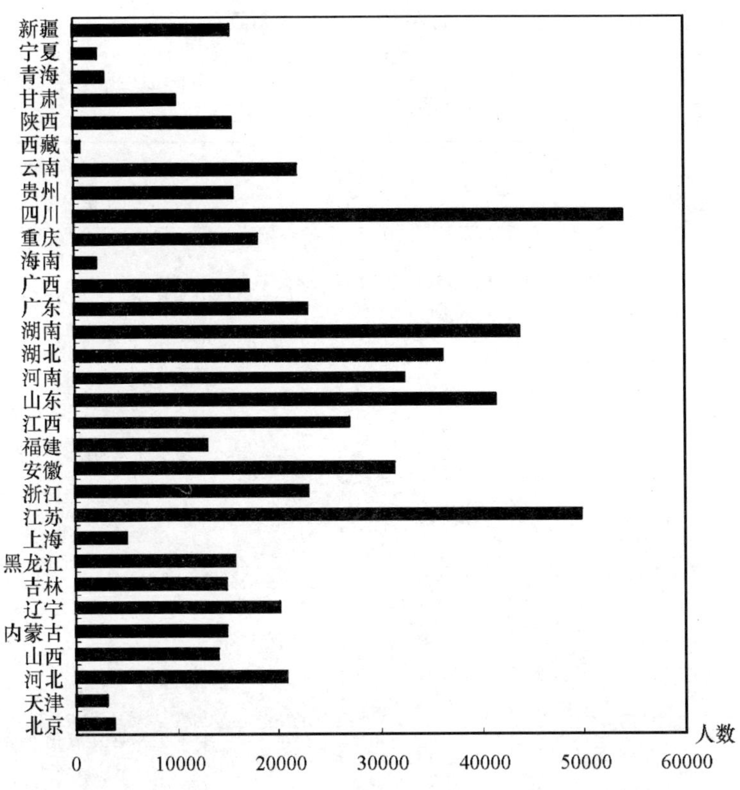

图 4.6　中国各省市区农业科技推广人员分布

资料来源：笔者根据 2000 年《中国第三产业统计资料汇编》数据整理得到。

到“双轨制”的过渡，从 2001 年开始实现在主销区完全放开粮食市场、价格和购销的市场化体制改革。迄今为止，中国 31 个省区已基本完成粮食市场化购销体制改革，并在不断完善之中（国家粮食局，2007）。

表 4.14 展示了改革开放以来中国粮食政策市场化改革的进程。从表 4.14 中可以看出，粮食政策市场化改革的每次转折点

都与中国国内粮食供求格局的变动紧密相连。

表 4.14　　中国粮食政策市场化改革进程

	统购统销政策：1985 年以前	“双轨制”政策：1985—2000 年	购销市场化政策：2000 年至今
改革背景	• 农业经营体制激励、约束功能不足 • 农业发展长期停滞 • 粮食供给总量短缺	• 交替出现“卖粮难”和“买粮难” • 居民消费水平由温饱逐渐走向小康 • 农产品供给总量基本平衡 • 由资源约束变为资源与市场双重约束	• 农产品结构性过剩 • 居民消费结构升级 • 农产品价格下跌，农民收入增长相对缓慢 • 入世后国内市场进一步开放，国际市场竞争压力加大
政策措施	• 推行家庭联产承包责任制 • 大幅度提高粮食等农产品收购价格 • 逐步推行粮食购销合同制 • 逐步放开农产品市场，1983 年允许余粮实行多渠道经营	• 1985 年取消统购派购制度，实行粮食合同定购，但 1986 年恢复 • 1993 年放开粮食价格和经营，1994 年 5 月恢复“双轨制” • 1995 年实施“米袋子”省长负责制 • 1998 年改变了 1983 年的农民余粮多渠道经营政策 • 1999 年降低粮食定购价和保护价，拉开品质差价、等级差价、季节差价和地区差价 • 2000 年缩小按保护价收购粮食的品种和地区范围	• 主销区：取消粮食定购，放开粮食市场、收购和价格 • 主产区：“三项政策、一项改革” • 主销区与主产区建立粮食购销协作关系

续表

	统购统销政策：1985 年以前	“双轨制”政策：1985—2000 年	购销市场化政策：2000 年至今
农业结构变化情况	• 粮食面积减少，但总产增加 • 棉花等经济作物的产量大幅增加	• 粮食作物种植面积下降，经济作物和其他作物播种面积上升 • 粮食等农产品生产能力稳定在较高水平 • 种植业总产值在农业总产值中比重显著下降，而畜牧业、水产养殖业的份额显著增加	• 粮食种植面积大幅减少，种植业结构进一步优化，形成“粮—经—饲”协调发展格局 • 优质、专用农产品生产增加，农产品质量提高、品种优化 • 畜牧业、水产养殖业发展迅速 • 农业区域化布局、专业化分工逐步形成 • 2001 年农民人均收入得到恢复性增长

资料来源：陆文聪：《粮食市场化改革的农业结构变动效应及对策研究》，中国农业出版社 2005 年版，第 70—71 页。

比如，“85 粮改”是以粮食剩余为直接动因的（陆文聪，2005）。家庭联产承包责任制的推行，放松了长期以来对农民经营自主权的管制，极大地提高了农民的积极性，促进了粮食生产的发展，使得 1978—1984 年中国粮食生产持续增长，1984 年粮食总产量达到了 4.07 亿吨，出现了粮食供大于求的局面，这也促使了“双轨制”的推行和实施。“双轨制”尽管被认为是农产品渐进市场化改革的重要步骤，对渐进市场化的平稳过渡具有重要意义，但是因其缺乏效率并会导致市场扭曲而饱受批评，因而政府也一直在探索完全市场化的改革道路。“93 粮改”就是首次比较彻底的市场化改革尝试，是对粮食商品属性的进一步认可，第一次提出了“粮食商品化、经营市场化”的改革方向。无论从政策设计还是从各地的实施状况看，“93 粮改”都较“85 粮改”程度更深、范围更广。粮食价格上涨与粮食市场放开在时机上的契合，为今后的市场化改革决策造成了心理障碍，改革走向曲折之路（严瑞珍等，2001）。2001 年开始的粮食主销区试点改革，定位于“全面取消粮食定购、放开市场和价格”。就其内容而言，这是真正意义上的全面市场化改革。粮食主销区的农民可以放手发展具有比较优势的产品或产业，从而为粮食主产区腾出市场，互惠互利，并在全国范围内实现农业资源的合理配置。

可见，以粮食政策市场化改革为主要方向的农业政策的变动，引起了农户粮食生产决策的相应变动，从而引起播种面积、种植结构等方面的变化，进而引起农业生产要素从需求弹性小、收入弹性小的生产部门向高需求弹性和高收入弹性的部门转移，粮食政策的松动为农户调整生产结构创造了宽松的环境，使农业结构、区域结构逐步趋于优化（陆文聪，2005）。

（二）国内粮食支持政策

随着 2001 年加入 WTO，中国可以充分利用世界贸易组织规则所允许的农业支持政策空间，国内农业支持政策进一步与国际接轨。国内的粮食支持政策主要包括以下三个方面：

1. 两减免四补贴政策。“两减免”指免征农业税和除烟叶以外的农业特产税，“四补贴”指粮食直补、良种补贴、农机补贴和农业生产资料综合补贴。2004 年，中国对农民开始实行补贴政策，主要包括购买良种补贴和购买农机具补贴，特别是首次对种粮农民实行了普遍的直接补贴政策。2006 年，中国已全面取消征收农业税，原定五年内全面取消农业税的目标提前两年完成；三项补贴由 2004 年的 116 亿元增加到 2008 年的 1028 亿元，年均增长 54.71%。尤其是，对农民实行直接补贴，是中国农业政策发生重大转折的一个重要标志，它表明中国已经进入工业化中期阶段，具有了反哺农业的条件（陈劲松，2005）。表 4.15 展示了中国各省市区不同粮食品种的补贴方式和补贴范围。

表 4.15　　　　中国各省区粮食补贴情况

地区	补贴总金额（亿元）	补贴标准	补贴粮食品种	补贴范围
北京	1.10	50—60 元/亩	小麦、玉米	所有粮食生产者
天津	0.10	10 元/亩	小麦、水稻、大豆	所有粮食生产者
河北	6.03	10 元/亩	小麦、玉米	80% 的种植面积
山西	1.10	小麦 10 元/亩 玉米 5 元/亩	小麦、玉米	所有粮食生产者
内蒙古	5.00	0.06 元/公斤	玉米、水稻、小麦	所有粮食生产者
辽宁	5.08	18.82 元/亩	玉米、水稻、小麦	五个粮食主产区
吉林	13.69	0.083 元/公斤	玉米、水稻、大豆	所有粮食生产者
黑龙江	18.52	15 元/亩	水稻、大豆、小麦、玉米	所有粮食生产者
上海	1.00	60—80 元/亩	水稻	所有粮食生产者
江苏	6.12	20 元/亩	水稻	补贴计划种植面积
浙江	0.20	10 元/亩	水稻	补贴实际种植面积
安徽	6.91	小麦 0.11 元/公斤 中晚稻 0.09 元/公斤	小麦、中晚稻	所有粮食生产者
福建	0.16	0.08 元/公斤	水稻	只补粮食订单户
江西	4.80	0.08 元/公斤	水稻	只补粮食订单户
山东	7.29	13 元/亩	小麦	粮食主产区

续表

地区	补贴总金额（亿元）	补贴标准	补贴粮食品种	补贴范围
河南	11.60	12.3 元/亩	小麦、水稻	粮食主产区
湖北	5.66	0.06 元/公斤	水稻、小麦、玉米	所有粮食生产者
湖南	4.34	11 元/亩	水稻	所有粮食生产者
广东	1.00	20 元/亩	水稻	只补种植大户
广西	0.60	籼稻 0.08 元/公斤 粳稻 0.14 元/供给	水稻	只补粮食订单户
海南	0.08	23.62 元/亩	水稻	所有粮食生产者
重庆	0.25	10 元/亩	水稻	只补两个试点基地
四川	5.00	0.13 元/公斤	水稻、小麦、玉米	所有粮食生产者
贵州	0.25	5 元/亩	杂交水稻	32 个市、县
云南	0.70	水稻 15 元/亩 玉米 10 元/亩	水稻、玉米	20 个县（市、区）
西藏				
陕西	1.49	0.033 元/公斤	小麦、玉米、水稻	28 个粮食主产县
甘肃	1.00	2.47 元/亩	不限品种	全体农民
青海				
宁夏	0.32	10 元/亩	不限品种	主产市、县
新疆	2.00	0.2 元/公斤	小麦	补贴小麦出售者

资料来源：广西粮食补贴标准数据来自《广西日报》2006 年 5 月 24 日；海南粮食补贴标准来自中财网，http：//www1.cfi.net.cn/newspage.aspx？id = 20080707000028&AspxAutoDetectCookieSupport = 1；其他数据来自叶慧 2007 年博士论文《贸易自由化下粮食财政支持政策研究》；赵德余、顾海英《我国粮食直接补贴的地区差异及其存在的合理性》（《中国农村经济》2005 年第 8 期）。对其缺省的河北、山东、广东和宁夏的补贴标准，笔者进行了补充检索。笔者补充省区的资料来源：河北补贴标准见马彦丽《粮食直补政策对农户种粮意愿、农民收入和生产投入的影响》，《农业技术经济》2005 年第 2 期；山东补贴标准见《中国信息报》2009 年 7 月 20 日；广东补贴标准见《广州日报》2004 年 8 月 8 日；宁夏补贴标准见《宁夏日报》2005 年 2 月 4 日。

2. 粮食主产区的最低收购价政策。在一般情况下粮食收购价格由市场供求形成，国家在充分发挥市场机制基础上实行宏观调控。但当粮食供求发生重大变化时，为充分发挥价格的导向作用，保护粮食主产区种粮农民的积极性，政府将会对短缺的重点粮食品种，在粮食主产区实行最低收购价格。虽然最低收购价违背了 WTO 的规则，但它远远没有超过中国的“微量许可”范围（亢霞等，2006）。这一政策给予了粮农稳定的价格预期信号，极大地调动了农民种粮的积极性，保护了种粮农民的利益。2008 年稻谷最低收购价格为：早籼稻 75 元/100 斤，中晚籼稻 76 元/100 斤，粳稻 79 元/100 斤；小麦最低收购价格为白小麦 75 元/100 斤，红小麦、混合麦均为 79 元/100 斤（国家发改委，2008）。

3. 将农业保险纳入中国农业支持保护体系。2006 年 6 月底，中国提出将农业保险纳入农业支持保护体系，明确提出了补贴农户、补贴保险公司、补贴农业再保险的“三补贴”政策，即中央和地方财政对农户投保按品种、按比例给予补贴；对保险公司经营的政策性农业保险适当给予经营管理费补贴；建立中央、地方财政支持的农业再保险体系。政府通过支持农业保险的发展，间接实施对当地农业、农户的政策扶持与利益保护。当然，农业保险的补贴属于世贸组织规则允许的“绿箱政策”，它也是发达国家支持和保护农业发展的重要手段之一（亢霞等，2006）。

值得关注的是，尽管国家扶持粮食生产的补贴政策不断加强，但总体来看，粮食补贴政策对种粮农民的激励作用逐年下降，农民种粮积极性不高。这主要是由于粮食生产和农业生产的比较利益相对较低，大部分地方政府对发展农业的积极性并不高，导致有些政策不配套，出现区域之间的不平衡问题。中央出台补贴政策，需要由地方进行财政支出。这些政策虽然调动了农民的积极性，而地方政府却没有积极性。因此，粮食补贴政策的出台既要调动农民的生产积极性，还要能够调动地方政府的积极性。解决这一问题不仅要把粮食列为基础性、公益性事业，由财政资金来支付，还要扩大粮食经营规模、提高规模效益，通过科技进步提高单产、质量和综合效益，以便让种粮农民真正分享到补贴政策的利益。

第二节 粮食消费需求持续刚性增长

中国粮食消费主要是口粮消费、饲料粮消费、工业消费、种子消费和损耗及其他消费。由于种子消费主要由单位面积播种量和播种面积所决定，它们又分别受到粮食生产技术和耕地资源的影响，这在前面章节已有论述；而粮食种子消费和损耗及其他消费量比重占粮食总消费量的比重不是很大，因此本章重点关注在新形势下，影响中国粮食口粮、饲料粮、工业用粮三种主要消费的因素条件变化。

一 人口总数继续增长，粮食口粮消费稳中略降

人口的不断增长是粮食口粮消费量变动的直接原因。图 4.7 展示了自 1978 年以来中国总人口的变化与粮食口粮消费量的变动趋势。从图 4.7 中可以看到：（1）在过去近三十年当中，中国总人口虽呈刚性增加，但粮食口粮消费总量却出现明显减少的变化趋势。2006 年，中国总人口已达到 13.14 亿，比 1978 年总人口增加了 3.52 亿，但粮食口粮消费总量为 1.95 亿吨，较 1978 年减少了 970 万吨。（2）在 1978—2006 年，中国人口的增长与粮食口粮消费总量的减少这一反方向变动的转折点发生在 1992

年。在1978—1992年，粮食口粮消费总量一直是随着人口的增长而不断增加的，但自1993年以来，两者呈现出负方向的变动关系。这可能是因为1992年是中国经济改革开放的第二个转折点，经济飞速发展带来了城乡居民收入的提高，使得居民的消费结构也随之发生相应的变化。

值得关注的是，虽然目前的粮食口粮消费总量变化趋势呈现出略降的态势，但从长期来看，由于人口持续刚性增长，中国人口基数巨大，且粮食作为口粮消费仍然是重要的粮食消费部分，因此，这一消费数量依旧有可能随着人口的不断增加而出现稳步增长的趋势。

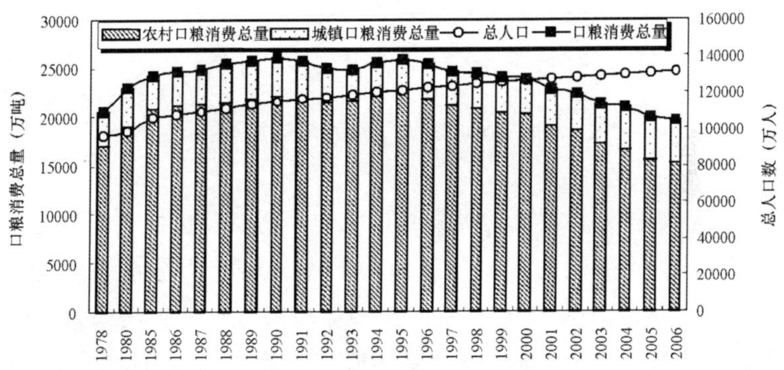

图4.7　1978—2006年中国总人口与口粮消费变动趋势

资料来源：人口数据来自历年《中国统计年鉴》，农村口粮消费量数据来源于1996—2007年《中国农村住户调查统计年鉴》；城镇口粮消费量数据来源于《中国物价及城镇居民家庭收支调查》（1995—1999、2003）、《中国价格及城镇居民收支调查》（2000—2002、2004—2005）、《中国城市（镇）生活与物价年鉴》（2006）。

二 畜产品需求增长，粮食饲料粮消费持续增加

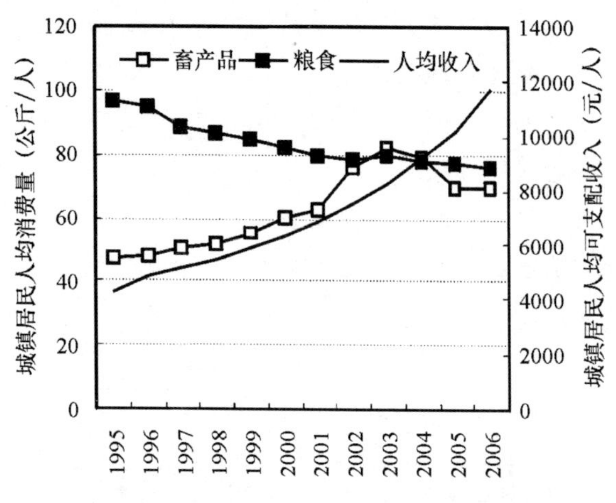

图 4.8 中国城镇居民食物消费结构变动

随着居民人均收入的提高，人们的食物消费也处于不断变化之中，从侧重数量的“温饱型消费”逐步转变为注重质量与营养的“小康型消费”。居民收入水平提高对食物消费结构最直接的影响，就是减少大米、小麦等主食产品的消费，而增加肉蛋奶等畜产品的营养摄入量，从而引起食物消费结构的升级。有关国际经验已经表明，人均 GDP 在 1000 美元和 3000 美元之间，人们食品消费开始注重质量，追求食品的营养与安全。而中国在 2003 年人均 GDP 就达到了 1000 美元，目前正处于食物消费水平和消费结构的重要变动时期（陆文聪等，2008）。尤其是近十年来，随着中国经济持续高速增长过程中人均收入的提高，城乡居民的畜产品消费经历了一系列结构性变化，畜产品消费在居民食品消费中份额增加较快。图 4.8 和图 4.9 分别显示了近十年来，

中国城镇居民和农村居民的收入变化及食物消费结构变动情况。

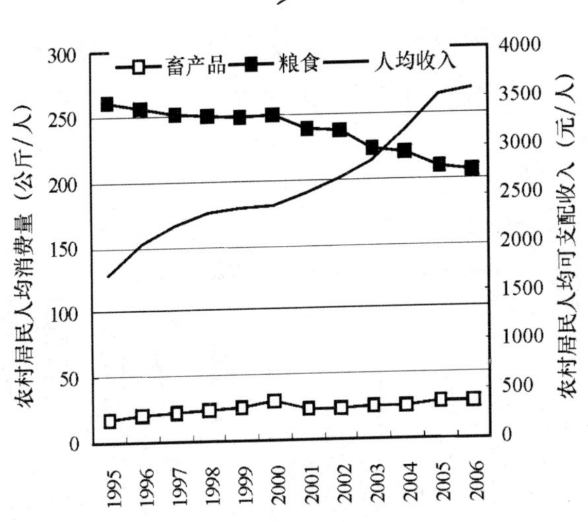

图 4.9　中国农村居民食物消费结构变动

资料来源：收入数据来自历年《中国统计年鉴》；农村居民消费量数据来源于1996—2007年《中国农村住户调查统计年鉴》；城镇居民消费量数据来源于《中国物价及城镇居民家庭收支调查》（1995—1999、2003）、《中国价格及城镇居民收支调查》（2000—2002、2004—2005）、《中国城市（镇）生活与物价年鉴》（2006）。

从图4.8和图4.9可以看出，中国城镇居民和农村居民的收入呈现出相似的变动趋势，均表现出不断增长的态势。收入增长带来城镇居民粮食口粮需求的大大减少，且城镇居民粮食口粮消费数量的减少幅度要大于农村居民，这说明在粮食口粮消费方面，前者的收入弹性要大于后者。值得注意的是，中国城镇居民近几年对粮食的需求呈现出稳定状态，人均年消费大约70公斤，也就是每人每天4两左右；而同期农村居民对粮食的直接消费则呈现出继续下降的趋势，表明在未来时期内，农村居民收入水平的提高，仍然可能会带来粮食直接消费量的减少，这也是导致中国粮食口粮消费总量不断下降的重要原因。就畜产品而言，农村居民的消费数量二十年来比较稳定，但仍然呈现出增加的态势；而城镇居民的畜产品消费数量变动较大，尤其是2000年以后有了明显增长。

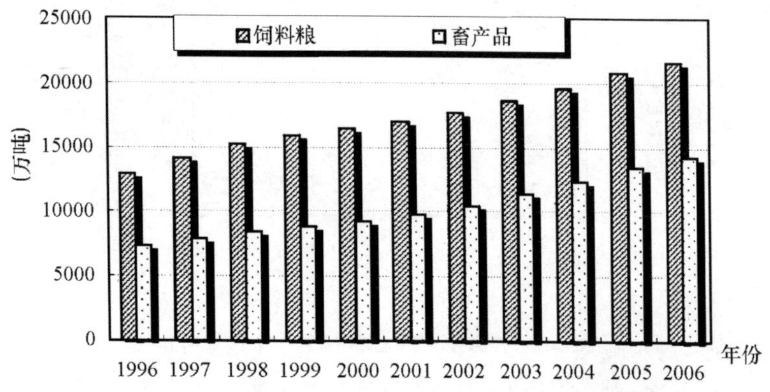

图 4.10 中国畜产品消费总量和粮食饲料粮消费量变动趋势

资料来源：根据图 4.8 和图 4.9 数据整理得到。

畜产品消费量的增长会直接带来粮食饲料粮消费需求的增长（如图 4.10 所示）。对中国的粮食预测进行的很多研究都得出这样一个结论，即未来中国新增的粮食需求将主要是饲料粮（Garnaut & Ma, 1992；中国中长期食物发展战略研究课题组，1993；Findlay, 1998；Tian & Chudleigh, 1999）。然而从长期发展前景来看，中国扩大粮食生产的能力受到国内资源条件的限制，很可能无法满足快速增长的饲料粮需求（Crompton & Philips, 1993；Crook & Colby, 1996；Tian & Chudleigh, 1999）。因此有必要关注中国城乡居民收入不断增长所带来的消费升级对中国粮食供求格局的变动影响情况。

三　生物能源需求增长，粮食工业消费不断增加

生物能源主要指利用生物质（如粮食、农作物秸秆等）加工成乙醇（燃料酒精）、生物柴油、生物制氢等，直接用于汽车或柴油发动机的燃料。当前广泛使用的生物燃料主要是燃料乙醇和生物柴油。

随着世界经济总体发展对原油的依赖性不断增强，石油开采量持续扩大而储备量逐渐减少，石油价格呈不断上升趋势。自 2001 年以来，国际原油价格一路攀升，2008 年 1 月 3 日首次突破 100 美元/桶，随后又不断刷新最高纪录。截至 2008 年 7 月 14 日，原油价格已超过 140 美元/桶，且国际相关研究机构均表示，世界石油价格在未来一段时期内仍将在高位徘徊。基于现有能源供给不断偏紧的现状，世界主要原油进口依赖国家面临着能源供需结构性矛盾、能源自给安全压力以及巨大的环保压力，这导致一些国家开始转向生物质能源的研发和使用。生物燃料的生产和使用规模正在迅速扩大，全球生物燃料（燃料乙醇和生物柴油）产量从 2000 年的 182 亿升增加到 2007 年的 606 亿升，增长 2.3 倍，占全球运输燃料消费量的 3%（Coyle，2007）。目前，美国、巴西和欧盟在生物燃料发展规模上占据绝对领先的地位。2007 年，美国、巴西和欧盟的生物燃料产量占世界总产量的 90%，其中美国主要以玉米为原料生产燃料乙醇，以大豆和植物油为原料生产生物柴油，在全球产量中占 43%；巴西主要以甘蔗为原料生产燃料乙醇，以植物油为原料生产生物柴油，占全球产量的 32%；欧盟国家主要以油菜籽为原料生产生物柴油，以甜菜和谷物为原料生产燃料乙醇，占全球产量的 15%（Licht F. O.，2007）。近年来，越来越多的

国家和地区提出了发展生物燃料的战略目标，进一步加快了生物燃料的发展。

（一）中国生物燃料应用发展背景分析

中国是能源消费大国。伴随着经济的迅速发展，人口的不断增长，中国对原油的需求日益递增，对石油的需求量和进口量均不断增加，2007 年原油进口量达到 16317 万吨，对外依赖度已将近 50%。合理调整并完善现有能源结构是解决以上问题的必由之路，能源多元化是世界和中国能源发展战略的重要内容（张锦华等，2008）。而国际上一次性能源的日益紧张和能源多元化战略的逐步推进，使得生物质能源在世界范围内受到了空前的关注，发展燃料乙醇等替代能源已经成为包括中国在内的世界能源政策的一个方向。2006 年 10 月，中国正式起草了《生物燃料乙醇“十一五”发展规划》，提出“十一五”期间新增能源的使用要超过 300 万吨，最终要形成东北、西南、华南等燃料乙醇主产区。此外，生物柴油、煤基液体燃料（包括煤制甲烷、二甲醚、煤制油）等也出现了项目兴建热潮（国家发改委，2006）。

目前中国主要生产两种生物燃料：燃料乙醇和生物柴油。鉴于中国缺乏足够的原料（如油菜籽等油料作物）来生产生物柴油（中国是食用植物油的净进口国，同时也缺少种植油料作物的土地），政府在发展生物燃料的初期主要集中在对燃料乙醇生产项目的支持上。考虑到研究的目的和意义及本书主要研究粮食作物，下面将就中国生物燃料乙醇的发展情况进行分析研究。

中国最初发展燃料乙醇的生产，除了像大多数国家一样，为了减少对国际原油市场的依赖并规避油价不断上升所带来的风险以外，还有一个重要的原因，那就是缓解粮食库存中的陈化粮问题以及粮价持续的低迷局面。为保证粮食安全和粮食自给率目标，一般每年大约有 17%—18% 的粮食被储存起来用做防御来年的自然灾害或者弥补下一个收成不好年份的粮食需求。除此之外，每年库存中 20%—30% 的粮食还会被新生产的粮食置换出来（Dong，2008）。在 1995—1996 年度，中国粮食在连续四年增长且均稳定在 5 亿吨的基础上取得了大丰收，同时全国几乎所有的粮食库存均呈现饱和状态。例如，根据国家统计局报告，2001 年，作为中国小麦生产量最高的省份——河南的小麦库存达到了 2500 万吨。而管理和维持粮食库存系统的正常运转，国家每年的预算成本为 28 亿元，但在 1996 年粮食大丰收以后，中国各个级别的粮食库存成本超过了该预算成本，这给政府带来了沉重的财政负担（Li，2007）。

综上所述，一方面为了逐步解决粮食库存中的陈化粮问题，并应对国际原油市场价格的不断攀升，另一方面为了稳定国内粮食价格，增加农民种粮收入，中国政府在 2000 年开始推行燃料乙醇项目的实施。最早主要使用粮食库存系统中的玉米和小麦等陈化粮作为燃料乙醇生产的主要原料，后来开始在一些主要的粮食生产大省推行生产燃料乙醇项目，这拉动了国内粮食的市场消费，保护了种粮农民的利益。表 4. 16 总结了自 2000 年以来中国推行生物燃料项目和生物燃料油的实施情况。

从表 4. 16 中可以看出，中国在“十五”规划期间批准建设了四个生物燃料乙醇生产试点项目，已形成每年 102 万吨的生产能力，乙醇汽油消费量已占全国汽油消费量的 20%。根据《可再生能源发展：十一五规划》(2006) 和《可再生能源中长期发展规划》(2007)，国家计划到“十一五”末，国内乙醇汽油消费量占全国汽油消费量的比例将上升到 50% 以上。

表 4.16　　中国推行生物燃料发展历程

时间	主要发展历程
2000 年 11 月	中国在吉林省吉林市建设了 60 万吨/年的燃料乙醇工程；2001 年 6 月 20 日，车用乙醇汽油开始在河南使用
2001 年 4 月	中国宣布推广使用车用乙醇汽油，并批准了四个产能共为每年 102 万吨的燃料乙醇试点项目，四家企业分别为吉林燃料乙醇公司、河南天冠燃料乙醇公司、安徽丰原生化公司以及黑龙江华润酒精公司。后来，四家企业对产能都进行了扩建或者规划，截至目前，丰原生化的产能为 32 万吨，吉林燃料乙醇产能为 30 万吨（其设计产能为 60 万吨），河南天冠为 30 万吨，华润酒精为 10 万吨。这四家企业除河南天冠以小麦为原料外，其余三家均以玉米为原料
2003 年 11 月	吉林全省开始封闭推广乙醇汽油
2004 年 10 月	市场推广在黑龙江、辽宁、河南、安徽省铺开；河北、山东、江苏、湖北四个省的 27 个地市开展车用乙醇汽油试点工作
2005 年年底	至 2005 年底，吉林燃料乙醇公司、河南天冠燃料乙醇公司、安徽丰原生化公司以及黑龙江华润酒精公司等四家企业规划建设的 102 万吨燃料乙醇产能全部达产。按照八部委的部署和要求，102 万吨按 10% 的添加，建成了 1020 万吨混配乙醇汽油的生产能力
2006 年 12 月	在“十一五”期间：（1）在东北、山东、内蒙古、新疆等劣质土地资源丰富的地区，集中种植甜高粱，发展以甜高粱茎秆为主要原料的燃料乙醇；在广西、重庆、四川、海南等地重点种植薯类作物，发展以薯类作物为原料的燃料乙醇；开展以农作物秸秆等纤维素生物质为原料的生物燃料乙醇生产试验，到 2010 年，增加非粮原料燃料乙醇年利用量 200 万吨。（2）开发以小桐子、油桐、黄连木、棉籽等油料植物（作物）为原料的生物柴油生产技术，建成若干个试点项目，到 2010 年，以油料植物（作物）为原料的生物柴油年生产能力达到 20 万吨

续表

时间	主要发展历程
2007 年 8 月	到 2020 年，国内年生物燃料油利用量将达到 1200 万吨，其中生物乙醇年利用量达到 1000 万吨，生物柴油年利用量达到 200 万吨

资料来源：笔者根据张锦华、沈亚芳《生物质能源发展对玉米贸易安全的影响》（《中国国情国力》2008 年第 6 期）以及国家发改委出台的《可再生能源发展：十一五规划》（2006）和《可再生能源中长期发展规划》（2007）中数据整理得到。

需要说明的是，在中国生物燃料发展初期，生物燃料主要以粮食尤其是玉米和小麦为原料生产的燃料乙醇（表 4.17），玉米的工业消费量自 2000 年以来，呈现出稳步上升的趋势，这其中一部分是玉米主要加工产品如淀粉、酒精和白酒对玉米的工业消费量不断增加，另一部分也是燃料乙醇对玉米消费量的增长。从表 4.17 中可以看到，自 2003 年以来，燃料乙醇消耗的玉米原料已由 23 万吨增加到 2007 年的 426 万吨，占玉米工业消费比例由不到 2% 增加到 12% 左右。而且如果不是国家出台相关政策①对玉米加工燃料乙醇项目叫停，玉米的燃料乙醇消费比重可能会大幅增加。

（二）中国生物燃料发展趋势与粮食工业消费变化趋势

面对国内外粮食价格普遍上涨的趋势，中国国家发改委也开始出台新的生物燃料发展措施。2006 年年底出台的《生物燃料乙醇及车用乙醇汽油“十一五”发展专项规划》紧急通知，明确提出“因地制宜，非粮为主”的发展原则。紧急通知要求，

① 国家发改委 2006 年 12 月 18 日下发的《关于加强玉米加工项目管理的紧急通知》明确提出，立即暂停核准和备案玉米加工项目，对在建和拟建项目进行全面清理。

各地不得以玉米加工为名，违规建设生物燃料乙醇项目，盲目扩大玉米加工能力，也不得以建设燃料乙醇项目为名，盲目发展玉米加工乙醇能力。①

表 4.17 中国玉米工业消费结构变化趋势（2000—2007） （万吨）

年 份	2000	2001	2002	2003	2004	2005	2006	2007
玉米生产量	10600	11409	12131	11583	13029	13937	14548	14800
玉米工业消费量	850	1050	1250	1300	1800	2450	3650	3800
其中：淀粉消费	400	630	750	780	980	1300	2190	2280
酒精消费	260	275	240	260	360	500	730	760
白酒消费	150	145	260	237	235	383	393	334
燃料乙醇	–	–	–	23	225	267	337	426

资料来源：燃料乙醇数据来自张锦华、沈亚芳《生物质能源发展对玉米贸易安全的影响》，《中国国情国力》2008 年第 6 期；其余数据笔者根据本书第五章数据处理方法整理得到。

从国家出台的规划中可以看到，中国发展燃料乙醇应重点推进“非粮”原料，推进第二代生物燃料乙醇的产业化发展。国务院文件明确规定，要严格控制玉米深加工，盲目发展和出口。所以中国发展燃料乙醇，粮食（主要指玉米、小麦等主要粮食，不包括杂粮）不是方向（国务院能源领导小组办公室，2007）。这是由中国的国情所决定的。首先，美国的人均耕地是 0.59 公顷，中国只有 0.11 公顷，中国耕地极其缺乏，只有

① http：//old. news. hexun. com/1715_ 1966996A. shtml.

美国的1/5；其次，2005年美国人均拥有粮食1213公斤，中国只有318公斤，只是美国的1/4；第三，2005年中国进口油籽2604万吨，食糖103万吨。针对此国情，我们的原则是中国燃料乙醇不争粮地，才可以持续发展。中国燃料乙醇的发展，就是要“试之粮，发之非粮”（石元春，2007）。

可见，中国今后发展生物燃料的原料基本上就是薯类即木薯、红薯、红高粱。目前中国甘薯每年种植面积大约700万公顷，是世界第一大甘薯种植国，甘薯总产1.5亿吨，占世界总产的86%。每公顷产薯干20吨，转化为乙醇3—5吨。木薯种植面积44万公顷，每公顷产乙醇3—5吨，而且薯类具有年2500万至4000万吨的乙醇生产能力。甜高粱每公顷产鲜茎60—80吨，含糖17%—21%，可转化乙醇4—6吨。其优点就是用种少，产量高，农田管理简单，需水量只有甘蔗的1/3。生育期4—6个月，可一年生二到三茬。如果能种植1000万公顷，可年产出乙醇4000万到6000万吨。安徽丰原集团最近也成功突破了用秸秆生产燃料乙醇的关键技术，实验已取得阶段性成果，将建成年产300吨秸秆生产燃料酒精的中试项目。这些项目都可以带动周边农民增加收入，具有较好的经济效益、社会效益和环保效益。

需要说明的是，本书在研究对象的界定上，按照国际FAO对粮食的划分标准，将薯类和杂粮类也包括在粮食的概念范围内，因此国家出台的发展生物燃料规划中所涉及的“非粮”产品其实是“非主要粮食（包括稻谷、小麦和玉米）”。可以预见，生物燃料尤其是以粮食为主要原料的生物燃料乙醇的发展将会引起中国粮食工业消费产量和结构方面的变化。

四　区域发展差距扩大，粮食消费区域失衡加剧

随着20世纪80年代末期中国开始放宽农村劳动力流动的政策，同时区域差距和城乡差距的不断扩大，使得大量农村劳动力开始跨区域流动。国内学术界围绕中国宏观社会经济特征与流动者的个体特征两条主线，借鉴伯格（Bogue）的“推拉”理论、托达罗（Todaro）的绝对收入假说、伊斯特林（Easterlin）的相对地位变化假说等理论成果，解释了中国农村劳动力大规模流动的原因（张永丽等，2008）。随着改革开放的不断深化，经济的快速增长，国内省际之间劳动力的流动不断增加。从全国范围来看，这一流动主要是农村劳动力的跨区域转移，占到了省际间人口迁移的80%以上。从中国农村劳动力流动的方向上看，农村劳动力主要流出地是安徽、河南、四川、湖北、湖南、广西、江西等地，流入地主要集中在东部沿海地带的各省市，例如，北京、上海、广东、福建、浙江、江苏、山东等（李培林，2003）。

图4.11显示了2000—2006年以来中国主要流出和流入劳动力跨省转移规模变化情况。根据2000年全国第五次人口普查数据，在全国流动的1.2亿人口中，跨省流动人口4242万人，占35%，流动人口主体是农民和育龄青壮年，主要是从农村流向城镇。其中，在跨省流动劳动力中，从四川省流出的占16.4%，从安徽省流出的占10.2%，从湖南省流出的占10.2%，从江西省流出的占8.7%，从河南省流出的占7.2%，从湖北省流出的占6.6%。这六个省流出的劳动力占全国跨省流动劳动力人数的59.3%。从2006年各省区的统计数据来看，这六个省仍然是农村劳动力跨省转移的主要省份，其中，河南省的农村劳动力跨省

转移人数上升较快，仅位于四川之后，2006 年该省农村劳动力转移人数已达到河南省农村总劳动力人数的 27.9%（河南省统计局，2007）。

从流入的地区看，2000 年流入广东省的占 35.5%，流入浙江省的占 8.7%，流入上海市的占 7.4%，流入江苏省的占 6%，流入北京市的占 5.8%，流入福建省的占 5.1%。流入这六省市的人口占全国跨省流动人口的 68.5%。截至 2006 年，仅广东省就流入了 3200 万外省农村劳动力，约占全国跨省农村劳动力转移人数的 50% 左右。东部的浙江、上海和江苏三省市流入的外省农村劳动力人数上升较快，这可能与中国近几年“长三角”比“珠三角”经济发展速度更快有部分关系，为此农村劳动力转移的目的地也发生了相应变化。

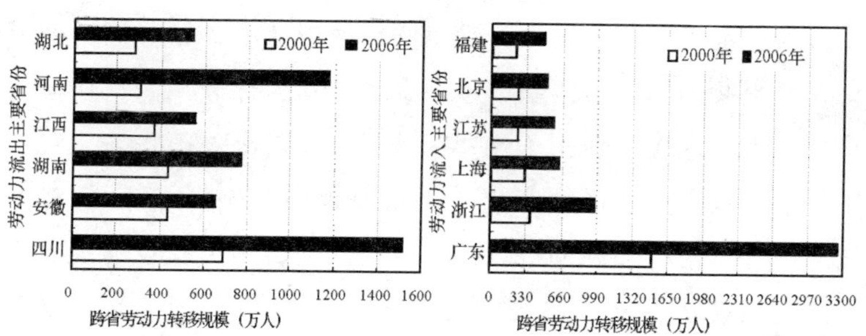

图 4.11　中国主要流出和流入劳动力跨省转移规模（2000—2006）

说明：这里所指的流出和流入到外省或本省的劳动力均为流动劳动力居住半年以上的数据。

资料来源：2000 年数据根据国家统计局 2000 年第五次人口普查数据计算得到；2006 年数据根据上述 12 省市 2007 年统计年鉴中劳动力省市外迁移数据整理得到。

以往学者的相关研究已表明，中国农村劳动力跨区域流动大部分是人力资源从不发达地区流向发达地区，且多是从中西部经济落后区域、粮食主产区向经济发达的中部地区、粮食主销区流动，因此，这也加大了主销区的粮食调入量，加剧了粮食主销区的粮食供求失衡。

从表 4.18 中可以看出：（1）作为粮食主销区，受比较优势、调整农业生产及种植业结构、非农占地增加以及外来打工人口不断流入等因素的影响，这些省市的粮食总产量不断减少，但对粮食的直接消费和间接消费需求不断增加，粮食自给率持续下降，粮食缺口长期依靠省外调入弥补，净调入量逐年增加。（2）随着这些省市外来劳动力的不断流入，在 2006 年，广东、浙江、北京、上海等省市的转移劳动力粮食消费比重已经占到这些省市粮食总消费需求的 20%—35% 左右。可以看出，由于中西部大量劳动力的跨区域转移，尽管他们的户籍人口统计仍然在中西部，但粮食消费却大部分在他们转移的东部省市，这无疑加剧了这些区域的粮食供求失衡状态，对这些区域的粮食区域平衡产生了不可忽视的影响。（3）像江苏这样粮食自给率较高的省份，尽管流入的劳动力粮食消费比重不高，但是从发展趋势来看，2000—2006 年中，江苏省粮食生产量也在小幅减少，自给率略有下降，而转移的劳动力人数却在不断增加，其带来的粮食消费需求在持续增长。因此，从长期来看，这部分流入的劳动力会对江苏省粮食供求区域平衡产生一定的影响。

表 4.18　　中国劳动力流入省市粮食产量及转移劳动力新增粮食消费量变化

（万吨，%）

流入省市	年份	粮食总产量	粮食自给率	粮食消费总需求	转移劳动力粮食消费量	转移劳动力粮食消费比重
广东	2000	1760	70	2514	595	24
	2006	1388	37	3750	1299	35
浙江	2000	1218	75	1624	146	9
	2006	884	49	1815	383	21
上海	2000	174	16	1088	124	11
	2006	111	15	742	251	34
江苏	2000	3107	90	3471	101	3
	2006	3041	88	3444	229	7
北京	2000	144	13	1109	97	9
	2006	109	11	1020	204	20
福建	2000	855	69	1239	85	7
	2006	702	48	1462	195	13

说明：这里的粮食消费量包括粮食直接消费和间接消费总量。

资料来源：粮食总产量数据来自《中国统计年鉴》（2001、2007）；粮食自给率和粮食总需求数据根据各省统计年鉴数据计算得到；各省转移劳动力新增粮食总消费量根据各省流入的外省劳动力人口乘以人均粮食消费量得到，其中人均粮食消费量数据按照 2000 年 395 公斤，2006 年 400 公斤计算（朱希刚，2004）。

第三节　国际粮食市场负面影响日益增大

在加入 WTO 的七年里，中国已逐步兑现入世时的各项承诺，对于粮食产品来讲，也已经调整了国内粮食支持政策和粮食贸易政策。但随着中国粮食国际贸易市场逐步繁荣，其所面临的国内和国际市场条件也发生着变化。其中，最为显著的表现是近些年来中国国内人民币汇率的不断升值以及国际粮食供求格局的变化。这势必会影响粮食进出口贸易格局的变化。因此，有必要关注这两个因素对中国国内粮食供求均衡格局的影响效应。

一 人民币持续升值，进出口压力增大

汇率是用一国货币单位表示的另一国货币单位的价格，也是两个国家居民相互贸易时的价格。汇率是实现国内经济平衡和国际收支平衡的重要调整工具。汇率的变动既影响国内产品市场的平衡，也影响国内货币市场的平衡，同时也影响国际收支平衡。因此，汇率变动会对整个国民经济的运行产生重要影响，这种影响主要是通过进出口商品的价格和服务性商品的定价表现出来的。汇率变化影响最为深刻的则是进出口贸易。一国的汇率是其产品净出口和净进口的关键决定因素（克鲁格曼，2004），汇率的变动对一国的进出口贸易会产生一定程度的影响，这一命题一直是国内外学者长期以来研究的重点之一。

尤其是对于粮食产品来讲，随着贸易自由化程度的不断提升，中国粮食产品由于价格大都高于发达国家，其国际竞争力较弱，汇率的国际贸易杠杆作用就格外突出，人民币汇率的不断变动直接影响了粮食的进出口贸易（李小云等，2005）。因此，有必要对未来一段时期内人民币汇率的变动对中国粮食供求均衡格局的影响进行判断和研究。

需要说明的是，尽管目前中国人民币政策 2005 年 7 月以后由仅盯住美元汇率制开始实行以市场供求为基础，参考一篮子货币进行调节、有管理的浮动汇率制度，但是，为了研究的一致

性，本书在所有的研究对象国家中所采用的汇率均是相对美元的名义汇率。因此，本研究重点模拟分析人民币对美元的名义汇率变动对粮食供求均衡的影响效应。图 4. 12 反映了中国自 1994 年外汇体制改革以来人民币对美元年度平均名义汇率的变动趋势情况。

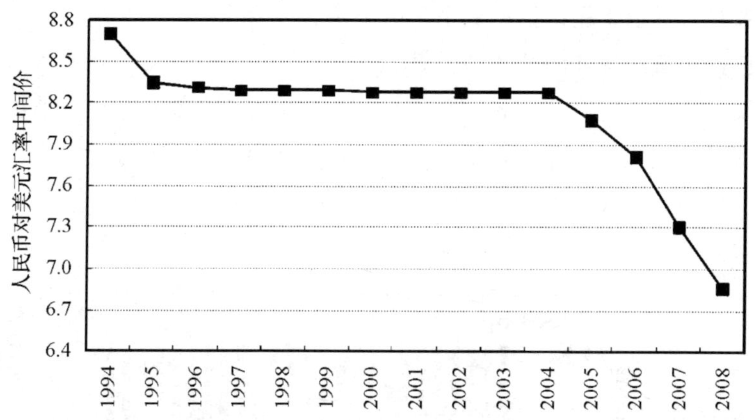

图 4. 12　人民币对美元年度平均名义汇率变动趋势（1994—2008）

说明：2008 年数据为 2008 年 1—8 月平均值。

资料来源：中国 Wind 金融数据库。

从图 4. 12 可以看出，自 1994 年以来，中国人民币对美元年度平均名义汇率的变动趋势经历了三个阶段：（1）1994—1998 年，这五年中人民币平均年度汇率不断下降，由 1994 年的 8. 62 元持续下降到 1998 年的 8. 28 元，年均下降 4%；（2）1999—2004 年，人民币汇率基本持平，稳定保持在 8. 27 元左右；（3）2005—2008 年，自中国政府在 2005 年 7 月 21 日宣布人民币升值 2%（即 1 美元兑换 8. 11 元人民币）以来，人民币不断升值。

图 4.13 显示了 2005 年 8 月至 2008 年 8 月人民币对美元的月度平均汇率变化趋势。2006 年 5 月 16 日中间价首度突破 1∶8 的心理线，达到为 1∶7.998。之后虽有所回调，但一直在波动中保持升值趋势，连创新高：2006 年 10 月 9 日兑美元中间价冲破了 7.9 元关键水平；2007 年 1 月 11 日突破 7.8 元的关口；4 月 30 日再突破 7.7 元的关口；2007 年 10 月 24 日又突破 7.5 元的关口。随后人民币汇率更是一路下滑，2008 年 7 月 21 日人民币已经突破了 7.0 元的关口。截至 2008 年 8 月，人民币对美元名义汇率已经达到了 6.86 元。但从月度的涨幅数据来看，人民币对美元名义汇率涨幅在不断减缓，自 2005 年 7 月 21 日开始不断升值以来，2008 年 7 月开始了小幅回升。

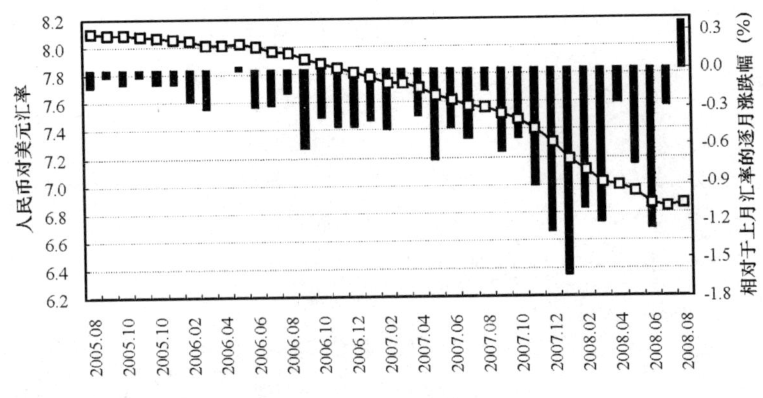

图 4.13　人民币对美元月度平均名义汇率及其涨跌幅变动趋势（2005.01—2008.08）

资料来源：中国 Wind 数据库。

二　全球粮食供求偏紧，粮价持续飞涨

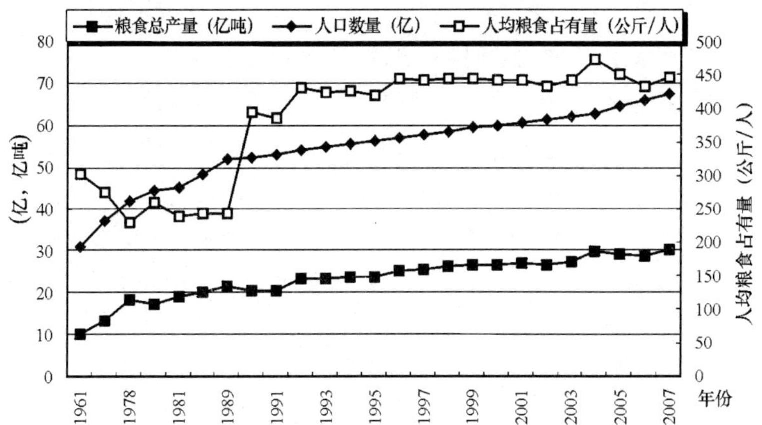

图 4.14　世界粮食总产量和人均粮食占有量变动趋势（1961—2007）

说明：这里的粮食包括稻谷、小麦、玉米、大豆、薯类和其他杂粮六种粮食产品。

资料来源：笔者根据 FAOSTAT 数据库数据整理。

图 4.14 描述了 1961 年以来世界粮食总产量及人均粮食占有量的变化情况。从历史发展的角度看，世界粮食总产量整体上呈现出较为平稳上升的态势，2007 年粮食总产量较 1961 年增长了近 3 倍；但人均粮食占有量的变化却呈现出较大的波动性。尤其是自 2004 年以来，世界粮食总产量已经开始出现下降趋势，2007 年尽管有所回升，但仍然低于 2003 年的粮食总产量。这与近年来主要粮食生产国因严重自然灾害而导致的全球粮食减产相关。同时随着 20 世纪 90 年代以来全球经济逐步复苏，世界人口持续增加，各国 GDP 的不断增长和居民收入的提高，人们消费

结构不断升级，许多国家和地区对肉蛋奶鱼等动物蛋白食品消费量快速增长，饲料粮的消耗增加；生物能源燃料的应用和发展，以及食品加工业的繁荣，对粮食工业消费需求不断增加。表4.19是1990年以来世界粮食供需平衡表。从中可以看到，全球粮食产量在持续增加的同时，粮食消费量也在不断增长。从粮食消费结构来看，食物消费量的增长速度要慢于饲料消费量的增长速度，同时粮食工业需求以及其他需求量的变动也较为频繁。

基于上述分析，结合目前全球粮食生产和消费的新形势，可以认为，粮食供需关系不容乐观，短期内国际市场粮食供求格局可能继续处于需求大于供给的紧平衡状态。这主要基于三个方面的综合考虑和判断。

表4.19　世界粮食供需平衡　（万吨）

年份	产量	进口量	食物消费量	饲料+种子消费量	出口量	其他净需求量
1990	206085	23097	120974	56461	26574	25173
1991	205214	24348	122580	57516	28096	21370
1992	232720	28978	132501	69787	29493	29919
1993	232226	29535	135709	71360	29779	24912
1994	237314	29923	138142	73935	30314	24846
1995	236169	31887	140363	75136	32130	20427
1996	252848	30637	142573	77301	31031	32580
1997	255838	32680	145430	78972	33311	30806
1998	260288	33976	147833	79107	34698	32626
1999	263996	35352	149846	79640	35870	33992
2000	265107	37695	152306	79946	38795	31754
2001	268411	39618	154438	79751	40840	33001
2002	266299	41139	156047	79738	42376	29276

续表

年份	产量	进口量	食物消费量	饲料 + 种子消费量	出口量	其他净需求量
2003	274312	42826	158046	80689	43975	34428
2004	297856	42777	160818	83469	44176	52169
2005	290648	45165	163571	85806	46701	38932

说明：这里的粮食包括稻谷、小麦、玉米、大豆、薯类和其他杂粮六种粮食产品。

资料来源：笔者根据 FAOSTAT 数据库数据整理。

首先，从全球粮食供给的角度看，虽然世界粮食产量一直持续增加，但增加的速度放缓，且主要靠单产的提高，粮食收获面积增长不大，人均收获面积反而呈下降之势。根据联合国粮农组织的数据，世界人均粮食（小麦 + 稻谷 + 粗粮）收获面积约为 0.103 公顷，比 10 年前减少了 17.6%。而且随着发达国家对于依靠多投入化肥、农药而提高单产所导致的环境污染等问题越来越重视，粮食单产能否保持以前的增长速度难以确定（朱险峰，2007）。近年来，全球粮食总产量因严重自然灾害而降低，尤其是世界粮食主要出口国减产量更多。比如，反常的炎热导致美国农业蒙受损失，牲畜出栏率降低；百年一遇的酷旱沉重打击了澳大利亚的农业和粮食生产；恶劣的气候使欧洲小麦主产区遭受灾难性损失。严重的自然灾害给世界粮食生产造成了巨大损失。这些因素都影响到未来的全球粮食供给能力。

其次，从全球粮食需求的角度看，一方面，全球粮食消费能力存在增加的趋势。据联合国粮农组织（FAO）发布的数据，2006 年，世界谷物消费总量已增长到 20.43 亿吨。另一方面，用于工业方面的需求将会成为粮食市场需求新的增长点，尤其是生物能源燃料的应用和发展。一些国家利用大量玉米、大豆等粮食生产燃料乙醇。世界最大的玉米生产国和消费国——美国，采取大幅度补贴政策，大大刺激了玉米燃料乙醇生产的突飞猛进，玉米燃料乙醇占美国燃料乙醇总量的比例已达90%左右。2007年，美国用于生产燃料乙醇的玉米，相当于美国玉米总产量的27%。这也导致了全球粮食消费结构的变化，促使世界市场粮食价格上涨。

最后，从全球粮食库存的角度来看，2006年全球粮食储备量猛降至30年来最低水平。一方面，全球粮食总产量下降；另一方面，粮食消费量增长。两种相反的作用必然导致全球粮食储备量下降。2006年，全球粮食总储备量下降到3.75亿吨，比上年下降16.2%；粮食期末库存只占当年总产量的17.1%，占当年总消费量的16.5%，低于FAO确定的世界粮食安全线。迄今为止，全球粮食储备量已减少到30年来的最低水平，给世界粮食安全蒙上了一层阴影（丁声俊，2008）。

第四节　本章小结

本章对新形势下中国粮食发展所面临的关键问题进行了详细分析，分别讨论了影响粮食生产、消费和国际贸易格局变化的主要因素条件的变化情况，以期为本书第七章中的CWARMEM模型情景方案的构建和影响机理提供设计和理论基础。本章得到如下三点简要结论：

1. 从粮食生产条件变化的分析结果可知，中国耕地资源和水资源数量的持续减少及质量的不断下降已经成为影响中国粮食产量稳定增长的主要资源约束。这主要是因为耕地面积在工业化和城市化进程中不断缩减的趋势不可避免，而受自然条件和人为因素的影响，水资源尤其是农业用水量供给日益紧张，且粮食比较利益的进一步下降又使得粮食播种面积减少，这导致了在单产没有重大突破的情况下，中国粮食供给能力会受到耕地资源和水资源的直接影响。大量青壮年农村劳动力外出打工，尤其是经济相对落后的粮食主产区农村劳动力的大量流失，在某种程度上制约了粮食生产率的提高，影响了粮食总产量的增加。但中国灌溉面积的不断增加和农业科技进步是提高粮食单产、增加粮食产量的重要途径。中国粮食政策的不断改革，尤其是粮食市场购销化进程的加快，对中国粮食生产起到了一定的积极作用，只是其补贴力度和补贴方式所起的效用大小值得关注。

2. 从粮食消费条件变化的分析结果可知，中国人口呈刚性增长，但粮食口粮消费总量却在下降；城乡居民收入不断增长所带来的食物结构的升级，显著地引起了粮食饲料粮消费需求的增加；快速发展的中国生物燃料乙醇消费刺激了中国粮食尤其是玉米工业消费的增长，并部分改变了玉米的工业消费结构。值得注意的是，近年来大量农村劳动力跨区域流动，尤其是较为集中地向粮食主销区的流动，加剧了这些区域的粮食供求失衡程度，对粮食消费的区域格局变化起到不可忽视的影响效应。

3. 从粮食国际贸易条件变化的分析结果可知，人民币的不断升值可能会对中国粮食进出口贸易的格局产生影响；国际市场粮食供求格局的变化趋势则反映了全球粮食供需关系不容乐观，世界粮食供求仍然处在紧平衡状态，因此中国国内粮食的自给能力更为重要，满足中国国内日益增长的粮食需求仍然主要依靠本国粮食生产能力的不断提高。

第五章　中国—世界农业区域市场均衡模型的构建

为了更好地研究在全球化背景下中国31省区粮食供求区域均衡变化情况，本书基于“多市场、多区域局部均衡模型”的理论和分析方法，构建了中国—世界农业区域市场均衡模型（Chinese World Agricultural Regional Market Equilibrium Model，简称CWARMEM）。根据第二章理论综述中对“多产品、多市场局部均衡模型”基本理论及模型形式等方面内容的介绍，本章将提出构建CWARMEM模型的有关概念界定、模型工作原理、模型计算系统构成以及模型的求解算法和运行系统。本书所构建的CWARMEM模型将是一个包含多个区域以及粮食与其他主要农产品之间横向联系的多市场、多区域局部均衡模型。

第一节　CWARMEM模型有关概念界定

本书所构建的CWARMEM模型是一个以中国粮食问题为重点研究对象的全球农业市场政策分析模型，因此首先需要对该模型中所涉及的产品和各区域市场作一些基本的界定。

一　模型区域范围

在已有的类似文献研究中，大部分农业政策模型对区域的界定一般以国家为单位，且将主要研究的国家从世界各国中单列出来，其他的国家或者区域作为一个整体来研究。若本书也按照这种设计思路，则难以具体分析说明中国与其他国家农产品贸易关系或这些国家国内农产品供求变化对世界和中国国内市场供求的影响。

基于此，本书中的模型区域界定分两个层次：国内 31 个省区市和 26 个国外区域。其中，国内主要考虑的是大陆 31 个省区。国外区域主要包括两部分，共 26 个国家和区域，分别将世界上与中国农产品贸易有重要关系的 10 个国家和 16 个地区全部直接单独地在模型中表现出来。这 10 个国家是：美国、加拿大、墨西哥、日本、韩国、阿根廷、巴西、澳大利亚、新西兰、俄罗斯。16 个区域是欧盟 15 国、欧盟新成员国（12 国）、东盟（东南亚）、西亚国家、中亚国家、南亚国家、其他东亚国家、东非国家、中非国家、南非国家、西非国家、北非国家、其他北美国家、其他南美国家、其他大洋洲国家、其他欧洲国家。其中各区域具体考虑了 217 个国家（参见表 5.1）。

表 5.1　　　　CWARMEM 模型涉及的区域范围

中国国内 31 省区市	
华北地区	北京、天津、河北、山西、内蒙古
东北地区	辽宁、吉林、黑龙江
华东地区	上海、江苏、浙江、安徽、福建、江西、山东
华中地区	河南、湖北、湖南
华南地区	广东、广西、海南

续表

西南地区	重庆、四川、贵州、云南、西藏
西北地区	陕西、甘肃、青海、宁夏、新疆
国际区域	
10 个主要国家	美国、加拿大、墨西哥、日本、韩国、阿根廷、巴西、澳大利亚、新西兰、俄罗斯
欧盟 15 国	奥地利、比利时、丹麦、芬兰、法国、德国、希腊、意大利、爱尔兰、卢森堡、荷兰、葡萄牙、西班牙、瑞典、英国
欧盟新成员国	爱沙尼亚、拉脱维亚、立陶宛、波兰、捷克、斯洛伐克、匈牙利、斯洛文尼亚、马耳他、塞浦路斯、保加利亚、罗马尼亚
东盟 10 国	印度尼西亚、马来西亚、缅甸、菲律宾、泰国、越南、新加坡、老挝、柬埔寨、文莱
西亚国家	伊朗、阿塞拜疆、亚美尼亚、格鲁吉亚、土耳其、叙利亚、黎巴嫩、巴勒斯坦、约旦、伊拉克、科威特、沙特阿拉伯、也门、阿曼、阿拉伯联合酋长国、卡塔尔、巴林
中亚国家	土库曼斯坦、乌兹别克斯坦、吉尔吉斯斯坦
南亚国家	孟加拉国、印度、巴基斯坦、斯里兰卡、马尔代夫、尼泊尔、不丹、锡金、阿富汗
其他东亚国家	朝鲜、蒙古
东非国家	埃塞俄比亚、厄立特里亚、索马里、吉布提、肯尼亚、坦桑尼亚、乌干达、卢旺达、布隆迪、塞舌尔
中非国家	乍得、中非、喀麦隆、赤道几内亚、加蓬、刚果、刚果民主共和国、圣多美和普林西比
南非国家	赞比亚、安哥拉、津巴布韦、马拉维、莫桑比克、博茨瓦纳、纳米比亚、斯威士兰、莱索托、马达加斯加、科摩罗、毛里求斯、留尼汪、圣赫勒拿

续表

西非国家	毛里塔尼亚、西撒哈拉、塞内加尔、冈比亚、马里、布基纳法索、几内亚、几内亚比绍、佛得角、塞拉利昂、利比里亚、科特迪瓦、加纳、多哥、贝宁、尼日尔、加那利群岛
北非国家	苏丹、利比亚、亚速尔群岛、马德拉群岛
其他中美国家	古巴、危地马拉、安提瓜和巴布达、巴哈马、巴巴多斯、伯利兹、玻利维亚、哥斯达黎加、多米尼克、多米尼加共和国、萨尔瓦多、格林纳达、法属瓜德罗普、海地、洪都拉斯、牙买加、法属马提尼克、荷属安的列斯、尼加拉瓜、巴拿马、圣卢西亚、圣文森特和格林纳丁斯、特立尼达与多巴哥
其他南美国家	哥伦比亚、秘鲁、乌拉圭、委内瑞拉、圭亚那、苏里南、法属圭亚那、厄瓜多尔、玻利维亚、智利、巴拉圭
其他大洋洲国家	美拉尼西亚、密克罗尼西亚联邦、玻利尼西亚
其他欧洲国家	瑞士、乌克兰、阿尔巴尼亚、波斯尼亚和黑塞哥维那、克罗地亚、马其顿王国、南斯拉夫

资料来源：笔者整理。

这里需要说明两点。一是中国香港、澳门和台湾三个地区由于其历史原因，它们与内地 31 个省区之间的商品流通方式类似于国际贸易流通，这有别于内地各省区之间的流通方式，因此为了保证在处理过程中的一致性，本书研究的重点区域为内地 31 个省区。二是在模型的具体处理过程中，对于模型中所涉及的每个区域市场，笔者研究均认为其整体是一个同质体，对组成这个区域市场的各个国家之间的内部差异不加以考虑，因此在有些数据的处理上，笔者直接进行加总和平均，这一点也将在后面数据处理的章节中给予具体介绍。

二 模型产品范围

表 5.2 CWARMEM 模型所涉及的产品范围

类别	名称		FAO 分类代码
粮食	小麦		1001
	稻谷		1006.1
	玉米		1005
	大豆		1201
	其他杂粮	大麦	1003
		黑麦	1002
		燕麦	1004
		小米	1008.2
		高粱	1007
		其他谷物	1008.90_a
	薯类	木薯	714.1
		马铃薯	701
		甜薯	714.2
		山药	0714.90_a
		淀粉根	0714.90_b
油菜籽	油菜籽		1205_a
棉花	棉花		
糖类	糖料	甜菜	1212.91
		甘蔗	1212.99_a

续表

类别	名称		FAO 分类代码
畜产品	猪肉		203. 11
	牛肉		201. 1
	羊肉		204
	禽肉	鸡肉	207. 11
		火鸡肉	207. 24
		鸭肉、鹅肉	207. 32
	蛋类		407
	奶类		401. 2
副产品	豆饼		
	菜籽饼		
	棉籽饼		

资料来源：笔者根据 FAOSTAT 数据定义整理。

本模型主要是以粮食为重点研究对象，同时还深入考虑了粮食的互竞农产品种类和以粮食类产品为饲料需求的畜产品种类，以分析中国各省区及世界其他国家和区域的各种主要农产品的供求均衡状况以及各国家和区域之间的相互关系。因此，在设计具体模型时，本书研究所涉及的农产品主要包括六种粮食产品和12 种非粮食农产品，分别为小麦、玉米、稻谷、薯类、其他杂粮、大豆、油菜籽、棉花、糖料、猪肉、牛肉、羊肉、禽肉、蛋类、奶类以及豆饼、菜籽饼与棉籽饼共 18 种农产品。

值得一提的是，本模型中所涉及的区域还包括世界上其他国家，而国内与国际的数据来源不尽一致，如国内各省区的数据主要来自于中国国内统计部门的年鉴数据，国际数据主要来自于联合国粮农组织的统计（FAOSTAT），因此这里面需要对有关产品进行界定，主要是薯类、其他杂粮、禽肉、蛋类和奶类五种产品（见表5.2）。

第二节　CWARMEM模型的构建原理

CWARMEM模型是一个包含多种农产品和多个区域的局部市场均衡模型。一般来讲，这类市场均衡模型的主要目标是决定一组市场的均衡价格和数量，包括经济主体对价格变化的反映以及调整价格至市场结清。因此，本模型中包括粮食产品在内的各种农产品的供给和需求是通过价格调整来达到市场均衡的，即该模型是一个价格内生的模型。模型在运算过程中先通过世界市场的总供给与总需求均衡形成国际市场价格，再根据模型中构建的价格联结方程传导机制形成各区域的市场价格，并由此预测出模型中所需要的变量值，如各种农作物的播种面积、单产和总产量、畜产品的总产量，以及各种产品的不同类别的消费量。需要说明的是，上述模型的运算过程实际上是一个动态的不断迭代的过程，一个时期市场供求均衡的求解，往往经过几百次或者几千次的迭代来完成。

由于理论模型的局限性，我们所构建的模型不可能反映现实经济系统的每一方面，只能说基于具体研究的目的和目标，从实际出发界定研究的经济环境，即在设定的前提假设条件下去研究该种经济环境中的某种经济行为（田国强，2005）。因此，本研究中的CWARMEM模型在模拟不同情景条件下的产品市场均衡分析过程中，也是基于一定的前提假设的。下面将首先介绍本模型在构建过程中的前提假设，并基于理论假设，提出CWARMEM模型的工作流程图。

一　模型前提假设

（一）大国效应假设

该假设主要是指本模型中将中国视为一个大国，即假设中国国内农产品供求平衡的微小变化都有可能引起国际农产品市场价格的变动，同时国际农产品市场价格的变化也可能会影响中国农产品进出口量以及中国国内市场价格。

这种假设主要是考虑到中国既是农产品生产和消费大国，又是农产品贸易大国（Brown，1995；李晓钟等，2004；范建刚，2007），因此在全球化背景下探讨中国的粮食供求均衡问题，不应该也不可能完全忽视中国粮食市场的变化情况对世界粮食市场的影响。同时世界粮食市场价格的变动对中国国内的粮食市场也必定会起到一定的影响作用。尽管粮食产品由于其特殊性，任何粮食生产大国的粮食市场都不可能完全向世界市场自由开放，其政府在粮食市场上均会实施一定的宏观调控政策措施，但是因为本模型将中国纳入不断变化的世界粮食市场，以模拟分析不同的外界情景条件对国内及各区域粮食供求均衡状况的影响，所以如果将中国仅仅视为一个封闭的系统来分析中国的粮食供求问题，将会使分析结果失去一定的合理性和科学性。

（二）区域一体化假设

本模型中的区域一体化假设包含两个不同层次的意义。

一是模型中所涉及的国内 31 个省市区之间农产品市场一体化假设。鉴于中国农产品购销与流通已经基本实现市场化运作的事实，以及 2001 年以来开始实行的粮食市场化改革政策，CWARMEM 模型假设中国农产品整体市场是一种完全竞争的市场，各种农产品价格由市场供求状况决定，国内不同地区之间的农产品流通不存在任何政策性壁垒和技术障碍。

在这种区域一体化条件下，先分别构建不同省市区的区域模型。再通过构建各种产品的区间价格联系方程，使上述区域市场模型联结形成全国层次上的总体市场模型，并构建各种产品的国内外价格转移等式，使国内市场置于国际市场价格变化的影响之下。

因为本模型要考虑各区域之间的贸易情况，所以会涉及各区域之间的关税情况。

1. 将中国国内 31 个省市区之间的国内贸易假设类似于国际贸易情形，不过在这种情况下各省市区之间由于不存在任何政策性壁垒和技术障碍，因此将关税税率均设为 0；同时 31 个省市区与某国际区域之间的关税税率均以中国整体的平均税率来代替。

2. 国际两个区域之间的税率处理按照各区域包含的所有国家的平均税率来假定。

（三）关税配额内外税率统一假设

在模型计算方程式设计过程中，为了便于简化等式的结构，本模型对各种农产品关税配额内外的进口没有设立差别税率，即假设关税配额内外各个国家的产品进口税率为统一税率。但在模型的具体计算处理过程中，可以根据不同情景模拟研究的需要，对不同的产品设置不同的税率情景。

二　模型结构构建

基于本模型的研究目标和前提假设，在具体构建模型方程式之前，先需要理顺模型的逻辑体系，构建模型的工作流程图。CWARMEM 模型与国内外研究类似问题的政策模型不同的是，将中国国内 31 个省区均独立出来作为具体研究对象加以分析，而不仅仅以中国整体为研究对象，这也就决定了本模型在设计过程中的特殊性。

图 5.1 表明了 CWARMEM 模型在构建过程中的逻辑思路。该模型共分为三个层次。首先，在最外层次上世界各种产品市场在出清的情况下形成世界均衡价格，而这一均衡是在中国整体和国际各区域各种产品总供给和总需求相等的情况下形成的；其次，在中间层次上通过构建各种产品的价格传导机制（包括运输成本、关税、进出口补贴等影响因素），形成中国整体市场的国内基准价格和国际基准价格；最后，在中国内部（即图 5.1 中虚线框所示）层次上，通过构建中国各省市区的区域模型和国内价格转移机制（主要是运输成本因素的影响），即各省市区的价格由中国国内市场的基准价格决定。可以这样理解，中国国内层次实际上在本模型中起到具体传导的作用。

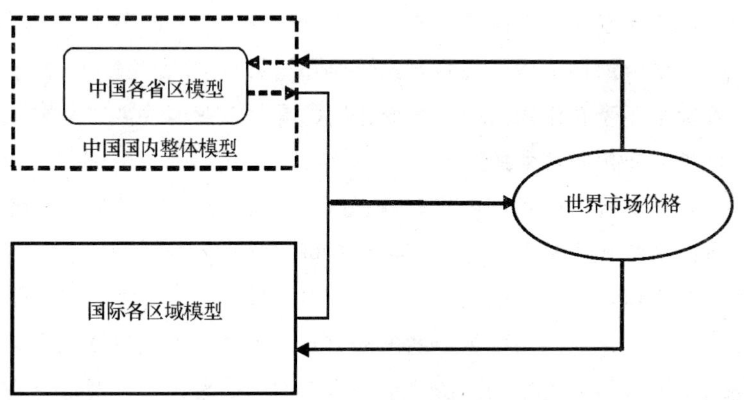

图 5.1 CWARMEM 模型结构构建逻辑思路

资料来源：笔者整理。

综上所述，CWARMEM 模型可以由内到外相应地分为三个具体层次的模型结构，分别为中国国内各省市区模型、中国国内模型（中间联结模型）、国际各区域模型（见图 5.2、图 5.3 和图 5.4 所示）。

（一）中国省区模型构建

图 5.2 表示的是中国国内各省市区模型工作流程图。

在该层次模型中，通过各省市区各种产品的总生产和总消费以及国内净贸易量形成中国国内整体的余缺量，该模块与国内模型通过价格传导机制相联结。其中，农产品生产主要分为农作物生产（包括小麦、玉米、稻谷、薯类、其他杂粮、大豆、油菜籽、棉花、糖料九种）和畜产品生产（包括猪肉、牛肉、羊肉、禽肉、蛋类、奶类六种）。另外，副产品生产（包括豆饼、棉饼和菜籽饼）直接由相应的主产品总产量乘以榨取率获得。

农产品消费主要分为食物消费、饲料消费、种子消费、工业消费和其他消费。其中，食物消费将考虑农村和城镇消费，主要受人均收入变化、人口自然增长和人口迁移等因素的影响；饲料消费主要由饲料价格、饲养方式转换和饲料转化率来决定；种子消费则主要受农作物播种面积变化的影响；工业消费需要考虑工业增长率变化所带来的影响。

各省市区生产者价格将影响农作物、畜产品生产。同时，各省市区消费者价格也将影响食物消费量、饲料消费量、种子消费量、工业消费量和其他消费量，进而引起各省市区各种农产品供需变动，而这一变动即为中国国内整体供需变动，又将影响全国层次上净贸易量发生相应的变动。基于大国假设，这将对世界市场产生一定的影响，从而引发新一轮的均衡价格调整，CWARMEM 模型通过计算系统反复迭代，最终在一定的精度范围内找到一组世界市场均衡价格，使世界各种产品的总供给等于总需求，达到市场均衡状态。

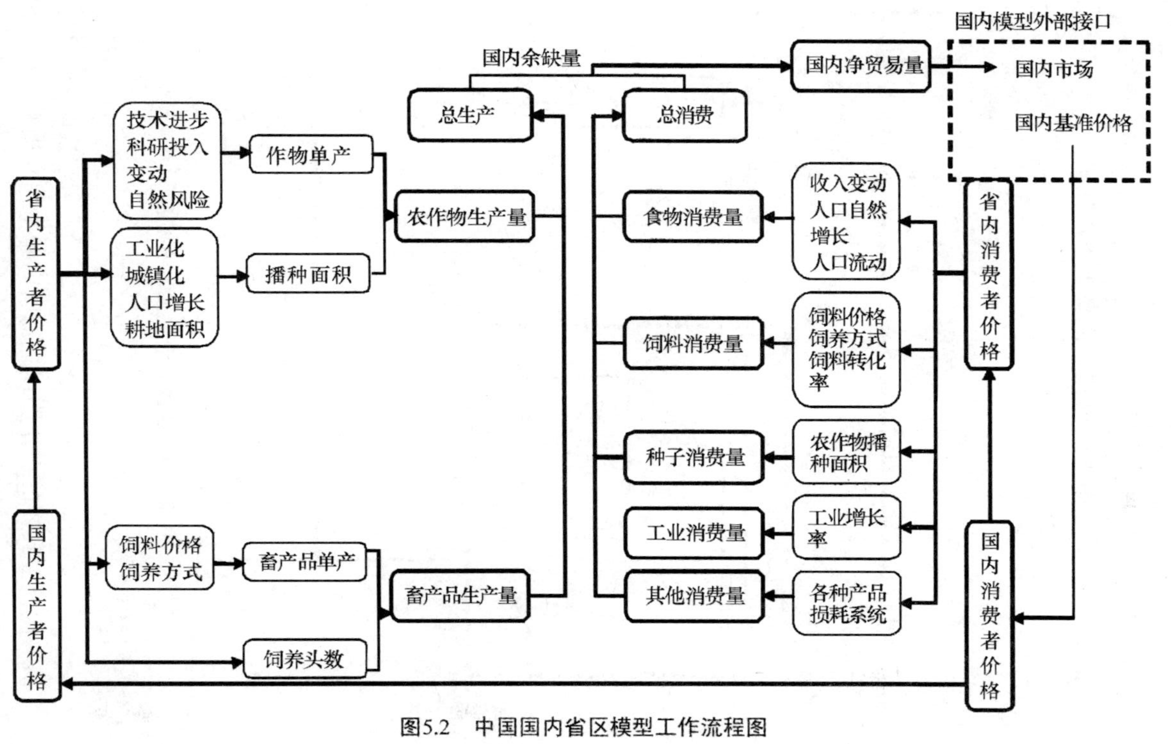

图5.2　中国国内省区模型工作流程图

（二）中国国内模型构建

图 5. 3 表示的是中国国内整体模型工作流程图。

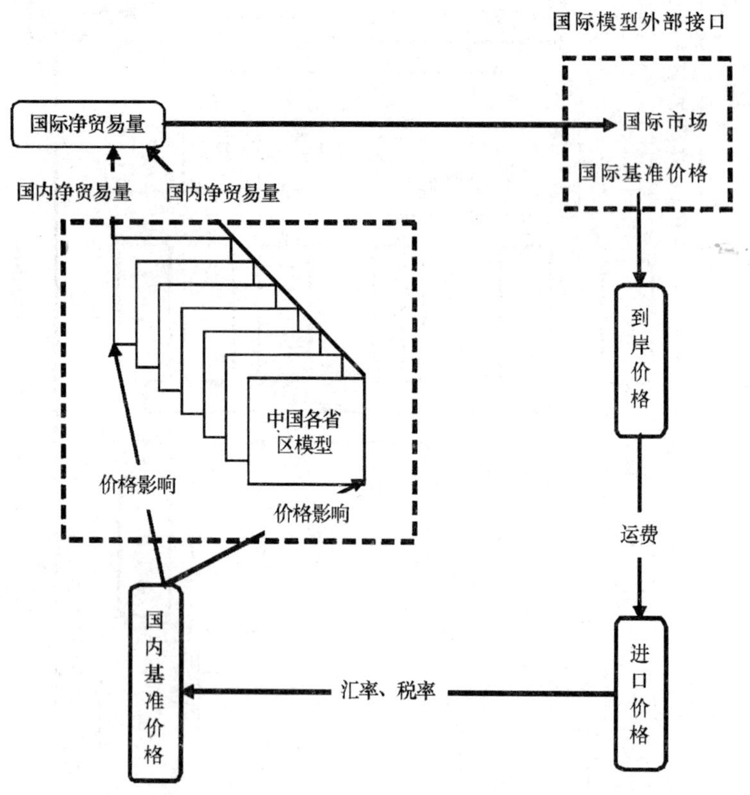

图 5. 3　中国国内模型工作流程图

资料来源：笔者整理。

该层次模型具体的工作原理是：国内总生产和消费之间国内净贸易量的形成，主要通过国内库存和国内进出口贸易来调节。其中影响农产品进口的主要因素是基准价格和运费，其中基准价格由该产品的进口价格与汇率和税率同时决定，而进口价格由国际基准价格所决定的到岸价格加上运费得到。国内基准价格又决定了全国的国内生产者价格和消费者价格，进而通过价格传导机制来影响中国国内各省市区层次的省内生产者价格和省内消费者价格。该层次主要作为中间桥梁将国内各省区与国际市场相连。

（三）国际区域模型构建

图 5.4 表示的是与国内模型联结的国际各区域模型工作流程。该图的上半部分表示的是某个区域市场均衡模型状态，下半部分中方框所表示的“国际其他区域模型”即包括本模型中所涉及的其他 25 个区域模型，而这些模型内部的工作原理与上半部分的模型工作原理一致。

根据“市场结清”机制，当本模型中所涉及的所有区域总供给与总需求达到均衡即国际净贸易量为零的状况下，国际市场达到均衡，形成国际市场基准价格。同前面图 5.3 所表示的中国国内模型的工作原理类似，通过国际其他各区域之间的价格联系方程，使得这些区域各产品市场达到均衡状态，形成各个区域层次上的市场模型结构。

第三节　CWARMEM 模型计算系统模块方程式构成

基于前面章节所介绍的本模型基本假设和工作流程图设计，本节主要利用数学语言来表达 CWARMEM 模型，即构成了本模型的计算系统。需要说明的是，在本模型数学等式系统的具体构建过程中，笔者综合参考了在国际学术界有较大影响的几种农业市场与贸易分析模型，如国际食品政策研究所（IFPRI）的 IMPACT 模型（Rosegrant, *et al.*, 2002）、联合国粮农组织（FAO）的 WFM 模型（FAO, 2003）、美国农业部经济研究中心（US-

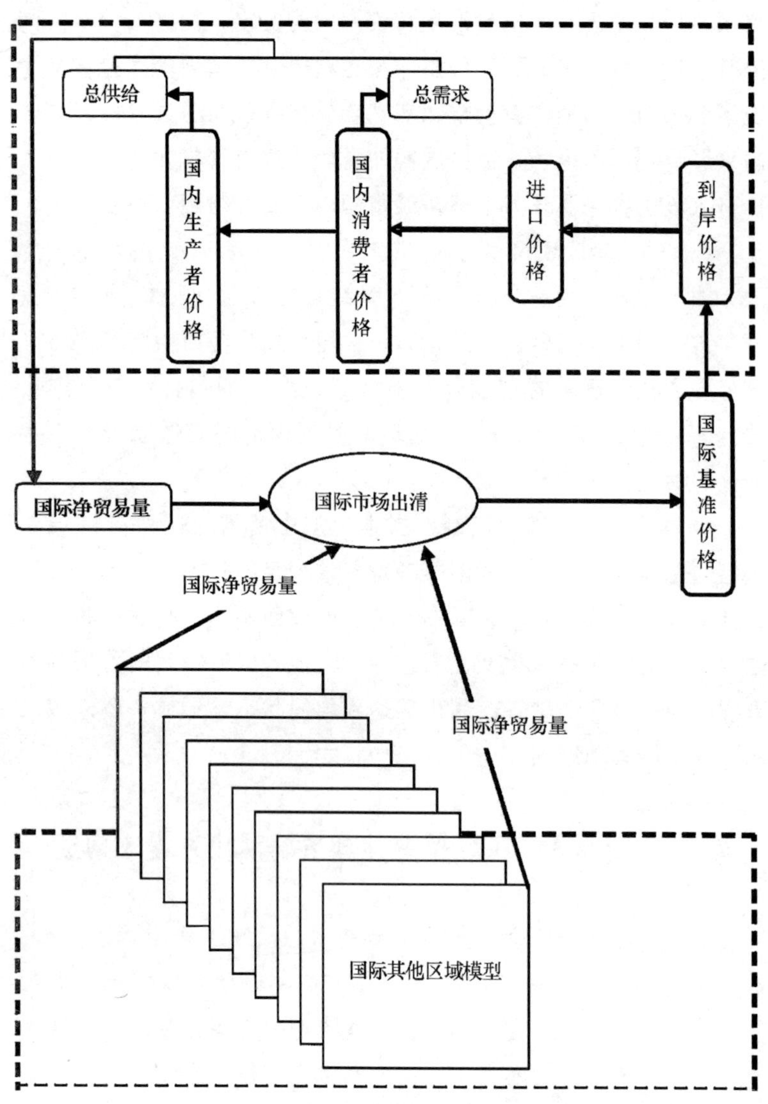

图 5.4 国际各区域模型工作流程图

资料来源：笔者整理。

DA/ERS）和美国宾州大学（Penn State University）共同开发的PEATSim模型（Stout & Alber，2003）等。同时还参考了国内学者构建的相关模型，如黄季焜等（2003）构建的CAPSim模型以及陆文聪（2004）构建的中国农产品市场区域均衡模型。

上述模型为本研究的模型构建思路提供了较为重要的参考，但这些模型的构建也均是基于各自不同的研究目的，存在一定的应用前提条件和局限性，也就不可能完全应用在本书的研究当中。例如，除陆文聪（2004）构建的模型中将中国分为七个分析区域以外，国际和国内常用的分析模型一般仅将中国作为一个整体的分析对象，而这将使得这些模型均无法细化到中国各个区域和省区的研究。同时在这些模型的具体构建中，由于各自的模型假设条件不同，模型的具体形式与一般的局部均衡模型形式区别较大，因此，本研究就不能照搬已有相关模型的形式，而需要根据研究的需要，对一般的模型形式进行具体的模型修正和调整。

基于研究目的，本书运用“多市场、多区域局部均衡模型”的理论和分析方法，在参考和修正国内外相关分析模型结构的基础上，构建了本研究的分析模型——中国—世界农业区域市场均衡模型，并利用该模型重点对中国各省区粮食供求区域均衡机理进行研究。

在模型计算等式模块上，CWARMEM模型主要由农产品生产供给模块、农产品消费需求模块、价格转移模块和市场均衡条件模块四个主要模块组成。其中在不同的模块中，还涉及土地资源约束模块。CWARMEM模型共有37个矩阵方程组（式5.1至式5.37），具体数学计算等式数量为10791个，其中主要等式及其变量说明如下面章节所示。

一 农产品生产供给模块

在农产品生产供给模块中，共分为农作物生产供给模块、畜产品生产供给模块和副产品生产供给模块。

（一）农作物生产供给模块

农作物产量是面积和单产的乘积（见式5.1）。

其中，本时期面积受上一时期播种面积和农作物收益、政策变量的影响，是作物自身价格和其他作物价格的CD生产函数形式（见式5.2），其百分比变动系数受当地经济发展水平、人口自然增长率以及城镇化程度[①]等外生变量的影响（见式5.3），通过分析历史数据获得上述外生变量前面的变动系数。需要说明的是，由于中国规定国家总体耕地面积不得低于18亿亩，因此，式5.4表示的是中国国内农作物播种面积与耕地面积之间的土地资源约束模块。

单产是农作物自身价格和投入要素（包括化肥、种子、劳动力）价格的CD生产函数形式（见式5.5），其百分比变动系数主要由影响农作物单产的科技进步变动系数和农作物自然风险系数构成。其中，科技进步变动系数与科技投入量变动和科技推广人员数量变动相关（见式5.6）；农作物自然风险系数与成灾面积比重变化、有效灌溉面积变化以及年均降水量变动相关（见式5.7）。

$$Q^{S}_{n,i,t} = AH_{n,i,t} \times YD_{n,i,t} \tag{5.1}$$

$$AH_{n,i,t} = AH_{n,i,(t-1)} \times \left(PS_{n,i,(t-1)}\right)^{\sigma_{i,j,n}} \times \prod_{j \neq i} \left(PS_{n,j,t}\right)^{\sigma^{i,j,n}} \times \frac{R_{n,i,t} + PSE_{n,i,t}}{R_{n,i,(t-1)} + PSE_{n,i,(t-1)}} \times e^{area}_{n,t} \tag{5.2}$$

① 城镇化水平用城镇化率来表示，是指一个国家或地区城镇人口占其总人口的百分比。其中，城镇化率=本地区城镇人口/本地区总人口。

$$e_{n,t}^{area} = a_1 \frac{GDP_{n,(t-1)}}{GDP_{n,t}} + a_2 \frac{POP_{n,(t-1)}}{POP_{n,t}} + a_3 \frac{POP_{n,(t-1)}^{U}}{POP_{n,t}} \tag{5.3}$$

中国耕地面积约束条件：$\sum_{n} e_{n,t}^{area} \times AL_{n,t} \geqslant CAL_n$　　(5.4)

$$YD_{n,i,t} = YD_{n,i,(t-1)} \times (PS_{n,i,(t-1)})^{\sigma_{i,j,n}} \times \prod_{f} (PF_{n,f,t})^{\phi_{i,f,n}} \times (1 + e_{n,i,t}^{yield}) \times (1 + e_{n,i,t}^{risk}) \tag{5.5}$$

$$e_{n,i,t}^{yield} = \beta_1 \frac{TI_{n,i,(t-1)}}{TI_{n,i,t}} + \beta_2 \frac{TP_{n,i,(t-1)}}{TP_{n,i,t}} \tag{5.6}$$

$$e_{n,i,t}^{risk} = \gamma_1 \frac{AD_{n,(t-1)}}{AD_{n,t}} + \gamma_2 \frac{AI_{n,(t-1)}}{AI_{n,t}} + \gamma_3 \frac{RF_{n,(t-1)}}{RF_{n,t}} \tag{5.7}$$

i，j：各种农作物种类，包括小麦、玉米、稻谷、薯类、其他杂粮、大豆、糖类、油菜籽、棉花；

t：时期；

n：区域（国家层面）；

Q^S：总供给；

Q_{crop}^S：农作物总供给；

AH：播种面积；

YD：单产；

PF：投入要素价格；

PS：国内生产者价格；

PSE：国内生产者补贴；

R：农作物单位收益；

f：投入要素的种类，包括化肥、种子、劳动力；

POP：总人口；

POP^U：城镇人口；

AL：中国各省区耕地面积；

CAL：中国耕地面积红线；

TI：农业科技投入；

TP：农业科技推广人员数；

AD：成灾面积；

AI：有效灌溉面积；

RF：降水量；

e^{area}：耕地面积变化率（受工业化增长率、城镇化程度和人口变动率的影响）；

e^{yield}：影响单产变化的外生可变因子（主要为技术进步变化因子、科研政策投入）；

e^{risk}：自然风险因子（主要考虑成灾面积变化、有效灌溉面积变化、降水量变化）；

σ：产品价格供给弹性；

φ：要素价格需求弹性。

（二）畜产品供给模块

畜产品产量由畜产品饲养数量与单产相乘得到。由于不同饲养方式下畜产品的单产不同，在该模块中笔者还同时考虑了不同的饲养方式，主要包括农户散养、专业户规模饲养、工业化饲养三种方式（见式 5.8 和式 5.9）。

其中，畜产品饲养数量是畜产品自身生产者价格和其他畜产品生产者价格以及饲料价格的 CD 生产函数形式（见式 5.10），其百分比变动系数是指影响畜产品饲养数量增长的外生因子，包括草原面积荒漠化、水资源枯竭等。这里需要说明的是，以草料为饲料的大牲畜，如羊、牛（包括奶牛和肉牛）的饲养数量变化的影响因素主要考虑目前草原面积荒漠化程度的变化；以粮食类为饲料的猪、禽类的饲养数量变化的影响因素主要考虑粮食价格的变化情况。

畜产品单产的百分比变动系数主要考虑畜产品在饲养过程中可能遇到的疫病等外生变量的影响（见式 5.11）。

$$Q^S_{n,i,t} = \sum_z w_z \times NS^z_{n,i,t} \times YL^z_{n,i,t} \tag{5.8}$$

$$\sum_z w_{n,i,t,z} = 1 \tag{5.9}$$

$$NS_{n,i,t} = NS_{n,i,(t-1)} \times (PS_{n,i,(t-1)})^{\phi_{i,j,n}} \times \prod_{j \neq i} (PS_{n,j,t})^{\phi_{i,j,n}} \times \frac{PF_{n,i,t}}{PF_{n,i,(t-1)}} \times (1 + g^{noslau}_{n,i,t}) \tag{5.10}$$

$$YL_{n,i,t} = YL_{n,i,(t-1)} \times (1 + g^{yield}_{n,i,t}) \tag{5.11}$$

$Q^S_{livestock}$：畜产品总供给量；

i，j：畜产品种类，包括牛肉、羊肉、猪肉、禽肉、蛋类、奶类；

NS：畜产品饲养的数量；

YL：畜产品单产；

z：饲养方式，包括农户散养、专业户规模饲养、工业化饲养；

w：各种饲养方式的比重；

ϕ：畜产品价格供给弹性；

g^{noslau}：影响畜产品饲养数量增长率的可变外生因子；

g^{yield}：影响畜产品饲养单产增长率的可变外生因子（疫病等）。

（三）副产品供给模块

模型中考虑的三种副产品主要指菜籽饼、豆饼和棉籽饼，这三种产品主要作为饲料。各种副产品的产量由三种主产品油菜籽、大豆和棉花的生产量乘以各自不同的榨取率得到。榨取率的技术参数数据来自《农业技术经济手册》。

$$Q^S_{n,i,t} = \sum_i Q^S_{j_i,n,t} \times cr_{n,i,t} \tag{5.12}$$

$Q^S_{associated}$：副产品总供给量；

i：副产品种类，包括油菜籽、大豆、棉花等产品的副产品菜籽饼、豆饼、棉饼；

j：产生 i 副产品的主产品种类，包括油菜籽、大豆、棉花；

cr：榨取率。

二　农产品消费需求模块

农产品消费需求模块，共分为食物消费需求模块、饲料消费需求模块、种子消费需求模块、工业消费需求模块和其他消费需求模块。

（一）食物消费需求模块

本研究的重点是中国国内各省区，根据国内食品消费需求的二元结构特征，笔者在模型构建中将食物消费需求分为城镇消费和农村消费。在食物消费需求方面，重点考察收入和人口的变化对消费总量的影响。因此城镇和农村人均消费量是农产品消费者自身价格、其他农产品消费者价格以及人均可支配收入的 CD 生产函数（见式 5.18 和式 5.19）。人口的变化主要包括两个部分：一部分是人口的自然增长率；另外一部分需要考虑各省区的人口净流动量（见式 5.16 和式 5.17）。因为劳动力要素报酬的地区差异是造成人口流动的主要原因，所以后者用于分析中国国内的劳动力迁移现象对食物消费的影响，在分析过程中主要考虑区域收入差距以及各省区的人口迁移率等外生变量的影响。值得一提的是，对于粮食产品来讲，该种消费即为粮食口粮消费需求。

$$Q^{FO}_{n,i,t} = Q^{R}_{n,i,t} \times POP^{R}_{n,t} + Q^{U}_{n,i,t} \times POP^{U}_{n,t} \quad (5.13)$$

$$POP^{R}_{n,t} = POP_{n,t} \times \rho^{R}_{t} \quad (5.14)$$

$$POP^{U}_{n,t} = POP_{n,t} \times \rho^{U}_{t} \quad (5.15)$$

$$POP_{n,t} = POP_{n,(t-1)} \times \left(1 + \omega^{POP}_{n,t}\right) + \Delta POP_{n,t} \quad (5.16)$$

$$\Delta POP_{n,t} = \sum_{n} \tau_{n} \frac{INC_{r,t}}{INC_{\substack{n,t \\ n \neq r}}} \quad (5.17)$$

$$Q^{R}_{n,i,t}=Q^{R}_{n,i,(t-1)}\times\ (PD_{n,i,t})^{\varepsilon^{R}_{i,j,n}}\times\prod_{j\neq i}\ (PD_{n,i,t})^{\varepsilon^{R}_{i,j,n}}\times\ (INC^{R}_{n,t})^{\eta_{n,t}} \tag{5.18}$$

$$Q^{U}_{n,i,t}=Q^{U}_{n,i,t}\times\ (PD_{n,i,t})^{\varepsilon^{U}_{i,j,n}}\times\prod_{j\neq i}\ (PD_{n,i,t})^{\varepsilon^{U}_{i,j,n}}\times\ (INC^{U}_{n,t})^{\eta_{n,t}} \tag{5.19}$$

Q_D：总需求量；

Q^{FO}：食物需求量，涉及小麦、玉米、稻谷、薯类、其他杂粮、大豆、糖类、油类、牛肉、羊肉、猪肉、禽肉、蛋类、奶类等产品的需求；

Q^R：农村人均食物需求量；

Q^U：城市人均食物需求量；

PD：国内消费者价格；

POP：总人口；

ω^{POP}：人口自然增长率；

ΔPOP：人口净流动量；

POP^R：农村人口；

POP^U：城市人口；

ρ^R：农村人口比重；

ρ^U：城市人口比重；

INC：人均收入；

INC^R：农村人均收入；

INC^U：城市人均收入；

τ：人口净流动系数；

ε：价格需求弹性；

η：收入需求弹性。

（二）饲料消费需求模块

在本模型中，饲料消费需求是饲料产品自身价格和其他饲料产品价格的 CD 生产函数。其中各种畜产品生产所用到的饲料数量采用饲料转化率来计算（见式 5.20）。

$$Q^{FE}_{n,i,t} = \beta_{n,i,t} \times (PI_{n,i,t})^{\gamma_{ijn}} \times \prod_{j \neq i} (PI_{n,j,t})^{\gamma_{ijn}} \times \sum_{l} (QS_{n,l,t} \times FR_{n,i,l,t}) \tag{5.20}$$

Q^{FE}：饲料需求，涉及小麦、玉米、稻谷、薯类、其他杂粮（主要是粮食类）、菜籽饼、豆饼、棉饼等产品的饲料需求；

QS_l：第 l 种畜产品供给量；

i，j：可用作饲料的农产品品种；

γ：饲料产品价格需求弹性；

β：饲料需求方程系数；

FR：饲料转化率（料肉比）；

PI：饲料产品价格，这里主要包括上述各产品作为饲料产品的中间产品价格。

（三）种子消费需求模块

种子消费需求量主要取决于单位面积用种量和播种面积，其中单位用种量变动率受到种子科学技术进步的影响。若种子科技进步的话，该变动率应为负数（见式 5.21）。

$$Q^{SE}_{n,i,t} = AQ^{SE}_{n,i,(t-1)} \times (1 + a_{n,i,t}) \times AH_{n,i,t} \tag{5.21}$$

Q^{SE}：种子需求，涉及小麦、玉米、稻谷、薯类、其他杂粮、大豆、糖类、油菜籽、棉花等产品的种子需求；

AQ^{SE}：单位面积用种需求；

a：单位面积用种年均变动率。

（四）工业消费需求模块

在模型的工业消费需求模块中，由于各产品不同的特性，需要在具体模型构建中分类表达不同产品的工业消费需求，主要考虑棉花、粮食类、糖类、畜产品类四大类产品。

其中式5.22表示的是棉花工业需求量函数等式，该产量变动率受各地区棉花加工厂棉纱纱锭规模年均增长率影响。式5.23表示的是粮食类和糖类产品工业消费需求量表达式，该需求由食品加工业需求量和纯工业需求量两方面组成；食品加工业需求量的百分比变动系数受食品加工业产值年均增长率影响，而纯工业需求量主要是指生物燃料对玉米、薯类、糖类等产品的消费量，其百分比变动系数受相关工业产值的变动影响。式5.24表示的是畜产品工业消费需求量数学表达式，该需求量变动率受相关畜产品的食品加工业产值变动率影响。

$$Q_{n,t}^{CIN} = Q_{n,(t-1)}^{CIN} \times (1 + S_{n,t}) \tag{5.22}$$

Q^{CIN}：棉花工业需求；

S：棉纱纱锭规模年均增长率；

$$Q_{n,i,t}^{GIN} = Q_{n,i,t}^{FIN} + Q_{n,i,t}^{IN} = Q_{n,i,(t-1)}^{FIN} \times (1 + V_{n,i,t}^{FIN}) + Q_{n,i,(t-1)}^{IN} \times (1 + b_{n,i,t}) \tag{5.23}$$

Q^{GIN}：粮食类和糖类产品工业需求，包括食品加工业需求＋纯工业需求（玉米、薯类、糖类）；

Q^{FIN}：食品加工业需求；

Q^{IN}：（纯）工业需求；

b：涉及农产品工业需求用量年均增长率；

V^{FIN}：食品加工业产值年均增长率；

$$Q_{n,i,t}^{LIN} = Q_{n,i,(t-1)}^{FIN} \times (1 + V_{n,i,t}^{FIN}) \tag{5.24}$$

Q^{LIN}：畜产品类产品工业需求（主要考虑食品加工业需求）。

（五）其他消费需求模块

在该模块中所包含的需求为上述四种消费中的损耗需求等。其他消费需求量的百分比变动主要取决于本期上述四种消费需求总量与上期相比的变动率（见式5.25）。

$$Q^{OTH}_{n,i,t} = Q^{OTH}_{n,i,(t-1)} \times \frac{Q^{FO}_{n,i,t} + Q^{FE}_{n,i,t} + Q^{SE}_{n,i,t} + Q^{IN}_{n,i,t}}{Q^{FO}_{n,i,(t-1)} + Q^{FE}_{n,i,(t-1)} + Q^{SE}_{n,i,(t-1)} + Q^{IN}_{n,i,(t-1)}} \quad (5.25)$$

Q^{OTH}：其他需求。

（六）总消费需求

综合上述五种消费需求，总消费需求由式 5.26 表示如下。

$$Q^{D}_{n,i,t} = Q^{FO}_{n,i,t} + Q^{FE}_{n,i,t} + Q^{SE}_{n,i,t} + Q^{IN}_{n,i,t} + Q^{OTH}_{n,i,t} \quad (5.26)$$

三　价格转移模块

$$P^{FOB}_{n,i,t} = WP_{i,t}\ (1 - TC_{i,t}) \quad (5.27)$$

$$P^{CIF}_{n,i,t} = WP_{i,t}\ (1 + TC_{i,t}) \quad (5.28)$$

$$P^{EX}_{n,i,t} = ER_{n,i,t} \times P^{FOB}_{n,i,t} \times (1 + t^{n,i,t}_{EX}) + SR^{EX}_{n,i,t} \quad (5.29)$$

$$P^{IM}_{n,i,t} = ER_{n,i,t} \times P^{CIF}_{n,i,t} \times (1 + t^{n,i,t}_{IM}) + SR^{IM}_{n,i,t} \quad (5.30)$$

$$NP_{n,i,t} = \theta_{n,i,t} P^{EX}_{n,i,t} + (1 - \theta_{n,i,t})\ P^{IM}_{n,i,t} \quad (5.31)$$

$$PS_{n,i,t} = NP_{n,i,t} \times (1 + PSE_{n,i,t}) \quad (5.32)$$

$$PD_{n,i,t} = NP_{n,i,t} \times (1 - CSE_{n,i,t}) \quad (5.33)$$

$$PS^{r}_{i,t} = PS_{c,i,t} \times (1 + TC^{r}_{i,t}) \quad (5.34)$$

$$PD^{r}_{i,t} = PD_{c,i,t} \times (1 + TC^{r}_{i,t}) \quad (5.35)$$

WP：国际市场价格；

NP：国内市场平均价格；

PS_c：中国国内生产者价格；

PD_c：中国国内消费者价格；

PSE：国内生产者补贴；

CSE：国内消费者补贴；

TC：国内运费占国际市场价格比重；

TC^r：中国省内运费占国内市场价格比重；

PS^r：中国省内生产者价格；
PD^r：中国省内消费者价格；
P^{FOB}：离岸价格；
P^{CIF}：到岸价格；
P^{EX}：出口价格；
P^{IM}：进口价格；
θ：出口量占进出口总量比重；
ER：汇率；
t_{EX}：出口税率；
t_{IM}：进口税率；
SR^{EX}：出口价格补贴率；
SR^{IM}：进口价格补贴率。

四　均衡条件模块

$$\sum_n QT_{n,i,t} = \sum_n Q^S_{n,i,t} - \sum_n Q^D_{n,i,t} - \sum_n \Delta S_{n,i,t} = 0 \qquad (5.36)$$

$$\sum_n \Delta S_{n,i,t} = \Delta S_{c,i,t} + \sum_{n \neq c} \Delta S_{n,i,t} \qquad (5.37)$$

QT:净贸易量；
ΔS:库存变化量；

需要说明的是，由于国内各省区粮食等主要农产品的库存数据缺失，本模型对国内的31个省区仅考虑全国层次上库存变量与净贸易量总体的变化情况，即反映为产销余缺量的变动。

第四节　CWARMEM模型求解算法与运行系统

一　CWARMEM模型求解算法说明

按照本研究思路和理论基础，CWARMEM模型属于多产品、多市场局部均衡模型，这类均衡模型包括局部均衡模型和一般均衡模型的求解算法可以综合分为三大类[①]：第一类是线性化和逼近算法；第二类是压缩不动点算法；第三类是其他杂项算法。

线性化和逼近算法是国际学术界在求解均衡模型过程中较早和较普遍采用的一种核心算法。例如，由约翰逊（Johansen）在1960年建立的第一个可计算一般均衡模型的求解算法便是采用该类算法。这类算法的特点是直观和简单，但这类算法也难以确定均衡解的唯一存在性和稳定性。牛顿算法（Newton）在目前利用线性化和逼近算法求解的均衡模型应用中最为广泛。牛顿算法也可以用来求解非线性方程，先要对非线性方程进行线性化处理，进而求解这些线性方程，最终求得方程的均衡解。一般牛顿算法用于由规模较大的非线性方程组成的均衡模型的求解。

第二类算法是压缩不动点算法（Fixed Point Algorithm），这种方法在可计算一般均衡模型（CGE）求解中最为常用，由斯卡夫（Scarf）在1967年发明，随后经数理经济学家如梅里尔（Meril，1972）、柯蒂斯（Curtis，1974）、哈罗德和麦金农（Harold & MacKinnon，1975）等学者的改进。该方法在模型的求解速度方面有很大的提高。不动点理论是数学领域内泛函分析的内容，后来逐渐被引入经济学分析当中，常被用来证明各种一般均衡模型均衡解的存在性。它也是近代数理经济学的主要成就之一。不动点[②]是正对特定的映射（Mapping）而言的。假设有一映射f，其定义域为空间A，B为空间A上的任一子空间，B经过该映射f后得到新的空间C。如果空间C能够落回到空间B，

① 具体参考陈平路《中国养老保险体系的世代交叠CGE模型研究》，华中科技大学2006年博士学位论文。

② 参考江泽涵《不动点类理论》，科学出版社1986年版。

而且空间 C 小于空间 B，就称 f 是 A 上的一个压缩映射。可以看出，空间 A 每经过一次 f 映射，就被压缩变小，这样经过无穷次 f 映射，最初的空间 A 将被压缩成一个点 a，点 a 就被称为映射 f 的不动点。最简单的映射形式是一元函数，以正选函数 sin（x）为例，该映射是实数空间上的一个压缩映射。对自变量 x 任取一值，对它的连续进行取正弦运算，函数值将无限逼近 0，0 就是正弦映射的不动点。在一般均衡和局部均衡模型中，尽管变量和方程数量可以达到成千上万个，压缩映射也由单值映射变为矢量映射，远比一元函数复杂，但求解的算法和上例是一致的。不动点算法的优点在于初始变量的选择是任意的，无论给初始变量赋值如何，经多次映射后都会逼近不动点，即模型的均衡解。

第三类算法是其他杂项算法的总称，这些算法一般并不强调均衡解的唯一存在性，但在特定的模型中，这类算法求解的收敛速度非常快。这类算法在混合互补问题（Mixed Complementary Problem，简称 MCP 问题）中最为常用。MCP 问题可以描述由线性方程、非线性方程或不等式构成的多种模型。这些模型可以同时包含市场均衡、博弈均衡等行为。一般来讲，同时包含上述两种均衡行为的均衡模型难以采用通常的优化求解算法来计算。但是借助相关数理计算软件如 GAMS，就可以十分简洁地编写相应程序进行求解。经过国外学者的计算实践证明，求解这类模型，特别是求解那些并非严格意义最优化问题的模型，采用该种算法更可靠且效率更高。因此，MCP 问题在国外经济、管理研究领域得到普遍应用（Rutherford，1995）。

MCP① 问题实际是一个非线性方程组，一般的非线性方程组

---

① 详细参考段志刚《中国省级区域可计算一般均衡建模与应用研究》，华中科技大学 2004 年博士学位论文。

的求解算法都可以求解 MCP 问题。其中前面提到的牛顿算法就是其中最基本的方法之一。GAMS 软件包中的 MILES 求解器即是基于反向线性查找的牛顿法（Generalized Newton Method With Backtracking Line Search）求解 MCP 类的均衡模型。因此，本模型所采用的 GAMS 软件便是调用 MILES 求解器来求解模型的均衡解。下面介绍一下 MILES 算法的求解原理。

GAMS/MILES 是嵌入 GAMS 的一个基于 Fortran 语言的非线性互补问题和非线性方程组的求解器。MILES 求解的 MCP 问题可表示为如下：

$$F(Z)=w-v \tag{5.38}$$

$$l\leqslant z\leqslant u,\ w\geqslant 0,\ v\geqslant 0 \tag{5.39}$$

$$w^T(z-l)=0,\ v^T(u-z)=0 \tag{5.40}$$

其中 w，v，z，l，$u\in R^n$。MILES 采用牛顿法求解上述 MCP 问题。牛顿法迭代步骤的基本思想是从一个可行的初始点 z°出发（通常是基期均衡解），利用二次泰勒展开式，不断逼近非线性方程组的最优解。假设方程解 z^* 的近似值 $\bar{z}$，则在该点的线性函数可表示为：

$$LF(z)=F(\bar{z})+\nabla F(\bar{z})(z-\bar{z}) \tag{5.41}$$

由于 $\bar{z}$ 充分接近 z^*，因此可用式（5.41）的线性方程组近似地替代式（5.38）。求解该线性系统 $LF(z)=0$ 可以得到 $d=-F^{-1}F(\bar{Z})$。当迭代至第 k 步时，$z^{(k+1)}=z^{(k)}+\lambda d^{(k)}$，MILES 求解的问题变为：

$$F(z^{k+1})+\nabla F(z^{k+1})d^{k+1}-w+v=0 \tag{5.42}$$

$$l\leqslant d+z^k\leqslant u,\ w\geqslant 0,\ v\geqslant 0 \tag{5.43}$$

$$w^T(d^{k+1}+z^{k+1}-l)=0,\ v^T(u-d^{k+1}-z^{k+1})=0 \tag{5.44}$$

当方程组中所有的等式均满足一定的精度时，MILES 停止求解，并得出最终解。

二　CWARMEM 模型运行系统说明

求解一般均衡和局部均衡模型一般利用专用软件或者通用软件。在国内外具有代表性的专用软件有三种：（1）美国普渡大学全球贸易分析项目（GTAP）组开发的 RunGTAP 软件，该软件主要用于全球贸易分析模型的求解，属于一般均衡模型的求解软件；（2）澳大利亚莫纳什大学开发的 Gempack 软件，该软件一般也应用于可计算一般均衡模型（CGE）中；（3）世界银行（World Bank）的米拉乌斯和布鲁克（Meeraus & Brooke）两位学者所开发的国际学术界常用决策软件——GAMS 软件，一般均衡和局部均衡模型的求解均可以采用该软件。因此，在均衡模型求解应用中，GAMS 软件的适用范围最为广泛。

GAMS 事实上并不代表任何最佳化数值算法，而只是一个高级语言的使用者接口，利用 GAMS 可以很容易建立、修改模型，并将纠错后的最佳化模型输入文件，而输入文档经过编译后，成为较低阶的最佳化数值算法程序所能接受的格式，再加以执行并写出输出文档。因此，GAMS 是一种针对线性、非线性和混合整数优化模型建模需要而开发的通用建模系统，特别适用于复杂而规模大、需要进行很多调整和处理流程才能建立的精确数学模型的建模与求解。对于线性与非线性规划问题，GAMS 使用由新南威尔斯大学的默塔（Murtagh），斯坦福大学的吉尔、马雷、桑德斯和赖特（Gill、Marray、Saunders & Wright）等学者所发展的 MINOS（Modular In-core Non-linear Optimization System）算法。这个算法综合了缩减梯度法和准牛顿法，是专门为大型、复杂的线性与非线性问题设计的算法。对混合整数规划问题，则采用亚利桑那大学的马斯腾（Marsten）及巴尔的摩大学的辛哈尔（Singhal）在 1987 年共同开发 ZOOM（Zero-One Optimization

Method）算法。相对于其他计算软件，GAMS 系统具有更好的通用性，更方便进行敏感分析，且 GAMS 具有强大的自动生成功能。全部的约束条件可以以数组的形式一次性输入系统，系统可以自动根据这些约束条件生成对应的约束方程，并且供用户根据建模需要进行选择，对不必要的约束可以进行排除，大大简化了重复工作。

GAMS 在 CGE 模型中得到最广泛的应用，很多学者用 GAMS 开发了不同的 CGE 模型代码并公布在互联网上，大大方便了使用者的交流。其中，费里斯、芒森（Ferris & Munson，2000），基欧和莱文（Kehoe & Levine，1985）以及拉瑟福德（Rutherford，1995，1999）专门对 OLG 模型的求解进行了研究。拉斯穆森和拉瑟福德（Rasmussen & Rutherford，2001）在这一方面取得了较大进展，他们用 GAMS 构造了一个通用的求解 OLG 模型的架构，可以将各类模型转化为 MCP 问题。

在使用过程中，GAMS 也暴露出一定的缺陷。GAMS 对变量定义的长度有限制，因此只能用缩写表示变量，如果模型中所涉及的变量繁多，那么在变量定义过程中可能因为该限制而给理解代码带来很大不便。此外，GAMS 允许代码和注释在同一行中多次交替出现，势必在阅读代码时引起混淆。

基于此，本研究对于 CWARMEM 模型的求解和后面章节中涉及的各种情景方案的模拟，均采用在国际学术界常用决策软件——GAMS 建立在 MCP 算法上的运行系统来实现。本模型共涉及代码 1029 行。

第五节 本章小结

本章基于本书前面章节的局部均衡模型框架，利用“多市场、多区域局部均衡模型”的理论和分析方法，以及本研究模型的前提假设，构建了核心计算模型——中国—世界农业区域市场均衡模型，并详细界定了本模型的研究对象范围，描述了CWARMEM模型的工作流程，建立了模型的数学等式，共涉及10791个方程式，并揭示了模型各个数学方程的经济含义；同时还详细说明了本模型方程式所涉及的求解算法以及以GAMS为重点软件的模型求解过程。

第六章　CWARMEM 模型数据处理及模型参数设定

在第五章中，笔者详细研究了本研究模型的构建情况。但是，要使所构建的均衡模型成为可计算性的模型，必须为模型中的外生变量和所有参数赋予初始值，为模型提供一个满足全面性、一致性和均衡性的数据集，这是进行模型模拟分析的先决条件。如在 CGE 模型中，需要构建社会核算矩阵（Social Accounting Matrix，SAM）来为模型设定一个用于经济结构分析、确定参数值以及比较模型结构的数据集；在 PE 模型中，也需要构建一个能反映模型结构的数据库，以便构建模型基期供求平衡表和确定模型所需参数值。本研究 CWARMEM 模型的主要目的是对中国各省区粮食供求市场均衡问题进行实证研究，因此笔者需要根据模型的数据需求整理模型基期数据，构建模型基期供求平衡表；并根据计量经济学法和局部模型参数校准法设定适合模型运行的参数。

第一节　CWARMEM 模型基础数据库设计

一　模型数据库结构

为方便数据的使用和管理，本研究选择的是 Microsoft Office 系统中的 ACCESS 数据库来进行原始数据的存储和运算。在该数据库中，根据 CWARMEM 模型的计算系统模块分别定义了本模型所需要的八大类数据集（见表 6.1 所示）。

表 6.1　　CWARMEM 模型基础数据库结构设计

数据表类型	数据库代码	包含数据说明
1. 产品基础数据集	CMDT_BASE	生产、消费、国内价格和贸易基础数据
2. 产品价格弹性数据集	CMDT_ELSC	自身弹性、交叉弹性
3. 模型外生变量数据集	CMDT_EXGN	各外生变量变化率
4. 投入要素弹性数据集	FACT_ELSC	单产的要素价格弹性数据
5. 要素外生变量数据集	FACT_ EXGN	投入要素价格基础数据
6. 其他外生变量数据集	PURE_ EXGN	人口数量、收入、城乡人口比重、汇率
7. 收入弹性数据集	SELF_ELSC	城乡食品需求收入弹性数据
8. 国际基准价格数据集	WRLD_PRIC	世界价格数据

资料来源：笔者整理。

根据构建的 CWARMEM 模型结构，设计数据需求结构，收集模型需要的数据形成模型的 ACCESS 基础数据库。该软件可以较为方便地通过编写简单的结构化查询语言——SQL（Structural Query Language）语句来对各数据集中的数据进行加总、平均等数学运算，因此在数据处理中的使用非常方便。表 6.2 是本模型中所涉及的所有变量和参数归纳。

二　模型数据库变量

该 ACCESS 基础数据库中的中国生产和贸易数据包含了近 30 年的历史数据，消费和价格数据由于国内统计和 FAO 价格数据库的历史原因，均是从 1990 年开始的。这为后面模型的基期数据获得和模型部分参数的获得提供了有力的保证。由于统计数据自身的原因，为研究的需要，在形成该数据库的过程中，这部分数据也经过了一些处理。表 6.2 展示了 CWARMEM 模型需要的基期数据及基期供求均衡表，以及对模型的参数获得所进行的详细说明。

表 6.2　　CWARMEM 模型包含的变量描述

指标 ID	指标代码	变量名称	数据集	数据描述
C1	Crop_Area	农作物播种面积	CMDT BASE	基期
C2	Crop_Yield	农作物单产	CMDT_BASE	基期
C3	Livestock_Number	畜产品饲养数量	CMDT_BASE	基期
C4	Livestock_Yield	畜产品单产	CMDT_BASE	基期
C15	Quantity_Produced	各产品总产量	CMDT_BASE	基期
C16	Food_Demand_Per_Rural	农村人均年食物需求量	CMDT_BASE	基期
C17	Food_Demand_Per_Urban	城市人均年食物需求量	CMDT_BASE	基期
C18	Seed_Demand_Per_Crop_Area	各农产品单位面积用种需求量	CMDT_BASE	基期
C30	Food_Quantity_Demand	各产品食品需求量	CMDT_BASE	基期
C31	Feed_Quantity_Demand	各产品饲料需求量	CMDT_BASE	基期
C32	Seed_Quantity_Demand	各产品种子需求量	CMDT_BASE	基期
C33	Industry_Quantity_Demand	各产品工业需求量	CMDT_BASE	基期
C34	Rest_Quantity_Demand	各产品其他需求量	CMDT_BASE	基期
C35	Quantity_Demand	各产品需求量	CMDT_BASE	基期
C42	World_Price	世界价格	WRLD_PRIC	基期
C43	Producer_Price_LCU	各区域生产者价格（当地货币）	CMDT_BASE	基期

续表

指标 ID	指标代码	变量名称	数据集	数据描述
C44	Consumer_Price_LCU	各区域消费者价格（当地货币）	CMDT_BASE	基期
C52	Import_Quantity	进口量	CMDT_BASE	基期
C53	Export_Quantity	出口量	CMDT_BASE	基期
C102	Milking_Animals	产奶动物数量	CMDT_BASE	基期
C103	Rural_Population	农村人口数量	PURE_EXGN	基期
C104	Urban_Population	城市人口数量	PURE_EXGN	基期
C105	Producer_Price_USD	各区域生产者价格（美元）	CMDT_BASE	基期
C106	Consumer_Price_USD	各区域消费者价格（美元）	CMDT_BASE	基期
C5	Factor_Price	要素价格	FACT_EXGN	外生
C6	Crop_Area_GR	农产品的播种面积增长率	CMDT_BASE	外生
C7	Crop_Yield_GR	农产品的单产增长率	CMDT_BASE	外生
C8	LS_Number_GR	畜产品的总产量变化率	CMDT_BASE	外生
C9	LS_Yield_GR	畜产品的饲养单产变化率	CMDT_BASE	外生
C10	Byproduct_Extract_Rate	各产品产生副产品榨取率	CROSS_USE	外生
C11	Crop_Area_Price_ELSC	农产品供给播种面积价格弹性*	CMDT_ELSC	外生

续表

指标 ID	指标代码	变量名称	数据集	数据描述
C12	Crop_Yield_Price_ELSC	农产品供给单产价格弹性	CMDT_ELSC	外生
C13	Crop_Yield_Factor_ELSC	农产品的单产生产资料价格弹性	FACT_ELSC	外生
C14	LS_Number_Price_ELSC	畜产品供给饲养数量—价格弹性	CMDT_ELSC	外生
C50	LS_Prod_Price_ELSC	畜产品供给量价格弹性*	CMDT_ELSC	外生
C19	Population_Number	各地区总人口	PURE_EXGN	外生
C20	Urban_Population_Share	城市人口比重	PURE_EXGN	外生
C21	Rural_Incoming	农村人均可支配收入	PURE_EXGN	外生
C22	Urban_Incoming	城市人均可支配收入	PURE_EXGN	外生
C23	Seed_Demand_GR	单位面积用种量变化率	CMDT_BASE	外生
C24	Industry_Demand_GR	工业总需求量的变化率	CMDT_BASE	外生
C25	Rural_Food_Price_ELSC	农村食物消费需求价格弹性*	ELSC_BASE	外生
C26	Urban_Food_Price_ELSC	城市食物消费需求价格弹性*	ELSC_BASE	外生
C27	Rural_Food_Incoming_ELSC	农村食物需求收入弹性	SELF_ELSC	外生
C28	Urban_Food_Incoming_ELSC	城市食物需求收入弹性	SELF_ELSC	外生
C29	Feed_Price_ELSC	饲料消费需求价格弹性	ELSC_BASE	外生
C36	Import_Tax_Rate	进口税率	CMDT_BASE	外生
C37	Export_Tax_Rate	出口税率	CMDT_BASE	外生
C38	Producer_Subsidy_Rate	生产者补贴率	CMDT_BASE	外生
C39	Consumer_Subsidy_Rate	消费者补贴率	CMDT_BASE	外生
C40	Exchange_Rate	汇率	PURE_EXGN	外生

续表

指标 ID	指标代码	变量名称	数据集	数据描述
C60	Crop_Yield_Last_Price_ELSC	农作物的单产——上一期价格弹性	CMDT_ELSC	外生
C61	Crop_Area_Last_Price_ELSC	农作物的面积——上一期价格弹性	CMDT_ELSC	外生
C62	LS_Number_Fact_ELSC	畜产品供给量——要素价格弹性	FACT_ELSC	外生

说明：带有“*”标注的变量里面均包含自身和交叉价格弹性。

资料来源：笔者整理。

第二节　CWARMEM 模型基期数据处理

本模型所涉及 57 个区域和 18 种（类）农产品的生产、消费、价格和贸易数据以 2004—2006 年的三年平均值为基期，这主要是考虑到若以某年作为基期，可能会受到该年特定的外生条件如自然灾害等的较大影响，因此本研究取最近三年的平均值以平抑这些特定因素所带来的影响。同时在此基础上所建立的基期不同产品和区域供求平衡表，是后面模型部分参数确定的前提之一。

本模型涉及包括本书重点研究对象——六种粮食产品在内的 18 种（类）农产品，因此，在基础数据库构建的过程中需要收集整理所有涉及的农产品数据。

一　生产供给模块基期数据

根据 CWARMEM 模型研究，生产供给模块中所涉及的基期数据主要为2004—2006 年各种农产品单产、播种面积或者畜产品饲养头数以及各产品总产量数据。需要说明的是，国内和国际基期数据的处理过程有所区别。

国内供给模块中各省区六种粮食类产品以及棉花、油菜籽、糖类的单产、播种面积和总产量等生产数据主要来自于 2005—2007 年国家统计局出版的《中国统计年鉴》；六种畜产品的总产量和饲养头数数据在统计数据中直接采用上述三年《中国畜牧业年鉴》中各畜产品不同规模饲养情况中的统计数据，单产数据经过笔者计算获得。其中，由于农业生产地理条件和历史原因，国内一些省区种植某种农产品的产量极少或者没有种植，因此一些省区的某些农产品生产数据缺失或为空，这种情况在模型中的数据库中均表示为 0。

表 6.3　　国内统计中部分产品数据为空的省市区

产品名称	不生产该产品的省份
小麦	海南
稻谷	青海
油菜籽	北京、海南、吉林、天津
糖类	北京、宁夏、青海、山东、天津、西藏
棉花	广东、海南、黑龙江、青海、西藏

说明：糖类包括甘蔗和甜菜的总和，因此标明的省区为两种糖类产品均未种植的区域。

资料来源：笔者整理。

为保持数据的一致性，国外各区域（国家）所涉及的 217 个具体国家的生产数据主要来自 FAO 生产（Production）数据库。由于本研究区域对象包括国内各省市区和国际主要国家及区域，根据前面章节对产品的范围界定，国外各粮食等农产品的播种面积即为 FAO 数据库中的收获面积。其中，需要对模型中所考虑的 26 个区域各农产品生产数据进行适当处理。如各区域的农产品总产量和播种面积均为其包含的各个国家农产品总产量和播种面积之和，但各产品的单产采用各地区总产量直接除以总种植面积得到。

二 消费需求模块基期数据

模型在消费需求模块中所涉及的基期数据主要包括食物消费需求模块、饲料消费需求模块、种子消费需求模块、工业消费需求模块和其他消费需求模块五个模块的相关数据处理。

（一）食物消费需求模块

为区分中国国内城乡消费水平的不同，在这个模块中还涉及中国国内各省市区城镇和农村的人均食品消费量、人均可支配收入以及人口数量。由于国际统计数据的不可获得性，笔者无法获得所有国家农村和城镇上述三种变量的统计数据，因此国际区域（或国家）均视为城镇人口，即农村人口比重均设为 0。

对于国内各省区来讲，城镇和农村居民人均粮食（包括小麦、玉米、稻谷、薯类、其他杂粮、大豆）消费量[①]的基期数据分别来自 2005—2007 年国家城调队主编的《中国城市（镇）

① 根据国家统计局的统计口径，这里不包括居民在外就餐的消费量。

生活与价格年鉴》[①] 和国家农调队主编的《中国农村住户调查年鉴》以及《中国物价年鉴》（2007）。其中需要说明两点：（1）城镇人均粮食消费量通过城镇居民人均每年各种粮食产品消费支出除以产品零售价格得到；而零售价格为《中国物价年鉴》（2007）中 2006 年全国各大中城市居民食品零售平均价格，并以此年价格为基准，通过 2005—2007 年的城镇居民消费价格指数推导求出该年的平均价格，以消除价格指数的影响。（2）农村人均粮食消费量直接来自于 2005—2007 年《中国农村住户调查年鉴》中各地区农村居民家庭人均主要食品消费量数据。

另外，模型中所涉及的国内各省市区其他产品（糖类、油菜籽和猪肉、牛肉、羊肉、禽肉、蛋类和奶类）人均消费量数据的处理方法同上面粮食类产品人均消费量数据处理；但糖类的消费量由各种食糖（白砂糖、绵白糖、红糖）的消费量加总而得。国内各省市区城镇和农村人口以及人均可支配收入等变量的数据分别来自于 2005—2007 年国家统计局主编的《中国统计年鉴》和《中国农村统计年鉴》。

对于模型中国际各国家和区域来讲，人均食品每年消费量数据均来自 FAO 消费（Consumption）数据库。10 个具体国家的数据可以直接通过该数据库和对照前面提到的产品范围（表 5.2）进行处理而获得；16 个区域的数据则需要对各个区域包含的所有国家（表 5.1）的人均食品消费量进行加总获得。同时为保持数据来源的一致性，国际各国家的人口数据均来自 FAO 中人口

---

① 由国家城调队主编的《中国城市（镇）生活与价格年鉴》在 1995—2005 年名称为《中国价格及城镇居民收支调查统计年鉴》；1994 年前名称为《中国城镇居民家庭收支调查资料》。

(PopSTAT) 数据库；人均收入来自世界银行数据库。

(二) 饲料消费需求模块和工业消费需求模块

表 6.4　不同饲养方式下各畜产品饲养比例和饲料转化率　(%)

按照传统方式饲养							
	猪肉		牛肉	羊肉	禽肉	蛋类	奶类
	添加少量工业饲料	纯传统饲养					
饲养比重	69.2	30.8	80.0	80.0	30.0	15.0	70.0
饲料转化率	2.9	2.1	1.5	1.5	2.0	2.5	0.4
按照工业化饲养							
	猪肉		牛肉	羊肉	禽肉	蛋类	奶类
饲养比重	30.0		20.0	20.0	65.0	40.0	30.0
饲料转化率	3.5		2.5	2.5	2.0	2.5	0.3

资料来源：笔者根据《新时期畜牧业经济问题研究》中《中国饲料粮研究报告》数据整理。

表 6.5　不同饲养方式下各种粮食类产品占各畜产品饲料粮比重　(%)

按照传统方式饲养							
	猪肉		牛肉	羊肉	禽肉	蛋类	奶类
	添加少量工业饲料	纯传统饲养					
玉米	14.5	19.5	15.0	15.0	17.0	17.0	25.0
稻谷	31.0	29.1			13.0	14.0	
小麦	14.7	12.8	6.0	6.0	5.0	4.0	8.0
薯类	12.7	15.3	4.0	4.0	6.0	5.0	3.0
其他杂粮	3.5	4.9	9.0	9.0	12.0	10.0	8.0

续表

按照工业化饲养						
	猪肉	牛肉	羊肉	禽肉	蛋类	奶类
玉米	58.0	60.0	60.0	55.0	53.0	60.0
稻谷	8.0			1.0	2.0	
小麦	3.0	2.0	2.0	2.0	2.0	2.0
小麦麸	15.0			15.0	15.0	
豆饼	10.0	25.0	25.0	20.0	20.0	25.0

说明：文献中的比重一般为一个数据范围，笔者将其取中间值。

资料来源：笔者根据《新时期畜牧业经济问题研究》中《中国饲料粮研究报告》数据整理。

之所以将这两个模块的基期数据处理放在一起，主要是因为中国国内的宏观统计数据中无法通过直接或者简单的计算方法来获得这两种数据，因此需要进行相关处理间接得到。目前国内学术界有部分学者对这两种消费数据的处理采用了不同的方法，如陈永福（2004）、肖国安（2004）等学者通过一些分解和转换方法对各种食品的不同消费需求进行了处理，得出较为详尽的有益数据。因此，针对本模型的构建模块以及研究目标，CWARMEM 模型中的饲料消费需求模块和工业消费需求模块分别通过饲料转化率、饲料产品价格和工业用粮转化率来连接各产品的饲料消费和工业消费需求。根据现有研究畜产品饲料消费量估计和工业用粮消费量估计的文献整理这两个转化率。其中饲料转化率数据分别见表 6.4 和表 6.5；工业用粮转化率按照酒精 1∶3，白酒 1∶2.3，啤酒 1∶0.172，味精 1∶24 的比例计算；其他工业用粮按照 25% 的比例计算（肖国安，2004）。

（三）种子消费需求模块

国内各省区各种粮食类产品的种子消费需求量可以通过以下方式获得。首先，从 2005—2007 年《全国农产品成本收益资料汇编》中收集 2004—2006 年三年各个主要粮食生产省区单位面积小麦、玉米、稻谷、薯类、其他杂粮、大豆用种量以及中国各粮食产品平均用种量；其次，主要省区各粮食产品用种总量等于这些省区单位面积粮食产品用种量与各粮食产品播种总面积的乘积，其他省区的单位面积用种量则采用中国平均用种量代替；由此得出各省区各产品的种子消费量数据。其他三种非粮农产品如棉花、油菜籽、糖类的种子消费处理方式同上。

（四）损耗及其他消费需求模块

对于粮食类产品来讲，各粮食产品损耗量为国内各省区（国际各国家）粮食总产量乘以损耗率。根据国家粮食局（2007）的最新统计，中国每年在粮食生产、运输、储存和管理过程中，仅农户储量损耗就达到 150 亿公斤至 200 亿公斤，占国家粮食总产量的 3%—4% 左右。表 6.6 表示的是国内各种粮食产品的产后损耗系数。根据损耗系数，可以求出各省区各产品的其他需求量，然后根据前面的处理思路，按照各省区的粮食生产比重得到其工业需求和其他需求量总和，再减去求得的其他需求量既可得到各省区各粮食产品的工业需求量。

表 6.6　**中国国内各种粮食类产品损耗系数**　（%）

粮食类产品	损耗系数
玉米	2.0
小麦	2.5
稻谷	4.4

续表

粮食类产品	损耗系数
薯类	2.8
其他杂粮	2.4
大豆	1.8

说明：文献中的比重为2005—2007年三年的平均值。

资料来源：根据国家统计局2007年统计数据计算。

三　价格转移模块基期数据

此模块所涉及的基期数据为产品运输成本占消费者价格比重、生产者价格补贴、消费者价格补贴、进出口数据。表6.7是根据GTAP数据库获得的各产品运输成本比重数据。

表6.7　各产品运输成本占市场价格比重　(%)

模型产品	运输成本占国际市场价格比重
小麦	7.2
稻谷	12.1
玉米	13.6
薯类	9.1
其他杂粮	7.2
大豆	7.0
油菜籽	12.8
棉花	10.2
糖类	7.2
猪肉	5.2
牛肉	7.1
羊肉	6.3

续表

模型产品	运输成本占国际市场价格比重
禽肉	6.6
蛋类	10.0
奶类	10.0
豆饼	3.4
油菜籽饼	2.4
棉饼	2.4

说明：其他杂粮为其包含的粮食类产品运输成本比重的平均值；羊肉数据缺失，笔者根据其他几种畜产品的运输成本比重求平均所得。

资料来源：笔者根据 Hertel Thomas W. （1997） 和 Stout James & Abler David （2004） 数据整理得出。

模型所涉及的各国家生产者补贴（PSE）和消费者补贴（CSE）数据均来自于 OECD[①] 生产补贴数据库（PSE/CSE DATABASE)。该数据库中有各种产品的生产者价格、消费者价格、PSE 和 CSE 数据及其计算方法。在 PSE 和 CSE 数据中，国内各省区的生产者补贴和消费者补贴为统一数据；国外部分国家 PSE 仅有总量数据，笔者利用 PSE 与 CSE 总量之比来求得各种产品的 PSE 数据。

国内各省区进出口国际贸易数据主要来源于历年《中国农业年鉴》；国际各国家和区域的贸易数据来自于 FAO 数据库。

四　模型基期供求平衡表

根据以上各个模块基期数据的处理方法，可以得到 CWARMEM 模型所涉及的不同区域各种产品的基期供求平衡表。

① http：//www. oecd. org/document/54.

附录中列出了国内各省区和国际 26 个国家及区域的六种粮食产品的基期供求平衡表。

第三节　CWARMEM 模型参数设定

在经济模型均衡解求解过程中，除了需要所设定的基期数据以外，还有一系列表示经济行为的参数值（Huff, K. M. , Herta, T. W. 和 Tsigas, M. E. , 1997）。本节主要对 CWARMEM 模型中重要的参数获取和调整方法及其结果进行说明。

一般来讲，在大多数经济模型中，有两种方法可以获得模型需要的参数值（Canova, F. , 1994）。一种方法是估计方法，即采用计量经济学分析方法（Econometric Method）对历史数据进行合理估计以求得模型中所涉及的参数值，这种方法也是国内外许多均衡模型所采用的主要参数估计方法。如黄季焜等学者构建的中国农业政策分析和预测模型（CAPSiM），国际食品政策研究所构建的 IMPACT 分析模型等。另一种方法是校准法（Calibration），这种方法在一般均衡模型和局部均衡模型中也较为常用。

这两种方法因为其不同的假定前提而被不同的学者加以应用。前者是在这种假定下："假定建立的模型是准确的，那么通过历史数据估计的参数也应该是准确的。"后者的假定则是："假定所建立的模型是不准确的，那么模型需要通过校准的方法来确定参数值使其更为准确。"通过第一种估计方法确定参数值的均衡模型实际上是先指定参数值后再求得均衡解。若是采用第二种方法——校准法来确定参数值的均衡模型，则是通过基期数据（Benchmark Data）选择模型的基准解（Basic Solution）来求得模型所需要的参数值。表 6.8 比较了两种参数估计方法的优点和缺点。

表 6.8　　　　均衡模型参数估计的两种方法比较

	优点	缺点	适用范围
估计法	• 估计的数据可靠性程度高 • 能把握数据精度范围	• 需要多年的历史时序数据 • 数据收集较为困难	• 各种 CES 和 CET 函数的替代弹性、转换弹性 • 各种供给需求弹性
校准法	• 仅需基准年份数据即可 • 数据收集相对较为容易	• 对基准数据的可靠性依赖大，数据的可靠性程度低 • 校准的参数值对所选取的基准数据敏感 • 不能确定所有模型参数	• 各种 CES 和 CET 函数的份额参数 • 各种税率 • 各种常弹性函数的因子 • 居民商品边际消费倾向等等

资料来源：参考段志刚《中国省级区域可计算一般均衡建模与应用研究》，华中科技大学 2004 年博士论文。

基于这两种方法的优点和缺点，本研究中在构建 CWARMEM 模型时，将采用两种方法相结合的手段来弥补模型参数设定过程中采用不同方法所导致的缺陷。因此，本研究模型的各模块中的参数形成都经过以下两个阶段的工作。第一阶段是基础性研究工作，基于本研究收集的基础数据库中的历史时序数据，采用计量经济学方法估计各种供给和需求弹性，形成本书研究的基础弹性数据库（如第五章表 5.3 所示）；第二阶段是调整性研究工作，基于第一阶段估计的初始参数和前期处理得到的基期供求平衡表，利用均衡模型校准的方法，依据 CWARMEM 模型中设定的各种方程形式，得到适用于该模型所需要的各种参数。下面将详细说明本模型参数设定的步骤和得到的校准结果。

一　模型参数估计

由于本研究模型所涉及的区域和产品范围较为庞大，因此按照模型结构的设计，所需要的弹性参数量也非常之多。尽管国际学术界类似的农业政策分析模型中的参数一般来自于已有文献中的弹性估计（Rosegrant，1993；James Stout & David Abler，2003），但是本模型中所涉及的国内各个省区各种农产品的生产和消费弹性无法从已有的文献中全部获得，而国外各区域的弹性可以从相关文献中获得；因此，本研究所涉及的国内省区的参数均先通过计量经济学方法估计而得，随后再通过校准的方法对所估计的参数进行调整，以使其满足模型运算的需要。需要说明的是，由于每个省区的样本数据为1978—2006年共29个样本量，这可能会使得模型的估计产生较大的偏误，因此为弥补样本量不足所带来的缺陷，本研究在估计供给系统和需求系统相关的各种弹性时，将采用样本分组技术方法结合面板数据模型来进行计量估计（辛贤等，2005）。

（一）有关供给系统弹性估计

1. 生产供给理论思考与模型构建

供给是生产者在某一时期某种价格水平下计划出售产品与劳务的数量。影响供给的主要因素为：产品自身价格、替代产品价格、产品上一期价格、[①] 生产要素价格以及供给者的数量和生产技术水平。对于农产品市场来讲，一般假设该市场近似于完全竞争市场，即供给者数量较大；同时CWARMEM模型生产供给模块中的总产量由单产与播种面积（或者畜产品饲养头数）的乘积所得，因此需要将其分开考虑。一般来讲，农作物（小麦、玉

---

①　这里主要考虑的预期为幼稚型预期，因此用上一期价格表示预期价格。

米、稻谷、薯类、其他杂粮、大豆、糖类、油菜籽、棉花）的供给主要受其自身价格、其他农作物价格、农作物上一期价格、投入要素（种子、化肥和劳动力）价格的影响。综上所述，各地区农作物供给方面的函数可以表示为如下形式：

$$S^C = s^c\ (p,\ p^o,\ p^\mu,\ p^f) \tag{6.1}$$

$$A^C = a^c\ (p,\ p^o,\ p^\mu) \tag{6.2}$$

$$Y^C = y^c\ (p,\ p^\mu,\ p^f) \tag{6.3}$$

其中，S^C，A^C，Y^C 分别表示农作物总供给，农作物面积，农作物单产；s^c，a^c，y^c 均为连续函数；p，p^o，p^μ，p^f 分别表示农作物自身生产者价格，其他农作物生产者价格，农作物上一期生产者价格和要素价格。

对于畜产品来讲，其供给主要受其自身价格、饲养模式（农户散养、专业户规模饲养、工业化饲养三种方式）、其他产品价格、产品上一期价格、投入要素（饲料）价格的影响。而根据模型的前提假设，在本研究中，国内每个省区的市场均是同质体，即将每个省区看作一个供给者整体，因此，饲养方式将不作为参数估计中的变量，而是直接在模型计算模块中作为外生变量。综上所述，各地区各种畜产品的供给函数可以表示为：

$$S^L = s^l\ (p,\ p^o,\ p^\mu,\ p^f) \tag{6.4}$$

其中，S^L 为畜产品总供给；s^l 为连续函数；p，p^o，p^μ，p^f 的含义同上。

但是，受投入的“固定性”、生产调整成本等因素的制约，农产品的供给反应具有黏滞性，调整成本越大，黏滞性越大（蒋乃华，2000），因此，需要对上述提出的各种农产品的供给函数进行适当调整。根据局部调整模型（Griliches，1959）和适应性预期模型（Nerlove，1956），同时考虑本研究模型结构，可以将上述函数具体表示为如下形式：

$$S_{i,t} = aS_{i,(t-1)} + \beta_{i,t}p_{i,t} + \sum_{j \neq i} \beta_{j,t}p_{j,t}^{o} + \gamma_{i,t}p_{i,t}^{\mu} + \sum_{f=1}^{3} \omega_{i,t}p_{i,t}^{f} \tag{6.5}$$

其中，a,β,γ,ω 分别为模块中待估参数。具体的实证估计模型将在后面具体说明。

2. 实证模型与估计方法

结合前面的供给理论章节所述内容，本研究选用双对数模型来具体估计供给有关的弹性，这主要是考虑到双对数模型能有效解决异方差问题，因此结合式 6.2 至式 6.5，各种农作物面积弹性估计模型为：

$$\ln A_{i,t}^{C} = a\ln A_{i,(t-1)}^{C} + \beta_{i,t}\ln p_{i,t} + \sum_{j \neq i} \beta_{j,t}\ln p_{j,t}^{o} + \gamma_{i,t}\ln p_{i,t}^{\mu} \tag{6.6}$$

各种农作物单产弹性估计模型为：

$$\ln Y_{i,t}^{C} = \alpha\ln Y_{i,(t-1)}^{C} + \beta_{i,t}\ln p_{i,t} + \gamma_{i,t}\ln p_{i,t}^{\mu} + \omega_{i,t}\ln p_{i,t}^{f} \tag{6.7}$$

各种畜产品供给弹性估计模型为：

$$\ln S_{i,t}^{l} = \alpha\ln S_{i,(t-1)}^{l} + \beta_{i,t}\ln p_{i,t} + \sum_{j \neq i} \beta_{j,t}\ln p_{j,t}^{o} + \gamma_{i,t}\ln p_{i,t}^{\mu} + \omega_{i,t}\ln p_{i,t}^{f} \tag{6.8}$$

这样，各个变量前面的系数就是我们所要估计的各种弹性。在模型的农作物生产供给系统模块中，主要考虑的是农作物（小麦、玉米、稻谷、薯类、其他杂粮、大豆、糖类、油菜籽、棉花）的面积价格自身弹性和交叉弹性；单产价格自身弹性和要素价格弹性；在模型的畜产品生产供给系统模块中，考虑的是猪肉、牛肉、羊肉、禽肉、蛋类和奶类的自身价格弹性和交叉价格弹性。

在实证估计中，本研究采用的是 Eviews 6.0 分析软件。在采用该软件进行实际操作时，笔者将自身价格变量作为面板估计（Pool Estimation）中的截面特定系数（Cross section specific coefficients）估计处理，而把其他变量作为普通系数（Common coefficients）估计处理（辛贤等，2005），这样就可以得到各地区供给价格弹性（包括面积和单产价格弹性），各样本组的供给交叉价格弹性和对上一期的价格弹性以及要素价格弹性。

在前面章节中提到过，本研究在参数的实证估计中，为弥补样本量不足所带来的缺陷，将采用样本分组技术方法结合面板数据模型来进行计量估计，下一节将具体说明本研究生产供给系统的样本处理与分组情况。

3. 生产供给样本数据处理与分组

表 6.9　　**各种农作物优势区域布局**

区域	省市区	粮食							糖类		油菜籽	棉花
		稻谷	小麦	玉米	高粱	小米	薯类	大豆	甜菜	甘蔗		
华北地区	北京											
	天津											
	河北		•	•	•	•		•	•			•
	山西		•	•	•	•		•	•			
	内蒙古		•	•	•	•	•	•	•		•	
东北地区	辽宁	•		•	•	•		•	•			
	吉林	•		•	•			•	•			
	黑龙江	•	•	•	•	•	•	•	•			
华东地区	上海											
	江苏	•	•								•	•
	浙江											
	安徽	•	•					•			•	•

续表

区域	省市区	粮食							糖类		油菜籽	棉花
		稻谷	小麦	玉米	高粱	小米	薯类	大豆	甜菜	甘蔗		
华东地区	福建	•								•		
	江西	•								•	•	
	山东		•	•		•		•				•
中南地区	河南		•	•		•		•				•
	湖北	•	•				•			•	•	•
	湖南	•								•	•	•
华南地区	广东									•		
	广西							•		•		
	海南									•		
西南地区	重庆						•					
	四川	•		•			•			•	•	•
	贵州	•		•			•			•	•	
	云南	•		•			•			•		
	西藏											
西北地区	陕西					•	•				•	
	甘肃		•	•			•		•		•	
	青海										•	
	宁夏											
	新疆		•	•					•			•

说明：“•”表示该省市区该种农产品为优势产品。

资料来源：笔者根据《中国农业资源区划》数据整理。

影响各地区农作物供给水平和供给结构的因素主要是各地区的农业生产自然禀赋和传统种植结构等，表 6.9 显示的是国内各省市区主要优势农产品布局。从表 6.9 中可以看出，辽宁、吉林、黑龙江、江苏、安徽、江西、福建、广东、广西、湖北、湖南、四川、贵州和云南是中国稻谷主要生产地区，分布较为广泛；河北、山西、内蒙古、黑龙江、江苏、安徽、山东、河南、湖北、陕西、甘肃和新疆是中国小麦生产的主要分布地区；东北、华北和西南以及山东、河南、甘肃和新疆构成了中国玉米生产分布地带；黑龙江、吉林、辽宁、内蒙古、河北、山西、安徽、山东、河南和广西等省区是中国大豆主要生产区域；华北（内蒙古、河北、山西）和东北（黑龙江、吉林、辽宁）以及西北（甘肃和新疆）是中国甜菜种植主要区域；华南地区（广东、广西、海南）和福建、江西、湖北、湖南以及西南地区的四川、贵州和云南是中国甘蔗生产的主要省区；黄河流域棉区、长江流域棉区、西北内陆棉区是中国棉花生产主要分布区域，其中，黄河流域棉区主要包括河北、山东、河南、江苏、安徽五个省，长江流域棉区主要包括湖北、江西、湖南三个省区；西北内陆棉区主要指新疆维吾尔自治区和甘肃河西走廊地区。

基于此，若单独估计某种农产品的供给情况，可以按照各地区的生产集中度指标划分出优势生产区和非优势生产区来进行分组估计，但由于 CWARMEM 模型结构中还考虑到农作物的种植结构，需要估计各产品之间的交叉弹性，因此，还需要考虑各地区的生产特点。因此，本研究在传统的经济行政区域划分的基础上结合传统种植习惯，将地域相近的各省区划为一组，生产系统的参数估计具体共分为 12 组（如表 6.10 所示）。

表 6.10　　国内农作物生产模块参数估计样本分组

组别	包含的省市区分布
第一组	北京、天津
第二组	河北、山西、内蒙古

续表

组别	包含的省市区分布
第三组	辽宁、吉林、黑龙江
第四组	上海、江苏、浙江
第五组	福建、江西
第六组	安徽、湖北、湖南
第七组	山东、河南
第八组	广东、广西、海南
第九组	四川、重庆、贵州
第十组	云南、西藏
第十一组	陕西、甘肃、新疆
第十二组	青海、宁夏

资料来源：笔者整理。

同理，影响各地区畜产品供给水平和供给结构的因素主要有各地区畜产品饲养所拥有的资源禀赋和各地区传统的饲养习惯（如饲养方式等）。根据目前情况来看（辛贤等，2005），四川、湖南、湖北、山东、河南、河北、江苏、安徽、广东、广西和江西是中国生猪主要生产地区；山东、河南、河北和安徽以及东北和西南地区是中国主要肉牛生产带；西部三个主要畜牧大省区内蒙古、新疆、青海，农牧交错地带的河北、甘肃、山西，东部黄淮海地区的河南、山东、安徽、江苏和西南的四川是中国肉羊主要生产区；山东、广东、四川、江苏、吉林、辽宁、河北、河南、安徽、广西、湖北和湖南等省区是中国禽肉生产主要集中地区；东北、华北及北京、天津、上海是中国的牛奶优势产区，其中东北优势产区主要布局在黑龙江、内蒙古两个省区，华北优势产区主要布局在河北、山西两个省（农业部，2003）。基于此，本研究根据传统的经济行政划分方法，并结合中国传统饲养习惯和畜产品优势区域，将各省市区共分为 10 个样本组来估计畜产品模型参数（表 6.11）。

表 6.11　　国内畜产品生产模块参数估计样本分组

组别	包含的省市区分布
第一组	北京、天津
第二组	辽宁、吉林、黑龙江
第三组	河北、山西
第四组	山东、河南、安徽
第五组	湖北、湖南、江西
第六组	福建、广东、广西、海南
第七组	上海、浙江、江苏
第八组	陕西、甘肃、宁夏
第九组	四川、重庆、贵州、云南
第十组	内蒙古、青海、新疆、西藏

资料来源：笔者整理。

另外，在畜产品的参数估计中，因为我们会用到部分历史统计数据，所以需要针对畜产品统计数据的准确性进行相关说明。在 20 世纪 90 年代末 21 世纪初，国内外部分学者如钟甫宁（1997），卢锋（1998），Fuller F.（1998），Fuller F.、Hayes D. J. 和 Smith D.（2000），袁学国、王济民和韩青（2001）以及马恒运（2001），蒋乃华（2002），辛贤、尹坚和蒋乃华（2005）等人在各自对中国畜产品研究的文献中均通过分析得出结论：中国国家统计局在 1998 年以前公布的畜产品统计数据存在一定的水分。其中，比较有代表性的关注主要集中在 1997—1998 年，随后的学者在相关研究中就会对畜产品统计数据进行调整。如钟甫宁（1997）认为中国肉类生产统计数据中累计的水分达一半左右，甚至更高；卢锋（1998）认为，中国肉、蛋和水产品产量统计约有四成水分，这说明中国对这些食品产量的统计值远远大于实际生产量，但可以认为1998年以后统计局的畜产品统计数据较为接近实际，因此本研究主要取1996—2006年间的历史数据。

（二）有关需求系统弹性估计

1. 消费需求理论思考与模型构建

消费者需求分析主要研究单个消费者或消费者群体在一定的价格水平、收入水平、个人条件（如年龄、教育程度、职业、偏好等）以及地理环境（城市或乡村、发达地区或欠发达地区）下所消费的商品种类和数量。一种商品的需求不仅取决于其本身的价格，而且取决于相关物品的价格。在其他条件不变的情况下，收入增加，消费者会增加对大多数物品的购买；反之则会减少对大多数物品的购买。

在CWARMEM模型的消费需求模块中，仅食物需求方程式涉及需要估计的弹性，因此在此仅考虑各种农产品的食物需求。从各种粮食类农产品、畜产品以及糖类和油菜籽来看，影响其需求及其结构变动的主要因素有各自的价格水平、替代品价格水平、居民收入水平基期差异、城市化水平（这里主要由于分别考虑农村和城镇的不同消费需求）、地区消费习惯差异等因素。总体上，人口总规模也是影响肉产品需求的重要因素。因此，各种农产品的消费需求函数可以表示为：

$$D = g\ (p,\ p^0,\ I,\ O) \tag{6.9}$$

其中，g 为连续函数；p 和 p^0 分别表示农产品自身消费者价格和其他替代产品消费者价格；I 表示城镇和农村居民收入水平；O 表示影响各农产品食物需求的其他因素（如人口、城市化水平、地区差异等）。在构建模型过程中，主要是通过人均消费量与人口的乘积得到各地区总的食品消费量，因此所涉及的其他一些因素将作为外生变量来处理，在此仅考虑价格和收入两个变量的影响。需求函数估计的理论模型具体形式为：

$$D_{i,t} = a_i + \beta_i p_{i,t} + \sum_{j \neq i} \beta_j p_{i,t}^0 + \lambda_i I_t \qquad (6.10)$$

2. 实证模型与估计方法

对于需求估计函数的具体形式，一般来讲，可以选择线性模型、半对数模型、对数—倒数—对数模型、双对数模型等形式。线性模型的弹性值在某一观察区间内随收入水平和价格水平的变化而变化，并且在观察区间内弹性的符号不变，因此其无法适应长期内弹性的真实变化过程；半对数模型的弹性值在观察区间内随收入水平和价格水平的变化而变化，且符号不变，适用于分析需求变化较为剧烈的商品；对数—倒数—对数模型的收入弹性具有较高的灵活性，但可能会改变需求的方向，因而比较适用于具有劣质品特性的商品（吉芬商品）；双对数模型的方程回归系数就为各种弹性，其弹性反映的是观察区间内的平均水平。本模型在第七章中情景模拟应用过程中，将设立不同政策情景模拟方案对中国各省区粮食供求区域均衡进行分析，这需要及时调整各种方案里面的参数值。基于此，本书将选用双对数模型作为实证估计模型形式来估计消费需求系统的各个参数。模型的具体形式如下：

$$\ln D_{i,t} = a_i + \beta_i \ln p_{i,t} + \sum_{j \neq i} \beta_j \ln p_{i,t}^0 + \lambda_i \ln I_t \qquad (6.11)$$

与供给系统的参数估计方法一样，在实证估计当中，本书采用的是 Eviews 6.0 分析软件。但在采用该软件进行实际操作时，将自身价格变量 p 和收入均作为面板估计（Pool Estimation）中截面特定系数（Cross section specific coefficients）估计处理，而把其他变量作为普通系数（Common coefficients）估计处理，这样就可以得到各地区需求价格弹性和交叉价格弹性以及收入价格弹性。同时本研究在需求系统参数的实证估计中，为弥补样本量不足所带来的缺陷，将采用样本分组技术方法结合面板数据模型来进行计量估计，下一节将具体说明本研究消费需求系统的样本处理与分组情况。

3. 消费需求样本数据处理与分组

为保证数据统计资料的一致性，我们利用的各省区城镇和农村各种产品食品消费者价格数据为 1996—2006 年共 11 年的数据。为扩大样本量，本书采取面板数据来进行估计，这就需要与生产系统参数估计一样，对已有的样本进行分组处理，以获得面板数据。

根据需求理论，影响各地区农产品食品消费水平和消费结构的主要因素是各地区居民人均收入水平和传统消费习惯（偏好），因此在需求参数估计样本分组的时候必须同时兼顾这两方面。首先，按照消费习惯，一般行政区域的地理位置与当地的消费习惯之间有明显的联系，如中国新疆、西藏、青海、宁夏和内蒙古是少数民族主要居住区，这些地区的居民主要以小麦、牛羊肉为主要消费食品，因此根据消费偏好的相似性，将这五个省区划归为一组。其次，在考虑各省区人均收入水平时，主要根据 2006 年各省区城镇和农村人均可支配收入的平均值来划分，如居民年人均可支配收入在 10000 元以上的有上海、北京、浙江、广东、天津；居民年人均可支配收入在 7000—10000 元之间的有江苏、福建、山东、辽宁、重庆和河北；居民年人均可支配收入在 6000—7000 元之间的有湖南、吉林、湖北、山西、河南、江西、安徽、黑龙江、广西、海南、四川、云南；居民年人均可支配收入在 6000 元以下的有陕西、贵州和甘肃。

若仅仅考虑收入对消费需求的影响，则忽视了消费偏好与空间地理位置之间的相关性，因此本研究结合两者对上述区域的划分进行综合调整，表 6.12 为具体调整分组结果。

表 6.12　　国内消费模块参数估计样本分组

组别	包含的省市区分布
第一组	北京、天津
第二组	河北、山西、辽宁、吉林、黑龙江
第三组	上海、江苏、浙江、福建、山东、广东、广西、海南
第四组	江西、安徽、湖北、湖南、四川、重庆、云南
第五组	河南、贵州、陕西、甘肃
第六组	西藏、青海、宁夏、新疆、内蒙古

资料来源：笔者整理。

二　模型参数校准

前面主要根据计量经济方法估计了模型的各种供给和需求弹性参数，这是模型参数设定的第一阶段，属于本模型参数设定的基础性研究工作。由于前面的参数均是基于已有的历史数据计量估计得到的，而这些参数不一定能够满足模型的均衡条件，因此需要结合模型的结构，利用基期供求平衡表数据，采用局部均衡模型的参数校准法来对已估计的参数进行调整。下面将说明本模型参数校准的方法步骤和得到的校准结果。

（一）模型参数校准方法

校准方法源自于自然科学中测量设备的校验。早在 1933 年，经济学者弗里施（Frisch）便开始将其利用在经济学模型当中。随后许多学者也开始利用校准法来确定和检验经济模型的参数和相关变量。如肖温（Shoven）和惠利（Whalley）在 1984 年将校准法用于 CGE 模型参数的确定（Canova，F.，1994）。另外，随着信息技术的发展，校准法已逐渐模块化和程序化，成为经济模型研究过程中的主流工具之一。

校准法假定被考察的经济系统在变动前处于均衡状态，称为“基准均衡”（Benchmark Equilibrium）。这样该年度（即模型确定的基期）经过处理和调整的统计数据如各产品数量、生产要素数量、消费量等就可以作为基准均衡的均衡解，将均衡解代入模型方程组，便可计算出模型中所有涉及的参数值。当设计的政策情景发生变化后（如汇率变化、税率变化等情景），经济系统产生的新均衡状态称为“对比均衡”（Counterfactual Equilibrium），将通过校准法产生的参数值代入新的模型方程组，由此算出对比均衡解。本书 CWARMEM 模型所涉及的参数值便是通过该种方法计算得到的。图 6.1 表示的是本书 CWARMEM 模型校准法的步骤。

（二）模型参数校准结果

根据上述计量估计和参数校准方法，可以得到中国国内各省区生产供给系统和消费需求系统的弹性数据集。其中，供给系统包括各产品单产价格弹性、面积价格弹性和要素价格弹性；需求系统包括城乡居民收入价格弹性、食物消费需求价格弹性。部分具体数据参见附录中的表格。

三　模型中其他参数说明

CWARMEM 模型中所涉及的参数除前面章节所述的各种弹性参数以及饲料转化率、运输成本、进出口税率、生产者和消费者补贴以及各种产品损耗系数等参数以外，还涉及模型计算模块中其他的外生变量（如表 6.2 所述），包括农产品播种面积变动系数、单产变动系数、畜产品产量变动系数、人口变动系数、城镇

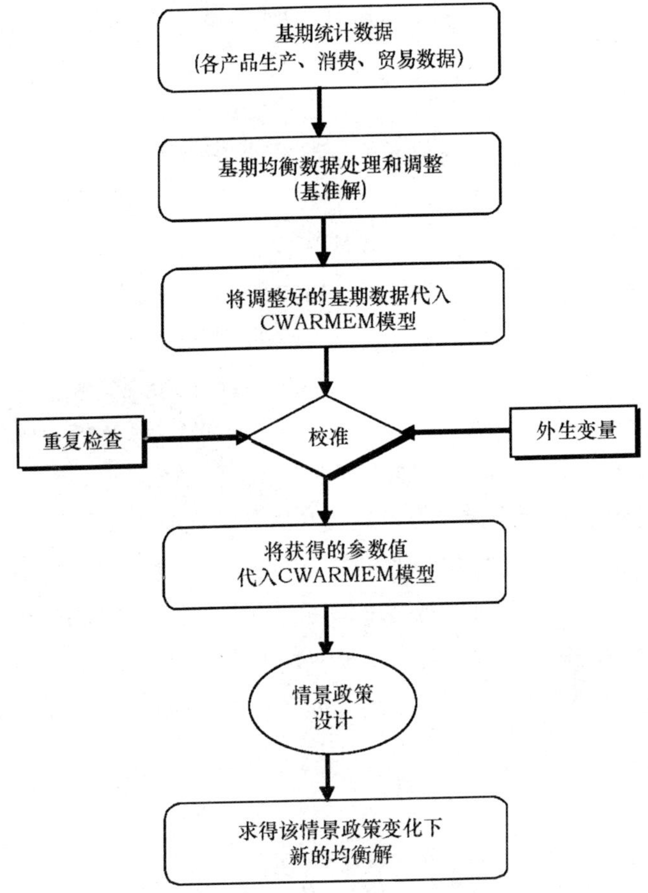

图 6.1　CWARMEM 模型校准流程图

资料来源：笔者整理。

和农村人口比重、城镇和农村居民人均收入以及油菜籽、棉花、大豆等产品的榨取率系数。需要说明的是，除榨取率系数以外，上述其他外生变量的设定主要根据模型的情景方案设计而定，笔者将在后面章节中详细说明这些外生变量设置的依据。另外，根据《农业技术经济手册》，本模型涉及的油菜籽、棉花、大豆产品的榨取率系数分别为：35%，10%—15%，12%—13%。[①]

第四节　本章小结

根据第五章构建的 CWARMEM 模型结构，本章设计了模型数据需求结构，并在收集模型所需要的 217 个国家及中国 31 省区生产、消费、价格和贸易等方面的时间序列数据以形成模型的 ACCESS 数据库的基础上，一方面基于生产供给理论和消费需求函数估计理论，采用双对数模型形式对 CWARMEM 模型中所涉及的生产系统和需求参数进行实证计量估计；另一方面按照 CWARMEM 模型中设定方程式的相关约束条件和局部均衡模型校准方法，利用基期供求平衡表将计量估计的参数调整为适合该模型运行的参数矩阵，得到中国国内各省区生产供给系统和需求系统的弹性数据集，包括各产品单产价格弹性、面积价格弹性和要素价格弹性、城乡居民收入价格弹性、食物消费需求价格弹性。

① 《农业技术经济手册》编委会：《农业技术经济手册》修订本，农业出版社 1984 年版。

第七章　基于 CWARMEM 模拟分析中国粮食供求区域均衡趋势

本书前面章节回顾了中国粮食生产区域格局、消费结构和国际贸易格局的历史变化，并采用空间计量经济学模型实证分析和探讨了该变化的原因；在此基础上分别从中国粮食生产、消费和国际贸易条件变化三个方面具体研究和总结了影响中国粮食供求均衡格局的一些关键因素；随后基于局部均衡理论和研究方法构建了本研究的理论分析模型——CWARMEM 模型，并对模型的构建工作原理、前提假设以及构建流程，模型的计算系统、运算算法，以及数据的处理过程、模型参数的设定与调整进行了详细的说明。

基于此，本章将运用 CWARMEM 模型，先结合中国粮食发展所面临的关键问题设计模拟情景方案，随后利用 GAMS 软件，从影响粮食供求主要因素的变动角度实证模拟研究不同情景方案设计下中国粮食供求区域均衡格局变动，并对每种情景方案下得到的模拟结果与模型的基准方案结果进行比较和分析。

第一节　CWARMEM 模型模拟情景的影响机理与方案设计

本书第五章基于“多市场、多区域局部均衡模型”的理论和分析方法，构建了模拟分析全球化背景下中国各省区粮食供求均衡趋势变化的实证分析模型，即 CWARMEM 模型。从模型的计算模块构成可以看出，由于本模型中所涉及的所有农产品自身价格均为内生价格变量假设，因此在本书研究中，影响粮食供求均衡格局变动的外生变量主要考虑影响粮食生产、消费和国际贸易三方面。

其中，情景方案模拟分析涉及中国粮食生产、消费、贸易和政策四个方面的九种主要情景。（1）在粮食生产方面，主要考虑由于城镇化与工业化进程而导致耕地资源不断减少的情景方案；由于农业水利灌溉设施的完善而带来的粮食生产可利用水资源增加的情景方案；由于农业科技进步尤其是粮食生产技术的进步而带来的粮食单产提高的情景方案；以及中国国内粮食生产者补贴政策变化对粮食供求均衡格局影响的情景方案。（2）在粮食消费方面，主要考虑由于人口刚性增长影响粮食直接消费和间接消费需求变动的情景方案；由于农村劳动力跨区域流动对流入和流出主要省区的粮食消费供求格局影响的情景方案；由于经济增长过程中城乡居民收入提高所引起的食物消费结构变化的情景方案；以及由于生物乙醇燃料的应用所引起的粮食工业消费需求变化的情景方案。（3）在粮食国际贸易方面，主要考虑汇率变化（人民币升值）对中国粮食进出口贸易的影响情景方案。

一　耕地资源情景影响机理与方案设计

（一）情景影响机理

根据发达国家城镇化发展的一般规律，一个国家的城镇化大体上都经历了类似正弦波曲线上升的过程。这个过程包括两个拐点：当城市化水平在 30% 以下，代表经济发展势头较为缓慢的准备阶段，这个国家尚处于农业社会；当城市化水平超过 30% 时，第一个拐点出现，代表经济发展势头极为迅猛的高速阶段，这个国家进入工业社会；在城市化水平继续提高并超过 70% 之后，出现第二个拐点，代表经济发展势头再次趋于平缓的成熟阶段，这时，这个国家也就基本上实现了现代化，进入后工业社会。这就是著名的“纳瑟姆曲线”，它是 1979 年由美国城市地理学家纳瑟姆首先提出的。

自 1978 年改革开放以来，城市已成为中国经济社会发展的重要载体，城市经济对中国 GDP 的贡献率已超过 70%（中国社会科学院，2004）。同时中国城镇化速度不断加快，城镇化率由 1978 年的 17.92% 提高到 2006 年的 43.99%。依据“纳瑟姆曲线”理论，中国城镇化进程的第一个拐点出现在 1996 年，该年的城镇化率为 30.48%，这表明中国经济自 1996 年以后进入了新的高速成长期。城市发展“纳瑟姆曲线”规律显示，当城市化水平达到 30% 的临界值时，将进入加速城市化阶段。2001 年和 2002 年中国城市化水平分别是 37.65% 和 39.1%，已经达到世界发展中国家 1998 年 38% 的城市化平均水平。这说明中国的城市化正在从初级阶段向加速阶段转化。

中国国内相关学者的研究也表明，不同的经济发展阶段，必将表现出特定的耕地利用变化特征。比如，在经济高速发展阶段，必然会引起农地快速非农化，对粮食播种面积的影响也较大（赵翠薇等，2004；李辉霞等，2004；赵翠薇等，2006；孟爱云等，2008）。另一方面，不同区域的城镇化程度因为当地经济发展程度不同而不同。因此，有必要判断在城镇化导致耕地资源不断减少的情况下中国粮食供求均衡变动情况。

本研究的第一种情景方案——城镇化率变化对粮食供求均衡的影响主要通过以下逻辑途径实现：随着城镇化程度的不断提

高，城镇人口增加、城镇区域扩展，农业用地尤其是耕地逐渐转变为工业、居住、商业和交通等城镇用地，因此城镇化过程直接导致了耕地资源的不断减少。从长期发展趋势来看，耕地的流失势必会对粮食的播种面积形成一定的约束。在粮食单产水平较为稳定的情形下，粮食生产能力势必会受到耕地流失的影响，从而影响粮食供求均衡的变动。从区域经济发展的角度来看，由于各地区经济发展程度和速度不同，其城镇化进程的增长率也有所不同。在城镇化率高的地区，耕地资源的萎缩会更为显著，而这些地区又是经济相对发达的区域，粮食的直接消费和间接消费需求量较大，这就会导致部分粮食主销区粮食供求失衡程度加剧，对全国层次上的粮食安全造成一定的影响。

（二）情景方案设计

本研究设计的第一个情景模拟方案是：城镇化进程导致耕地资源减少。设立该情景模拟方案是为了反映随着中国城镇化进程的不断推进，不同区域的城镇化速度对各区域粮食供求均衡格局的变化情况。此模拟方案分别模拟三种不同的情景：（1）依据基期2004—2006年中国平均城镇化率的实际增长率，假定国内各地区城镇化率的增长率均为1.25%，该方案为本模拟情景的基准方案。（2）保持华中、华北（除北京、天津外）、西北、西南（重庆除外）、东北各省区城镇化程度不变，假定华东和华南以及北京、天津、重庆各省市的城镇化率的增长率均为1.25%，这主要是为了说明在经济相对较为发达的省市区，城镇化更为迅速，对耕地资源的影响程度也更大。在此情况下，各省市区的粮食供求均衡格局也会产生不同的变化情况。（3）保持华东和华南地区、西北和西南各省区以及北京、天津、重庆的城镇化程度不变，而华北（除北京、天津外）、华中、东北、地区城镇化的增长率将同时增长1.25%，这主要是因为粮食主产区主要分布在华东、华中、东北、华北（除北京、天津外）地区，所以设置这种情景是为了判断随着粮食主产区城镇化程度的不断提高，对各省区粮食供求均衡格局的影响情况。

本研究在设置的第一种情景方案中特别考虑了中国各地区城镇化率的不同变化情形，以具体模拟在不同的情景假设下（如表 7.1）中国国内各省区粮食生产和需求对城镇化率所引起的耕地资源减少的情景影响反应。

表 7.1　CWARMEM 模型模拟的第一种情景方案的不同情景假设

第一种情景方案模拟假设	基准情景方案	区域情景方案一	区域情景方案二
• 各地区城镇化率的增长率均为 1.25%	√		
• 经济发达省市城镇化率的增长率为 1.25%		√	
• 经济落后省区城镇化率的增长率为 1.25%			√
• 其他外生变量均同其在基准方案中的设置	√		

资料来源：笔者整理。

二　水资源情景影响机理与方案设计

（一）情景影响机理

除了耕地资源以外，水资源也是粮食生产不可替代的基本要素。就中国的国情来讲，尽管中国水资源总量丰富，但特殊的地理气候条件决定了中国水资源时空分布不均、水土资源与生产力布局不相匹配，干旱缺水、洪涝灾害、水体污染和水土流失等水资源问题将是中国必须长期面对的严峻挑战。这严重影响着中国现有耕地资源的充分、合理和有效利用，制约了中国粮食生产能力的提高，不利于中国的粮食安全。

尤其值得关注的是，就水资源的时空分布来看，中国水资源在空间分布上是“南多北少，东多西少”，而中国的华北、西北又拥有大量的耕地资源，但因缺水而严重影响了这些地区的粮食生产能力。因此，保障粮食生产的水利灌溉对于农业生产和粮食安全保障就显得尤为重要。本书图 4.3 显示了中国自 1952 年以来有效灌溉面积占耕地面积的比例与粮食产量所呈现出的显著正相关关系，这进一步表明有效灌溉面积的增加一直是保障中国粮食安全生产的重要途径。2007 年全国平均有效灌溉面积已经占到耕地总面积的 48.6%，但从区域角度来看，这一指标差异较大，如东部地区的浙江、上海、福建、江苏等省市的有效灌溉面积已经占到了耕地总面积的 70% 左右，但是西部地区的甘肃、四川、陕西以及东北三省该比重均在 20%—25% 左右，因此在模拟分析的过程中还应关注区域分布不均的问题。

设置该种情景的主要目的在于判断农业用水的供给情况对粮食供求均衡格局变动的影响效应，又因为灌溉面积的发展及其供水保证是中国粮食安全的主要影响因素，所以本研究重点选取有效灌溉面积作为判断农业及粮食生产用水供给变化的衡量指标。

本研究的第二种情景方案——有效灌溉面积变化对粮食供求均衡的影响主要通过以下逻辑途径实现：由于中国在经济社会迅速发展的进程中，水资源粗放利用，人为污染严重，加上农村水利工程长期失修，效率下降，导致工农业争水现象严重，尤其在一些缺水区域，农业用水供给能力较弱，这使得粮食生产的缺水问题较为突出。中国对水资源的开发利用程度很低，且浪费比较严重。有关资料显示，全国地表水的开发利用率仅为总水量的 15.9%，灌溉水有效利用率不足 40%，远低于欧洲等发达国家 70%—80% 的水平。增加水利工程投入，逐年提高有效灌溉面积占耕地面积的比重是解决国内粮食生产尤其是缺水区域水资源供给问题的一个重要途径，这主要是因为粮食生产受旱灾和水灾的影响最为严重，有效灌溉面积的增加可以提高农业抗灾、减灾能力。这表明在播种面积不变的情况下，有效灌溉面积的增加有利于粮食生产过程中降低自然灾害风险，使得单产提高，进而提高耕地和农田的粮食产出能力。

（二）情景方案设计

基于水资源对中国粮食生产的重要性，本研究在气候条件和自然灾害条件不变的假设前提下重点考虑有效灌溉面积对粮食生产的重要影响作用。因此本书设立了第二个情景模拟方案：有效灌溉面积占耕地面积比重的变化导致粮食生产水资源利用率增加的情景方案。此模拟方案分别模拟三种不同的情形：（1）依据基期 2004—2006 年中国平均有效灌溉面积占耕地面积比重的实际增长率，假定国内各地区有效灌溉面积增长比率均为 0.4%，该方案为本模拟情景的基准方案；（2）华中、华东和华南地区以及华北和东北地区的有效灌溉面积占耕地面积比重不变（为基期的平均值），而西北和西南地区将同时增长 0.4%；（3）华中、华东和华南地区以及西北和西南地区的有效灌溉面积占耕地面积比重不变（为基期的平均值），而华北和东北地区将同时增长 0.4%。

该情景模拟方案的设立是为了反映随着中国对农业基础设施尤其是水利基础设施投资的不断增加以及不同的区域情景方案设计对中国粮食供求区域均衡格局的影响情况。同时考虑到中国水资源分布的时空不均匀特征，为了区别不同区域有效灌溉面积变动对粮食供求均衡格局的影响，本研究设置的第二种情景方案特别考虑了区域水资源的差异性（见表 7.2）。

表 7.2 CWARMEM 模型模拟的第二种情景方案的不同情景假设

第二种情景方案模拟假设	基准情景方案	区域情景方案一	区域情景方案二
• 各地区有效灌溉面积增长率均为 0.4%	√		
• 水资源丰富省区有效灌溉面积增长率为 0.4%		√	
• 干旱省区有效灌溉面积增长率为 0.4%			√
• 其他外生变量均同其在基准方案中的设置	√	√	√

资料来源：笔者整理。

三 农业科技进步情景影响机理与方案设计

（一）情景影响机理

在播种面积稳定或者不断减少的情况下，若要增加粮食总生产量，显然需要提高单产，而单产的不断提高主要取决于农业科技进步。关于农业科技进步在中国粮食生产增长中的贡献程度，国内外学者早在 20 世纪 90 年代就做过研究，如黄季焜就指出，自新中国成立以来中国粮食产量不断迈上新的台阶，其中技术进步的贡献率达到 48% 甚至超过 100%（Fan，1991；黄季焜，1995）。特别是近十年来，中国粮食单产连续刷新历史纪录，单产提高成为总产增加的主要因素。农业科技进步是中国过去和现在粮食增长的原动力，也是中国未来粮食生产增长的最大推动力。

本书主要采用了农业科技投入和农业科技推广人数两个变量来表示农业科技进步对粮食单产的影响效应（见第五章式 5.6）。选择这两个变量的主要依据是，根据历史数据统计，近几年来，中国农业科研投入和农业科技成果推广比重不仅明显低于美国等发达国家，也低于一些发展中国家。中国每年取得大约 6000 项农业科技成果，近 2/3 滞留在实验室或试验田里，农业科技推广人员的增加是十分必要的（农业部，2007）。因此采用这两个变量的不同变化情况来模拟分析对粮食总产变化的影响。

设置该种情景的主要目的是判断在不同的农业科技进步水平情况下粮食单产的变动对中国粮食供求均衡格局的影响情况。同时，鉴于中国农业科技进步的瓶颈在于财政投入不足，科技成果推广受限，本模型的研究主要选取了农业科技投入和农业科技推广人数两个变量来表示农业科技进步对粮食单产的影响效应。

本研究的第三种情景方案——农业科技进步水平变化对粮食供求均衡的影响主要通过以下逻辑途径实现：中国粮食增产由过去主要依靠扩大面积，转向稳定面积，而主要依靠科技进步、提高单产的方式，科学技术是推动粮食生产和农业发展的强大动力（杜青林，2006）。相关学者的研究表明，科技进步在中国粮食单产增长中的贡献率为 48%，但发达国家一般在 60%—80%。由此可以看出，随着中国农业科技的进步，粮食单产的增产潜力还很大。袁隆平等一些粮食科研专家的研究也都表明，中国粮食作物的一些品种，其单产还有约 1 倍的增长潜力；同时，中国化肥、农药利用率以及微生物农业、精准农业、基因工程等新技术的推广应用均落后于发达国家。基于发达国家农业科技进步对粮食增产的贡献经验，可以预见，如果中国加大农业科研投入，开展技术攻关，改良品种，加强农业新技术的推广与应用，则有可能在粮食播种面积基本不变或略有减少的情况下，实现粮食总量增产，提高粮食综合生产能力。

（二）情景方案设计

基于科技进步对中国粮食单产提高和粮食总供给的重要性，本研究设立了第三个情景模拟方案：农业科技进步对粮食总生产影响的情景方案。此模拟方案分别模拟三种不同的情形：（1）以 2004—2006 年[①]农业科技投入和农业科技推广人数年均增长率为基准方案，其增长率分别为 8% 和 0.6%；（2）低增长率方案中两个变量的数据为 6% 和 0.4%；（3）高增长率方案中两个变量的数据分别为 10% 和 0.8%。该情景模拟方案的设立是为了反映在不同的农业科技进步组合情景下中国粮食供求格局的变动情况。

为此，本研究设置了中、高、低三种不同的农业科技投入与农业科技推广人员年均增长率方案组合，试图通过比较这三种不同的农业科技进步水平来分析其对粮食供求均衡格局的最终影响情况。

需要注意的是，农业科技进步在带来粮食作物单产提高的同时，对粮食种子的需求量也会产生一定的影响。比如，可能会使每亩粮食产品的种子消费量减少，因此，在考虑这种情景方案时，本研究假设农业科技进步会对粮食种子消费量起到负方向的影响作用。

表 7.3　CWARMEM 模型模拟的第三种情景方案的不同情景假设

第三种情景方案模拟假设	基准情景方案	低增长率情景方案	高增长率情景方案
• 农业科技投入年均增长率为 8%	√		
• 农业科技推广人员年均增长率为 0.6%	√		

① 之所以选择基期的原因是，从 1978—2006 年近三十年的农业科技投入和农业科技推广人员变化率来看，1978—1996 年两者的年增长率约为 4% 和 0.5%（1996 年全国第一次农业普查数据），但 1997—2006 年十年间年增长率约为 12% 和 0.8%，2000—2006 年间两者的年增长率约为 11% 和 0.7%，因此采用基期（2004—2006）的数据作为基准方案数据可能更为接近实际增长率。

续表

第三种情景方案模拟假设	基准情景方案	低增长率情景方案	高增长率域情景方案
• 农业科技投入年均增长率为 6%		√	
• 农业科技推广人员年均增长率为 0.4%		√	
• 农业科技投入年均增长率为 10%			√
• 农业科技推广人员年均增长率为 0.8%			√
• 其他外生变量均同其在基准方案中的设置	√	√	√

资料来源：笔者整理。

四　人口自然增长情景影响机理与方案设计

（一）影响机理

2006 年年末，中国人口已经达到了 13.14 亿，其中城镇和农村人口分别为 5.77 亿和 7.37 亿。尽管从人口增长率相对速度来看，中国人口增长速度不断放缓，但是从绝对值来看，中国人口仍然在不断增加，国内外机构和学者采用不同的预测方法一般认为，中国人口增长的峰值将达到 14 亿至 15 亿的水平（世界银行，1991；联合国人口研究机构，2004；国家人口发展战略课题组，蔡昉等，2006；国家人口计生委，2007），一般预测产生峰值的年份为 2030 年以后。由此可见，在未来的 20 年内，中国人口仍然会持续增加，即国家整体的人口自然增长率仍然为正值。同时人口的自然增长不仅是中国粮食需求量不断增加的主要推动力（黄季焜，2004；封志明，2007），也是决定粮食供求均衡的主要因素之一。

设置该种情景的主要目的在于判断在不同的人口自然增长率下粮食消费需求总量变动情况。考虑到城乡人口不同的粮食消费需求结构特征，本书在模拟此种情景方案的过程中，结合不同的城镇化程度来研究不同的城乡人口增长变动结构对粮食消费需求变动的影响效应。

本研究的第四种情景方案——人口自然增长变化对粮食供求均衡的影响主要通过以下逻辑途径实现：国家粮食需求总量是由人口总量和人均粮食需求量两方面决定的。人口总量的不断增长以及城乡结构的变动使城乡人口的增长会有所不同，而城乡人口人均粮食直接消费和间接消费需求量均会因此而不同，这也将引起粮食消费需求总量的变动。同时各地区人口增长速度与城镇化进程的增长率均不同，会导致不同地区的城乡人口变动情况的不同。不同的城乡人均粮食消费结构特征，会导致不同的地区粮食供求均衡格局。

（二）情景方案设计

由于人口增长受总人口年龄结构、性别比例、出生率和死亡率等众多因素的影响，对人口增长的预测比较复杂。不同的人口增长预测结果又会对粮食需求预测产生较大的偏差。在对中国粮食消费的不同预测研究中，人口增长率预测的偏误是导致粮食供求预测量与实际值出现巨大差异的主要原因之一（Fan，1997）。

这表明不同的人口增长速度对粮食供求均衡的预测结果会产生一定的影响。中国人口发展的内在机制与政策决定了人口的自然增长变化具有一定的规律性和稳定性，那么应该可以根据国家人口发展模型来预测未来人口的发展规模（封志明，2007）。因此，本研究在设置人口自然增长情景方案时，就是按照国家人口发展战略研究模型中的预测结果，其中各省区基准方案的人口增长率根据1990—2006年年均人口自然增长率变动率的实际数据得到，一般为－0.02‰—0.10‰之间。

因此，在不考虑影响城乡粮食需求的其他因素如城乡人均可支配收入变动对人均粮食消费量影响的情况下，本书设置了第四种情景模拟方案：城乡人口自然增长对粮食需求影响的情景方案。为了考虑不同城镇化率所起到的影响，结合情景方案中设置的人口自然增长率，本书同时设置了中、高、低三种不同的城镇化率年均增长率方案组合，试图通过比较在这三种不同的城镇化率情景下人口自然增长对各地区粮食供求均衡格局的最终影响情况（如表 7.4 所示）。

表 7.4　CWARMEM 模型模拟的第四种情景方案的不同情景假设

第四种情景方案模拟假设	基准情景方案	低增长率情景方案	高增长率情景方案
• 各地区基准方案年均人口自然增长率	√	√	√
• 各地区城镇化率年均增长率为 1.25%	√		
• 各地区城镇化率年均增长率为 1.05%		√	
• 各地区城镇化率年均增长率为 1.45%			√
• 其他外生变量均同其在基准方案中的设置	√	√	√

资料来源：笔者整理。

五　农村劳动力跨区域流动情景影响机理与方案设计

（一）情景影响机理

从本书第四章中对中国农村劳动力跨区域流动的现状分析可以看出：农村劳动力跨区域流出和流入省区较为集中。中国农村劳动力主要流出地集中在中西部地区，主要是安徽、河南、四川、湖北、湖南、江西等地；流入地则主要集中在东部沿海地带经济发达的各省市，北京、上海、广东、福建、浙江、江苏等。因此，本研究在这种情景方案中重点选择模拟上述 12 个农村劳动力主要流出和流入省市的粮食供求均衡情况。

设置该种情景的主要目的是研究中国在农业工业化和农村发展过程中，由于大量农村剩余劳动力跨区域流动而对主要劳动力流入和流出地区粮食供求均衡格局的影响情况。

本研究的第五种情景方案——农村劳动力跨区域流动对粮食供求均衡的影响主要通过以下逻辑途径实现：（1）劳动力向非农产业转移会对粮食生产（供给）产生影响。粮食主产区大量农村青壮年劳动力转移，会导致粮食生产投入下降，粮食生产率增长缓慢，因此可能导致粮食产量因农业生产机会成本上升而处于停滞甚至下降状况。所以，农村劳动力转移会影响粮食生产格局的变化。（2）农村劳动力的跨区域流动还增加了人口净迁入区域的粮食需求总量。流入省市的农民工粮食消费量往往高于从事农业劳动时（据估计，每一个农村人口向城市流动，大约会增加 65 公斤/年的粮食消费量），大幅度推动了这些区域粮食直接和间接消费水平的上升，从而可能会影响该区域粮食消费格局的变化。农村劳动力大量涌入城市，大部分是人力资源从不发达地区流向发达地区，且多是从经济落后区域、粮食主产区向经济发达地区、粮食主销区流动，因此，这将会加大主销区的粮食调入量，可能会加剧粮食供求区域性不平衡矛盾，并由此引发粮价上涨。

（二）情景方案设计

本研究设置了第五种情景模拟方案：农村劳动力的跨区域流动对粮食供求区域均衡格局影响的情景方案。重点选择了六个劳动力主要跨区域流出省区和六个流入省市，并设置了三种不同的劳动力跨区域转移变动率来比较分析该种情景方案下这些省市的粮食供求均衡格局变动情况。此模拟方案分别模拟三种不同的情形：（1）依据 2000—2006 年农村劳动力跨区域流动实际年均变动率设置 2007—2020 年的基准方案数据，即安徽、河南、四川、湖北、湖南、江西各省的跨区域流动劳动力 2020 年的数据与 2006 年相比其增长率分别为 6.06%、12.15%、11.81%、9.87%、8.56%、6.02%；北京、上海、广东、福建、浙江、江苏各省市的跨区域流动劳动力 2020 年的数据与 2006 年相比其增长率为 11.00%、10.39%、11.61%、10.31%、14.60%、12.31%。（2）低位增长率方案是在基准方案的基础上分别减少 1% 得到。（3）高位增长率方案是在基准方案的基础上分别增加 1% 得到。

需要说明的是，在设置的低增长率与高增长率方案中各主要区域的劳动力转移率均是相对于基准方案中实际数据变动情况，具体的数字仅为了判断和说明不同的农村劳动力跨区域流动程度对粮食主产区和主销区的供求均衡影响，毕竟对于劳动力转移的实际数据预测不是本研究的重点。

表 7.5　CWARMEM 模型模拟的第五种情景方案的不同情景假设　（%）

第五种情景方案模拟假设	基准情景方案	低增长率情景方案	高增长率情景方案
劳动力主要流出区域			
• 安徽劳动力跨区域转移变动率	6.06	5.06	7.06
• 河南劳动力跨区域转移变动率	12.15	11.15	12.15
• 四川劳动力跨区域转移变动率	11.81	10.81	12.81
• 湖北劳动力跨区域转移变动率	9.87	8.87	10.87
• 湖南劳动力跨区域转移变动率	8.56	7.56	9.56
• 江西劳动力跨区域转移变动率	6.02	5.02	7.02

续表

第五种情景方案模拟假设	基准情景方案	低增长率情景方案	高增长率情景方案
劳动力主要流入区域			
• 北京劳动力跨区域转移变动率	11.00	9.00	12.00
• 上海劳动力跨区域转移变动率	10.39	9.39	11.39
• 广东劳动力跨区域转移变动率	11.61	10.61	12.61
• 福建劳动力跨区域转移变动率	10.31	9.31	11.31
• 浙江劳动力跨区域转移变动率	14.60	13.60	15.60
• 江苏劳动力跨区域转移变动率	12.31	11.31	13.31

说明：在三种不同的情形中其他外生变量均同其在基准方案中的设置。

资料来源：笔者整理。

六　城乡居民收入变化情景影响机理与方案设计

（一）情景影响机理

根据本书 CWARMEM 模型的理论框架设计，影响城乡居民各种食品消费需求的变动因素除了各种食品自身消费者价格、交叉价格以外，还有就是城乡居民可支配收入因素。在本模型中，价格均作为内生变量来处理，因此本研究中的模型运算系统是通过收入弹性来表示收入的变化对粮食产品和畜产品消费的变动情况的，通过畜产品消费量的变化，再利用本研究中饲料粮转化方程式计算得到各种粮食产品饲料粮的消费需求变动情况。

因此，本书设置了第六种情景方案——城乡居民收入变动对粮食供求均衡的影响。其目的主要是分析和判断中国各地区粮食供求均衡格局变化对各地区城乡居民收入变化的反映情况。

该情景的影响效应通过以下逻辑途径实现：居民可支配收入的提高，一方面导致人均粮食直接消费量（口粮）的减少，另一方面导致人均畜产品消费的增加。对畜产品消费量的增加必然会导致对粮食间接消费量（饲料粮）的增长，这必将会引起整个粮食供求均衡状况的变化。这一变化表现在：当粮食供给得不到及时调整时，居民收入增加所导致的粮食间接消费需求量的增长必然导致粮食市场价格上升，从而引起粮食下一轮供给的增加，达到粮食市场新的均衡。

（二）情景方案设计

由于中国各地区经济发展水平存在较大差异，其城乡居民收入水平的差距也较大，且呈现出逐步扩大的趋势。从发展的角度看，随着中国国民经济持续快速增长，各地区城乡居民人均收入水平必将大幅度提高，但其收入增长的变动率差异较大。

为了更好地模拟分析不同区域不同收入增长水平对其粮食供求均衡状况的影响，本书设置了第六种情景模拟方案：城乡居民收入提高引起食品消费结构变化的情景方案。该情景方案模拟以下三种情形：（1）以 1995—2007 年中国居民人均实际收入增长率作为基准方案。该方案中全国各省市城镇和农村居民人均实际收入增长率分别为 9% 和 7%。这个方案的设立是为了反映在中国各地区经济继续保持增长，城乡居民人均收入水平不断提高，居民的粮食直接消费和间接消费均没有地区差异的情况下，中国粮食供求均衡状况的变化情况。（2）保持华中、华东和华南地区以及华北和东北地区城乡居民收入不变，西北和西南地区城镇和农村居民人均实际收入增长率分别为 9% 和 7%。这个方案的设立可以反映随着中国西部大开发政策进一步落实以及西部与东部和中部的收入差距如果能够进一步减小的情景下，对中国粮食供求区域均衡格局的影响情况。（3）保持华中、华东和华南地区以及西北和西南地区的有效灌溉面积占耕地面积比重不变（为基期的平均值），而华东和华南地区城镇和农村居民人均实际收入增长率分别为9%和7%。这个方案的设立主要是为了反映粮食主销区随着经济的持续快速发展，城乡居民收入的不断增长，对粮食的直接消费和间接消费均可能会不断提高，同时经济发展过程中所带来的工业化和城镇化又会影响粮食的供给能力。因此该方案可以反映在此情景下，中国粮食主销区粮食供求均衡格局的变动情况。

需要说明两点：(1) 城乡居民的收入变化和食物消费均具有不同的特征，因此在该种情景的模拟过程中本模型依然将城乡收入和城乡粮食消费分开处理；(2) 考虑到区域经济发展的不平衡，笔者设置了两种不同的区域情景方案来反映和比较不同地区城乡居民收入变动对粮食供求均衡格局的影响效应（如表7.6所示）。

表7.6 CWARMEM模型模拟的第六种情景方案的不同情景假设

第六种情景方案模拟假设	基准情景方案	区域情景方案一	区域情景方案二
• 各地区城镇居民人均收入年增长9%	√		
• 各地区农村居民人均收入年增长7%	√		
• 经济落后省区城镇居民人均收入年增长9%		√	
• 经济落后省区农村居民人均收入年增长7%		√	
• 经济发达省区城镇居民人均收入年增长9%			√
• 经济发达省区农村居民人均收入年增长7%			√
• 其他外生变量均同其在基准方案中的设置	√	√	√

资料来源：笔者整理。

七 生物乙醇燃料应用情景影响机理与方案设计

(一) 情景影响机理

日益增长的生物能源需求给世界粮食安全带来了潜在的威

胁。随着 2003 年年底世界部分国家粮食价格上扬以来，尤其是 2006 年开始的全球范围内发生的普遍性的食品价格上涨，生物质燃料的发展受到包括中国在内的许多国家的关注。大家普遍认为，国际能源价格上涨和生物质燃料发展是推动全球过去两年和中国食品价格上涨的根本原因（World Bank，2008）。这些因素不但增加了农产品的生产成本，而且拉动了用于生产生物质燃料的农作物及相关农产品如玉米等粮食作物的价格，同时更为重要的是通过加深农产品与能源市场的价格联动关系，许多食品价格随着石油价格上涨而上扬。

中国政府十分重视省区乙醇燃料耗用粮食对中国粮食安全的威胁，这其中的一个原因是，在中国，生物乙醇燃料主要是以粮食尤其是玉米和小麦为原料生产的。值得关注的是，尽管国家发改委在新的“十一五”规划中强调，发展生物乙醇燃料应重点推进“非粮”原料，推进第二代生物燃料乙醇的产业化发展，但在目前的情形下可以有两点基本判断：（1）在短期内，由于采用“非粮”如薯类、农作物秸秆等纤维素生物质为原料的生物乙醇燃料生产仍然处在试验阶段，在一定的时期内，玉米和小麦很可能仍然是生物乙醇燃料生产的主要原料；（2）从长远来看，当生物乙醇燃料生产的主要原料发生变化如采用薯类等农作物的时候，粮食工业消费结构可能会受到一定的影响。

为此，本书设置了第七种情景方案——生物乙醇燃料应用对粮食供求均衡的影响，以模拟分析和判断在不同政策方案下中国生物乙醇燃料应用对粮食供求均衡变动的影响情况。

该情景影响效应主要通过以下逻辑途径实现：在现阶段，粮食安全由于燃料乙醇等生物质能源的快速发展而再度受到人们的广泛关注。尤其是汽油等石化能源价格的趋高，刺激了许多国家以玉米、大豆等粮食产品为原料的生物乙醇燃料生产的快速发展。这导致粮食产品尤其是玉米、大豆等市场价格的上涨。其价格上涨又刺激了其他相关粮食产品和畜产品价格的上涨，进而引发大范围的食品价格上涨情景。因此生物乙醇燃料的应用可能会拉动粮食需求格局的变动，从而引起粮食下一轮供给的增加，形成粮食市场新的均衡。

（二）情景方案设计

从国家政策层面来看，随着国内石油需求的进一步增加，为了在不牺牲环境质量的条件下实现经济的持续增长，改变能源的生产和消费方式，以乙醇等替代能源为代表的国家能源多元化发展战略已成为国家能源政策的一个方向。但在耕地资源进一步减少的情况下，生物乙醇燃料的发展遇到了诸如“与人争粮”、“与粮争地”等质疑，对粮食安全的担忧又使中国在生物乙醇的发展上进退两难（张锦华等，2008）。基于此，本研究在设置该种情景方案时，重点考虑是否以粮食尤其是玉米为生物燃料乙醇的生产原料两种情景方案（如表 7.7 所示），以实证模拟在不同政策方案下中国生物乙醇燃料应用对粮食供求均衡格局的变动可能产生的影响程度。

因此，该种情景方案将以是否以主要粮食产品作为生物乙醇燃料生产原料来分别模拟以下两种情形：（1）假设至 2020 年，中国规划的生物乙醇燃料项目中玉米仍然是主要生产原料，将此方案作为基准方案。在此方案中，按照国家发改委出台的规划，在 2020 年，国内生物乙醇年利用量达到 1000 万吨。（2）假设在未来一段时期内，不采用玉米和小麦等主要粮食产品进行乙醇燃料生产，而是全部采用薯类、其他杂粮、甜菜和甘蔗等农产品，分析这种情景方案下粮食工业消费需求产品结构的变动情况。上述情景方案的设立可以对比分析是否耗用主要粮食产品来生产生物乙醇燃料对中国粮食整体安全和粮食供求均衡的影响。

表 7.7　CWARMEM 模型模拟的第七种情景方案的不同情景假设

第七种情景方案模拟假设	基准情景方案	对比情景方案
• 玉米为生物乙醇燃料主要原料	√	
• 玉米不作为生产原料，薯类为生物乙醇燃料生产原料		√
• 其他外生变量均同其在基准方案中的设置	√	√

说明："基准情景方案"表示的是假设在今后一段时期内，中国规划的生物乙醇燃料项目中玉米仍然是主要生产原料；"对比情景方案"表示的是假设在今后一段时期内，玉米将不作为中国生物乙醇燃料的主要生产原料。

资料来源：笔者整理。

八　国内粮食生产者补贴政策情景影响机理与方案设计

（一）情景影响机理

农民的粮食生产行为会受到国家粮食政策的影响。在粮食生产缺乏政府干预的情况下，理性的粮食生产者将追求预期单产、价格和成本三者所构成的预期生产收益最大化。经过近三十余年粮食政策市场化改革，尤其是 2001 年中国全面开放粮食市场的购销政策市场化改革，中国已基本形成了国内粮食市场区域一体化格局。随着 2004 年中央"一号文件"的出台，现阶段中国粮食生产者补贴政策主要包括粮食最低收购价政策、直接补贴粮食生产政策、粮食生产要素补贴政策（主要是良种补贴和大型农机具购置补贴）以及农田基础设施补贴政策。从近几年粮食生产的情况来看，国内粮食政策在一定程度上起到了促进粮食生产，保证粮食安全，提高农民收入的作用。因此，有必要对国内粮食生产者补贴政策的变动效应作进一步分析。

本研究设置的第八种情景方案——国内粮食生产者补贴政策变动对粮食供求均衡的影响主要通过以下逻辑途径实现：在中央“一号文件”发布连续五年之后，中国农业税以及农业特产税均已取消，且自 2004 年开始在部分省区所实施的粮食生产者补贴政策逐步完善。这些政策的实施增加了农民收入，提高了农民种粮的积极性，粮食播种面积不断增加，较好地遏制了此前五年粮食不断减产的势头，粮食生产得到逐步恢复。从经济学角度来看，良种补贴和大型农机具购置补贴以及农田基础设施补贴政策均可以使种粮农民的生产成本相对降低，或者是在成本不变的情况下，粮食产量得到增加；而粮食直接补贴政策则增加了农民的种粮收益。粮食供给增加，粮食生产者市场价格就会下降，这直接影响了粮食供求市场的均衡状况。

但是，不同地区的粮食直接补贴在享受补贴的粮食品种、补贴总额或补贴规模、补贴范围和对象限制、补贴方式以及补贴标准等方面有所不同。粮食生产者补贴中也存在粮食补贴方式不足的问题，尤其是从补贴情况来看（表 4.15），粮食主产区的生产补贴明显少于粮食主销区的生产者补贴，这在某种程度上会影响粮食主产区的粮食供给能力，因此本模型中所设置的粮食生产者补贴政策情景方案除了对比该种政策实施效应以外，还设置了粮食主产区粮食生产者补贴力度加大的区域情景方案，用以判断粮食主产区补贴力度的加大对中国整体以及主产区粮食供求均衡格局的影响。

（二）情景方案设计

在本模型的研究设计中，粮食生产者价格和消费者价格均为内生变量假设，而在收入支持政策方面，直接补贴政策的制定在于弥补粮食市场化过程中种粮农民的收益损失，从而稳定农民的收入。因此本研究重点模拟分析粮食的生产者补贴政策变动对中国粮食供求区域均衡的影响情况。

为了更好地反映国家粮食政策对中国粮食供求均衡格局的影响，本书设立第八种情景模拟方案：国内粮食补贴政策变化影响粮食供求均衡的情景方案。该方案分别从粮食补贴额度、粮食补贴方式两个角度通过设置三种不同的粮食补贴额度来考虑三种不同的情景：（1）以 2004 年每个地区每种粮食产品的直接补贴力度和补贴方式作为本研究的基准方案，其中具体每个省区的补贴标准参见本书第四章表 4.15。（2）对国内各个省区的粮食产品补贴作统一调整，均取消粮食生产者补贴政策。如此设立该方案，一方面是考虑到随着中国在 2006 年结束 WTO 五年过渡期之后，国内粮食市场必须全面开放，粮食市场贸易自由化程度会进一步提高；另一方面是国内庞大的补贴支出加大了政府的财政负担。因此设立此种极端方案可以对比分析取消粮食生产者补贴政策后的粮食供求均衡变化情况。（3）调整粮食补贴的品种结构和区域补贴范围，其重点是加大粮食主产区补贴力度。具体模拟按照本书表 6.9 中各省区不同粮食产品的优势布局来设置不同的生产者补贴，在各种粮食产品的主产区，粮食生产者补贴均提高 10%，与此同时，其他地区粮食生产者的补贴不变。这主要从全国各省粮食生产者补贴政策的实践来看，直接收入补贴大多与当期粮食播种面积相关，尤其是补贴标准和补贴方式未能很好地调动粮食主产区农民种粮的积极性。因此，设立该方案在于模拟分析不同补贴方式对国内粮食供求区域均衡格局的变动影响。

表 7.8　CWARMEM 模型模拟的第八种情景方案的不同情景假设

第八种情景方案模拟假设	基准情景方案	对比情景方案	区域情景方案
• 各地区粮食生产者补贴力度不变	√		
• 统一取消各地区粮食生产者补贴		√	
• 粮食主产区生产者补贴提高 10%			√
• 其他外生变量均同其在基准方案中的设置	√	√	√

资料来源：笔者整理。

九　人民币汇率变动情景影响机理与方案设计

（一）情景影响机理

对中国农产品来讲，人民币升值过快会导致出口减少，进口增加，尤其是农产品进口的增加，对中国的农村经济乃至整个国民经济都将带来巨大的负面影响（林毅夫，2008）。尤其是中国粮食产品价格大都高于发达国家，国际竞争力较弱，因此汇率对粮食产品国际贸易的杠杆作用就格外突出，人民币汇率的变动直接影响了粮食的进出口贸易（李小云等，2005）。人民币升值对粮食贸易的直接影响表现在：粮食出口价格相对上升，使得国内农产品出口量下降，进口量增加；其间接影响表现在：改变了国内粮食供需均衡格局，影响了国内粮食的价格和播种面积，使中国农业经济和农民的福利受到损失。

为了更好地反映人民币汇率变动对中国粮食进出口贸易的影响，结合中国各区域粮食供求均衡的整体情况，利用本书第四章所构建的 CWARMEM 模型中价格转移模块，设立本研究的第九种情景模拟方案。

（二）情景方案设计

该方案包含以下三种具体模拟情形：（1）将目前汇率数据

作为基准方案的汇率数据，即该种情形为人民币汇率不变方案，目前人民币对美元名义汇率为 1∶6.86。设立该情景模拟方案中的基准情景，是为了对比后面的汇率变动情景。（2）根据目前人民币对美元名义汇率变动的趋势，可知人民币在不断升值，因此设立的第二种方案为高变动率方案，即假设人民币对美元名义汇率在基准方案的基础上年均递增 4%。（3）考虑到目前人民币对美元升值的幅度和速度两个指标在不断减缓，因此设立的第三种方案为低变动率方案，即假设人民币对美元名义汇率在基准方案的基础上年均递增 2%。

表 7.9 CWARMEM 模型模拟的第九种情景方案的不同情景假设

第九种情景方案模拟假设	基准情景方案	低增长率情景方案	高增长率情景方案
• 人民币兑美元汇率保持基期状态不变	√		
• 人民币兑美元汇率年均增长率为 2%		√	
• 人民币对美元汇率年均增长率为 4%			√
• 其他外生变量均同其在基准方案中的设置	√	√	√

资料来源：笔者整理。

第二节 CWARMEM 模型情景方案模拟结果及分析

本章主要以 2004—2006 年均值为基期，以本章第一节中设计的各种情景方案为依据，基于本模型中第六章各种外生参数的处理结果，利用本书第五章构建的 CWARMEM 模型进行实证模拟，并对各种情景模拟方案中不同的模拟结果进行比较和分析。

为了重点研究某一情景条件下的模拟结果，在后面的各种情景方案模拟过程中，首先对下面模拟结果的前提条件说明如下：

1. 在模拟各种影响粮食供求均衡的因素时，如果仅模拟国内市场的情景方案，那么将假设国际市场条件保持不变。

2. 在模拟某一种情景方案的同时，本模型所涉及的其他影响粮食供求均衡的外生变量均以其在基准方案中的设置情景为主要参照结果。

3. 本模型中所设置的影响粮食生产的自然生产风险因素，在情景方案中重点考虑有效灌溉面积的变动情景，假设气候、自然灾害条件所导致的降水量、成灾面积两个外生变量保持不变。

4. 本模型所涉及的粮食消费需求均指原粮，不涉及原粮的折算率，这是为了保持生产和消费产品的统一性，便于在供求均衡表中对产需结果作出比较。

5. 本模型所涉及的生产者价格和消费者价格以及世界价格均为模型的内生变量。

6. 在不同的情景下，本模型的模拟结果包含了模型中所涉及的所有地区和所有产品的播种面积、单产、产量、各种消费量、价格等信息，但是鉴于各种情景模拟分析的研究重点和目的，在每种情景方案下仅列出各种情景下显著影响变量的变动情况和粮食供求均衡变动情况，以便于分析和判断。

7. 由于本研究中的粮食除了包含稻谷、小麦、玉米、大豆外，还包括薯类和其他杂粮，这与已有的相关研究仅包含稻谷、小麦和玉米三种粮食产品的范围有所不同，因此得到的相关结果所包含的产品范围会更大一些。

8. 除了在本章中考虑农村劳动力跨区域流动的影响外，其他八种情景下的粮食供求总量变化中均不考虑此种假设。

一　耕地资源情景方案模拟结果及分析

表 7.10 展示了 CWARMEM 模型在工业化和城镇化所带来的耕地资源不断变化的情景下模拟 2010 年和 2020 年全国稻谷、小麦、玉米、大豆、薯类和其他杂粮六种粮食播种面积与供求产量变化预测结果。为反映预测结果与实际的变动情况，表 7.10 中同时也列出了本模型基期（2004—2006 年均值）的实际数据。

（一）粮食播种面积变化

1996 年中国耕地面积为 1.30 亿公顷（19.51 亿亩），2007 年为 1.22 亿公顷（18.26 亿亩），1996—2007 年耕地面积年均下降 0.6%；而粮食播种总面积在 1996 年为 1.12 亿公顷（16.89 亿亩），2003 年降至 0.99 亿公顷（14.91 亿亩）。随着 2004 年一系列支农惠农政策出台以来，粮食播种面积有所回升，2007 年粮食播种面积已恢复到 1.06 亿公顷（15.91 亿亩），但仍然比 1996 年减少了 9800 万亩。耕地面积的减少在一定程度上是工业化和城镇化发展的结果。这表明受到工业化和城镇化过程中耕地不断减少的影响，土地机会成本不断上升，而由于粮食比较收益较低，中国粮食播种面积在总体上会呈现逐年下降的趋势。

表 7.10　耕地资源情景方案下全国粮食播种面积及供求总量变化结果

		稻谷	小麦	玉米	大豆	薯类	杂粮	粮食
基期实际（2004—2006 年）	播种面积	28.8	22.5	26.3	12.5	11.6	7.1	108.8
	生产量	180.7	98.0	138.4	16.6	34.8	15.2	483.7
	消费量	191.4	115.0	136.5	26.0	15.9	11.2	496.0
	产销余缺	-10.7	-17.1	1.9	-9.5	18.9	4.1	-12.4

续表

			稻谷	小麦	玉米	大豆	薯类	杂粮	粮食
基准方案	2010 年	播种面积	26.2	16.6	32.2	17.7	10.4	2.6	105.7
		生产量	186.8	102.3	145.3	17.3	38.8	11.7	502.1
		消费量	194.1	110.2	151.6	21.2	18.7	16.7	512.6
		产销余缺	-7.3	-7.9	-6.3	-4.0	20.0	-5.1	-10.5
	2020 年	播种面积	25.9	16.4	31.8	17.5	10.2	2.6	104.4
		生产量	252.0	137.6	186.1	22.5	47.3	14.2	659.7
		消费量	250.6	143.2	181.7	26.3	18.6	21.8	642.2
		产销余缺	1.4	-5.6	4.4	-3.7	28.7	-7.6	17.6
区域情景 1	2010 年	播种面积	26.5	19.4	27.0	14.1	8.7	3.2	98.9
		生产量	189.1	103.6	147.1	17.5	39.3	11.8	508.4
		消费量	196.6	111.5	153.5	21.5	19.0	16.9	519.0
		产销余缺	-7.4	-8.0	-6.4	-4.0	20.3	-5.1	-10.6
	2020 年	播种面积	25.6	16.2	31.4	17.2	8.1	2.6	101.1
		生产量	255.1	139.3	188.5	22.8	47.9	14.4	668.0
		消费量	253.7	145.0	184.0	26.6	18.8	22.1	650.2
		产销余缺	1.4	-5.7	4.5	-3.7	29.1	-7.7	17.8
区域情景 2	2010 年	播种面积	25.9	16.4	31.8	17.5	10.2	2.6	104.4
		生产量	184.4	101.0	143.5	17.1	38.3	11.5	495.8
		消费量	191.7	108.8	149.7	21.0	18.5	16.5	506.2
		产销余缺	-7.3	-7.8	-6.2	-3.9	19.8	-5.0	-10.4
	2020 年	播种面积	25.3	16.0	31.0	17.0	8.6	2.5	100.5
		生产量	248.8	135.9	183.8	22.3	46.7	14.0	651.5
		消费量	247.4	141.4	179.4	25.9	18.4	21.5	634.1
		产销余缺	1.4	-5.5	4.4	-3.7	28.3	-7.5	17.4

说明：(1) 播种面积单位为百万公顷；生产量、消费量和产销余缺量单位为百万吨；(2) 这里的粮食指的是本研究所涉及的六种粮食合计。

资料来源：笔者根据 CWARMEM 模型模拟结果与模型基础数据库资料整理。

基于模型模拟结果，预计在本情景中“基准方案”下稻谷、小麦、玉米、大豆、薯类和其他杂粮的总播种面积将从基期的 1.09 亿公顷分别减少到 2010 年的 1.05 亿公顷和 2020 年的 1.03 亿公顷。从分品种的角度来看，玉米和大豆的播种面积则从基期的 2630 万公顷、1250 万公顷分别增加到 2010 年的 3220 万公顷和 1770 万公顷，但 2020 年与 2010 年相比较则分别减少至 3180 万公顷和 1750 万公顷；稻谷、小麦、薯类和其他杂粮的播种面积在 2010 年和 2020 年均比基期的播种面积有所减少，其中其他杂粮的播种面积减少速度最大。这表明，如果国内各省区城镇化率按照统一的基期增长率，那么在耕地资源不断减少的情景下，粮食总体播种面积会不断减少，但幅度不会太大，玉米和大豆的播种面积会出现先增加后减少的情形。

不同粮食生产区域的城镇化发展速度影响了粮食总体播种面积的变动。预计在“区域情景 1”方案下，在模拟过程中由于模型设置了经济相对较为发达的省区城镇化发展程度更为迅速，因此粮食在 2010 年和 2020 年的播种面积比基准方案减少至 9890 万公顷和 1.01 亿公顷。据此可以认为，随着较为发达的省区城镇化程度的不断提高，这些省区的粮食播种面积总体上会呈现不断下降的趋势，但由于政府对耕地资源底线的约束，在一定时期内，这些省区耕地减少的趋势会有所减少，其粮食播种面积会比前期有所增加。但与基准方案相比较，经济发达省区城镇化进程所带来的耕地资源减少，会影响中国整体粮食播种面积的减少速度。在“区域情景 2”方案下，设置的是粮食主产区省份城镇化发展程度的提高对中国整体粮食播种面积的影响效应。结果显示，粮食在 2010 年和 2020 年的播种面积比基准方案分别减少至 1.03 亿公顷和 1.00 亿公顷，与“区域情景 1”方案相比较，其粮食播种面积的减少程度更大。而且在一些中部地区如湖南和湖北两省，随着中部经济的崛起和发展，这两个省份的粮食播种面积近年来已呈现出稳中有降的局面。因此可以预见，在长期趋势下，随着粮食主产区经济发展速度的加快，尤其是工业化和城镇化进程的不断推进，这些省份的粮食播种面积的减少可能会带来中国整体粮食播种面积的大幅度减少。

（二）粮食供求总量变化

在经历了自2004年以来连续增产以后，2007年中国粮食总产量已由2002年的3.86亿吨增加到5.02亿吨，其中稻谷、小麦和玉米三种粮食产量的产销余缺已由2002年的3850万吨下降至1100万吨。这表明由于粮食连续四年增产，且国家粮食库存保持较高水平，粮食产销不足的矛盾得到一定程度的缓解（国家统计局，2008）。

基于模型模拟结果，预计在“基准方案”下稻谷、小麦、玉米、大豆、薯类和其他杂粮的总产量将从基期的4.84亿吨分别提高到2010年的5.05亿吨和6.59亿吨，同时总需求量将分别达到5.12亿吨和6.42亿吨，产需缺口在基期实际的基础上有所减小。这表明在耕地资源不断减少的“基准方案”下，尽管粮食总体播种面积会不断减少，但幅度不会太大，因此对粮食的总产量的增长影响不大。在该方案下，中国粮食产需不足的矛盾会进一步得到缓解。其中，从分品种的角度来看，至2010年，稻谷和小麦的产需缺口分别减少至730万吨和790万吨，但玉米和大豆以及其他杂粮的产需缺口在不断增大，分别增至630万吨、400万吨和510万吨，这主要是因为这三种产品的工业消费量在不断增加。至2020年，除小麦、大豆和其他杂粮以外，其他三种粮食产品的产需矛盾可能会得到一定程度的缓解。

但从长期发展趋势来看，CWARMEM模型对不同粮食生产区域城镇化发展速度所设置的方案模拟结果表明，由于粮食主产区播种面积减少的速度小于经济发达省区，尤其是这些地区大都为粮食主销区域，在“区域情景 2”方案中，中国粮食产量增加的幅度均小于“区域情景 1”方案中的粮食产量增加幅度。这也与前面播种面积的变化相关，粮食主产区工业化和城镇化程度的不断提高，对中国整体粮食产量的增加影响较大。

综合上述情景下的模拟结果表明：在中国工业化和城镇化持续发展的过程中，粮食播种面积减少的趋势不可逆转，依靠粮食播种面积的扩大来增加粮食总产量已不现实，在粮食消费需求增长速度大于产量增加的情况下，通过保护耕地，尤其是保护具有粮食增产潜力的西部地区和粮食主产区中部地区的耕地是保证中国粮食供求均衡，避免中国粮食供求产需缺口过大的基础。因为从长期来看，中西部地区经济持续增长的趋势不可避免，工业化和城镇化程度也在不断提高，若这些均以不断减少耕地为代价的话，将很可能导致粮食播种面积的持续大幅度减少，这对中国未来整体的粮食安全埋下了隐患。

二　水资源情景方案模拟结果及分析

粮食单产对粮食总产量的贡献率日益增大，尤其是在耕地面积不断减少，粮食播种面积不可能大幅度增加的情况下，单产的提高是粮食总产量持续增加的主要动因。而农业水利设施不断完善所带来的有效灌溉面积增加是粮食生产用水资源的保证，因此 CWARMEM 模型模拟了农业基础设施尤其是水利基础设施投资不断增加所带来的有效灌溉面积增加以及不同的区域情景方案设计对中国粮食供求区域均衡格局的影响情况。

表 7.11 展示了粮食生产水资源利用增加情景下 CWARMEM 模型对 2010 年和 2020 年全国稻谷、小麦、玉米、大豆、薯类和其他杂粮六种粮食单产和供求产量变化预测结果。为反映预测结果与实际的变动情况，表 7.11 同时也列出了本模型基期

（2004—2006 年均值）的实际单产和供求产量数据。

（一）粮食单产变化

2007 年中国粮食平均单产为 4752 公斤/公顷，比 1978 年的 2527 公斤/公顷增长了 88%。尤其是 2003 年以后，耕地的递减使得粮食播种面积稳中有降，粮食产量的小幅增长主要来自粮食单产不断增加的贡献。因此从长期趋势来看，粮食单产总体仍然会呈上升趋势，单产提高是粮食产量增加的主要途径。

表 7.11 水资源情景方案下全国粮食单产及供求总量变化结果

			稻谷	小麦	玉米	大豆	薯类	杂粮	粮食
基期实际（2004—2006 年）		单产	6.3	4.4	5.3	1.3	3.0	2.1	4.4
		生产量	180.7	98.0	138.4	16.6	34.8	15.2	483.7
		消费量	191.4	115.0	136.5	26.0	15.9	11.2	496.0
		产销余缺	-10.7	-17.1	1.9	-9.5	18.9	4.1	-12.4
基准方案	2010 年	单产	6.3	4.8	6.5	1.8	3.5	2.8	4.6
		生产量	189.1	103.6	147.1	17.5	39.3	11.8	508.4
		消费量	202.8	115.1	158.4	22.2	19.6	17.5	535.5
		产销余缺	-13.7	-11.5	-11.3	-4.7	19.7	-5.7	-27.1
	2020 年	单产	6.9	5.7	9.3	2.5	3.6	2.9	5.1
		生产量	255.1	139.3	188.5	22.8	47.9	14.4	668.0
		消费量	261.8	149.6	189.8	27.4	19.4	22.8	670.9
		产销余缺	-6.7	-10.3	-1.3	-4.6	28.5	-8.4	-2.9
区域情景 1	2010 年	单产	6.4	4.6	6.3	1.8	3.4	2.6	4.6
		生产量	184.4	101.0	143.5	17.1	38.3	11.5	495.8
		消费量	194.2	110.2	151.7	21.2	18.7	16.7	512.8
		产销余缺	-9.8	-9.2	-8.2	-4.2	19.6	-5.2	-17.0
	2020 年	单产	7.0	5.4	8.9	2.5	3.5	2.8	5.1
		生产量	248.8	135.9	183.8	22.3	46.7	14.0	651.5
		消费量	250.7	143.3	181.8	26.3	18.6	21.8	642.5
		产销余缺	-1.9	-7.4	2.0	-4.0	28.1	-7.8	9.0

续表

			稻谷	小麦	玉米	大豆	薯类	杂粮	粮食
区域情景 2	2010 年	单产	6.6	4.8	6.5	1.8	3.4	2.7	4.8
		生产量	186.8	102.3	145.3	17.3	38.8	10.9	501.3
		消费量	195.0	110.7	152.3	21.3	18.8	16.8	514.9
		产销余缺	-8.2	-8.4	-7.0	-4.1	20.0	-5.1	-12.8
	2020 年	单产	7.3	5.7	9.3	2.6	3.5	2.8	5.4
		生产量	252.0	137.6	186.1	22.5	42.3	14.2	654.7
		消费量	251.7	143.9	182.5	26.4	18.7	21.9	645.0
		产销余缺	0.3	-6.3	3.6	-3.8	28.6	-7.7	14.7

说明：(1) 单产单位为吨/公顷；生产量、消费量和产销余缺量单位为百万吨；(2) 这里的粮食指的是本研究所涉及的六种粮食合计。

资料来源：笔者根据 CWARMEM 模型模拟结果与模型基础数据库资料整理。

基于 CWARMEM 模型模拟结果，预计在本情景“基准方案”下稻谷、小麦、玉米、大豆、薯类和其他杂粮六种粮食平均单产将从基期的 4.4 吨/公顷分别增至 2010 年的 4.7 吨/公顷和 2020 年的 5.1 吨/公顷。从分品种角度来看，在六种粮食产品中，玉米和大豆的单产增长速度最快，分别从基期的 5.3 吨/公顷、1.3 吨/公顷增加到 2010 年的 6.3 吨/公顷和 1.8 吨/公顷，且 2020 年可分别达到 6.9 吨/公顷和 2.5 吨/公顷；而稻谷、小麦、薯类和其他杂粮的增长速度相对缓慢。

值得注意的是，不同粮食生产区域的有效灌溉面积的增长影响了粮食单产的变动。在“区域情景 1”方案下，模型在模拟过程中假设仅水资源相对较为丰富的东部和南方省区增加灌溉面积。预计在该方案下，粮食平均单产在 2010 年和 2020 年的播种面积比基准方案将增加至 4.6 吨/公顷和 5.1 吨/公顷。根据这个预测结果，随着东部省区农业水利设施的不断完善，有效灌溉面积的增加有利于这些省区粮食单产的不断提高，从而会影响中国整体的粮食单产增长情况。

在“区域情景 2”方案下，假设相对于干旱缺水的西部和北方省区增加灌溉面积。预计在该方案下，粮食平均单产在 2010 年和 2020 年将增加至 4.8 吨/公顷和 5.4 吨/公顷，比基准方案分别增加了 100 公斤/公顷和 300 公斤/公顷，且均高于“区域情景 1”方案下的粮食单产情况。这表明在不断增加西部地区水利设施投入的情况下，有效灌溉面积的增加有利于粮食生产供水的保证，从而比增加水资源丰富的东部地区的有效灌溉面积更能增加中国整体的粮食单产。尤其从分品种的情况来看，在干旱区域水资源能得到有效保证的情况下，稻谷、小麦和玉米的单产分别提高至 2010 年的 6.6 吨/公顷、4.8 吨/公顷和 6.5 吨/公顷，2020 年的 7.3 吨/公顷、5.7 吨/公顷和 9.3 吨/公顷。这表明在相对缺水的西部和北方如增加有效灌溉面积，其粮食增产还具有相当的潜力。

（二）粮食供求总量变化

基于 CWARMEM 模型本情景下的模拟结果，预计在“基准方案”下稻谷、小麦、玉米、大豆、薯类和其他杂粮的总产量将从基期的 4.84 亿吨分别提高到 2010 年的 5.01 亿吨和 2020 年的 6.54 亿吨，同时总需求量将分别达到 5.15 亿吨和 6.45 亿吨，显示出产量增长速度低于需求增长速度，因此产需缺口在基期实际的基础上有所扩大。这表明在水资源情景的“基准方案”下，单产提高所导致的粮食总产量的增长不足以抵消不断上升的粮食需求量。从分品种角度来看，至 2010 年，稻谷、小麦和大豆的产需缺口分别减少至 2010 年 820 万吨、840 万吨和 410 万吨，但玉米以及其他杂粮的产需缺口不断增大，分别增至 2010 年的 700 万吨以及 510 万吨，这主要是因为这两种产品的工业消费量在不断增加；至 2020 年，除小麦、大豆和其他杂粮仍然存在

630 万吨、380 万吨和 770 万吨缺口以外，其他三种粮食产品的产需矛盾可能会得到一定程度的缓解。

但从长期的发展趋势来看，不同区域有效灌溉面积的不断增加可以在一定程度上弱化这种粮食供求矛盾。预计在“区域情景 2”方案中，2010 年和 2020 年粮食产量将分别达到 5.01 万吨和 6.54 万吨，产需缺口较基准方案和“区域情景 1”方案分别下降至 2010 年的 1280 万吨，且 2020 年粮食供给能够满足粮食消费需求，产需余缺为 1470 万吨。

综合上述情景下的模拟结果，可以认为，随着国家对西部地区农业投入和支持力度的不断加大，干旱区域的农业水利设施会得到不断完善，有效灌溉面积也会不断增加，这将有利于提高这些省区的粮食单产，从而开发和增加这些区域的粮食生产潜力，有利于中国整体粮食综合生产能力的不断提高，缓解国内粮食供求矛盾，保障国家的整体粮食安全。

三　农业科技进步情景方案模拟结果及分析

如前面章节所述，在播种面积稳定或者不断减少的情况下，若要增加粮食总产量，显然需要提高单产，而单产的不断提高主要取决于农业科技的进步。

表 7.12 展示了在不同农业科技进步增长率的情景下 CWARMEM 模型对 2010 年和 2020 年全国稻谷、小麦、玉米、大豆、薯类和其他杂粮六种粮食单产和供求产量变化的预测结果。为反映预测结果与实际情况的变动情况，表 7.12 同时列出了本模型基期（2004—2006 年均值）的实际单产和供求产量数据。

（一）粮食单产变化

基于 CWARMEM 模型模拟结果，预计在本情景中“基准方案”下稻谷、小麦、玉米、大豆、薯类和其他杂粮六种粮食平均单产将从基期的4.4吨/公顷分别增至2010年的4.7吨/公顷和2020年的5.2吨/公顷。从分品种角度来看，在六种粮食产品中，玉米和大豆的单产增长速度最快，分别从基期的5.3吨/公顷、1.3吨/公顷增加到2010年的6.4吨/公顷和1.8吨/公顷，且2020年可分别达到9.1吨/公顷和2.6吨/公顷；稻谷、小麦、薯类和其他杂粮的增长速度相对缓慢，这主要是因为相对于其余四种粮食产品，玉米和大豆的转基因生物技术更为成熟，且已应用到实际粮食生产中。因此可以认为，随着农业科研投入的增加和农业科技推广人员的增多，这两种粮食产品的生产技术推广会更为广泛，而转基因生物技术的应用有助于玉米和大豆单产提高的速度。

表7.12　农业科技进步情景方案下全国粮食单产及供求总量变化结果

			稻谷	小麦	玉米	大豆	薯类	杂粮	粮食
基期实际（2004—2006年）		单产	6.3	4.4	5.3	1.3	3.0	2.1	4.4
		生产量	180.7	98.0	138.4	16.6	34.8	15.2	483.7
		消费量	191.4	115.0	136.5	26.0	15.9	11.2	496.0
		产销余缺	-10.7	-17.1	1.9	-9.5	18.9	4.1	-12.4
基准方案	2010年	单产	6.5	4.7	6.4	1.8	3.5	2.7	4.7
		生产量	190.4	104.3	148.1	17.6	39.5	11.9	511.9
		消费量	195.8	111.1	152.9	21.4	18.9	16.9	516.9
		产销余缺	-5.4	-6.8	-4.8	-3.8	20.6	-5.0	-5.1
	2020年	单产	7.2	5.5	9.1	2.6	3.5	2.8	5.2
		生产量	256.9	140.3	189.8	23.0	48.2	14.5	672.6
		消费量	250.9	143.4	181.9	26.3	18.6	21.8	643.0
		产销余缺	6.0	-3.1	7.8	-3.3	29.6	-7.4	29.6

续表

			稻谷	小麦	玉米	大豆	薯类	杂粮	粮食
低增长率情景	2010 年	单产	6.4	4.7	6.4	1.8	3.5	2.7	4.6
		生产量	190.2	104.2	148.0	17.6	39.5	11.9	511.4
		消费量	196.6	111.5	153.5	21.5	19.0	16.9	519.0
		产销余缺	-6.3	-7.4	-5.5	-3.9	20.5	-5.0	-7.6
	2020 年	单产	7.1	5.5	9.1	2.6	3.5	2.8	5.0
		生产量	256.6	140.2	189.6	23.0	48.2	14.5	672.0
		消费量	253.7	145.0	184.0	26.6	18.8	22.1	650.2
		产销余缺	2.9	-4.9	5.6	-3.6	29.3	-7.6	21.8
高增长率情景	2010 年	单产	6.7	4.9	6.7	1.8	3.6	2.8	4.9
		生产量	198.0	112.9	153.2	18.2	40.9	14.3	529.4
		消费量	204.4	116.0	159.7	24.5	19.7	17.6	539.8
		产销余缺	-6.5	-3.1	-6.4	-6.2	21.2	-3.3	-4.4
	2020 年	单产	7.4	5.7	9.4	2.7	3.6	2.9	5.4
		生产量	265.7	145.1	196.3	32.8	39.9	15.0	695.7
		消费量	263.9	147.7	186.1	27.6	19.6	18.8	676.2
		产销余缺	1.8	-2.6	10.2	5.1	20.3	-3.8	31.1

说明：(1) 单产单位为吨/公顷；生产量、消费量和产销余缺量单位为百万吨；(2) 这里的粮食指的是本研究所涉及的六种粮食合计。

资料来源：笔者根据 CWARMEM 模型模拟结果与模型基础数据库资料整理。

需要注意的是，不同农业科技进步增长率对粮食单产提高的影响效应不同。在“低增长率情景”方案下，模型在模拟过程中假设农业科技投入年增长率由“基准方案”下的 8% 下降到 6% 时，农业科技推广人员年均增长率由“基准方案”下的

0. 6% 下降到 0. 4% 时，中国粮食平均单产在 2010 年和 2020 年的播种面积比基准方案下降至 4. 6 吨/公顷和 5. 0 吨/公顷。在该情景中的“高增长率情景”方案下，当模型在模拟过程中假设农业科技投入年增长率由“基准方案”下的 8% 增加至 10% 时，农业科技推广人员年均增长率由“基准方案”下的 0. 6% 增加至 0. 8% 时，粮食平均单产在 2010 年和 2020 年的播种面积比基准方案增加至 4. 9 吨/公顷和 5. 4 吨/公顷，比“基准方案”和“低增长率情景”方案下分别增加了 200 公斤/公顷和 300—400 公斤/公顷。这表明，在不断增加农业科技投入和农业科研推广人员的情况下，农业科技进步有利于粮食单产的提高，也是中国未来粮食生产总量不断增长的最大推动力，将有助于粮食供求格局的稳定。

（二）粮食供求总量变化

基于 CWARMEM 模型本情景下的模拟结果，预计在“基准方案”农业科技进步条件下，稻谷、小麦、玉米、大豆、薯类和其他杂粮的总产量将从基期的 4. 84 亿吨分别提高到 2010 年的 5. 11 亿吨和 2020 年的 6. 72 亿吨，同时总需求量将分别达到 5. 16 亿吨和 6. 43 亿吨，显示出产量增长速度高于需求增长速度，因此产需缺口在基期实际的基础上有所减小。这表明在农业科技进步情景的“基准方案”下，单产提高所导致的粮食总产量的增长足以抵消不断上升的粮食需求量。

从分品种的角度来看，至 2010 年，稻谷、小麦和大豆的产需缺口分别减少至 540 万吨、680 万吨和 380 万吨，但玉米以及其他杂粮的产需缺口则不断增大，分别增至 2010 年的 480 万吨和 500 万吨，这主要是因为这两种产品尤其是玉米的工业消费量不断增加所导致的；至 2020 年，除小麦、大豆和其他杂粮仍然存在 310 万吨、330 万吨和 740 万吨的缺口以外，其他三种粮食产品的产需矛盾均得到一定程度的缓解。

从长期的发展趋势来看，不同的农业科技进步增长率对粮食供求均衡格局的变动影响较大。在“高增长率情景”方案下农业科技投入年增长率由“基准方案”下的 8% 增加至 10%，农业科技推广人员年均增长率由“基准方案”下的 0.6% 增加至 0.8% 时，中国到 2010 年的粮食产需缺口减少了 800 万吨，甚至在 2020 年中国可能已由粮食净进口国转为粮食出口国。但从粮食品种结构的角度来看，小麦的净进口地位仍将持续，这主要是因为在本研究中没有将粮食产品的质量变动考虑进去，而中国进口的主要是优质小麦，因此模型的模拟结果显示小麦的进口趋势仍然存在。同时，随着大豆生产技术的提高和推广，中国大豆产品在 2020 年可能会扭转大量进口的局面而达到自给的目标。

基于上述情景下的模拟结果，可以认为，随着国家农业科技投入和支持力度的不断增加，农业科技进步水平会不断提高。同时农业科技推广人员的增加也有利于新生产技术的广泛应用，这将会提高这些省区的粮食单产，有利于中国整体粮食综合生产能力的提高，从而缓解国内粮食供求矛盾，保障国家的整体粮食安全。

四　人口自然增长情景方案模拟结果及分析

人口的增长仍然是中国粮食需求量不断增加的主要推动力（黄季焜，2004），也是决定粮食供求均衡的主要因素之一。因此 CWARMEM 模型模拟了人口自然增长率基准方案情景中不同城镇化增长率情形下的城乡居民粮食消费变动情况以及在不同情形设置下粮食供求均衡格局的变动情况。表 7.13 展示了人口自然增长情景下 CWARMEM 模型对 2010 年和 2020 年城乡居民稻谷、小麦、玉米、大豆、薯类和其他杂粮六种粮食消费及全国六种粮食产品供求产量变化预测结果。为反映预测结果与实际的变动情况，表 7.13 同时列出了本模型基期（2004—2006 年均值）的实际人均消费量以及城乡居民粮食消费总量和粮食产量数据。

表 7.13　人口自然增长情景方案下城乡粮食消费量及供求总量变化结果

			稻谷	小麦	玉米	大豆	薯类	杂粮	粮食
基期实际（2004—2006 年）		生产量	180.7	98.0	138.4	16.6	34.8	15.2	483.7
		消费量	191.4	115.0	136.5	26.0	15.9	11.2	496.0
		人均消费量	145.6	87.5	103.8	19.8	12.1	8.5	377.4
		城镇总消费	40.5	27.3	63.4	29.0	5.2	4.5	170.0
		农村总消费	151.0	87.7	73.1	-3.0	10.7	6.6	326.1
		产销余缺量	-10.7	-17.1	1.9	-9.5	18.9	4.1	-12.4
基准方案	2010 年	生产量	182.1	99.7	151.4	16.8	37.8	11.4	499.3
		消费量	191.7	108.8	149.7	21.0	18.5	16.5	506.2
		人均消费量	142.9	81.1	111.6	15.6	13.8	12.3	377.3
		城镇总消费	89.3	50.7	69.8	9.8	8.6	7.7	235.8
		农村总消费	102.4	58.1	80.0	11.2	9.9	8.8	270.3
		产销余缺量	-9.6	-9.1	1.7	-4.1	19.3	-5.1	-6.9
	2020 年	生产量	216.4	124.4	171.7	22.0	46.1	13.8	594.5
		消费量	237.1	141.4	179.4	25.9	18.4	21.5	623.7
		人均消费量	136.3	77.3	106.4	14.9	13.2	11.7	359.9
		城镇总消费	103.7	58.8	81.0	11.3	10.0	8.9	273.7
		农村总消费	88.0	50.0	68.8	9.6	8.5	7.6	232.5
		产销余缺量	-20.6	-17.0	-7.7	-3.9	27.7	-7.7	-29.2

续表

			稻谷	小麦	玉米	大豆	薯类	杂粮	粮食
低增长率方案	2010 年	生产量	186.8	102.3	155.3	17.3	38.8	11.7	512.1
		消费量	194.1	110.2	151.6	21.2	18.7	16.7	512.6
		人均消费量	144.7	82.1	113.0	15.8	14.0	12.5	382.0
		城镇总消费	89.6	50.8	69.9	9.8	8.6	7.7	236.5
		农村总消费	104.6	59.3	81.7	11.4	10.1	9.0	276.1
		产销余缺量	-7.3	-7.9	3.7	-4.0	20.0	-5.1	-0.5
	2020 年	生产量	222.0	127.6	176.1	22.5	47.3	14.2	609.7
		消费量	240.1	143.2	181.7	26.3	18.6	21.8	631.6
		人均消费量	138.0	78.3	107.8	15.1	13.3	11.9	364.4
		城镇总消费	101.4	57.5	79.2	11.1	9.8	8.7	267.8
		农村总消费	92.7	52.6	72.4	10.1	9.0	8.0	244.8
		产销余缺量	-18.1	-15.6	-5.6	-3.7	28.7	-7.6	-21.9
高增长率方案	2010 年	生产量	197.1	108.0	163.9	18.2	40.9	12.3	540.5
		消费量	219.0	124.3	171.1	23.9	21.1	18.9	578.3
		人均消费量	163.2	92.6	127.5	17.9	15.8	14.1	431.0
		城镇总消费	100.1	56.8	78.1	10.9	9.7	8.6	264.2
		农村总消费	119.0	67.5	92.9	13.0	11.5	10.2	314.1
		产销余缺量	-21.9	-16.3	-7.1	-5.7	19.8	-6.5	-37.8
	2020 年	生产量	234.3	134.7	185.9	23.8	49.9	15.0	643.6
		消费量	270.8	161.6	205.0	29.6	21.0	24.6	712.6
		人均消费量	155.7	88.4	121.6	17.0	15.0	13.4	411.1
		城镇总消费	110.5	62.7	86.3	12.1	10.7	9.5	291.8
		农村总消费	108.5	61.6	84.7	11.9	10.5	9.3	286.5
		产销余缺量	-36.6	-26.9	-19.1	-5.8	28.9	-9.6	-69.1

说明：(1) 人均消费量单位为千克/人；生产量、消费量和产销余缺量单位为百万吨。(2) 这里的粮食指的是本研究中所涉及的六种粮食合计。(3) 这里的人均粮食消费量包括口粮消费以及本模型中所涉及的其他四种消费的平均值。

资料来源：笔者根据 CWARMEM 模型模拟结果与模型基础数据库资料整理。

（一）人均粮食消费量和城乡粮食总消费量变化

人均粮食消费量包括粮食直接消费量和间接消费量，其中粮食直接消费量即为粮食口粮消费量。根据2004—2006年基期实际数据，基期的人均粮食消费总量为377.4公斤，其中稻谷、小麦和玉米的消费比重分别占到了38.6%、23.6%和27.5%。随着人口的增长，尤其是伴随着城镇化进程的加快，一部分农村居民转化为城镇居民之后，其消费结构可能会产生变动，粮食消费需求结构也会发生相应变化，表现在对粮食的口粮消费需求减少，而对粮食的间接消费需求增加，这将会对粮食供求均衡格局产生影响。

基于CWARMEM模型模拟结果，预计在本情景“基准方案”下稻谷、小麦、玉米、大豆、薯类和其他杂粮六种粮食人均年消费总量将从基期的377.4公斤/人分别减少到2010年的377.3公斤/人和2020年的359.9吨/公顷。但不同的是，城镇粮食总消费量则从基期的1700万吨分别增加至2010年的2358万吨和2020年的2737万吨，而农村粮食总消费量则从基期的3261万吨分别减少至2010年的2703万吨和2020年的2325吨。这表明若按照目前城镇化率增长速度，在本模型设置的人口增长率基准方案下，至2020年，城镇人口将超过农村人口，同时城镇粮食消费总量将大于农村粮食消费总量。从城乡粮食消费结构的变动趋势来看，城镇粮食间接消费需求大于农村粮食间接消费需求量，而农村粮食口粮消费量仍然大于城镇粮食口粮消费量。

从分品种的角度来看，在六种粮食产品中，玉米和其他杂粮的人均消费量增加最快，从基期的103.8公斤/人、8.5公斤/人分别增加到2010年的111.6公斤/人、12.3公斤/人。这主要是因为这两种产品作为饲料消费量较大，随着人口的不断增长和城镇化率的提高，城镇人口的快速增加导致对畜产品消费的增多，饲料粮的消费量也会逐渐增加，因此相对于其他四种粮食产品，玉米和其他杂粮的消费量增加较快。值得注意的是，在模型的计算结果中，这两种产品的增长速度至 2020 年时有所减缓。

（二）粮食供求总量变化

基于 CWARMEM 模型本情景下的模拟结果，预计在“基准方案”人口自然增长保持实际增长率条件下稻谷、小麦、玉米、大豆、薯类和其他杂粮的总产量将从基期的 4.84 亿吨分别提高到 2010 年的 4.99 亿吨和 2020 年的 5.94 亿吨，同时总需求量将分别达到 5.06 亿吨和 6.23 亿吨，显示出至 2010 年产量增长速度高于需求增长速度，因此这期间的产需缺口在基期实际的基础上有所减小。但是在 2010—2020 年期间粮食产量增长速度低于需求增长速度，这导致 2020 年粮食总产量的缺口由基期的 1240 万吨升至 2920 万吨。这表明在人口自然增长情景的“基准方案”下，若按照目前国家人口发展战略研究模型中所设置的人口自然增长率 -0.02‰—0.10‰，从长期来看，城镇化程度的提高，城镇消费总量增长速度大于农村，这将会导致中国国内粮食消费总量的显著增长，从而加大了粮食产需缺口量。

值得说明的是，在以往的类似研究中，在考虑人口增长的同时，没有将城镇化因素考虑进去，因此得到的结果一般都表现为产需缺口持续增加。本模型中设计了三种不同的城镇化率，考虑到城乡人口食品消费的差异特征，所以模型模拟得到的粮食产需缺口呈现出先减后增的波动特征。

从长期的发展趋势来看，城镇人口的不断增加对粮食供求均衡格局的变动影响较大。在“高增长率情景”方案下城镇化率由“基准方案”下的 1.25% 增加至 1.45% 时，中国国内粮食产需缺口将分别由基准方案中2010年的690万吨和2020年的2920万吨增加至3780万吨和6910万吨。在城镇化率为1.05%的"低增长率情景"方案下，中国国内粮食产需缺口将分别由基准方案中2010年的690万吨和2020年的2920万吨减少至50万吨和2190万吨。这一预测结果表明，人口的增长尤其是城镇人口快速增长，对国内粮食供求均衡格局的影响较大。

另外，中国已进入老龄化社会，[①] 且其速度在不断加快，2007年中国65岁及以上人口占总人口的8.1%，老年人口正以年均3.0%的速度增长。因此，如果考虑到在人口增长过程中年龄结构的老龄化趋势对粮食消费需求的影响，粮食需求量可能会有所减少。

基于上述情景下的模拟结果，可以认为，随着人口刚性自然增长，尤其是城镇化进程的逐步加快，粮食供求矛盾会进一步加剧，粮食产需缺口不断扩大，未来中国粮食安全形势不容乐观。

五　农村劳动力跨区域流动情景方案模拟结果及分析

随着改革开放的不断深化，经济的快速增长，国内省际之间劳动力的流动不断增加，80%以上国内跨区域流动的劳动力为农村劳动力。中国农村劳动力跨区域流动大部分是人力资源从不发达地区流向发达地区，且多是从中西部经济落后区域、粮食主产区向经济发达的中部地区、粮食主销区流动，这会加大主销区的粮食调入量，加剧其粮食的供求失衡。中西部大量跨区域转移的

---

① 根据联合国教科文组织规定，如果一个国家60岁及以上人口占总人口10%以上，或65岁及以上人口占总人口7%以上，则该国家就进入了老龄化社会。1999年我国65岁及以上老年人口占总人口的7.6%，已开始进入老龄化社会。

劳动力，他们的户籍人口统计仍然在中西部，但粮食消费却在他们转移的东部省市，这无疑加剧了这些区域的粮食供求失衡状态，对这些区域的粮食区域平衡产生了不可忽视的影响。

表 7.14 劳动力跨区域流动情景方案下粮食供求总量变化结果（流入省份）

（万吨，%）

劳动力流入省份		粮食总产量	粮食自给率	粮食总需求	转移劳动力粮食消费量	转移劳动力粮食消费比重
基准方案						
广东	2010 年	1556	56.0	2781	684	24.6
	2020 年	2007	53.6	3746	1337	35.7
浙江	2010 年	934	70.2	1331	124	9.3
	2020 年	1158	66.2	1748	384	22.0
上海	2010 年	120	9.5	1259	149	11.9
	2020 年	152	11.3	1339	471	35.2
江苏	2010 年	3182	88.0	3614	109	3.0
	2020 年	4034	105.3	3830	265	6.9
北京	2010 年	120	8.2	1459	133	9.1
	2020 年	144	6.5	2218	462	20.8
福建	2010 年	711	52.7	1348	97	7.2
	2020 年	928	50.5	1838	255	13.9
低增长率方案						
劳动力流入省份		粮食总产量	粮食自给率	粮食总需求	转移劳动力粮食消费量	转移劳动力粮食消费比重
广东	2010 年	1568	56.5	2777	672	24.2
	2020 年	2023	54.1	3740	1313	35.1
浙江	2010 年	942	70.9	1329	122	9.2
	2020 年	1167	66.9	1746	377	21.6

续表

低增长率方案						
劳动力流入省份		粮食总产量	粮食自给率	粮食总需求	转移劳动力粮食消费量	转移劳动力粮食消费比重
上海	2010 年	121	9.6	1257	147	11.7
	2020 年	153	11.4	1337	462	34.6
江苏	2010 年	3207	88.9	3608	107	3.0
	2020 年	4066	106.3	3824	261	6.8
北京	2010 年	121	8.3	1457	131	9.0
	2020 年	145	6.6	2215	454	20.5
福建	2010 年	717	53.3	1346	95	7.1
	2020 年	935	51.0	1835	250	13.6
高增长率方案						
劳动力流入省份		粮食总产量	粮食自给率	粮食总需求	转移劳动力粮食消费量	转移劳动力粮食消费比重
广东	2010 年	1527	47.3	3229	909	28.1
	2020 年	1969	45.3	4349	1775	40.8
浙江	2010 年	917	59.3	1546	165	10.7
	2020 年	1136	56.0	2030	510	25.1
上海	2010 年	118	8.1	1462	198	13.6
	2020 年	149	9.6	1554	625	40.2
江苏	2010 年	3122	74.4	4196	145	3.4
	2020 年	3958	89.0	4447	352	7.9
北京	2010 年	117	6.9	1695	177	10.4
	2020 年	141	5.5	2576	614	23.8
福建	2010 年	698	44.6	1565	128	8.2
	2020 年	910	42.6	2135	339	15.9

表 7.15　劳动力跨区域流动情景方案下粮食供求总量变化结果（流出省份）

（万吨，%）

劳动力流出省份		粮食总产量	粮食自给率	粮食总需求	转移劳动力粮食消费量	实际粮食产销余缺量
基准方案						
安徽	2010 年	3066	115.3	2658	309	716
	2020 年	3834	114.5	3349	299	785
河南	2010 年	5213	114.4	4557	940	1595
	2020 年	6477	111.5	5807	917	1587
四川	2010 年	3098	69.1	4482	769	-615
	2020 年	3908	64.7	6041	727	-1407
湖北	2010 年	2223	97.3	2286	269	206
	2020 年	2893	96.4	3001	244	136
湖南	2010 年	2867	103.0	2783	279	364
	2020 年	3635	98.6	3687	266	214
江西	2010 年	1883	118.6	1588	220	515
	2020 年	2501	120.1	2082	215	634
低增长率方案						
劳动力流出省份		粮食总产量	粮食自给率	粮食总需求	转移劳动力粮食消费量	实际粮食产销余缺量
安徽	2010 年	3164	113.8	2781	270	654
	2020 年	3958	113.0	3504	262	716
河南	2010 年	5380	112.8	4768	823	1435
	2020 年	6685	110.0	6076	803	1412
四川	2010 年	3197	68.2	4689	673	-819
	2020 年	4033	63.8	6321	636	-1651
湖北	2010 年	2294	95.9	2391	235	138
	2020 年	2986	95.1	3140	214	60

续表

低增长率方案							
劳动力流出省份		粮食总产量	粮食自给率	粮食总需求	转移劳动力粮食消费量	实际粮食产销余缺量
湖南	2010 年	2959	101.6	2911	245	293
	2020 年	3752	97.3	3857	233	127
江西	2010 年	1944	117.0	1661	193	475
	2020 年	2581	118.5	2178	188	592
高增长率方案						
劳动力流出省份		粮食总产量	粮食自给率	粮食总需求	转移劳动力粮食消费量	实际粮食产销余缺量
安徽	2010 年	2968	107.4	2764	312	515
	2020 年	3712	106.6	3482	302	532
河南	2010 年	5046	106.5	4738	948	1256
	2020 年	6269	103.8	6038	925	1157
四川	2010 年	2998	64.3	4660	776	-885
	2020 年	3783	60.2	6281	733	-1765
湖北	2010 年	2152	90.5	2376	271	46
	2020 年	2801	89.8	3120	246	-73
湖南	2010 年	2775	95.9	2893	282	164
	2020 年	3518	91.8	3833	268	-47
江西	2010 年	1823	110.4	1651	222	394
	2020 年	2421	111.8%	2164	217	473

说明：实际产销余缺量指的是除掉转出去劳动力的粮食消费量与粮食总产量之间的差。

资料来源：笔者根据 CWARMEM 模型模拟结果整理。

因此 CWARMEM 模型模拟了农村劳动力跨区域流动情景对主要流入省区和流出省区粮食供求均衡格局的影响效应。由于农村劳动力跨区域流动较为集中，本研究重点选择了六大主要劳动力跨区域流入省份和六大主要劳动力跨区域流出省份。表 7.14 和表 7.15 分别展示了 CWARMEM 模型模拟分析的该种情景下三种不同农村劳动力跨区域流动增长率（表 7.5 所示）情形下 2010 年和 2020 年 12 个重点省区的粮食供求产量变化预测结果。

（一）主要劳动力跨区域流入省份粮食供求总量变化

从表 7.14 中可以看出以下两点：

1. 上述六个主要的劳动力流动跨区域流入省份中，江苏省是其中唯一一个粮食能够自给的省区。江苏省粮食的产销平衡主要因为江苏北部是国家主要的粮食生产基地之一，具有其他省市难以比拟的种粮条件。

需要注意的是，即使像江苏这样的粮食自给率较高的省份，在该情景中“基准方案”和“低增长率方案”下跨区域流入的劳动力粮食消费比重不高，但是从发展的趋势来看，预计在 2010—2020 年中，江苏省跨区域转移的劳动力人数会不断增加，对其粮食消费需求持续增长，在“基准方案”和“低增长率方案”下，这部分劳动力的粮食消费需求占全省粮食消费需求的比重分别由 2010 年的 3.0% 增加至 2020 年的 6.8%。同时模型中设置的劳动力跨区域转移“高增长率方案”下，模拟结果预计在 2010 年和 2020 年，江苏省粮食自给率由“基准方案”下的 88.0% 和 105.3% 分别下降至 74.4% 和 89.0%，跨区域流入江苏省的劳动力粮食消费需求量占到全省粮食消费需求比重则由“基准方案”下的 3.0% 和 6.9% 分别上升至 3.4% 和 7.9%。可以认为，随着江苏省流入的外来劳动力数量不断增加，尤其是当江苏省苏北的粮食生产能力不断下降时，从长期来看，这部分流入的劳动力也会对江苏省粮食供求区域平衡产生较大的影响。因此粮食安全的特殊重要性也决定了江苏省的粮食安全应立足于省内平衡，其省内平衡的关键是解决好苏北农民的增收问题，保护并提高本省粮食的综合生产能力。

2. 作为中国国内主要的粮食主销区，受比较优势、调整农业生产及种植业结构、非农占地增加以及外来打工人口不断流入等因素的影响，这些省份的粮食总产量会不断减少，但对粮食的直接消费和间接消费需求却不断增加，粮食供求均衡格局受到跨区域流入劳动力消费需求的影响。

基于本模型的模拟结果，随着这些省份外来劳动力的流入，预计在本情景“基准方案下”2010 年广东、浙江、福建、北京和上海等省市的跨区域流入劳动力的粮食消费需求比重会占到这些省市粮食总消费需求的 24.6%、9.2%、7.1%、9.1% 和 11.9%，到 2020 年，该比重会分别增至 35.7%、21.6%、13.6%、20.8% 和 35.2%。其中浙江省和上海市的增长幅度相对更为迅速，分别增长了 12 个百分点和 24 个百分点。这主要是因为随着长三角经济发展的加速，大量农村劳动力不断跨区域流入经济发达的东南沿海省市。同时广东省自 20 世纪 90 年代以来就是全国最大的缺粮省份，广东省粮食自给率持续下降，粮食缺口长期依靠省外调入弥补，净调入量逐年增加的局面将依然存在。而福建省的粮食自给率，已由 2000 年的 69% 降至 2010 年的 44.6% 和 2020 年的 42.6%，福建省粮食供求失衡程度会进一步加剧。

（二）主要劳动力跨区域流出省份粮食供求总量变化

农村劳动力跨区域流出将对劳动力所在地的粮食生产和消费产生影响：一方面劳动力从本区域的流出会对粮食生产（供给）产生影响。由于粮食主产区大量农村青壮年劳动力转移，导致粮食生产投入下降，粮食生产率增长缓慢，因此可能导致粮食产量因农业生产机会成本上升而处于停滞甚至下降状况。所以，农村劳动力转移会影响粮食生产格局的变化（如本书第四章所述）。另一方面，农村劳动力的跨区域流出，其粮食消费在他们流入的省市，而其户籍人口统计仍然在当地，这表明按照人均消费量与人口总量得到的这些地区的粮食消费量数据可能不够准确。因此本模型设计在此种情景下剔除了这些省区流出的劳动力消费量，以得到当地粮食实际消费总量。

基于 CWARMEM 模型模拟结果，从表 7.15 中可以看出以下三点：

1. 六个主要的劳动力流动跨区域流出省份当中，除四川省外，安徽、河南、湖北、湖南和江西省均为粮食主产区。其中前四个省份的粮食产量在本情景“基准方案”下均不断提高，但在不考虑流出劳动力粮食消费量的情形下，这些省区的粮食自给率分别由 2010 年的 115.3%、114.4%、97.3% 和 103.0% 分别下降至 2020 年的 114.5%、111.5%、96.4% 和 98.6%，不同的是江西省的粮食自给率则由 2010 年的 118.6% 提高到 2020 年的 120.1%。这表明未来江西省的粮食主产区地位会进一步得到巩固。这种变化没有考虑这些省区跨区域流出的劳动力粮食消费需求量情况。

2. 在考虑到当地流出劳动力在流入地消费粮食的情况下，这六个省份的粮食自给率会进一步提高。这表明这些省份的粮食剩余量实际上会增加。但是要说明的是，本模型的结构设计中没有考虑到劳动力素质对粮食生产能力的影响，因此模型的结果没有显示出因为劳动力的流出而对粮食产量所造成的负方向影响作用。可以预见，如果粮食主产区大量的青壮年劳动力流出，其粮食生产势必会受到影响。

基于上述模拟结果，可以认为，在考虑到粮食供求区域均衡问题的同时，需要将农村劳动力跨区域流动的影响因素纳入考虑范围，尤其是随着中国区域经济发展差异的进一步凸显，经济发达地区尤其是作为粮食主销区的广东、浙江、上海、北京等省市的粮食产需缺口会进一步加大，粮食供求区域失衡程度可能会更加严重。这就需要在合理协调这些省区经济发展与保护一定的粮食生产能力的同时，完善国内粮食流通体制改革和发展粮食物流运输设施，平衡粮食主销区和粮食主产区的粮食供求，从而保证各区域的粮食安全。

六　城乡居民收入变化情景方案模拟结果及分析

按照本书第四章的分析可知，影响中国粮食消费的重要因素是：收入水平提高影响城乡居民粮食消费总量；城镇化建设进程的快速推进影响粮食消费结构；成本、需求和国际粮价影响国内粮食消费价格。与人口不断增加一样，城乡居民收入的变动既是中国粮食需求量不断增加的主要推动力，又是决定粮食供求均衡的主要因素之一。考虑到由于各地区经济发展不平衡所导致的各地区城乡居民收入增长的变动率存在着较大差异，CWARMEM 模型模拟了不同区域城乡居民收入变化情景下的粮食供求均衡格局的变动情况。

表 7.16 展示了 CWARMEM 模型对 2010 年和 2020 年城乡居民对稻谷、小麦、玉米、大豆、薯类和其他杂粮六种粮食消费和全国六种粮食产品的口粮消费量、饲料消费量和粮食供求产量变化预测结果。为反映预测结果与实际情况的变动情况，表 7.16 中同时列出了本模型基期（2004—2006 年均值）的实际粮食口粮消费和饲料粮消费以及粮食供求产量数据。

（一）粮食口粮消费量和饲料粮消费量变化

根据 2004—2006 年基期实际数据，基期的粮食口粮消费总量为 2297 万吨，其中稻谷、小麦、玉米、大豆、薯类和其他杂粮的消费比重分别占到了 59.8%、33.3%、3.6%、2.4%、0.003%、0.9%；基期的粮食饲料消费总量为 1331 万吨，其中稻谷、小麦、玉米、大豆、薯类和其他杂粮的消费比重分别占到了 7.1%、1.1%、3.6%、82.0%、1.8%、2.9%。随着人口的增长，尤其是城镇化进程的不断加快，一部分农村居民转化为城镇居民之后，其消费结构可能会产生变动，即粮食消费需求结构也会发生相应变化，即对粮食的人均口粮消费需求量会减少（这一点已在前面的情景模拟结果中得到验证），但对粮食的间接消费需求量增加。这将会对粮食供求总量格局的变化产生影响。

基于 CWARMEM 模型模拟结果，预计在本情景“基准方案”下稻谷、小麦、玉米、大豆、薯类和其他杂粮六种粮食口粮总量将从基期的 2.30 亿吨上升至 2010 年的 2.67 亿吨和 2020 年的 3.45 亿吨。相应地，饲料量的消费总量也分别从基期的 1.33 亿吨上升至 2010 年的 1.48 亿吨和 2020 年的 1.82 亿吨。这表明在“基准方案”下，尽管人均口粮消费量减少，但是粮食的口粮消费总量仍然不断增加，且从模拟的结果来看，在一定时

表 7.16　不同收入增长率情景方案下粮食供求总量及结构变化结果

（百万吨）

		稻谷	小麦	玉米	大豆	薯类	杂粮	粮食
基期实际（2004—2006 年）	生产量	180.7	98.0	138.4	16.6	34.8	15.2	483.7
	消费量	191.4	115.0	136.5	26.0	15.9	11.2	496.0
	口粮消费量	137.3	76.5	8.4	5.5	0.0	2.0	229.7
	饲料消费量	9.5	1.5	109.1	2.5	6.7	3.8	133.1
	产销余缺量	-10.7	-17.1	1.9	-9.5	18.9	4.1	-12.4

续表

			稻谷	小麦	玉米	大豆	薯类	杂粮	粮食
基准方案	2010 年	生产量	190. 2	104. 2	148. 0	17. 6	39. 5	11. 9	511. 4
		消费量	196. 6	111. 5	153. 5	21. 5	19. 0	16. 9	519. 0
		口粮消费量	152. 2	87. 1	9. 2	6. 5	0. 8	10. 8	266. 7
		饲料消费量	10. 5	1. 7	119. 7	2. 9	9. 2	4. 2	148. 2
		产销余缺量	-6. 3	-7. 4	-5. 5	-3. 9	20. 5	-5. 0	-7. 6
	2020 年	生产量	256. 6	140. 2	189. 6	23. 0	48. 2	14. 5	672. 0
		消费量	253. 7	145. 0	184. 0	26. 6	18. 8	22. 1	650. 2
		口粮消费量	196. 6	113. 2	11. 3	8. 1	1. 9	14. 1	345. 1
		饲料消费量	13. 6	2. 1	143. 5	3. 6	13. 6	5. 5	181. 9
		产销余缺量	2. 9	-4. 9	5. 6	-3. 6	29. 3	-7. 6	21. 8
区域情景 1	2010 年	生产量	184. 1	100. 8	143. 2	17. 0	38. 2	11. 5	494. 9
		消费量	186. 2	105. 7	138. 9	20. 4	18. 0	16. 0	491. 8
		口粮消费量	148. 4	84. 9	9. 0	6. 4	0. 8	10. 5	260. 0
		饲料消费量	9. 6	1. 5	108. 6	2. 6	8. 3	3. 8	134. 5
		产销余缺量	-2. 1	-4. 9	4. 3	-3. 3	20. 3	-4. 5	3. 2
	2020 年	生产量	248. 4	135. 7	183. 5	22. 2	46. 6	14. 0	650. 4
		消费量	240. 4	137. 4	174. 3	25. 2	17. 8	20. 9	616. 1
		口粮消费量	191. 7	110. 3	11. 0	7. 9	1. 8	13. 7	336. 4
		饲料消费量	12. 3	1. 9	130. 2	3. 3	12. 3	5. 0	165. 1
		产销余缺量	8. 0	-1. 8	9. 2	-3. 0	28. 8	-6. 9	34. 3
区域情景 2	2010 年	生产量	196. 4	107. 5	152. 8	18. 2	40. 8	12. 3	527. 9
		消费量	206. 9	117. 4	161. 6	22. 6	20. 0	17. 8	546. 3
		口粮消费量	156. 0	89. 3	9. 5	6. 7	0. 8	11. 1	273. 4
		饲料消费量	11. 5	1. 8	130. 8	3. 2	10. 0	4. 6	162. 0
		产销余缺量	-10. 5	-9. 9	-8. 8	-4. 5	20. 8	-5. 5	-18. 4

续表

			稻谷	小麦	玉米	大豆	薯类	杂粮	粮食
区域情景 2	2020 年	生产量	257.5	140.6	190.2	23.0	48.3	14.5	674.2
		消费量	281.2	160.7	203.9	29.5	20.9	24.5	720.6
		口粮消费量	214.8	123.6	12.3	8.8	2.1	15.4	377.0
		饲料消费量	15.1	2.4	159.0	4.0	15.1	6.1	201.6
		产销余缺量	-23.7	-20.1	-13.7	-6.4	27.5	-10.0	-46.4

说明：这里的粮食指的是本研究中所涉及的六种粮食合计。

资料来源：笔者根据 CWARMEM 模型模拟结果与模型基础数据库资料整理。

期内，中国粮食口粮消费量仍然占到 30%—40% 左右。从分品种角度来看，在六种粮食产品当中，稻谷的口粮消费量增加最快，从基期的 1.37 亿吨分别增加到 2010 年的 1.52 亿吨和 2020 年的 1.97 亿吨；而玉米的饲料粮消费量则增加最快，从基期的 1.09 亿万吨分别增加到 2010 年的 1.20 亿吨和 2020 年的 1.44 亿吨。该方案的数据结果表明，稻谷的口粮消费量增长较为平稳，但玉米的饲料消费量增速迅猛。

（二）粮食供求总量变化

基于 CWARMEM 模型本情景下的模拟结果，预计在“基准方案”下稻谷、小麦、玉米、大豆、薯类和其他杂粮的总产量将从基期的 4.84 亿吨分别提高到 2010 年的 5.11 亿吨和 6.72 亿吨，同时总需求量将分别达到 5.19 亿吨和 6.50 亿吨，显示出至 2010 和 2020 年产量增长速度均高于需求增长速度，因此这期间的产需缺口在基期实际的基础上均有所减小。

但是从长期发展趋势来看，城乡居民收入区域差距的不断扩大对粮食供求均衡格局的变动影响较为敏感。这表现在“区域情景 2”方案下。该方案设置的含义是经济发达地区城乡居民收入分别增长 9% 和 7%，其他区域保持不变，即假设区域之间的收入差距扩大，模拟结果表明，中国国内粮食产需缺口将分别由基准方案中 2010 年的 760 万吨增加至 1840 万吨，而在“基准方案”下 2020 年生产量大于消费量的格局也将被扭转，使得该方案下粮食产需缺口达到 4640 万吨。在缩小区域之间收入差距方案即“区域情景 1”方案下，模型的模拟结果则显示出粮食总的产需缺口将减少，2010 年和 2020 年都可能出现粮食自给的局面。这一预测结果表明，区域经济差距的扩大尤其是区域城乡居民收入差距的扩大会导致中国国内粮食供求失衡的可能性加大。

综合以上的模型模拟结果，笔者认为，在城乡收入不断增加的情况下，未来中国粮食消费发展趋势可能会表现出以下几个特征：(1) 人均口粮消费下降，但粮食口粮消费总量平稳略增。在一定时期内，粮食口粮消费在中国粮食消费中的地位至关重要。这主要是由中国城乡居民的粮食消费习惯和城镇化程度决定的，当然从长期看，这些消费偏好的改变会导致未来一定时期内中国口粮消费总量的下降。(2) 口粮消费日趋求精，粮食消费结构不断完善。随着城乡居民收入和生活水平的不断提高，对精深加工粮食的需求已成为一种消费趋势。人们的粮食消费结构和营养水平得以不断完善和提高，这也将带动中国粮食深加工工业的同步发展。(3) 粮食的饲料化和工业化消费趋势会影响粮食供求均衡格局的变动。随着城乡居民生活水平的不断提高，城镇化建设速度的不断加快，人们对肉、蛋、奶的消费需求日趋旺盛，因此粮食饲料消费量的比重将会越来越高。(4) 区域之间经济发展的不平衡所带来的不同区域城乡居民收入增长的不同趋势会影响粮食消费结构的变动。

七　生物乙醇燃料应用情景方案模拟结果及分析

表 7.17 展示了国内生物乙醇燃料应用情景下 CWARMEM 模型对 2010 年和 2020 年全国玉米和薯类两种主要原料产品的供求产量变化预测结果。为反映预测结果与实际的变动情况，表 7.17 同时列出了本模型基期（2004—2006 年均值）的实际数据。

表 7.17　生物乙醇燃料应用情景方案下粮食供求总量及结构变化结果

（百万吨，%）

		基期实际（2004—2006 年）	基准方案		对比方案	
			2010 年	2020 年	2010 年	2020 年
玉米	生产量	138.4	153.0	163.1	148.0	159.6
	消费量	129.7	159.1	207.8	145.8	174.8
	工业消费量	26.3	29.2	52.2	16.0	19.2
	乙醇燃料消费	2.8	13.2	33.0	0.0	0.0
	乙醇燃料消费比重	10.5	45.2	63.2	0.0	0.0
	产销余缺	8.7	-6.1	-44.6	2.2	-15.2
薯类	生产量	34.8	39.5	48.2	42.5	51.8
	消费量	15.1	18.0	17.9	32.6	52.2
	工业消费量	7.9	8.4	12.4	22.2	46.3
	乙醇燃料消费	0.0	0.0	0.0	16.0	40.0
	乙醇燃料消费比重	0.0	0.0	0.0	72.1	86.4
	产销余缺	19.7	21.5	30.3	9.9	-0.4

说明：燃料乙醇消费比重指的是占工业消费比重。

资料来源：笔者根据 CWARMEM 模型模拟结果与模型基础数据库资料整理。

该情景方案共设置了基准方案和对比方案两种情形：（1）基准方案假设在 2010—2020 年，玉米是中国国内生产生物乙醇燃料的主要生产原料。（2）对比方案假设在 2010—2020 年将不采用玉米等主要粮食产品进行生物乙醇燃料生产，而全部采用薯类、其他杂粮、甜菜和甘蔗等农产品，分析这种情景方案下粮食工业消费需求产品结构的变动情况。上述情景方案的设立可以对比分析是否耗用主要粮食产品来生产生物乙醇燃料，这对中国粮食整体安全和粮食供求均衡会产生一定的影响。由于中国国内对生物乙醇燃料的生产有比较清晰的规划，本模型在模拟该种情景时直接将此规划作为生物乙醇燃料的生产量，而不对其进行相应的预测。

基于模型模拟结果，预计在本情景“基准方案”下，玉米的生产量将由基期实际的 1.38 亿吨分别增加到 2010 年和 2020 年的 1.53 亿吨和 1.63 亿吨，但消费总量则由基期实际的 1.30 亿吨分别增加到 2010 年和 2020 年的 1.59 亿吨和 2.07 亿吨，这表明玉米消费量增长的速度快于生产量增长的速度，导致玉米的产销余缺量由基期剩余 870 万吨变为 2010 年缺口 610 万吨，而 2020 年的缺口则达到了 4460 万吨。从玉米消费量的结构中可以看出，用以生产生物乙醇燃料的玉米工业消费量不断增加，用作该项目的玉米工业消费比重由基期的 10.5% 上升到 2010 年的 45.2% 和 2020 年的 63.2%。在玉米不再用作生物乙醇燃料生产原料的“对比方案”下，模拟结果显示，尽管玉米的产需缺口也会相应增加，但是与“基准方案”相比较而言，2010 年和 2020 年玉米产需缺口分别减少 830 万吨和 2940 万吨，分别占到玉米工业总消费量的 51.9% 和 154.2%。这表明尽管目前生物乙醇燃料使用不够广泛，但在国家大力发展生物燃料的趋势下，如果仍然继续采用玉米作为生物乙醇燃料的主要生产原料，对中国国内整体玉米的供求均衡很可能会埋下较大的缺口隐患。

大家普遍认为，国际能源价格上升和生物质燃料发展是推动全球过去两年和中国食品价格上涨的根本原因。这些因素不但增加了农产品的生产成本，而且拉动了用于生产生物质燃料的农作物及相关农产品如玉米等粮食作物的价格。更为重要的是通过加深农产品与能源市场的价格联动关系，许多食品价格会随石油价格的上涨而上升，同时带动了其他粮食产品价格的上升，这将不利于国家保障整体的粮食安全。

在本模型设计的“对比方案”当中，假设薯类等其他杂粮产品将取代玉米作为生物乙醇燃料生产的主原料，模拟结果显示，薯类的生产量将由基期实际的3480万吨分别增加到2010年

表7.18　国内粮食生产者补贴政策情景方案下粮食供求总量变化结果

			稻谷	小麦	玉米	大豆	薯类	杂粮	粮食
基期实际（2004—2006年）		播种面积	28.8	22.5	26.3	12.5	11.6	7.1	108.8
		生产量	180.7	98.0	138.4	16.6	34.8	15.2	483.7
		消费量	191.4	115.0	136.5	26.0	15.9	11.2	496.0
		产销余缺	-10.7	-17.1	1.9	-9.5	18.9	4.1	-12.4
基准方案	2010年	播种面积	30.0	23.1	27.2	12.4	11.5	6.7	110.9
		生产量	193.1	104.2	147.6	16.8	36.4	15.4	518.2
		消费量	204.5	122.4	145.5	26.9	16.0	11.0	531.5
		产销余缺	-11.4	-18.3	2.1	-10.1	20.3	4.4	-13.2
	2020年	播种面积	32.3	24.9	29.3	13.4	12.4	7.2	119.5
		生产量	207.3	111.9	158.5	18.1	39.1	16.6	556.4
		消费量	219.6	131.5	156.3	29.0	17.3	11.8	570.6
		产销余缺	-12.3	-19.6	2.2	-10.9	21.8	4.7	-14.2

续表

			稻谷	小麦	玉米	大豆	薯类	杂粮	粮食
对比方案	2010 年	播种面积	26.7	20.6	24.2	11.0	10.2	5.8	103.3
		生产量	172.3	92.9	131.7	14.9	32.4	13.6	462.7
		消费量	191.2	114.5	136.0	25.1	14.9	10.2	497.1
		产销余缺	-18.9	-21.5	-4.3	-10.2	17.4	3.4	-34.3
	2020 年	播种面积	25.5	19.7	23.1	10.5	9.7	5.6	99.0
		生产量	165.1	89.0	126.2	14.3	31.0	13.0	443.4
		消费量	192.0	114.9	136.6	25.2	15.0	10.2	499.0
		产销余缺	-26.9	-25.9	-10.4	-11.0	16.0	2.8	-55.7
区域情景	2010 年	播种面积	30.9	23.8	28.0	12.8	11.9	6.9	114.4
		生产量	198.7	107.3	151.9	17.3	37.4	15.8	533.4
		消费量	205.3	122.9	146.1	27.0	16.1	11.0	533.7
		产销余缺	-6.6	-15.7	5.8	-9.7	21.3	4.8	-0.2
	2020 年	播种面积	33.7	26.0	30.6	14.0	13.0	7.6	124.9
		生产量	216.2	116.7	165.3	18.9	40.8	17.3	580.1
		消费量	210.5	126.0	149.8	27.7	16.5	11.3	547.0
		产销余缺	5.7	-9.3	15.5	-8.8	24.3	6.0	33.1

说明：（1）播种面积单位为百万公顷；生产量、消费量和产销余缺单位为百万吨；（2）这里的粮食指的是本研究中所涉及的六种粮食合计。

资料来源：笔者根据 CWARMEM 模型模拟结果与模型基础数据库资料整理。

和 2020 年的 4250 万吨和 5280 万吨，消费量由基期实际的 1510 万吨分别增加到 2010 年和 2020 年的 3260 万吨和 5220 万吨。从薯类消费量的结构可以看出，用以生产生物乙醇燃料的薯类工业消费量不断增长，用作该项目的薯类工业消费比重上升到 2010 年的 72.1%% 和 2020 年的 86.4%。薯类的产销余缺在 2010 年仍然保持净剩余状态，但 2020 年会出现 40 万吨的缺口。

综合以上模拟结果的分析，可以认为，玉米在中国国内不是生产生物乙醇燃料的最好选择，而薯类等其他杂粮反而能够取得较好的效果。这主要是因为一方面从生产成本来看，薯类用种少，产量高，农田管理简单，需水量少，生育期短，可一年生产二到三茬，因此在与玉米的乙醇转化率相近的情况下，采用薯类的生产成本会降低；另一方面从区域发展来看，中国国内薯类的种植主要分布在干旱和山区，这些区域种植稻谷、小麦和玉米等主要粮食较少，因此可以相应增加这些地区种粮农民的收入，具有较好的经济效益和社会效益。当然，目前薯类作为生物乙醇燃料的生产原料仅仅有部分省份如安徽省在试点应用。这方面的生产技术还有待提高和推广应用。

八 国内粮食生产者补贴政策情景方案模拟结果及分析

（一）国内粮食生产者补贴政策情景方案下粮食播种面积和供求总量变化

从粮食播种面积的角度来看，基于模型模拟结果，预计在本情景“基准方案”下稻谷、小麦、玉米、大豆、薯类和其他杂粮的总播种面积将从基期的 1.09 亿公顷分别增加到 2010 年的 1.11 亿公顷和 2020 年的 1.20 亿公顷。从分品种的角度来看，稻谷、小麦、玉米三种主要粮食产品的播种面积均在增加，但大豆、薯类和其他杂粮播种面积均有所减少，这主要是因为粮食生产者补贴的品种主要是稻谷、小麦和玉米三种主要粮食。因此在“基准方案”中这三种产品的播种面积对于该补贴政策较为敏感。同时从“对比方案”即取消粮食生产补贴政策的情景模拟结果中可以发现，六种粮食产品的播种面积在 2010—2020 年间持续减少。2010 年粮食总播种面积将减至

1.03 亿公顷，而 2020 年则可能减至 9900 万公顷。这表明如果取消国内粮食生产者补贴政策的话，很可能会使种粮农民的生产积极性进一步降低，且在粮食比较利益更小的情况下，粮食总体播种面积会持续减少。相比较而言，从“区域情景”方案的模拟结果可以看出，若加大粮食主产区的粮食生产者补贴力度，播种面积在短期内不会提高太快，但从长期趋势来看，当粮食的比较利益增加到一定的程度时，这些区域增加的粮食播种面积会对全国粮食总播种面积的增加起到正强化的作用。在此种情景假设下，至 2020 年，粮食总播种面积可能会增加至 1.25 亿公顷。

从粮食供求总量的变化来看，粮食产销余缺量在三种情景方案下的变化也验证了粮食播种面积的变动特征，即如果取消国内粮食生产者补贴，那么各种粮食产品的产需缺口会增大，其中粮食主产区补贴力度加大能够弱化供求矛盾。

（二）补贴政策区域情景方案下粮食主产区粮食供求总量变化

表 7.19 显示了加大粮食主产区补贴力度情景方案下，六种粮食产品的优势区域（也是主产区）粮食播种面积变动和粮食供求总量变化情况。该种情景方案模拟结果显示，各种粮食品种的优势生产区域的粮食播种面积均会增加，产销余缺量也有不同程度的增长，同时不同粮食品种的产销余缺量在 2010—2020 年会发生不同的变化。

1. 稻谷。首先黑龙江省一直保持着稻谷余缺量最大的地位，且增长速度最快，在 2010 年和 2020 年该省的稻谷余缺量分别比基期增加了 10.8% 和 12.6%，达到了 860 万吨和 880 万吨。其次安徽省的稻谷余缺量增长较快，在 2010 年和 2020 年该省的稻谷余缺量分别比基期增加了 3.1% 和 9.5%。江苏、江西和湖南三省的稻谷播种面积也会增加，但增幅不大。而湖北省的稻谷在 2010 年和 2020 年的余缺量呈现稳中略降的趋势。

2. 小麦。河南省是中国小麦的最大主产区，其次是山东省。从模拟的结果来看，尽管河南省在 2010 年和 2020 年的余缺量仍然最大，但从相对变化率来讲，安徽和山东两省的小麦余缺量在 2020 年分别比基期增加了 21.4%、16.4%，河南省的变动率为 9.8%。这可能与基期河南省小麦的消费量较高有关，因为河南省的小麦加工企业占到了全国小麦加工企业的 85% 左右，因此河南省小麦工业消费量较高，导致其小麦的产销余缺量增长相对较缓。

3. 玉米。东北地区的吉林省、黑龙江省，华北地区的河北省、内蒙古地区以及山东省和河南省是玉米的主要产区。从模拟的结果来看，在加大这些地区粮食生产者补贴力度的情况下，相对于基期实际播种面积，辽宁省的播种面积在 2020 年的增长率最大，达到了 17.1%，河北省次之，达到了 16.8%。且至 2020 年，河南省和黑龙江省的玉米余缺量由基期的 360 万吨和 280 万吨上升到 380 万吨和 320 万吨，是 2020 年玉米产销余缺量居于前两位的省区。

4. 大豆。黑龙江省是中国大豆的主要产区之一，且一直保持大豆余缺量最大的地位，2010 年和 2020 年该省的大豆余缺量分别比基期增加了 5.8% 和 8.0%，达到了 260 万吨和 270 万吨。其他几个省份的大豆播种面积和粮食供求则保持相对稳定。这表明集中度越高的省区，加大粮食生产者补贴力度的效应会越大。

表 7.19 补贴政策区域情景方案下粮食主产区粮食供求总量变化结果

		基期实际（2004—2006 年）			与基期实际相比的变动率					
					2010 年			2020 年		
		面积	产量	余缺	面积	产量	余缺	面积	产量	余缺
稻谷	黑龙江	1.5	12.1	7.8	12.4	12.9	10.8	16.2	16.8	12.6
	江苏	2.1	17.9	4.9	6.1	6.3	5.9	8.2	8.5	7.7
	安徽	2.1	13.1	2.8	7.9	8.2	3.1	11.6	12.1	9.5
	江西	2.9	17.7	5.8	1.6	1.7	0.7	3.1	3.2	2.6
	湖北	2.0	15.2	4.2	0.3	0.4	0.2	1.9	2.0	1.0
	湖南	3.6	23.2	5.1	6.7	7.0	6.1	10.1	10.5	8.2
小麦	河北	2.2	11.5	0.6	7.6	7.9	4.3	22.7	23.4	12.7
	江苏	1.6	8.2	4.0	4.0	4.1	1.6	23.7	24.4	13.8
	安徽	2.1	9.7	4.3	1.2	1.3	1.1	27.6	28.5	21.4
	山东	3.1	18.9	2.8	4.3	4.4	2.0	25.3	26.1	16.4
	河南	4.9	28.2	7.7	3.1	3.2	2.4	25.5	26.4	9.8
	新疆	0.7	4.0	0.9	6.3	6.5	4.0	24.7	25.5	7.3
玉米	河北	2.6	12.8	1.0	6.4	7.7	6.7	16.8	20.2	84.5
	内蒙古	1.7	10.9	1.4	5.1	6.1	5.6	15.3	18.3	13.4
	辽宁	1.6	11.4	0.7	9.0	10.7	5.8	17.1	20.5	6.7
	吉林	2.8	19.8	2.6	8.6	10.3	6.8	14.6	17.5	10.6
	黑龙江	2.2	12.2	2.8	8.7	10.5	8.4	15.3	18.4	14.1
	山东	2.5	17.6	1.5	2.7	3.3	2.6	15.4	18.4	9.6
	河南	2.4	14.5	3.6	2.3	2.7	1.8	8.7	10.4	4.3
大豆	河北	0.4	0.4	0.2	3.7	3.8	2.5	8.3	8.5	4.3
	辽宁	0.3	0.4	0.1	8.3	8.6	6.9	7.9	8.2	5.1
	吉林	0.6	1.3	0.2	7.4	7.7	4.9	9.4	9.7	8.5
	黑龙江	3.9	6.2	2.5	7.1	7.4	5.8	10.0	10.3	8.0
	江苏	0.4	0.5	0.2	1.9	2.0	0.3	9.5	9.8	5.9
	安徽	1.0	1.1	0.2	4.4	4.5	1.0	6.4	6.6	5.1
	山东	0.3	0.7	0.4	1.7	1.7	0.7	10.5	10.8	8.7

续表

		基期实际（2004—2006 年）			与基期实际相比的变动率					
					2010 年			2020 年		
		面积	产量	余缺	面积	产量	余缺	面积	产量	余缺
薯类	内蒙古	0.5	1.7	0.2	1.7	4.1	3.8	10.8	11.9	6.1
	黑龙江	0.4	1.0	0.7	4.1	8.3	6.6	11.8	9.0	6.5
	湖北	0.4	1.6	1.0	8.3	4.4	2.1	9.0	12.4	6.1
	四川	1.2	4.7	3.5	4.4	5.8	4.4	12.4	9.4	6.2
	贵州	0.8	2.1	1.7	5.8	4.3	2.3	9.4	11.8	10.0
	陕西	0.3	0.7	0.5	4.2	8.1	2.2	11.7	10.9	4.2
	甘肃	0.5	1.7	1.1	8.0	10.4	8.3	10.9	16.8	11.2
杂粮	内蒙古	0.4	0.7	0.3	10.4	7.7	5.5	16.7	20.6	13.5
	辽宁	0.3	1.1	0.1	7.2	12.0	6.2	19.3	19.0	15.6
	江苏	0.2	0.9	0.2	11.2	10.1	8.0	17.8	21.8	14.7
	安徽	0.1	0.7	0.2	9.5	10.4	8.7	20.5	20.9	15.8
	四川	0.2	0.7	0.1	9.8	8.8	6.2	19.6	16.9	10.0
	甘肃	0.3	0.8	0.3	8.3	5.5	4.8	15.9	14.8	12.5

说明：（1）播种面积单位为百万公顷；生产量和产销余缺量单位为百万吨；（2）与基期实际相比的变动率单位为％。

资料来源：笔者根据 CWARMEM 模型模拟结果与模型基础数据库资料整理。

综合以上模拟结果的分析，可以认为，国内粮食生产者补贴对粮食播种面积的增加和粮食供求格局的平衡均起到了正方向的强化作用。在其他条件不变的情况下，若取消这一补贴政策，势必会影响粮食生产者的粮食生产收益和粮食生产积极性，这可能会导致粮食播种面积的减少和产需缺口的增大。同时我们研究发现，在加大粮食主产区补贴力度的情景方案下，能够很好地调动各种粮食产品优势产区粮食生产者的种粮积极性，从长期来看，这一效应会带来中国国内粮食整体播种面积的增加，粮食产量获得稳定和持续增长，粮食供求格局能够保持平衡状态。

九 人民币汇率变动情景模拟结果及分析

表 7.20 展示了不同人民币汇率变动情景下，CWARMEM 模型对 2010 年和 2020 年全国稻谷、小麦、玉米、大豆四种主要粮食产品的播种面积和产销余缺量的变化预测结果。为了便于比较预测结果与实际的变动情况，表 7.20 中同时列出了本模型基期（2004—2006 年均值）的相关实际数据。

从表 7.20 的模拟结果可以看出，在人民币汇率保持不变的“基准方案”下，稻谷、小麦和玉米分别在 2010 年和 2020 年会逐渐成为净出口的粮食产品，但大豆的净进口状态仍然会持续。同时稻谷的产销余缺量变动最大，与稻谷基期的产需缺口量相比较，2010 年和 2020 年稻谷的产需缺口会有所减小；小麦和大豆产需 缺口量也分别由基期的1705. 5万吨和946. 8万吨分别降至

表 7.20 人民币汇率变动情景方案下粮食进出口贸易与产销余缺量变化结果（万吨）

			稻谷	小麦	玉米	大豆
基期实际（2004—2006 年）		出口量	94. 9	106. 8	468. 8	38. 6
		进口量	67. 3	380. 3	2. 4	2503. 0
		净出口量	27. 7	-273. 5	466. 4	-2464. 5
		产销余缺	-1067. 8	-1705. 5	187. 5	-946. 8
基准方案	2010 年	出口量	180. 1	168. 8	563. 2	59. 8
		进口量	72. 6	40. 6	16. 0	3226. 7
		净出口量	107. 5	128. 2	547. 2	-3166. 8
		产销余缺	-216. 3	-1311. 1	836. 5	-974. 1

续表

			稻谷	小麦	玉米	大豆
基准方案	2020 年	出口量	478.2	237.0	627.1	129.3
		进口量	11.2	57.4	36.3	5110.0
		净出口量	467.0	179.7	590.7	-4980.6
		产销余缺	-225.0	-1400.3	905.2	-1038.6
低增长率方案	2010 年	出口量	156.2	146.4	488.5	51.9
		进口量	82.2	46.0	18.1	3654.5
		净出口量	74.0	100.4	470.4	-3602.6
		产销余缺	-217.1	-1315.8	839.6	-977.7
	2020 年	出口量	414.8	205.6	543.9	112.2
		进口量	12.7	65.0	41.2	5787.6
		净出口量	402.1	140.6	502.7	-5675.4
		产销余缺	-225.8	-1405.4	908.5	-1042.4
高增长率方案	2010 年	出口量	144.1	135.0	450.5	47.9
		进口量	87.1	48.7	19.2	3872.0
		净出口量	56.9	86.3	431.3	-3824.1
		产销余缺	-211.2	-1164.6	840.0	-978.2
	2020 年	出口量	372.0	184.4	487.7	100.6
		进口量	14.0	71.7	45.4	6385.2
		净出口量	358.0	112.7	442.3	-6284.6
		产销余缺	-236.0	-1462.2	914.0	-1054.9

资料来源：笔者根据 CWARMEM 模型模拟结果与模型基础数据库资料整理。

2010 年的 1311.1 万吨和 974.1 万吨，2020 年会有所回升，但增幅不大。与稻谷、小麦和大豆不同的是，在“基准方案”下，玉米的产销余缺量从基期的 187.5 万吨分别增加至 2010 年的 836.5 万吨和 2020 年的 905.2 万吨。

但人民币汇率的变动会显著影响国内粮食产品的进出口贸易和产销余缺量的变化。在“低增长率情景”，即人民币继续升值的情景下，稻谷、小麦、玉米和大豆的出口量均比“基准方案”在2010年分别减少了23.9万吨、22.4万吨、74.7万吨和7.9万吨，至2020年分别减少了63.4万吨、34.4万吨、83.2万吨和17.1万吨。在“高增长率方案”及人民币升值速度减缓的情景下，稻谷、小麦、玉米和大豆的出口量均较“低增长率情景方案”有所减少，但是进口量则有所增加。这是由于粮食的需求弹性较低，人民币升值，粮食产品的进口价格将会降低，这有利于粮食进口贸易增加，但不利于粮食出口贸易。

综合以上模拟结果及分析，可以认为，由于中国在短期内仍然是一个存在产需缺口的粮食净进口国，从适量平衡国内产需缺口的角度来看，在此种情景下适量的进口是有好处的；如果人民币汇率持续走低，那么粮食进口贸易量的增加也会影响国内粮食产品的市场价格，这不利于国内粮食生产者的收益增加。同时，人民币汇率的变动并非是影响中国粮食进出口贸易的充分条件，因为影响粮食进出口贸易的因素还有很多，例如关税、非关税性的绿色壁垒以及贸易伙伴国的经济政策等。同时从世界各国的实践来看，各国的货币变动都会影响这些国家的农业政策，中国是个农业大国，也是粮食生产和消费大国，在粮食国际市场贸易自由化加快的过程中，更需要关注人民币汇率变动尤其是人民币升值后对国内粮食进出口贸易以及国内粮食供求均衡格局的影响情况，从而采取各种有效的措施和实行有利于农业发展的政策法律法规，尽量使其对粮食国际贸易的不利影响降到最低。

第三节　本章小结

本章在充分审视、合理判断国内外农业与粮食发展的宏观与微观环境变化趋势的基础上，选择了“城市化与工业化进程导致耕地资源减少”、“农业水利灌溉设施完善带来粮食水资源利用率提高”、“粮食生产技术进步”、“人口自然增长”、“农村劳动力跨区域流动”、“经济增长过程中城乡居民收入提高引起的食品消费结构变化”、“生物乙醇燃料应用和发展对中国粮食需求结构的变化影响”、“国内粮食生产者直接补贴政策变化”、“人民币汇率变动”九种不同情景，利用本研究所构建的 CWARMEM 模型进行了不同情景方案的模拟，并对模拟结果进行比较和分析。可以得到如下九点简要结论：

1. 耕地资源情景的模拟结果表明，在工业化和城镇化持续发展的过程中，粮食播种面积减少的趋势不可逆转，依靠粮食播种面积的扩大来增加粮食总产量已不现实。在粮食消费需求增长速度大于产量增加的情况下，通过保护耕地，尤其是保护有粮食增产潜力的西部地区和目前仍为粮食主产区的中部地区的耕地是保证中国粮食供求均衡，避免中国粮食供求产需缺口过大的基础。

2. 水资源情景的模拟结果表明，随着国家对西部地区农业投入和支持力度的不断增加，干旱区域的农业水利设施会得到不断完善，有效灌溉面积也会不断增加，这将有利于提高这些省区的粮食单产，从而开发和提高这些区域的粮食生产潜力，有利于中国整体粮食综合生产能力的不断提高，缓解国内粮食供求矛盾，保障国家的整体粮食安全。

3. 农业科技进步情景的模拟结果表明，随着国家农业科技投入和支持力度的不断增加，农业科技进步水平会不断提高。同时农业科技推广人员的增加也将有利于新生产技术的广泛应用，这将会提高这些省区的粮食单产，从而不断提高中国整体粮食综合生产能力，缓解国内粮食供求矛盾，保障国家的整体粮食安全。

4. 人口自然增长情景的模拟结果表明，随着人口刚性自然增长，尤其是在逐步加快的城镇化进程当中，粮食供求矛盾可能会进一步加剧，粮食产需缺口不断扩大，尤其是对于一个需要实现高自给率的粮食消费大国来讲，中国粮食安全形势在未来不容乐观。可以认为，如果在今后一段时期内，粮食增产没有太大突破，且国家粮食储备逐渐不充裕的情况下，大规模进口粮食来满足国内众多人口的粮食消费需求现象将不可避免，尤其是小麦、玉米、大豆和一些其他杂粮。

5. 农村劳动力跨区域流动情景的模拟结果表明，在考虑粮食供求区域均衡问题的同时，需要将农村劳动力跨区域流动的影响因素纳入考虑范围。随着中国区域经济发展差异的进一步凸现，经济发达地区尤其是作为粮食主销区的广东、浙江、上海、北京等省市的粮食产需缺口会进一步加大，粮食供求区域失衡程度可能会更加严重。这就需要在合理协调这些省区经济发展与保护一定的粮食生产能力的同时，完善国内粮食流通体制改革和发展粮食物流运输设施，平衡粮食主销区和粮食主产区的粮食供求，从而保证各区域的粮食安全。

6. 城乡居民收入变动情景的模拟结果表明，人均口粮消费下降，但粮食口粮消费总量平稳略增，在一定时期内，粮食口粮消费在中国粮食消费中的地位至关重要；随着城乡居民收入和生活水平的不断提高，对精深加工粮食的需求已成为一种消费趋势；同时粮食的饲料化和工业化消费趋势会影响粮食供求均衡格局的变动，而区域之间经济发展的不平衡所带来的不同区域城乡居民收入增长的不同趋势会影响粮食消费结构的变动。

7. 生物乙醇燃料应用情景的模拟结果表明，玉米在中国国内不是生产生物乙醇燃料的最好选择，相应地，薯类等其他杂粮反而能够取得较好的效果。但由于目前薯类作为生物乙醇燃料生产原料仅有部分省份如安徽省在试点应用，这方面的生产技术还有待提高和推广应用。

8. 国内粮食生产者补贴政策变动的情景模拟结果表明，国内粮食生产者补贴对粮食播种面积的增加和粮食供求格局的平衡均起到了正方向的强化作用，在其他条件不变的情况下，若取消这一补贴政策，势必会影响到粮食生产者的粮食生产收益和粮食生产积极性，这将可能导致粮食播种面积的减少和产需缺口的增大。我们的研究还发现，在加大粮食主产区补贴力度的情景方案下，能够很好地调动各种粮食产品的优势产区粮食生产者的种粮积极性，从长期看，这一效应会带来中国国内粮食整体播种面积的增加，粮食产量获得稳定和持续发展，粮食供求格局能够保持平衡状态。

9. 人民币汇率变动情景的模拟结果表明，因为中国在短期内仍然是一个存在产需缺口的粮食净进口国，从适量平衡国内产需缺口的角度来看，在此种情景下适量的进口有一定的益处；但如果人民币汇率持续走低，那么粮食进口贸易量增加也会影响国内粮食产品的市场价格，这将不利于国内粮食生产者收益的增加。

第八章　结论及政策启示

第一节　主要结论

本书在对国内外有关中国粮食供求均衡研究理论与实证研究成果进行比较系统、全面综述的基础上，首先，利用 1978 年以来中国国内 31 个省区的粮食供求面板数据，分别从全国和省区两个层次上统计性描述了中国近三十年粮食生产、消费和贸易格局的历史变化情况，并基于空间计量经济学理论与方法，运用 Panel Data，结合空间计量模型，着重从粮食自然与生产条件、粮食生产技术与效益因素、人口与区域发展因素以及粮食政策因素四个方面综合分析了导致粮食区域格局变化的主要原因。其次，在合理审视与判断国内外影响中国粮食生产、消费和贸易格局变化的关键问题的基础上，具体设计了耕地资源变化、水资源约束、农业生产技术进步、人口自然增长、农村劳动力跨区域流动、城乡居民收入变动、生物乙醇燃料应用、国内粮食生产者补贴政策变动以及人民币汇率变动九种不同的模型模拟情景方案。最后，基于国际上广泛采用的“多市场、多区域局部均衡模型”理论与结构，将中国粮食问题纳入世界粮食市场的体系中，以稻谷、小麦、玉米、大豆、薯类、其他杂粮九种主要粮食产品为主要研究对象，构建了共涉及 18 种（类）主要农产品和将中国各省区与世界其他国家划分为57个区域的“中国—世界农业区域市场均衡模型（简称CWARMEM）”；并采用CWARMEM模型进行模拟分析，展示了不同情景下中国省区之间、粮食品种之间在生产、需求和贸易方面出现的各种模拟结果，模拟分析了全球化背景下中国粮食供求区域均衡变化趋势。根据上述理论研究和实证分析，本书得出以下主要结论。

一　改革开放以来中国粮食供求区域均衡格局已发生明显变化

1978年以来中国粮食生产逐步向农村劳动力报酬较低、农民家庭非农业收入占总收入的比例较小和人均耕地资源相对丰富的地区转移和集中；粮食口粮消费稳中有降，饲料粮消费迅猛增长，工业消费不断增加；虽大豆进口总量不断增加，但中国粮食总体净进口量有所下降。

这表现在：在生产方面，稻谷生产在南方传统产区缩减的同时向东北地区扩展，小麦生产在东北、西南地区缩减的同时向华东和中南地区集中，而玉米生产则在东北、西南地区缩减的同时主要向华北、中南地区集中。这种区域相关性在稻谷生产中的表现尤为明显。在消费方面，粮食口粮消费总量不断增加，但占粮食总消费的比重下降了；饲料粮消费量随着畜牧业的不断发展和城乡居民收入的不断提高所带来的食物消费结构升级而不断增加，且其占粮食消费的比重逐步上升。从短期看，种子的消费总需求相对稳定；但从长期看，科技含量高的优质种子消费需求会增加；粮食工业用粮消费量不断增加，尤其是玉米的工业用粮比重不断提高；粮食的损耗及其他消费需求总量不断上涨，但占粮食总消费需求的比重稳中略降。在贸易方面，从粮食贸易总量来看，由于中国国内粮食供求仍然处于“紧平衡”状态，同时受到近些年来人民币汇率和国际市场粮食价格不断上升的影响，中国粮食进口相对增长率在减缓，而净进口贸易量也进一步减少；从粮食贸易产品结构来看，中国稻谷和玉米主要以净出口为主，但从发展趋势来看，稻谷和玉米净出口贸易量会不断减少，其中玉米减幅相对较大，而中国由传统的小麦净进口地位已转变为净出口地位，同时大豆依然是中国粮食进口贸易产品结构中的主要粮食品种；从粮食贸易市场结构来看，中国稻谷出口市场相对分散，进口市场较为集中在泰国、越南等国家；中国小麦进出口市场均较为集中，但在近十年间，出口市场结构变动较大，进口市场结构较为稳定地集中在周边亚洲国家，中国玉米进出口市场均集中在美国和阿根廷，而中国大豆出口市场结构逐步分散，但进口市场仍然集中在美国、巴西和阿根廷三个国家。

二 人口和区域发展是影响中国粮食供求区域变化的关键因素

除了自然生产条件与技术经济效益因素的影响外，人地关系、劳动力报酬和非农就业是影响中国粮食供求区域变化的关键因素。

实证研究结果表明，中国粮食生产已逐步向农村劳动力报酬较低、农民家庭非农业收入占总收入的比例较小和人均耕地资源相对丰富的地区转移和集中。在市场化、城市化与工业化深入发展的新形势下，随着中国地区经济发展差距的不断扩大及经济欠发达地区农村劳动力向当地非农产业转移或向发达地区流动的规模扩大，中国未来粮食生产的区域格局可能会进一步发生重大变化。自然条件适宜、人均耕地资源丰富、水利基础设施较好的欠发达地区，其粮食生产规模将会扩大，而在人地关系紧张、农村劳动力报酬较高和农民非农就业机会较多的经济发达地区，其粮食产量将会进一步萎缩。在经济发展相对落后的粮食主产区，随着当地经济的进一步发展和农民非农就业机会的增加，如果不采取有效的粮食支持政策，其粮食生产将难以保持持续的增长态势。这预示着人地关系、非农就业与劳动报酬的地区变化将是影响未来中国粮食生产区域均衡发展乃至国家粮食安全的关键因素。

三　粮食自然及生产条件的变动影响粮食综合生产能力的提高

城镇化和工业化过程中导致的耕地资源减少使得中国粮食播种面积不断减少，其中粮食主产省区的城镇化快速发展对中国粮食总体播种面积的变动影响最为显著。

耕地资源情景的模拟结果表明，因受到工业化和城镇化持续发展过程中耕地不断减少的影响，土地机会成本不断上升，而粮食比较收益较低，使得中国粮食播种面积在总体上会呈现逐年下降的趋势。如果国内各省区城镇化按照统一的基期增长率发展，那么在耕地资源不断减少的情景下，粮食总体播种面积会不断减少，但幅度不会太大。玉米和大豆的播种面积会出现先增加后减少的情形。同时随着中部经济的崛起和发展，一些中部地区如湖南和湖北两省的粮食播种面积在近年来已呈现出稳中有降的局面。因此从长期来看，随着粮食主产区经济发展速度的加快，尤其是工业化和城镇化进程的不断推进，这些省份的粮食播种面积的减少可能会带来中国整体粮食播种面积的大幅度减少。

农村水利灌溉设施的完善，尤其是西北干旱区域有效灌溉面积的增加对提高粮食单产，稳定粮食产量可以起到有力的保障作用。

水资源情景的模拟结果表明，不同粮食生产区域有效灌溉面积的增加会影响粮食单产的变动，从而引发中国粮食供求总量的变动。从分品种的角度来看，在六种粮食产品中，玉米和大豆的单产增长速度最快，而稻谷、小麦、薯类和其他杂粮的增长速度相对缓慢；从区域的角度来看，在不断增加对西部地区水利设施投入的情况下，有效灌溉面积的增加有利于粮食生产供水的保证，从而比增加水资源相对丰富的东部地区的有效灌溉面积更能增加中国整体的粮食单产。因此，随着国家对西部省区农业投入和支持力度的不断增加，干旱区域的农业水利设施会得到不断完善，有效灌溉面积也会不断增加，这将有利于提高这些省区的粮食单产；开发和提高这些区域的粮食生产潜力，有利于中国整体粮食综合生产能力的不断提高，可以缓解国内粮食的供求矛盾，保障国家的整体粮食安全。

农业科技进步是当前突破粮食单产的重要因素，且不同农业科技进步增长率对粮食单产提高的影响效应不同。

农业科技进步情景的模拟结果表明，随着国家农业科技投入和支持力度的增加，农业科技进步水平会不断提高，同时农业科技推广人员的增加也有利于新生产技术的广泛应用，这将会提高产粮区的粮食单产，从而有利于中国整体粮食综合生产能力的不断提高，缓解国内粮食供求矛盾，保障国家的整体粮食安全。从分品种的角度来看，在六种粮食产品中，玉米和大豆的单产增长速度最快，而稻谷、小麦、薯类和其他杂粮的增长速度相对缓慢，这主要是因为相对于后面四种粮食产品，玉米和大豆的转基因生物技术更为成熟，且已经应用到实际粮食生产当中。因此可以认为，随着农业科研投入的增加和农业科技推广人员的增多，这两种粮食产品的生产技术推广会更为广泛，而转基因生物技术的应用将会进一步提高玉米和大豆的单产。

加大对国内粮食主产区的粮食生产者补贴力度有利于稳定中

国整体粮食播种面积，提高国内粮食综合生产能力。

国内粮食生产者补贴政策变动的情景模拟结果表明，国内粮食生产者补贴对粮食播种面积的增加和粮食供求格局的平衡均起到了正方向的强化作用。在其他条件不变的情况下，若取消这一补贴政策，势必会影响粮食生产者的粮食生产收益和粮食生产积极性，这将会导致粮食播种面积的减少和产需缺口的增大。同时我们的研究发现，在加大粮食主产区补贴力度的情景方案下，能够很好地调动各种粮食产品的优势产区粮食生产者的种粮积极性，从长期来看，这一效应会带来中国国内粮食整体播种面积的增加，粮食产量得到稳定和持续发展，粮食供求格局能够保持平衡状态。

四　居民消费升级和生物能源发展会导致中国粮食需求结构发生变动

总人口的刚性增长及各区域城镇化率的不断提高使中国粮食总需求量不断增长，是造成国内粮食产需缺口增大的主要推动力。

人口自然增长情景的模拟结果表明，随着人口刚性自然增长，尤其是在逐步加快的城镇化进程当中，粮食供求矛盾可能会进一步加剧，粮食产需缺口不断扩大，尤其是对于一个需要实现高自给率的粮食消费大国来讲，中国粮食安全形势在未来不容乐观。

农村劳动力跨区域流动会影响粮食主产区和粮食主销区的粮食供求均衡格局。

农村劳动力跨区域流动情景的模拟结果表明，在考虑粮食供求区域均衡问题的同时，需要将农村劳动力跨区域流动的影响因素纳入考虑范围。随着中国区域经济发展差异的进一步凸现，经济发达地区尤其是作为粮食主销区的广东、浙江、上海、北京等省市的粮食产需缺口会进一步加大，粮食供求区域失衡程度可能会更加严重。这就需要在合理协调这些省区经济发展与保护一定的粮食生产能力的同时，完善国内粮食流通体制改革和发展粮食物流运输设施，平衡粮食主销区和粮食主产区的粮食供求，从而保证各区域的粮食安全。

城乡居民收入不断增长使得粮食消费需求总量和粮食消费结构发生变化，且存在区域之间的差异。

城乡居民收入变动情景的模拟结果表明，在城乡收入不断增加的情况下未来中国粮食消费发展趋势可能会表现出以下几个特征：人均口粮消费下降，但粮食消费口粮总量平稳略增。在一定时期内，粮食口粮消费在中国粮食消费中的地位至关重要。这主要是由中国城乡居民的粮食消费习惯和城镇化程度决定的。当然从长期来看，这些消费偏好的改变会在一定时期内导致中国口粮消费总量的下降；口粮消费日趋求精，粮食消费结构不断完善。随着城乡居民收入和生活水平的不断提高，对精深加工粮食的需求成为一种消费趋势。人们的粮食消费结构和营养水平得以不断完善和提高，这也将带动中国粮食深加工业的同步发展；粮食的饲料化和工业化消费趋势影响粮食供求均衡格局的变动。随着城乡居民生活水平的不断提高，城镇化建设速度的不断加快，人们对肉、蛋、奶的消费需求日趋旺盛，因此粮食饲料消费量的比重将会越来越高；区域之间经济发展的不平衡所带来的不同区域的城乡居民收入增长的不同趋势会导致粮食消费结构的变动。

玉米的工业消费需求量可能会因生物乙醇燃料推广应用而不断增加，使得玉米的饲料消费比重下降，不利于粮食整体安全；薯类则有较明显的正方向替代效应。

生物乙醇燃料应用情景的模拟结果表明，玉米在中国国内不是生产生物乙醇燃料的最好选择，相应地，薯类等其他杂粮反而能够取得较好的效果。这主要是因为一方面从生产成本的角度看，薯类用种少，产量高，农田管理简单，需水量少，生长期短，可一年生产二到三茬，因此在与玉米的乙醇转化率相近的情况下，采用薯类的生产成本会降低；另一方面从区域发展的角度来看，中国国内薯类的种植主要分布在干旱地区和山区，而这些区域种植稻谷、小麦和玉米等主要粮食较少，因此可以相应增加这些地区种粮农民的收入，具有较好的经济效益和社会效益。当然，目前薯类作为生物乙醇燃料的生产原料仅有部分省份如安徽省在试点应用，这方面的生产技术还有待提高和推广应用。

五　贸易条件变化对中国粮食进出口贸易变动有显著影响效应

人民币汇率变动对中国粮食进出口贸易变动有显著影响效应。

人民币汇率变动情景的模拟结果表明，中国在短期内仍然是一个存在产需缺口的粮食净进口国，因此，从适量平衡国内产需缺口的角度来看，在此种情景下适量的进口是有好处的。但如果人民币汇率持续走低，那么粮食进口贸易量的增加也会影响国内粮食产品的市场价格，这不利于国内粮食生产者的收益增加。同时，人民币汇率的变动并非是影响中国粮食进出口贸易的充分条件，因为影响粮食进出口贸易的因素还有很多，例如关税、非关税性的绿色壁垒以及贸易伙伴国的经济政策等。从世界各国的实践来看，各国的货币变动都会影响这些国家的农业政策，中国是个农业大国，也是粮食生产和消费大国，在粮食国际市场贸易自由化进程加快的过程中，更需要关注人民币汇率变动尤其是人民币升值后对国内粮食进出口贸易以及国内粮食供求均衡格局的影响情况，从而需要采取各种有效的措施和实行有利于农业发展的政策法律法规，尽量使其对粮食国际贸易的不利影响降到最低。

第二节 政策启示

基于本研究的分析及上述主要研究结论，笔者认为，以下几方面的政策建议将对实现中国粮食供求格局的长期稳定和均衡发展具有重要的参考意义。

一 构建科学、合理的中国粮食生产区域布局

粮食生产的发展必须稳定粮食播种面积，并要适应粮食生产区域重心的变化，构建一个科学、合理的粮食生产区域格局。

本研究的结论表明，在市场化、城市化与工业化深入发展的新形势下，东南沿海经济发达省份粮食播种面积持续大量减少，已经从粮食盈余或基本自给状态逐渐变为粮食大量调入省区；长江中下游的中部省区虽然仍是中国粮食的主产区之一，但其盈余量逐年减少；山东、河南等省区保持着商品小麦的主体供给地位；东北地区已成为重要的稻谷、玉米等商品粮供应地；西部地区随着退耕还林还草等工程的实施，粮食生产能力降幅虽然不大，但小麦、水稻的需求量明显增加。总体而言，中国粮食流通格局正呈现出“北粮南运”、“中粮西运”的态势，粮食生产地域重心发生了由南向北、由东向中的逐渐转移。因此在稳定粮食播种面积的同时，科学地规划粮食生产区域布局，有利于更大程度地发挥粮食生产比较优势，提高粮食综合生产能力。

二 保护和改善中国粮食可持续发展的生产条件

保护耕地，尤其是保护有粮食增产潜力的西部地区和目前仍

为粮食主产区的中部地区的耕地是保证中国粮食供求均衡，避免中国粮食供求产需缺口过大的基础。

耕地资源情景的模拟结果表明，在中国工业化和城镇化持续发展的过程中，粮食播种面积减少的趋势不可逆转，依靠粮食播种面积的扩大来增加粮食总产量已不现实。在粮食消费需求增长速度大于产量增加的情况下，通过保护耕地，尤其是保护有粮食增产潜力的西部地区和目前仍为粮食主产区的中部地区的耕地是保证中国粮食供求均衡，避免中国粮食供求产需缺口过大的基础。因为从长期来看，中西部地区经济持续增长的趋势不可避免，工业化和城镇化程度也在不断提高，若这些均以不断减少耕地为代价的话，将很可能会导致粮食播种面积的持续大幅度减少，这对中国未来整体的粮食安全将埋下一定的隐患。

强化农田水利设施建设，尤其是完善粮食主产区水利灌溉设施，努力扩大灌溉面积；积极发展旱作节水农业，加强耕地质量建设，确保耕地的持续产出能力稳步提高，不断增强耕地持续利用和粮食生产用水资源高效转化水平。

干旱地区水资源短缺已成为中国尤其是北方粮食主产区域粮食增产的一大制约因素，同时由于化肥农药的过多施用所导致的水体污染也较为严重，因此支持粮食主产区特别是中部和西部、东北粮食主产区加快中小型农田水利设施建设，扩大农田有效灌溉面积，提高排涝和抗旱能力，是提高粮食生产用水效率，保证粮食产量稳定增长的基础。

增加农业科技投入，同时重视和加快农业新技术的推广应用，提高粮食单产，保证粮食产量的稳定增长。

由于城市化进程所导致的建筑用地需求增加以及生态退耕、灾毁耕地、农业种植结构调整等因素的影响，耕地面积呈持续下降趋势。即使政府采取耕地保护措施，受耕地总面积的制约，粮食种植面积大幅度增加的困难也较大，依靠土地资源投入维持的增产缺乏可持续性，粮食增产有赖于育种、化肥、机耕等科技进步推动的单产提高。这需要一方面重视并加大农业科技投入，提高农业科技成果利用的转化率；另一方面增加农业科技推广应用人员，完善农业科技推广机制，推广粮食新品种和新技术，帮助农民合理决策和提高粮食生产效率。目前由于粮食生产的比较利益较低，部分粮食主产区青壮年农村劳动力大量转移到非农产业，使得真正从事粮食生产的劳动力素质有所下降，这可能会阻碍粮食新技术的应用和推广，从而无法提高粮食单产，影响粮食产量的稳定增长。因此需要重点加强粮食生产科技创新、转化和应用体系的建设。

三　适度提高部分粮食主销省区的粮食自给率

适当遏制粮食主销区粮食播种面积减幅过大的趋势，适度提高粮食主销区的粮食自给率。

目前粮食主销区主要是经济发达地区，工业化和城镇化程度较高，耕地减少的幅度较大，导致粮食供给能力不断下降。这些地区外来流入的劳动力数量日益增多，加大了该区域的粮食消费需求总量，因此这也加剧了粮食主销区粮食供求失衡的程度。尽管国内粮食市场已完全放开，粮食流通体制、粮食的物流运输体系和运输设施也逐步完善，应该说，粮食主销区从粮食主产区调运粮食的能力比以前均有所提高，但是需要指出的是，粮食生产在很大程度上仍然是“靠天吃饭”。如果在粮食生产和粮价正常平稳的年份，一个粮食自产自给率低的省份粮食供给能力是不会有太大问题的。但是一旦遇到自然灾害，粮食主产区大幅减产，粮价居高不下，出现周边区域也没有足够粮食供应等情况，该省的粮食安全问题就会马上凸现出来。从区域的角度来讲，这不利于本省的粮食安全。因此，在不强调区域内绝对的粮食供求平衡背景下，应该协调经济发展与耕地面积不断减少，粮食供给不足与需求增加之间的矛盾，适度提高粮食主销区的粮食自给率是有必要的。

四　开发非主要粮食作物为生物燃料的生产原料

鼓励开发新的非主要粮食作物作为生物燃料生产的主要原料。

本研究模型的生物乙醇燃料情景模拟结果显示，若继续以玉米作为其原材料，可能会加大玉米的工业消费量，减少玉米的饲料消费量，一方面，这可能导致玉米价格的持续上升，对国内其他粮食产品的价格也会产生联动效应；另一方面在长期趋势下，中国国内玉米缺口会增大，不利于玉米的供求平衡。而在不采用玉米而采用薯类作为原料生产生物乙醇燃料的假设下，则会在一定程度上弱化玉米的供求矛盾。同时采用其他的非粮食作物作为生物乙醇燃料生产的主要原料，还有利于拓宽农民增加收入的渠道。

五　构建区域差异化粮食生产者补贴政策体系

细化粮食生产者补贴发放方式，加大中央财政向粮食主产区的转移支付力度，提高中央财政转移支付对主产区补贴资金的比例，构建区域差异化的粮食生产者补贴政策体系。

粮食生产者补贴政策是提高农民收入、保障粮食安全的一项重要政策措施。从本书的研究中可以看出，由于粮食补贴发放方式主要与粮食播种面积挂钩，且与当地经济状况明显相关，粮食主产区生产者补贴远低于粮食主销区，这就导致了粮食生产者补贴政策措施对提高农民种植粮食积极性的限制。因此，要坚持保证粮食安全与增加农民收入的一致性，各级政府应把粮食作为基础性公共产品来对待，粮食直接补贴资金的使用应遵照向粮食主产区倾斜，向种粮面积多、产量高的区域倾斜的原则，采取多种惠农政策，不断增加农民收入，特别是增加粮食主产区农民的收入，调动农民种粮积极性，从而保证粮食安全。

六 探索粮食主销区支持粮食主产区的利益机制

合理调整粮食主产区和主销区的关系，探索粮食主销区支持粮食主产区的机制，建立对粮食主产区的补偿机制，平衡粮食主产区和粮食主销区的利益。

目前的粮食风险基金是中央和地方政府按照一定比例配套设置的。粮食主产省将粮食调往粮食主销区时，实际上将粮食风险基金的一部分补给了粮食调入省份，这样就形成了穷省补贴富省的现象，这种反常的补贴政策严重打击了粮食主产地区的生产积极性。而粮食安全不仅仅是粮食主产区的事，更是粮食调入省份的事，不能让经济相对落后的粮食主产区来承担这个责任，必须建立产销区粮食利益平衡机制。建议适当降低主产区粮食风险基金中地方财政的自筹比例，从经济发达的主销区省份根据其粮食调入量或占用的耕地数量，收取补偿金给中央财政，形成粮食安全基金，也可以将土地出让金的一部分归集到中央作为粮食安全基金的来源，中央财政根据粮食调出省份粮食调出的数量给予适当补贴。同时还可以考虑签订长期粮食生产订单，粮食主销区对主产区农民进行补贴；也可以通过减免税收、财政补贴等优惠措施，鼓励主销区企业到主产区建立粮食生产基地或主产区粮食收购企业到主销区建立贮备设施。通过这些途径，建立粮食主产区和粮食主销区之间粮食和经济利益之间互惠互利的关系，构建粮食主销区向粮食主产区分摊粮食的成本机制。

七　整合中国国内及国际两个粮食市场资源

合理利用国内国际两个市场，减少农业生产成本，提高农业的国际竞争力。

随着经济全球化的发展和中国逐步融入世界粮食市场体系中，中国的粮食安全问题与国际粮食市场的联系更加紧密，国际市场粮食数量、价格变化对中国粮食市场有着较大影响。一方面，中国粮食安全主要立足国内生产和储备保障；另一方面，在人民币不断升值的大背景下，可以适当进口一些中国短缺的或生产成本高的粮食品种，也可以利用国外资源增加粮食生产，这样做可以大大降低中国农产品的生产成本。目前，中国农产品的生产成本已经超过了国外农产品的生产成本，因此还有很大的下降空间。此外，由于人民币升值对于中国从国外进口生产资料十分有利，因为人民币升值意味着国外进口商品的价格下降，可以以更优惠的价格来购买生产资料，对于中国农产品出口价格的下降有着积极的意义。在对粮食数量安全和质量安全同等重视的情况下，国家必须在引进和研发更多的先进技术来稳定粮食产量的同时提高粮食的质量。

参考文献

ABARE. "The MEGABARE Model: Interim Documentation." Australian Bureau of Agricultural and Resource Economics Working Paper, 1996: 1 – 71.

Agcaoili-Sombilla, M. C. & Rosegrant, M. W. "South Asia and the Global Food Situation: Challenges for Strengthening Food Security." *Journal of Asian Economics*, 1996, 7 (2): 265 – 292.

Almon, C. "The INFORUM Approach to Inter-Industry Modeling." *Economic Systems Research*, 1991, 3 (1): 1 – 7.

Anselin, L. & Rey, S. J. "Introduction to the Special Issue on Spatial Econometrics." *International Regional Science Review*, 1997, 20 (1): 1 – 7.

Anselin, L. *Spatial Econometrics.* Dallas: University of Texas, 1999: 1 – 80.

Anselin, L. *Spatial Econometrics: Methods and Models.* Dordrecht: Kluwer Academic, 1988: 1 – 20.

Aroca, P., Guo, D. & Hewings, G. J. D. "Spatial Convergence in China: 1952 – 99." United Nations University (UNU) – World Institute for Development Economics Research (WIDER) Research Paper No. 2006/89, 2006: 1 – 18.

Balestra, P. & Nerlove, M. "Pooling Cross Section and Time Series Data in the Estimation of a Dynamic Model: The Demand for Natural Gas." *Econometrica*, 1966, 34 (3): 585 - 612.

Baltagi, B. H., Song S. H. & Koh, W. "Testing Panel Data Regression Models with Spatial Error Correlation." *Journal of Econometrics*, 2003, 117 (1): 123 - 150.

Britz, W. "CAPRI Modeling System Documentation." Common Agricultural Policy Regional Impact Analysis Report, Boon, August, 2005: 1 - 133.

Brown, D. K., Deardorff, A. V. & Stern, R. M. "A North American Free Trade Agreement: Analytical Issues and A Computational Assessment." *World Economy*, 1992, 15 (1): 11 - 30.

Brown, L. R. *Who will feed China? Wake-up Call for a Small Planet.* New York: W. W. Norton and Company, 1995: 12 - 31.

Burniaux, J. M. & Mensbrugghe, V. D. "A Rural/Urban - North/South General Equilibrium Model for Agricultural Policy Analysis." OECD Economics Department Technical Papers No. 33, 1990: 1 - 15.

Cagatay S. "Agricultural Multi-Country, Multi-Commodity Trade Models." *METU Studies in Development*, 1996, 23 (2): 1 - 9.

Cagatay, S. & Saunders Carolin. "Lincoln Trade and Environment Model (LTEM): An Agricultural Multi-Country, Multi - Commodity Partial Equilibrium Framework." *Research Report* 254, 2003 (5): 1 - 47.

Chambers, R. G. "On the Design of Agricultural Policy Mechanisms." *American Journal of Agricultural Economics*, 1992, 74 (3): 646 - 654.

Cliff, A. D. & Ord, J. K. *Spatial Processes: Models and Applications.* London: Pion, 1981: 1 - 89.

Conforti, P. & Londero, P. "AGLIK: The OECD Partial Equilibrium Model." *The National Institute of Agricultural Ecnonmics (INEA) Working Paper*, No. 8, 2001: 1 - 13.

Driscoll, J. C. & Kraay, A. C. "Consistent Covariance Matrix Estimation with Spatially Dependent Panel Data." *The Review of Economics and Statistics*, 1998, 80 (4): 549 - 560.

Druska, V. & Horrace, W. C. "Generalized Moments Esitimation for Spatial Panel Data: Indonesian Rice Farming." *American Journal of Agricultural Economics*, 2004, 86 (1): 185 - 198.

Elhorst, J. P. "Specification and Estimation of Spatial Panel Data Models." *International Regional Science Review*, 2003, 26 (3): 244 - 268.

Epstein, L. G. "Duality Theory and Functional Forms for Dynamic Factor Demands." *The Review of Economic Studies*, 1981, 48 (1): 81 - 95.

Fan, S. & Agcaoili - Sombilla, M. "Why Projections on China's Future Food Supply and Demand Differ." *Australian Journal of Agricultural and Resource Economics*, 1997, 41 (2): 169 - 190.

Fan, S. "Effects of Technological Changes and Institutional Changes on Production Growth in Chinese Agriculture." *American Journal of Agricultural Economics*, 1991, 73 (2): 266 - 275.

Fan, S. G. & Wailes, E. J. "Household Demand in Rural China: A two-stage LES - AIDS model." *American Journal of Agricultural Economics*, 1995, 77 (1): 54 - 62.

FAO. "Crop Prospects and Food Situation." *FAO Discussion Paper*,

2008 (1): 1 - 36.

FAO. "Medium-term Prospects for Agricultural Commodities: Projection to the Year 2010." *FAO Discussion Paper*, 2005: 1 - 180.

FAO. "The FAO World Food Model-Model Specification, Supplement to FAO Agricultural Commodity Projections to 1990." *FAO Report* ESC/M/86/4, 1986: 1 - 23.

FAO. "The World Food Model Specification." FAO Mimeograph ESC/M/93/1, 1993: 1 - 16.

FAPRI. "The FAPRI Modeling System at CARD: A Documentation Summary." Center for Agricultural and Rural Development (CARD) Iowa State University Technical Report 89 - TR 13, 1989: 1 - 63.

Fingleton, B. "A Generalized Method of Moments Estimator for A Spatial Panel Model with an Endogenous Spatial Lag and Spatial Moving Average Errors." *Empirical Economics*, 2008, 34 (1): 35 - 57.

Francois, J. F. & Reinert, K. A. *Applied Methods for Trade Policy Analysis: A Handbook.* Cambridge: Cambridge University Press, 1997: 237 - 251.

Francois, J. F., McDonald, B. & Nordstrom, H. "Assessing the Uruguay Round." Martin, W. & Winters, L. A. *The Uruguay Round and Developing Economies.* Cambridge: Cambridge University Press, 1995: 1 - 10.

Furuya, J. & Koyama, O. "Impacts of Climatic Change on World Agricultural Product Markets: Estimation of Macro Yield Functions." *Japan Agricultural Research Quarterly* (JARQ), 2005, 39 (2): 121 - 134.

Gao, X. M., & Cramer, G. "A Synthetic Demand System with an Application to Consumer Demand for Rice and Selected Rice substitutes." *Review of Agricultural Economics*, 1994, (16): 13 – 24.

Garforth, C. & Rehma, T. "Review of Models for Agricultural Policy Analysis." *The University of Reading Research Project Report* EPES 0405/17, 2006: 1 – 46.

Goodchild, M. F. *Spatial Autocorrelation.* Norwich, UK: GeoBooks, 1986: 1 – 16.

Griffith, D. A. *Spatial Autocorrelation: A Primer, Resource Publications in Geography.* Washington: Association of American Geographers, 1987: 1 – 28

Griliches, Z. "The Demand for Inputs in Agriculture and a Derived Supply Elasticity." *Journal of Farm Economics*, 1959, 41 (2): 309 – 322.

Hertel, T. W. *Global Trade Analysis: Modeling and Applications.*" Cambridge: Cambridge University Press, 1997: 1 – 396.

Huang, J. K. & Bouis, H. "Structural Changes in the Demand for Food in Asia: Empirical Evidence from Taiwan." *Agricultural Economics*, 2001, 26 (1): 57 – 69.

Huang, J. K. & Rozelle, S. "Environmental Stress and Grain Yields in China." *American Journal of Agricultural Economics*, 1995, 77 (4): 853 – 864.

Huang, J. K. & Rozelle, S. "Market Development and Food Demand in Rural China." *China Economic Review*, 1998, 9 (1): 25 – 45.

Huang, J. K. & Rozelle, S. "Trade Reform, the WTO and China's

Food Economy in the Twenty – first Century." *Pacific Economic Review*, 2003, 8 (2): 143 – 156.

Huang, J. K., Rosegrant, M. & Scott, R. "Public Investment, Technological Changes and Reform: A Comprehensive Accounting of Agricultural Growth in China." Working Paper, International Food Policy Research Institute, Washington D. C., 1995: 32 – 58.

Huang, J. K., Rozelle, S. & Rosegrant, M. W. "China's Food Economy to the Twenty-First Century: Supply, Demand, and Trade." *Economic Development and Cultural Change*, 1999, 47 (4): 737 – 766.

Huff, H. B. & Moreddu, C. "The Ministerial Mandate Trade Model (MTM)." OECD Economic Studies, 1989, 13 (1): 46 – 67.

Hui, L. & Wen, S. C. "A Dynamic Analysis of Food Demand Patterns in Urban China." Selected Paper Prepared for Presentation at the American Agricultural Economics Association Annual Meeting, Portland, OR, July 29-August 1, 2007: 1 – 35.

Ingco, M. D. "World Agricultural Trade Model: Structure and Specification." Michigan State University Staff paper in Department of Agricultural Economics, December, 1987: 1 – 15.

Kapoor, M., Kelejian, H. H. & Prucha, I. R. "Panel Data Models With Spatially Correlated Error Components." *Journal of Econometrics*, 2007, 140 (1): 97 – 130.

Kelejian, H. H. and Prucha Ingmar R. "A Generalized Moments Estimator for the Autoregressive Parameter in a Spatial Model." *International Economic Review*, 1999, 40 (2): 509 – 533.

Keyzer, M. A. & Veen, W. V. "A Summary Description of the

Chinagro – Welfare Model." Centre for World Food Studies (SOW – VU) Working Paper, 2006: 1 – 30.

Kruse, J. R. & Hart, C. E. "The FAPRI U. S. Crops Model: Review and Suggestions." Center for Agricultural and Rural Development (CARD) Iowa State University Working Paper 94 – WP 124, 1994: 1 – 13.

Lampe, M. V. "The World Agricultural Trade Simulation System WATSIM: An Overview." University of Bonn Discussion Paper 98 – 05, 1998: 1 – 13.

Lardy, N. R. "Consumption and Living Standards in China: 1978 – 83." *The China Quarterly*, 1984, 100: 849 – 865.

Larson, D. F. "Modeling the Global Vegetable Oils and Meals Markets." Working Paper in the World Bank, January, 1990: 1 – 8.

Lee, H., Oliviera-Martins, J. & Mensbrugghe, V. D. "The OECD Green model: An Updated Overview." OECD Economics Department Technical Papers No. 97, 1994: 1 – 12.

Lewis, P. & Andrews, N. "Household Demand in China." *Applied Economics*, 1989, 21 (6): 793 – 807.

Lin, Y. "Rural Reforms and Agricultural Growth in China." *The American Economic Review*, 1992, 82 (1): 34 – 51.

Liu, K. & Roningen, V. O. "The World Grain – Oilseeds – Livestock (GOL) Model: A Simplified Version." Economic Research Service, U. S. Department of Agriculture Staff report AGES850128, 1985: 1 – 17.

Mahe, L. & Tavera, C. "Bilateral Harmonization of EC and US Agricultural Policies." *European Review of Agricultural Economics*, 1988, 15 (4): 327 – 348.

Martin, W & Anderson, K. "Agricultural Trade Reform Under the Doha Agenda: Some Key Issues." Centre for International Economics Studies (CIES) Discussion Paper No. 0703, 2007: 1 -36.

McKibbin, W. & Wilcoxen, P. "The Theoretical and Empirical Structure of the G-cubed Model." *Economic Modeling* 1999, 16 (1): 123 -148.

McKinney, D. C., Cai, X., Rosegrant, M. W., *et al.* "Integrated Basin - Scale Water Resources Management Modeling: Review and Future Directions." *Agricultural Economics*, 2000, 24 (1): 33 -46.

Nerlove, M. "Estimates of the Elasticities of Supply of Selected Agricultural Commodities." *Journal of Farm Economics*, 1956, 38 (2): 496 -509.

OECD. "AGLINK: Technical Documentation - United States." OECD Working Paper COM/AGR/AM/TD/WP (92) 14/ANN7, 1992: 1 -17.

OECD. "The Ministerial Trade Mandate (MTM) Model and Its Use." OECD Working Paper COM/AGR/CA/TD/TC (91) 10, 1991: 1 -25.

OECD. "The OECD Agricultural Projections and Policy Model." OECD Working Paper COM/AGR/APM/TD/TC (91) 49, 1991: 1 -32.

OECF. "Prospects for Grain Supply - Demand Balance and Agricultural Development Policy." *Overseas Economics Cooperation Fund Discussion Papers*, 1995: 1 -97.

Pandya, L. R. & Rosegrant, M. W. "Prospects for Food Demand and Supply in Central Asia." *Food Policy*, 2000, 25 (6):

637 - 646.

Parikh, K. S., Fischer, G. & Frohberg, K. *et al. Towards Free Trade in Agriculture.* Netherland: Nijhoff - Kluwer, Dordrecht, 1988: 1 - 35

Peters, R. & Vanzetti, D. User Manual and Handbook on Agricultural Trade Policy Simulation Model (ATPSM). United Nations Conference on Trade and Development, Policy Issues in International Trade and Commodities, Study Series No. 24, 2004: 1 - 37.

Peterson, E. B., Hertel, T. W. & Stout, J. V. "A Critical Assessment of Supply-Demand Models of Agricultural Trade." *American Journal of Agricultural Economics*, 1994, 76 (4): 709 - 721.

Roningen, V. O. "A Static Policy Simulation Modeling (SWOPSIM) Framework." Economic Research Service, U. S. Department of Agriculture, Staff Report AGES860625, 1986: 1 - 8.

Roningen, V. O., Dixit P. & Sullivan, J., *et al.* "Overview the Static World Policy Simulation (SWOPSIM) Modeling Framework." Economic Research Service, U. S. Department of Agriculture, Staff Report AGES9114, 1991: 1 - 6.

Roningen, V. O. & Liu, K. "The World Grain, Oilseeds and Livestock (GOL) Model: Background and Standard Components." ERS Staff Report AGES830317, 1983: 1 - 14.

Rosegrant, M. W., Meijer, S. & Cline, S. A. "International Model for Policy Analysis of Agricultural Commodities and Trade (IMPACT): Model Description." International Food Policy Research Institute Working Paper, 2002: 1 - 28.

Rosegrant, M. W. & Ringler, C. "Asian Economic Crisis and the Long - Term Global Food Situation." *Food Policy*, 2000, 25

(3): 243 - 254.

Rozelle, S. & Rosegrant, M. W. "China's Past, Present, and Future Food Economy: Can China Continue to Meet the Challenges?" *Food Policy*, 1997, 22 (3): 191 - 200.

Rozelle, S., Huang, J. K. & Rosegrant, M. W. "How China Will Not Starve the World." *Choices*, 1996 (1): 10 - 16.

Salamon, P. "Impacts of Market Liberalization and Other Policy Options on the EU Dairy Market." Presented in proceedings of the EAAE Seminar Agricultural Markets beyond Liberalization, Wageningen, September 23 - 26, 1998: 1 - 22.

SEAP. "Marketing of Agricultural Products and Planning of Crop Pattern with the Integration of Marketing and Planning Studies." Research Report in Southeastern Anatolia Regional Development Centre, 1992: 1 - 13.

Sokal, R. R. & Oden, N. L. "Spatial Autocorrelation in Biology, 1. Methodology." *Biological Journal of the Linnean Society*, 1978, 10 (2): 199 - 228.

Takayama, T. & Hashimoto, H. "World Food Projection Models: 1973 - 1974." *Illinois Agricultural Economics*, 1976, 16 (2): 1 - 8.

Tangermann, S. & Josling, T. E. "Pre-Accession Agriculture Policies for Central Europe and the European Union." Report for DG I of the European Commission, Gottingen, Stanford, December, 1994: 1 - 49.

Tian, W. M. & Wan, G. H. "Technical Efficiency and Its Determinants in China's Grain Production." *Journal of Productivity Analysis*, 2000, 13 (2): 159 - 174.

Tongeren, F. V. & Meijl, H. V. "Review of Applied Models of International Trade in Agricultural and Related Resource and Environmental Modeling." Agricultural Economics Research Institute Report No. 5. 99. 11, 1999: 1 – 120.

Tongeren, F. V., Meijl, H. V. & Surry, Y. "Global Models Applied to Agricultural and Trade Policies: A Review and Assessment." *Agricultural Economics*, 2001, 26 (2): 149 – 172.

Tyers, R. "International Impacts of Protection: Model Structure and Results of FC Agricultural Policy." *Journal of Policy Modeling*, 1985, 7 (2): 219 – 251.

Tyers, R., Anderson, K. *Disarray in World Food Markets: A Quantitative Assessment.* Cambridge: Cambridge University Press, 1992: 1 – 7.

Van, G. J. "Private Household Consumption in China: A Study of People's Livelihood." Washington DC: World Bank Staff Working Paper No. 701, 1984: 1 – 9.

Walker K. R. *Food Grain Procurement and Consumption in China.* Cambridge: Cambridge University Press, 1984: 1 – 329.

Whalley, J. "How Reliable is Partial Equilibrium Analysis?" *The Review of Economics and Statistics*, 1975, 57 (3): 299 – 310.

World Bank. "Agriculture for Development." World Development Report 2008, 2008: 1 – 386.

Wu, H. X. & Findlay, C. "China's Grain Demand and Supply." Adelaide: Chinese Economies Research Centre of the University of Adelaide, 1997: 1 – 38.

Wu, Y. R., Li, E. & Samuel, S. N. "Food Consumption in Urban China: An Empirical Analysis." *Applied Economics*, 1995, 27

(6): 509 - 515.

Zhang, X. B. & Fan, S. G. "Estimating Crop - Specific Production Technologies in Chinese Agriculture: A Generalized Maximum Entropy Approach." American Journal of Agricultural Economics, 2001, 83 (2): 378 - 388.

Zhuang, R. & Abbott, P. "Price Elasticity of Key Agricultural Commodities in China." *China Economic Review*, 2007, 18: 155 - 169.

保罗·克鲁格曼、茅瑞斯·奥伯斯法尔德:《国际经济学》,中国人民大学出版社 2002 年版。

蔡昉、王美艳:《农村劳动力剩余基期相关事实的重新考察——一个反设事实法的应用》,《中国农村经济》2007 年第 10 期。

蔡昉:《破解农村剩余劳动力之谜》,《中国人口科学》2007 年第 2 期。

蔡昉主编:《刘易斯转折点及其政策挑战》,社会科学文献出版社 2007 年版。

陈江龙、曲福田:《农地非农化与粮食安全:理论与实证分析》,《南京农业大学学报》2006 年第 2 期。

陈劲松:《正确判断粮情 稳妥推进粮改》,《中国农村经济》1998 年第 1 期。

陈劲松:《2004 年中国农村经济形势分析与 2005 年展望》,《中国农村经济》2005 年第 2 期。

陈凯:《中国的粮食贸易及其大国效应研究》,中国农业大学 2005 年版,硕士学位论文。

陈平路:《中国养老保险体系的世代交叠 CGE 模型研究》,华中科技大学 2006 年博士学位论文。

陈永福：《中国粮食供求预测与对策探讨》，《农业经济问题》2005年第4期。

陈永福：《中国食物供求与预测》，中国农业出版社2004年版。

程国强、陈良彪：《中国粮食需求的长期趋势》，《中国农村观察》1998年第3期。

程国强、胡冰川、徐雪高：《新一轮农产品价格上涨的影响分析》，《管理世界》2008年第1期。

程国强：《中国农业面对的国际农业补贴环境》，《经济研究参考》2003年第29期。

程海芳、张子刚、黄卫来：《CGE模型参数估计方法研究》，《武汉大学学报》（工学版）2003年第4期。

程名望、史清华：《经济增长、产业结构与农村劳动力转移——基于中国1978—2004年数据的实证分析》，《经济学家》2007年第5期。

程名望、史清华、徐剑侠：《中国农村劳动力转移动因与障碍的一种解释》，《经济研究》2006年第4期。

程漱兰、徐德徽：《加入WTO对中国粮食经济的短期影响及长期因应之道》，《改革》2000年第3期。

程叶青、张平宇：《中国粮食生产的区域格局变化及东北商品粮基地的响应》，《地理科学》2005年第5期。

邓乃扬：《一种新的支持向量分类方法及其在粮食安全预警系统中的应用》，《运筹学学报》2003年第5期。

丁声俊：《中国粮食供求平衡与市场价格分析》，《农业展望》，2005年第3期。

东梅：《退耕还林对我国宏观粮食安全影响的实证分析》，《中国软科学》2006年第4期。

段志刚:《中国省级区域可计算一般均衡建模与应用研究》,华中科技大学 2004 年博士学位论文。

樊明太、郑玉歆、齐舒畅等:《中国贸易自由化及其对粮食安全的影响——一个基于中国农业 CGE 模型的应用分析》,《农业经济问题》(增刊) 2005 年第 1 期。

樊胜根、Mercedita S.:《中国未来粮食供求预测的差别》,《中国农村观察》1997 年第 3 期。

范建刚:《"大国效应"的有限性与我国粮食外贸的政策选择》,《经济问题》2007 年第 8 期。

范建刚:《新型国家粮食供给调控体系的构建——基于供给系统运行的分析》,中国社会科学出版社 2008 年版。

范小建主编:《2006 年中国种植业发展报告》,中国农业科学技术出版社 2006 年版。

封志明:《中国未来人口发展的粮食安全与耕地保障》,《人口研究》2007 年第 2 期。

傅泽强:《中国粮食安全与耕地资源变化的相关分析》,《自然资源学报》2001 年第 4 期。

高帆:《我国粮食生产的地区变化:1978—2003》,《管理世界》2005 年第 9 期。

顾焕章、周曙东:《农业经济分析模型的理论与方法》,《农业技术经济》2000 年第 2 期。

郭玮:《粮食供求区域平衡政策研究》,《经济研究参考》2005 年第 11 期。

国家发改委产业经济研究所课题组:《我国中长期粮食安全若干重大问题研究综述》,《经济研究参考》2006 年第 73 期。

过建春:《非线性农业部门经济模型在农业政策分析中的运用》,《农业技术经济》2002 年第 4 期。

韩俊：《新阶段农村发展的新课题》，《理论视野》2008 年第 2 期。

黄爱军：《我国粮食产生区域格局的变化趋势探讨》，《农业经济问题》1995 年第 2 期。

黄季焜、胡瑞法、[美] Scott Rozelle：《中国农业科技投资：挑战与展望》，中国财政经济出版社 2003 年版。

黄季焜、胡瑞法、张林秀等：《中国农业科技投资经济》，中国农业出版社 2000 年版。

黄季焜、李宁辉：《中国农业政策分析和预测模型——CAPSiM》，《南京农业大学学报》（社会科学版）2004 年第 2 期。

[美] 黄季焜、斯·罗泽尔：《迈向 21 世纪的中国粮食经济》，中国农业出版社 1998 年版。

黄季焜：《中国的食物安全问题》，《中国农村经济》2004 年第 10 期。

黄季焜：《中国农业的过去和未来》，《管理世界》2004 年第 3 期。

黄黎慧、黄群：《我国粮食安全问题与对策》，《粮食与食品工业》2005 年第 5 期。

黄佩民、俞家宝：《2000—2030 年中国粮食供需平衡及其对策研究》，《农业经济问题》1997 年第 3 期。

黄诗铧：《我国粮食供求态势与燃料乙醇原料选择》，《中国食物与营养》2006 年第 4 期。

黄益平、宋立刚：《应用数量经济学》，上海人民出版社 2001 年版。

黄赜琳：《校准法的原理、应用与发展方向》，《数量经济技术经济研究》2005 年第 1 期。

冀崇峰：《未来我国粮食供求总量、结构、区域平衡问题研究》，《农业经济问题》2000 年第 3 期。

姜长云：《改革开放以来我国历次粮食供求失衡的回顾与启示》，《中国农村观察》2006 年第 2 期。

姜长云：《我国粮食供求平衡问题的现状与展望》，《经济研究参考》2004 年第 41 期。

姜风、孙谨：《对当前我国粮食需求的中长期预测方法研究》，《经济与管理研究》2007 年第 9 期。

蒋庭松：《加入 WTO 与中国粮食安全》，《管理世界》2004 年第 3 期。

亢霞、周章跃：《我国入世五年来的粮食贸易政策发展》，《中国粮食经济》2006 年第 12 期。

柯兵：《虚拟水在解决农业生产和粮食安全问题中的作用研究》，《环境科学》2004 年第 2 期。

柯柄生：《我国国家粮食安全问题的战略思考及其政策建议》，《改革》2006 年第 2 期。

冷淑莲：《粮食最低收购价格政策面临的问题与对策》，《粮食问题研究》2004 年第 2 期。

李炳坤：《我国粮食生产区域优势研究》，《管理世界》1996 年第 5 期。

李炳坤：《加入世贸组织与调整农业结构》，《经济研究参考》2000 年第 63 期。

李炳坤：《加入世贸组织与农业发展对策》，《中国农村经济》2002 年第 1 期。

李辉霞、陈国阶、何晓蓉：《现阶段我国耕地变化趋势及驱动力分析》，《地域研究与开发》2004 年第 3 期。

李茂松、李章成、王道龙等：《50 年来我国自然灾害变化对粮食产量的影响》，《自然灾害学报》2005 年第 2 期。

李萌：《中国粮食安全治理方略》，中国农业出版社 2007 年版。

李仁元：《九大农区粮食生产潜力分析》，《中国农村经济》1996 年第 1 期。

李先德：《中国农业政策回顾与评价》，顾丽萍和贺达水等译，中国经济出版社 2005 年版。

李小军、李宁辉：《粮食主产区农村居民食物消费行为的计量分析》，《统计研究》2005 年第 7 期。

李小云、李鹤：《人民币升值对农业经济的影响——以大豆为例的可能性研究》，《农业经济问题》，2005 年第 1 期。

李晓钟、张小蒂：《粮食进口贸易中的“大国效应”的实证分析》，《中国农村经济》2004 年第 10 期。

李秀彬：《中国近 20 年来耕地面积的变化及其政策启示》，《自然资源学报》1999 年第 4 期。

李勇、蓝海涛：《中长期中国粮食安全财政成本及风险》，《中国农村经济》2007 年第 5 期。

李岳云：《工业化、城市化与粮食安全》，《农业经济导刊》2007 年第 5 期。

梁子谦、李小军：《影响中国粮食生产的因子分析》，《农业经济问题》2006 年第 11 期。

梁子谦：《中国粮食综合生产能力与安全研究》，中国财政经济出版社 2007 年版。

林光平：《计量经济学：计量经济学家和金融分析师 GAUSS 编程与运用》，清华大学出版社 2003 年版。

林善浪、张国：《中国农业发展问题报告》，中国发展出版社 2003 年版。

林秀梅、石森昌：《我国粮食生产投入要素效益比较分析》，

《数量经济技术经济研究》2003 年第 4 期。

刘剑文:《论贸易自由化与我国粮食安全》,《农业经济问题》2004 年第 6 期。

刘笑然、郭嘤蔚:《中国粮食安全、供求平衡与宏观调控研究》,《中国粮食经济》2003 年第 2 期。

龙方:《新世纪中国粮食安全问题研究》,中国经济出版社 2007 年版。

卢锋、谢亚:《我国粮食供求与价格走势》(1980—2007),《管理世界》2008 年第 3 期。

卢锋:《粮食禁运的风险与粮食贸易政策调整》,《中国社会科学》1998 年第 2 期。

卢锋:《我国若干农产品产销量数据不一致及产量统计失真问题》,《中国农村经济》1998 年第 10 期。

卢江勇、胡盛红、过建春:《农业经济政策模型研究进展及应用》,《农业技术经济》2004 年第 5 期。

鲁奇、吕敏伦:《五十年代以来我国粮食生产地域格局变化趋势及原因初探》,《地理科学进展》1997 年第 1 期。

鲁靖、邓晶:《中国粮食贸易特征的原因分析与对策》,《国际贸易问题》2006 年第 5 期。

陆文聪、黄祖辉:《中国粮食供求变化趋势预测:基于区域化市场均衡模型》,《经济研究》2004 年第 8 期。

陆文聪、梅燕:《收入增长中城乡居民畜产品消费结构趋势实证研究——以浙江省为例》,《技术经济》2008 年第 2 期。

陆文聪、梅燕:《中国粮食生产区域格局变化及其成因实证分析——基于空间计量经济学模型》,《中国农业大学学报》(社会科学版)2007 年第 3 期。

陆文聪、梅燕、李元龙:《中国粮食生产的区域变化:人地关系、非农就业与劳动报酬的影响效应》，《中国人口科学》2008 年第 3 期。

陆文聪：《对我国主要农产品产需变化趋势的基本判断及其政策启示》，《中国农村经济》2004 年第 2 期。

陆文聪：《粮食市场化改革的农业结构变动效应及对策研究》，中国农业出版社 2005 年版。

吕新业：《我国粮食安全现状及未来发展战略》，《农业经济问题》2003 年第 11 期。

罗良国、李宁辉、杨建仓：《中国粮食供求状况分析》，《农业经济问题》2005 年第 2 期。

罗万纯、陈永福：《中国粮食生产区域格局及影响因素研究》，《农业技术经济》2005 年第 6 期。

马九杰、崔卫杰、朱信凯：《农业自然灾害风险对粮食综合生产能力的影响分析》，《农业经济问题》2005 年第 4 期。

马九杰：《粮食安全衡量及预警指标体系研究》，《管理世界》2001 年第 1 期。

马晓河、马建蕾：《中国农村劳动力到底剩余多少》，《中国农村经济》2007 年第 12 期。

马晓河：《我国中长期粮食供求状况分析及对策思路》，《管理世界》1997 年第 3 期。

毛惠忠主编：《新阶段中国粮食问题研究》，中国农业出版社 2005 年版。

梅方权：《中国粮食综合生产力的系统分析》，《中国食物与营养》2006 年第 2 期。

孟爱云、濮励杰：《区域耕地数量变化与工业化、城市化进程相互关系探讨——以江苏省为例》，《长江流域资源与环境》2008 年第 2 期。

聂正邦主编：《2007 中国粮食发展报告》，经济管理出版社 2007 年版。

宁自军：《贝叶斯矩阵法在粮食安全预警中的应用》，《统计与信息论坛》2003 年第 2 期。

农业部农产品贸易办公室，农业部农业贸易促进中心：《2007 中国农产品贸易发展报告》，中国农业出版社 2007 年版。

钱克明：《以决策科学化促进农业现代化》，《农业经济问题》2003 年第 11 期。

瞿商：《中国粮食国际贸易和性质的历史分析》，《中国经济史研究》2006 年第 3 期。

任雪琴：《浅析我国的粮食安全问题》，《中国农业大学学报》社会科学版，2006 年第 1 期。

史培军、王静爱、谢云等：《最近 15 年来中国气候变化、农业自然灾害与粮食生产的初步研究》，《自然资源学报》1997 年第 3 期。

史培军：《中国自然灾害、减灾建设与可持续发展》，《自然资源学报》1995 年第 3 期。

孙杭生、孙亚婷：《粮食供求预测模型与当前实际供求状况的偏差》，《华中农业大学学报》（社会科学版）2001 年第 1 期。

陶建平、沈永林：《中国 21 世纪的畜牧业生产应与粮食安全相协调》，《中国禽业导刊》2003 年第 8 期。

田国强：《现代经济学的基本分析框架与研究方法》，《经济研究》2005 年第 2 期。

田维明、周章跃等：《中国饲料粮市场供给需求与贸易发展》，中国农业出版社 2007 年版。

万宝瑞：《深化对粮食安全问题的认识》，《思想工作》2008 年第 6 期。

汪同三、沈利生：《中国社会科学院数量经济与技术经济研究所经济模型集》，社会科学文献出版社 2001 年版。

王家新：《江苏粮食安全及其成本的合理定位》，《江海学刊》2004 年第 2 期。

王雅鹏：《粮食安全保护与可持续发展》，中国农业出版社 2005 年版。

伍山林：《中国粮食生产区域特征与成因研究》，《经济研究》2000 第 10 期。

肖国安：《粮食直接补贴政策的经济学解析》，《中国农村经济》2005 年第 3 期。

肖国安：《中国粮食安全研究》，中国经济出版社 2004 年版。

肖海峰、王姣：《我国粮食综合生产能力影响因素分析》，《农业技术经济》2004 年第 6 期。

辛贤、蒋乃华、周章跃：《畜产品消费增长对我国饲料粮市场的影响》，《农业经济问题》2003 年第 1 期。

辛贤、尹坚：《贸易自由化背景下中国肉产品区域生产、消费和流通》，《中国农村经济》2004 年第 4 期。

辛贤、尹坚、蒋乃华：《中国畜产品市场：区域供给、需求和贸易》，中国农业出版社 2004 年版。

许世卫主编：《新时期中国食物安全发展战略研究》，山东科学技术出版社 2003 年版。

姚今观、宋景义、杨菁：《加入 WTO 对中国粮食市场的影响及对策》，《河北学刊》2001 年第 2 期。

严瑞珍、程漱兰：《经济全球化与中国粮食问题》，中国人民大学出版社 2001 年版。

杨燕、刘渝琳：《中国粮食进口贸易中的“大国效应”的扭曲及实证分析》,《国际商务——对外经济贸易大学学报》2006年第4期。

杨依天:《我国粮食生产面临的问题》,《地理教育》2006年第1期。

叶慧:《贸易自由化下粮食财政支持政策研究》,华中农业大学2007年博士学位论文。

叶兴庆:《论粮食供求关系及其调节》,《经济研究》1999年第8期。

殷培红、方修琦、马玉玲等:《21世纪初我国粮食供需的新空间格局》,《自然资源学报》2006年第4期。

游建章:《粮食安全预警与评价的评价》,《农业技术经济》2002年第2期。

张帆:《中国的粮食消费与需求》,《管理世界》1998年第4期。

张锦华、吴方卫、沈亚芳:《生物质能源发展会带来中国粮食安全问题吗——以玉米燃料乙醇为例的模型及分析框架》,《中国农村经济》2008年第4期。

张宁:《农村小型水利工程农户参与式管理及效率研究——以浙江省为例》,浙江大学2007年博士学位论文。

张培刚:《农业与工业化》中下卷,华中科技大学出版社2002年版。

张培刚、廖丹清:《二十世纪中国粮食经济》,华中理工大学出版社2002年版。

张善余:《中国人口地理》,科学出版社2007年版。

张永丽、黄祖辉:《中国农村劳动力流动研究述评》,《中国农村观察》2008年第1期。

赵翠薇、濮励杰:《城市化进程中的土地利用问题研究——

以江苏省为例》,《长江流域资源与环境》2006 年第 2 期。

赵翠薇、濮励杰、孟爱云等:《基于经济发展阶段理论的土地利用变化研究》,《自然资源学报》2006 年第 2 期。

郑春风:《东北地区玉米加工业发展对粮食供求的影响及对策》,《经济纵横》2007 年第 6 期。

郑毓盛、曾澍基、陈文鸿:《中国农业生产在双轨制下的价格反应》,《经济研究》1993 年第 3 期。

郑兆山:《完善粮食主产区保护价政策及保障措施的思考》,《农村经济与科技》2003 年第 6 期。

中华人民共和国农业部:《2007 中国农业发展报告》,中国农业出版社 2007 年版。

钟甫宁、刘顺飞:《中国水稻生产布局变动分析》,《中国农村经济》2007 年第 9 期。

钟甫宁:《关于肉类生产统计数字中的水分及其原因的分析》,《中国农村经济》1997 年第 10 期。

周焯华、张宗益、欧阳:《校准方法与计量经济方法的比较》,《重庆大学学报》(自然科学版) 2001 年第 2 期。

周三立主编:《中国农业地理》,科学出版社 2000 年版。

周曙东、魏红军、傅龙波:《江苏省农业政策分析模型及其应用前景》,《中国农村经济》2000 年第 9 期。

周小萍、卢艳霞、陈百明:《中国近期粮食生产与耕地资源变化的相关分析》,《北京师范大学学报》(社会科学版) 2005 年第 5 期。

朱晶:《贫困缺粮地区的粮食消费和食品安全》,《经济学季刊》2003 年第 3 期。

朱险峰:《国际市场粮价演变与国内粮价关系分析》,《农业展望》2007 年第 9 期。

朱希刚：《跨世纪的探索：中国粮食问题研究》，中国农业出版社 1997 年版。

朱希刚：《中国粮食供需平衡分析》，《农业经济问题》2004 年第 12 期。

朱泽：《中国粮食安全问题：实证研究与政策选择》，湖北科学技术出版社 1998 年版。

附录一　中国各省市区粮食产品基期供求平衡表

附表 1　　　　中国各省市区粮食基期供求平衡表

		粮食生产			粮食消费						产销余缺	粮食自给率（%）
		播种面积	单产	产量	食物消费	饲料消费	种子消费	工业消费	其他消费	消费		
华北地区	北京	188	4814	91	160	43	2	11	2	218	-127	41.6
	天津	282	4778	135	129	59	4	17	3	212	-77	63.6
	河北	6126	4170	2554	1302	1187	97	348	59	2993	-439	85.3
	山西	2983	3622	1080	630	660	43	148	24	1505	-425	71.8
	内蒙古	4227	3800	1607	391	1187	75	232	36	1921	-314	83.6
	合计	13806	3959	5466	2612	3137	220	757	123	6849	-1383	79.8
东北地区	辽宁	3026	5831	1764	678	1013	30	208	46	1976	-212	89.3
	吉林	4262	6097	2598	455	1601	40	326	64	2486	112	104.5
	黑龙江	8578	3639	3121	556	1112	85	479	90	2322	799	134.4
	合计	15865	4717	7484	1689	3726	155	1013	200	6784	700	110.3
华东地区	上海	161	11039	178	208	10	2	12	6	237	-60	74.8
	江苏	4848	6069	2942	1485	435	70	357	105	2452	490	120.0
	浙江	1470	5636	829	856	177	23	106	33	1196	-367	69.3
	安徽	6375	4225	2693	1256	624	105	371	90	2445	248	110.1
	福建	1431	4910	703	598	349	38	115	28	1129	-417	62.2
	江西	3422	5271	1803	960	198	25	196	77	1457	346	123.8
	山东	6558	5746	3768	1790	1822	132	537	88	4369	-601	86.2
	合计	24265	5323	12916	7154	3616	395	1694	427	13286	-361	97.2

续表

		粮食生产			粮食消费						产销余缺	粮食自给率（%）
		播种面积	单产	产量	食物消费	饲料消费	种子消费	工业消费	其他消费	消费		
中南地区	河南	9120	5007	4566	2075	1359	152	610	115	4311	255	105.9
	湖北	3867	5546	2145	1098	564	68	282	82	2094	51	102.4
	湖南	4769	5586	2664	1460	564	55	324	110	2513	151	106.0
	合计	17756	5280	9374	4632	2487	275	1217	306	8917	457	105.1
华南地区	广东	2774	4998	1386	1630	486	50	191	56	2412	-1026	57.5
	广西	3426	4212	1443	897	336	26	173	57	1488	-45	97.0
	海南	445	4319	192	137	0	10	29	7	184	8	104.5
	合计	6644	4548	3021	2663	822	86	393	120	4084	-1062	74.0
西南地区	重庆	2456	4088	1004	589	781	75	192	33	1671	-667	60.1
	四川	6451	4618	2979	1693	1557	146	474	100	3970	-991	75.0
	贵州	3008	3579	1076	694	733	60	180	34	1701	-625	63.3
	云南	4106	3521	1446	769	772	75	220	46	1882	-436	76.8
	西藏	174	6862	119	63	27	4	9	3	106	13	112.7
	合计	16195	4091	6625	3809	3870	359	1074	217	9329	-2705	71.0
西北地区	陕西	3211	3680	1182	645	493	45	151	29	1364	-182	86.6
	甘肃	2528	3030	766	2761	597	77	137	18	3590	-2824	21.3
	青海	248	4024	100	96	69	11	19	3	197	-97	50.6
	宁夏	776	4531	351	112	158	19	42	10	340	12	103.4
	新疆	1459	6268	915	317	320	29	111	22	799	115	114.4
	合计	8222	4030	3314	3931	1636	183	459	82	6290	-2976	52.7

附表 2　　　　**中国各省市区稻谷基期供求平衡表**

		稻谷生产			稻谷消费						产销余缺
		播种面积	单产	产量	食物消费	饲料消费	种子消费	工业消费	其他消费	消费	
华北地区	北京	0.8	6017.3	0.5	45.8	0.0	0.0	0.0	0.0	45.9	-45.4
	天津	15.8	7531.5	11.9	31.5	0.6	0.1	1.2	0.5	33.9	-22.0
	河北	87.8	5772.7	50.7	119.1	2.3	0.7	5.2	2.2	129.4	-78.7
	山西	2.4	3942.5	0.9	35.8	0.0	0.0	0.1	0.0	36.0	-35.0
	内蒙古	85.5	7103.1	60.8	68.5	2.8	0.6	6.1	2.7	80.6	-19.9
	合计	192.3	6487.5	124.7	300.6	5.7	1.3	12.6	5.5	325.8	-201.0
东北地区	辽宁	579.7	7162.7	415.2	297.0	20.2	3.4	42.6	18.3	381.5	33.7
	吉林	639.4	7319.3	468.0	208.9	22.4	3.3	47.6	20.6	302.7	165.3
	黑龙江	1721.1	6695.2	1152.3	226.6	51.9	11.1	117.1	50.7	457.4	694.9
	合计	2940.2	6923.1	2035.5	732.4	94.4	17.9	207.3	89.6	1141.6	893.9
华东地区	上海	111.7	7896.7	88.2	133.4	4.2	1.0	9.1	3.9	151.6	-63.4
	江苏	2185.5	7889.2	1724.2	1015.3	87.4	10.2	176.0	75.9	1364.8	359.4
	浙江	1029.0	6603.0	679.4	767.0	34.3	4.7	69.1	29.9	905.1	-225.6
	安徽	2148.1	5974.2	1283.3	779.7	62.3	11.1	132.1	56.5	1041.7	241.6
	福建	948.2	5557.8	527.0	531.2	28.3	2.6	55.7	23.2	641.0	-114.0
	江西	3128.6	5341.5	1671.2	889.4	81.1	11.3	169.4	73.5	1224.7	446.5
	山东	123.3	7920.8	97.7	51.2	4.5	1.0	9.7	4.3	70.7	26.9
	合计	9674.5	6275.3	6071.0	4167.2	302.3	41.9	621.0	267.1	5399.6	671.4
中南地区	河南	540.7	7056.5	381.6	166.8	18.7	1.8	37.4	16.8	241.4	140.1
	湖北	2053.8	7403.8	1520.6	835.5	73.8	13.3	158.2	66.9	1147.7	372.9
	湖南	3763.1	6113.3	2300.5	1381.4	117.5	13.0	238.4	101.2	1851.5	449.0
	合计	6357.6	6610.4	4202.6	2383.7	210.0	28.2	434.0	184.9	3240.7	962.0
华南地区	广东	2129.2	5235.9	1114.8	1526.1	59.0	6.2	116.5	49.1	1756.8	-642.0
	广西	2333.8	4934.9	1151.7	797.5	60.2	6.6	119.5	50.7	1034.5	117.2
	海南	318.0	4214.7	134.0	127.0	0.0	0.9	13.2	5.9	147.1	-13.0
	合计	4781.0	5021.0	2400.5	2450.6	119.2	13.7	249.2	105.6	2938.3	-537.8

续表

		稻谷生产			稻谷消费						产销余缺
		播种面积	单产	产量	食物消费	饲料消费	种子消费	工业消费	其他消费	消费	
西南地区	重庆	746.8	6303.4	470.8	484.1	28.4	1.2	53.7	20.7	588.0	-117.3
	四川	2077.3	6998.4	1453.8	1309.6	83.0	4.0	157.3	64.0	1617.8	-164.0
	贵州	718.2	6483.7	465.7	510.5	24.7	1.6	49.4	20.5	606.6	-141.0
	云南	1060.3	6089.2	645.6	554.0	25.7	10.5	66.9	28.4	685.5	-39.9
	西藏	1.0	5541.0	0.6	15.1	0.0	0.0	0.1	0.0	15.2	-14.7
	合计	4603.6	6595.6	3036.4	2873.3	161.8	17.2	327.4	133.6	3513.2	-476.8
西北地区	陕西	146.5	5974.1	87.5	77.1	4.8	0.2	9.2	3.9	95.2	-7.7
	甘肃	5.1	7832.9	4.0	460.2	0.2	0.0	0.4	0.2	461.0	-457.0
	青海	0.0			4.8	0.0	0.0	0.1	0.0	4.8	-4.8
	宁夏	72.4	8487.6	61.5	25.6	1.7	1.7	5.9	2.7	37.7	23.8
	新疆	67.0	7629.2	51.1	30.4	2.6	0.3	4.9	2.2	40.4	10.7
	合计	291.0	7013.4	204.1	598.0	9.2	2.3	20.5	9.0	639.0	-434.9

说明：播种面积、单产单位分别为千公顷，公斤/公顷；产量和各种消费量单位均为万吨。

附表3　中国各省市区小麦基期供求平衡表

		小麦生产			小麦消费						产销余缺
		播种面积	单产	产量	食物消费	饲料消费	种子消费	工业消费	其他消费	消费	
华北地区	北京	51.8	4951.8	25.7	51.6	0.2	1.3	3.3	0.6	57.0	-31.3
	天津	95.2	4806.1	45.8	61.2	0.2	2.5	6.0	1.1	71.0	-25.3
	河北	2319.5	4818.6	1117.7	881.8	16.4	55.2	155.9	27.9	1137.3	-19.6
	山西	701.2	3289.8	230.7	392.2	1.6	13.6	31.0	5.8	444.3	-213.6
	内蒙古	429.5	3102.9	133.3	182.6	6.7	14.3	18.0	3.3	224.9	-91.6
	合计	3597.2	4317.4	1553.0	1569.4	25.1	87.0	214.3	38.8	1934.5	-381.4
东北地区	辽宁	19.9	3902.8	7.8	132.6	0.1	0.5	1.2	0.2	134.5	-126.8
	吉林	9.5	3190.1	3.0	69.9	0.1	0.3	0.4	0.1	70.8	-67.8
	黑龙江	250.8	3588.0	90.0	160.4	2.4	7.6	12.5	2.3	185.3	-95.3
	合计	280.2	3596.9	100.8	363.0	2.6	8.4	14.1	2.5	390.6	-289.8

续表

		小麦生产			小麦消费						产销余缺
		播种面积	单产	产量	食物消费	饲料消费	种子消费	工业消费	其他消费	消费	
华东地区	上海	27.7	3511.7	9.7	3.0	0.1	0.5	1.3	0.2	5.0	4.7
	江苏	1673.5	4449.9	744.7	293.9	10.3	35.2	100.2	18.6	458.2	286.4
	浙江	65.8	3310.2	21.8	15.7	0.1	1.4	2.9	0.5	20.7	1.1
	安徽	2095.0	4081.2	855.0	392.5	7.0	44.0	113.0	21.4	577.8	277.2
	福建	5.9	3239.0	11.4	9.7	0.0	0.2	0.3	0.3	10.4	1.1
	江西	15.8	1625.8	2.6	13.2	0.2	0.4	0.4	0.1	14.3	-11.7
	山东	3200.5	5493.8	1758.3	1338.4	47.2	62.5	239.5	44.0	1731.6	26.7
	合计	7084.2	4804.4	3403.5	2066.3	64.9	144.2	457.5	85.1	2818.0	585.5
中南地区	河南	4941.8	5316.1	2627.1	1648.3	76.1	88.4	357.7	65.7	2236.1	391.0
	湖北	704.7	2972.3	209.5	104.8	0.0	12.2	27.3	5.2	149.6	59.8
	湖南	68.0	2014.2	13.7	12.1	0.7	1.7	2.0	0.3	16.8	-3.1
	合计	5714.4	4987.8	2850.2	1765.2	76.8	102.3	386.9	71.3	2402.5	447.7
华南地区	广东	6.1	2869.2	1.8	8.2	0.0	0.1	0.3	0.0	8.6	-6.8
	广西	11.4	1608.2	1.8	3.7	0.1	0.3	0.3	0.0	4.4	-2.6
	海南				0.5	0.0	0.0	0.2	0.0	0.7	-0.7
	合计	17.5	2049.3	3.6	12.4	0.1	0.4	0.7	0.1	13.7	-10.1
西南地区	重庆	273.7	2831.0	77.5	45.8	1.2	6.5	11.1	1.9	66.4	11.1
	四川	1263.9	3381.3	427.4	200.4	7.0	21.0	59.6	10.7	298.7	128.6
	贵州	414.1	1805.3	74.8	42.4	0.5	4.5	10.6	1.9	59.8	14.9
	云南	530.1	2129.6	112.9	48.9	2.0	9.8	16.1	2.8	79.6	33.3
	西藏	41.4	6295.0	26.0	21.7	0.8	0.9	3.6	0.7	27.7	-1.6
	合计	2523.2	2847.8	718.6	359.2	11.4	42.6	101.1	18.0	532.3	186.3
西北地区	陕西	1189.6	3438.8	409.1	437.1	6.5	20.3	57.4	10.2	531.6	-122.5
	甘肃	976.5	2723.5	266.0	460.2	12.4	30.4	38.0	6.6	547.6	-281.6
	青海	99.1	3865.5	38.3	76.8	0.9	3.4	5.4	1.0	87.5	-49.2
	宁夏	260.8	3010.4	78.5	75.3	4.4	9.6	11.3	2.0	102.6	-24.1
	新疆	717.2	5346.3	383.4	232.9	1.3	23.0	53.0	9.6	319.7	63.7
	合计	3243.2	3623.9	1175.3	1282.3	25.6	86.7	165.0	29.4	1589.0	-413.7

说明：播种面积、单产单位分别为千公顷，公斤/公顷；产量和各种消费量单位均为万吨。

附表 4　　　　中国各省市区玉米基期供求平衡表

		玉米生产			玉米消费						产销余缺
		播种面积	单产	产量	食物消费	饲料消费	种子消费	工业消费	其他消费	消费	
华北地区	北京	116.4	5127.9	59.7	11.9	37.3	0.5	5.6	1.2	56.4	3.2
	天津	139.0	5207.0	72.4	9.2	55.5	0.5	7.7	1.4	74.3	-2.0
	河北	2655.3	4559.3	1210.6	161.3	919.9	10.6	127.7	24.2	1243.7	-33.1
	山西	1178.3	5362.5	631.9	57.3	465.1	4.9	68.2	12.6	608.1	23.8
	内蒙古	1777.7	5823.9	1035.3	36.0	780.9	7.9	108.5	20.7	954.0	81.3
	合计	5866.7	5130.4	3009.8	275.7	2258.7	24.4	317.6	60.2	2936.7	73.2
东北地区	辽宁	1763.9	6338.2	1118.0	116.5	841.6	8.1	120.1	22.4	1108.7	9.3
	吉林	2827.5	6595.7	1864.9	108.7	1406.1	14.4	196.8	37.3	1763.3	101.6
	黑龙江	2285.6	4674.7	1068.5	77.5	755.3	9.8	106.9	21.4	970.9	97.6
	合计	6877.0	5891.2	4051.3	302.7	3003.0	32.3	423.9	81.0	3842.8	208.5
华东地区	上海	4.1	6529.1	2.7	9.9	2.3	0.0	0.3	0.1	12.6	-9.9
	江苏	379.4	5171.4	196.2	80.0	158.0	1.8	21.8	3.9	265.4	-69.3
	浙江	61.0	4175.0	25.5	9.4	18.7	0.3	2.6	0.5	31.5	-6.0
	安徽	675.3	4361.3	294.5	14.2	227.1	3.2	32.5	5.9	282.8	11.8
	福建	38.6	3355.2	13.0	7.4	10.0	0.2	1.4	0.3	19.3	-6.3
	江西	15.6	3665.5	5.7	11.5	4.6	0.1	0.6	0.1	16.9	-11.2
	山东	2646.7	6292.0	1665.3	249.9	1252.5	10.0	173.8	33.3	1719.4	-54.1
	合计	3820.7	5765.5	2202.8	382.2	1673.2	15.5	232.9	44.1	2347.8	-145.0
中南地区	河南	2502.4	5052.5	1264.4	140.6	839.6	10.1	125.3	25.3	1140.9	123.4
	湖北	396.1	4899.9	194.1	53.4	146.0	1.2	20.2	3.9	224.6	-30.5
	湖南	274.1	4838.3	132.6	14.4	104.6	1.0	14.1	2.7	136.8	-4.2
	合计	3172.6	5014.9	1591.1	208.4	1090.1	12.3	159.7	31.8	1502.3	88.7
华南地区	广东	137.9	4362.8	60.1	20.8	45.7	0.6	6.3	1.2	74.7	-14.6
	广西	559.1	3494.3	195.4	56.9	146.7	2.3	20.8	3.9	230.6	-35.2
	海南	13.9	3764.0	5.2	1.0	0.0	0.1	0.5	0.1	1.8	3.5
	合计	710.8	3668.0	260.7	78.8	192.4	3.0	27.7	5.2	307.1	-46.3

续表

		玉米生产			玉米消费						产销余缺
		播种面积	单产	产量	食物消费	饲料消费	种子消费	工业消费	其他消费	消费	
西南地区	重庆	457.8	4856.6	222.3	19.2	179.9	1.6	25.1	4.4	230.2	-7.9
	四川	1187.7	4629.0	549.8	72.1	445.5	4.3	61.8	11.0	594.6	-44.8
	贵州	721.9	4696.5	339.0	96.3	268.5	2.5	36.8	6.8	410.9	-71.9
	云南	1159.0	3816.5	442.3	107.6	341.6	4.7	47.4	8.8	510.2	-67.8
	西藏	3.3	4975.1	1.7	0.1	1.3	0.0	0.2	0.0	1.6	0.0
	合计	3529.8	4405.9	1555.2	295.2	1236.8	13.2	171.3	31.1	1747.5	-192.3
西北地区	陕西	1088.8	4011.3	436.7	45.2	331.9	5.2	46.7	8.7	437.6	-0.9
	甘肃	488.6	4858.4	237.4	460.2	198.0	2.3	26.9	4.7	692.0	-454.6
	青海	1.2	7574.1	0.9	0.4	0.6	0.0	0.1	0.0	1.2	-0.2
	宁夏	180.2	6670.6	120.2	0.7	96.4	1.0	13.0	2.4	113.5	6.7
	新疆	521.8	7120.4	371.5	25.2	284.8	2.2	40.1	7.4	359.7	11.8
	合计	2280.6	5116.2	1166.8	531.7	911.6	10.7	126.7	23.3	1604.0	-437.2

说明：播种面积、单产单位分别为千公顷，公斤/公顷；产量和各种消费量单位均为万吨。

附表 5　　中国各省市区大豆基期供求平衡表

		大豆生产			大豆消费						产销余缺
		播种面积	单产	产量	食物消费	饲料消费	种子消费	工业消费	其他消费	消费	
华北地区	北京	13.1	2052.8	2.7	13.5	0.3	0.1	1.0	0.0	15.0	-12.3
	天津	26.5	1391.4	3.7	5.4	0.5	0.3	1.8	0.1	8.0	-4.3
	河北	310.3	1648.0	51.1	22.2	5.8	3.3	18.9	0.9	51.2	0.0
	山西	307.1	1228.5	37.7	13.5	4.0	3.3	15.5	0.7	36.9	0.9
	内蒙古	967.2	1391.1	134.6	8.4	11.4	9.1	34.1	2.4	65.4	69.2
	合计	1624.2	1414.8	229.8	62.9	22.1	16.0	71.2	4.1	176.4	53.4
东北地区	辽宁	283.7	1552.1	44.0	35.0	7.0	2.3	20.9	0.8	65.9	-21.9
	吉林	571.5	2573.0	147.0	26.6	22.0	5.5	58.1	2.6	114.9	32.2
	黑龙江	3794.1	1730.3	656.5	34.4	74.8	30.9	203.4	11.8	355.4	301.1
	合计	4649.3	1823.0	847.6	96.0	103.9	38.7	282.4	15.3	536.2	311.3

续表

		大豆生产			大豆消费						产销余缺
		播种面积	单产	产量	食物消费	饲料消费	种子消费	工业消费	其他消费	消费	
华东地区	上海	8.0	3180.3	2.5	20.2	0.3	0.1	0.8	0.0	21.4	-18.9
	江苏	303.1	2528.5	76.6	41.6	10.6	4.0	30.1	1.4	87.7	-11.0
	浙江	175.2	2256.5	39.5	16.2	4.6	2.3	13.1	0.7	37.0	2.6
	安徽	982.9	1152.4	113.3	30.4	7.4	10.7	38.1	2.0	88.6	24.7
	福建	104.7	2157.8	22.6	10.9	3.0	1.0	7.9	0.4	23.2	-0.6
	江西	137.2	1618.9	22.2	18.7	2.6	1.5	8.2	0.4	31.3	-9.1
	山东	244.1	2819.2	68.8	32.2	9.7	2.5	25.5	1.2	71.1	-2.3
	合计	1955.1	1767.6	345.6	170.2	38.2	22.0	123.6	6.2	360.2	-14.6
中南地区	河南	586.2	1463.3	85.8	23.9	9.1	5.0	27.8	1.5	67.4	18.4
	湖北	255.3	2210.6	56.4	32.7	6.5	4.1	21.1	1.0	65.4	-9.0
	湖南	246.7	2103.8	51.9	19.0	7.2	1.8	17.8	0.9	46.8	5.1
	合计	1088.2	1783.8	194.1	75.5	22.8	10.9	66.7	3.5	179.5	14.6
华南地区	广东	100.6	2259.2	22.7	16.2	2.8	0.9	7.2	0.4	27.5	-4.7
	广西	256.4	1405.4	36.0	11.9	3.7	2.5	12.2	0.6	31.0	5.0
	海南	10.2	2016.5	2.1	1.2	0.0	0.1	1.0	0.0	2.4	-0.3
	合计	367.2	1656.2	60.8	29.3	6.5	3.6	20.4	1.1	60.9	0.0
西南地区	重庆	185.1	1656.0	30.7	12.1	3.7	2.2	10.8	0.6	29.4	1.3
	四川	450.4	2164.1	97.5	26.7	14.6	4.9	36.9	1.8	84.8	12.7
	贵州	259.7	1210.1	31.4	13.4	3.4	2.9	12.6	0.6	32.9	-1.4
	云南	358.3	1414.1	50.7	15.0	6.3	5.7	24.6	0.9	52.6	-1.9
	西藏	6.3	3442.3	2.2	0.5	0.4	0.1	1.0	0.0	2.1	0.1
	合计	1259.7	1685.9	212.4	67.6	28.4	15.8	86.0	3.8	201.7	10.7
西北地区	陕西	357.7	1101.6	39.4	14.6	1.9	3.3	9.3	0.7	29.8	9.6
	甘肃	189.5	1631.8	30.9	460.2	4.2	2.1	12.3	0.6	479.3	-448.4
	青海	40.5	2778.8	11.3	1.0	1.3	0.4	3.0	0.2	5.9	5.4
	宁夏	58.0	915.9	5.3	1.4	0.5	0.8	2.7	0.1	5.4	-0.1
	新疆	84.3	2620.2	22.1	7.3	3.1	0.8	7.9	0.4	19.5	2.6
	合计	730.0	1492.9	109.0	484.4	11.0	7.4	35.1	2.0	539.9	-430.9

说明：播种面积、单产单位分别为千公顷，公斤/公顷；产量和各种消费量单位均为万吨。

附表 6　　中国各省市区薯类基期供求平衡表

		薯类生产			薯类消费						产销余缺
		播种面积	单产	产量	食物消费	饲料消费	种子消费	工业消费	其他消费	消费	
华北地区	北京	3.7	4236.4	1.6	12.9	5.0	0.6	0.8	0.0	19.3	-17.8
	天津	1.1	6040.6	0.6	8.1	1.6	0.2	0.3	0.0	10.1	-9.5
	河北	305.2	2169.0	66.2	26.8	221.3	24.6	37.4	1.9	311.9	-245.7
	山西	351.7	3212.7	113.0	31.1	166.5	18.5	29.8	3.2	249.1	-136.1
	内蒙古	563.1	3032.8	170.8	21.0	360.4	40.0	61.8	4.8	488.0	-317.2
	合计	1224.7	2875.4	352.2	99.9	754.7	83.9	130.1	9.9	1078.4	-726.3
东北地区	辽宁	132.2	6068.1	80.2	46.9	106.7	11.9	18.3	2.2	186.0	-105.8
	吉林	113.6	5437.2	61.8	30.4	129.3	14.4	18.8	1.7	194.6	-132.8
	黑龙江	325.4	2605.6	84.8	38.3	205.5	22.8	35.3	2.4	304.2	-219.4
	合计	571.1	3970.1	226.7	115.6	441.5	49.1	72.3	6.3	684.8	-458.1
华东地区	上海	1.0	6898.4	71.3	15.2	1.5	0.2	0.2	2.0	19.1	52.1
	江苏	101.5	6964.6	111.2	29.1	137.9	15.3	24.1	3.1	209.4	-98.2
	浙江	106.4	4670.9	49.7	9.4	115.7	13.6	17.9	1.4	157.9	-108.2
	安徽	347.9	2711.0	94.3	16.6	296.9	33.0	51.5	2.6	400.6	-306.3
	福建	326.6	4162.0	135.9	15.3	307.2	34.1	50.1	3.8	410.5	-274.6
	江西	120.1	8380.3	100.6	16.8	109.5	12.2	17.4	2.8	158.7	-58.1
	山东	294.5	5415.0	159.5	43.8	501.3	55.7	87.5	4.5	692.8	-533.3
	合计	1297.9	5566.7	722.5	146.2	1469.9	164.0	248.7	20.2	2049.1	-326.6
中南地区	河南	431.3	3767.4	162.5	43.3	398.4	44.3	59.7	4.5	550.3	-387.8
	湖北	403.3	3651.8	147.3	30.7	332.2	36.9	54.4	4.1	458.4	-311.1
	湖南	375.5	4146.9	155.7	13.8	330.9	36.8	51.5	4.4	437.4	-281.7
	合计	1210.0	3846.6	465.5	87.8	1061.5	117.9	165.7	13.0	1446.0	-980.6
华南地区	广东	388.8	4684.4	182.1	29.8	376.4	41.8	60.3	5.1	513.4	-331.3
	广西	252.6	2230.1	56.3	12.2	124.9	13.9	19.9	1.6	172.5	-116.2
	海南	102.4	4957.0	50.8	3.6	0.0	9.3	14.2	1.4	28.5	22.3
	合计	743.8	3888.5	289.2	45.7	501.3	65.0	94.3	8.1	714.4	-425.2

续表

		薯类生产			薯类消费						产销余缺
		播种面积	单产	产量	食物消费	饲料消费	种子消费	工业消费	其他消费	消费	
西南地区	重庆	733.9	2605.4	191.2	19.4	564.1	62.7	90.5	5.4	742.1	-550.9
	四川	1255.7	3093.1	388.4	55.6	982.9	109.2	155.1	10.9	1313.8	-925.4
	贵州	816.8	1887.1	154.1	22.0	432.6	48.1	69.5	4.3	576.5	-422.4
	云南	679.2	1967.3	133.6	21.7	375.7	41.7	61.8	3.7	504.6	-371.0
	西藏	1.0	2774.8	28.0	1.1	2.9	0.3	0.7	0.8	5.8	22.2
	合计	3486.6	2568.1	895.4	119.9	2358.2	262.0	377.6	25.1	3142.8	-224.4
西北地区	陕西	314.3	6213.6	195.3	27.3	142.4	15.8	27.7	5.5	218.6	-23.4
	甘肃	549.4	2562.6	140.8	460.2	353.9	39.3	54.6	3.9	911.9	-771.1
	青海	74.4	5423.0	40.4	7.0	62.2	6.9	9.7	1.1	86.9	-46.5
	宁夏	135.9	5959.9	81.0	4.9	53.0	5.9	8.4	2.3	74.4	6.6
	新疆	21.5	5859.6	68.5	13.8	22.2	2.5	3.9	1.9	44.3	24.2
	合计	1095.5	4801.1	525.9	513.1	633.7	70.4	104.1	14.7	1336.1	-810.2

说明：播种面积、单产单位分别为千公顷，公斤/公顷；产量和各种消费量单位均为万吨。

附表7　中国各省市区其他杂粮基期供求平衡表

		其他杂粮生产			其他杂粮消费						产销余缺
		播种面积	单产	产量	食物消费	饲料消费	种子消费	工业消费	其他消费	消费	
华北地区	北京	2.5	2294.4	0.6	24.0	0.2	0.0	0.0	0.0	24.2	-23.6
	天津	4.3	774.9	0.3	13.5	0.7	0.1	0.1	0.0	14.4	-14.0
	河北	447.3	1289.4	57.7	90.7	21.8	2.4	3.4	1.4	119.7	-62.0
	山西	442.4	1497.7	66.3	100.2	23.0	2.6	3.6	1.6	131.0	-64.7
	内蒙古	404.4	1778.0	71.9	74.8	24.8	2.8	4.0	1.7	108.1	-36.2
	合计	1301.0	1512.3	196.8	303.1	70.5	7.8	11.2	4.7	397.3	-200.5
东北地区	辽宁	246.8	4020.0	99.2	49.9	37.6	4.2	5.2	2.4	99.3	-0.1
	吉林	100.5	5345.9	53.7	10.8	21.3	2.4	4.1	1.3	39.8	13.9
	黑龙江	200.4	3442.9	69.0	18.7	22.2	2.5	3.8	1.7	48.8	20.2
	合计	547.7	4052.1	221.9	79.4	81.0	9.0	13.1	5.3	187.9	34.0

续表

		其他杂粮生产			其他杂粮消费						产销余缺
		播种面积	单产	产量	食物消费	饲料消费	种子消费	工业消费	其他消费	消费	
华东地区	上海	8.3	3785.2	3.1	26.1	1.1	0.1	0.2	0.1	27.5	-24.4
	江苏	205.6	4354.6	89.5	25.4	30.6	3.4	4.8	2.1	66.4	23.1
	浙江	32.7	3858.7	12.6	38.2	3.9	0.5	0.6	0.3	43.6	-31.0
	安徽	125.6	4209.0	52.9	22.9	23.4	2.6	3.7	1.3	53.9	-1.0
	福建	7.0	3279.2	2.3	23.6	0.8	0.1	0.1	0.1	24.7	-22.4
	江西	4.3	2751.4	1.2	10.9	0.4	0.0	0.1	0.0	11.5	-10.3
	山东	48.8	3762.2	18.3	74.4	6.9	0.8	1.1	0.4	83.6	-65.2
	合计	432.2	4163.8	180.0	221.5	67.2	7.6	10.5	4.3	311.1	-131.1
中南地区	河南	117.2	3801.6	44.5	52.4	16.8	1.9	2.6	1.1	74.7	-30.1
	湖北	53.8	3117.0	16.8	40.5	5.9	0.7	0.9	0.4	48.3	-31.6
	湖南	42.1	2296.2	9.7	18.9	3.4	0.4	0.5	0.2	23.4	-13.8
	合计	213.0	3331.5	71.0	111.8	26.0	2.9	4.0	1.7	146.5	-75.5
华南地区	广东	11.0	4315.1	4.8	28.5	1.8	0.2	0.3	0.1	30.9	-26.1
	广西	12.4	1394.5	1.7	14.3	0.6	0.1	0.1	0.0	15.1	-13.4
	海南	0.5	2000.0	0.1	3.4	0.0	0.0	0.0	0.0	3.5	-3.4
	合计	23.9	2752.9	6.6	46.2	2.4	0.3	0.4	0.2	49.5	-42.9
西南地区	重庆	58.9	1986.5	11.7	9.0	4.2	0.5	0.6	0.3	14.5	-2.8
	四川	216.1	2870.1	62.0	28.7	23.6	2.6	3.6	1.5	60.0	2.0
	贵州	77.0	1463.1	11.3	9.6	3.7	0.4	0.6	0.3	14.6	-3.3
	云南	319.1	1904.0	60.8	21.6	20.7	2.3	2.9	1.5	49.0	11.7
	西藏	121.0	5037.8	60.9	24.9	21.4	2.4	3.3	1.5	53.6	7.4
	合计	792.1	2609.5	206.7	93.8	73.7	8.2	11.1	5.0	191.7	14.9
西北地区	陕西	113.9	1195.1	13.6	44.1	5.3	0.6	0.9	0.3	51.1	-37.5
	甘肃	319.2	2725.3	87.0	460.2	28.0	3.1	4.5	2.1	497.9	-410.9
	青海	33.1	2741.0	9.1	6.3	3.7	0.4	0.6	0.2	11.1	-2.0
	宁夏	68.2	714.2	4.9	3.7	1.8	0.2	0.3	0.1	6.1	-1.2
	新疆	47.3	3775.4	17.9	7.8	5.8	0.6	1.0	0.4	15.7	2.2
	合计	581.7	2276.1	132.4	521.9	44.6	5.0	7.2	3.2	581.9	-449.5

说明：播种面积、单产单位分别为千公顷，公斤/公顷；产量和各种消费量单位均为万吨。

附录二　国外各区域粮食产品基期供求平衡表

附表 8　　　国外各区域粮食基期供求平衡表

	粮食生产			粮食消费						产销余缺
	播种面积	单产	产量	食物消费	饲料消费	种子消费	工业消费	其他消费	消费	
日本	2.31	70.55	16.27	30.73	10.37	3.46	2.92	0.90	48.38	-32.12
韩国	1.22	64.42	7.88	13.49	6.75	2.25	1.62	0.44	24.54	-16.66
美国	87.36	53.61	468.37	89.25	143.00	47.67	72.29	25.95	378.16	90.21
加拿大	18.57	32.19	59.78	7.44	10.90	3.63	7.41	3.31	32.69	27.09
墨西哥	10.28	31.51	32.40	21.08	15.30	5.10	9.43	1.79	52.71	-20.31
阿根廷	23.06	31.89	73.55	8.42	5.70	1.90	5.67	4.07	25.76	47.78
巴西	42.87	32.89	141.01	44.06	32.68	10.89	20.28	7.81	115.72	25.30
澳大利亚	20.08	19.93	40.01	3.13	7.57	2.52	0.30	2.22	15.73	24.28
新西兰	0.13	102.06	1.35	0.87	0.62	0.21	8.09	0.07	9.85	-8.50
俄罗斯	43.13	25.50	109.98	45.02	46.49	15.50	7.07	6.09	120.17	-10.19
其他亚洲国家	1.97	38.71	7.62	7.29	1.00	0.33	0.98	0.42	10.03	-2.41
中亚	15.79	18.57	29.32	13.20	5.42	1.81	3.46	1.62	25.51	3.81
东非	30.82	24.79	76.42	62.34	3.88	1.29	10.05	4.23	81.80	-5.38
其他欧洲国家	20.59	38.81	79.92	26.00	36.72	12.24	10.49	4.43	89.88	-9.96
EU-15	38.36	65.80	252.42	83.29	84.66	28.22	32.16	13.98	242.32	10.11
EU 新成员国	24.18	42.48	102.74	28.93	41.03	13.68	14.10	5.69	103.43	-0.70
中非	10.85	34.24	37.15	30.50	1.80	0.60	5.67	2.06	40.63	-3.48
其他北美国家	3.63	28.28	10.25	14.87	3.22	1.07	2.57	0.57	22.31	-12.06
北非	21.38	22.09	47.24	50.86	10.57	3.52	11.32	2.62	78.89	-31.64
其他大洋洲国家	0.04	0.00	0.35	0.55	0.01	0.00	0.06	0.02	0.64	-0.29
其他南美国家	11.68	41.54	48.51	33.14	11.57	3.86	6.93	2.69	58.19	-9.68
东盟	56.85	42.65	242.44	156.53	23.23	7.74	42.84	13.43	243.79	-1.35
南非	5.10	29.99	15.29	12.43	3.09	1.03	1.12	0.85	18.52	-3.23
南亚	143.47	27.06	388.30	347.05	26.32	8.77	36.13	21.51	439.79	-51.49
西非	48.29	40.45	195.34	78.34	12.79	4.26	98.85	10.82	205.05	-9.72
西亚	20.17	27.60	55.67	42.75	18.80	6.27	8.98	3.08	79.89	-24.22
其他亚洲国家	2.31	70.55	16.27	30.73	10.37	3.46	2.92	0.90	48.38	-32.12

说明：播种面积、单产单位分别为十万公顷，公斤/百公顷；产量和各种消费量单位均为百万吨。

附表 9　　国外各区域稻谷基期供求平衡表

	稻谷生产			稻谷消费						产销余缺
	播种面积	单产	产量	食物消费	饲料消费	种子消费	工业消费	其他消费	消费	
日本	1.69	63.08	10.66	12.30	0.22	0.07	0.57	0.59	13.76	-3.09
韩国	1.00	64.02	6.40	6.33	0.04	0.01	0.03	0.35	6.77	-0.37
美国	1.31	75.85	9.91	4.02	0.15	0.05	0.43	0.55	5.20	4.71
加拿大	0.00		0.00	0.39	0.00	0.00	0.10	0.00	0.48	-0.48
墨西哥	0.06	46.86	0.28	0.87	0.00	0.00	0.17	0.02	1.06	-0.78
阿根廷	0.15	60.42	0.93	0.33	0.02	0.01	0.15	0.05	0.55	0.38
巴西	3.61	33.98	12.27	10.72	0.23	0.08	1.80	0.68	13.51	-1.24
澳大利亚	0.05	81.38	0.44	0.28	0.01	0.00	0.00	0.02	0.32	0.12
新西兰	0.00		0.00	0.05	0.00	0.00	0.02	0.00	0.07	-0.07
俄罗斯	0.13	36.98	0.50	1.10	0.02	0.01	0.09	0.03	1.25	-0.75
其他亚洲国家	0.59	40.96	2.40	2.77	0.21	0.07	0.24	0.13	3.42	-1.02
中亚	0.21	28.86	0.62	0.55	0.02	0.01	0.20	0.03	0.81	-0.20
东非	1.99	22.24	4.42	4.90	0.18	0.06	0.68	0.24	6.07	-1.65
其他欧洲国家	0.02	40.57	0.10	0.41	0.01	0.00	0.04	0.01	0.47	-0.37
EU -15	0.41	66.35	2.72	3.31	0.27	0.09	0.13	0.15	3.94	-1.22
EU 新成员国	0.01	42.59	0.04	0.61	0.03	0.01	0.08	0.00	0.73	-0.69
中非	0.59	9.04	0.53	1.14	0.02	0.01	0.29	0.03	1.48	-0.95
其他北美国家	0.64	32.06	2.05	4.01	0.09	0.03	0.07	0.11	4.31	-2.26
北非	0.64	97.55	6.27	4.88	0.30	0.10	0.28	0.35	5.90	0.37
其他大洋洲国家	0.01	25.89	0.02	0.08	0.00	0.00	0.02	0.00	0.10	-0.08
其他南美国家	1.99	48.78	9.68	6.36	0.40	0.13	1.44	0.54	8.88	0.80
东盟	43.09	37.48	161.50	108.21	6.62	2.21	28.74	8.95	154.72	6.78
南非	0.00	23.10	0.00	1.05	0.00	0.00	0.15	0.00	1.20	-1.19
南亚	57.94	32.37	187.55	179.26	6.87	2.29	14.72	10.39	213.53	-25.97
西非	3.95	16.44	6.50	11.96	0.32	0.11	1.04	0.36	13.79	-7.29
西亚	0.08	65.56	0.50	3.66	0.02	0.01	0.26	0.03	3.97	-3.47
其他亚洲国家	1.69	63.08	10.66	12.30	0.22	0.07	0.57	0.59	13.76	-3.09

说明：播种面积、单产单位分别为十万公顷，公斤/百公顷；产量和各种消费量单位均为百万吨。

附表 10　　国外各区域小麦基期供求平衡表

	小麦生产			小麦消费						产销余缺
	播种面积	单产	产量	食物消费	饲料消费	种子消费	工业消费	其他消费	消费	
日本	0.21	40.59	0.86	6.25	0.32	0.11	0.37	0.05	7.09	-6.23
韩国	0.00	32.07	0.01	2.96	0.98	0.33	0.29	0.00	4.56	-4.55
美国	20.65	29.27	60.43	28.35	4.82	1.61	1.56	3.35	39.69	20.74
加拿大	10.05	25.26	25.40	2.66	3.52	1.17	2.59	1.41	11.35	14.04
墨西哥	0.59	45.81	2.68	3.27	0.08	0.03	1.50	0.15	5.02	-2.34
阿根廷	5.59	25.70	14.37	4.48	0.38	0.13	1.63	0.80	7.42	6.95
巴西	2.58	21.52	5.54	8.60	0.48	0.16	2.33	0.31	11.88	-6.34
澳大利亚	13.15	18.54	24.38	1.37	1.70	0.57	0.04	1.35	5.02	19.36
新西兰	0.04	76.58	0.30	0.38	0.17	0.06	5.54	0.02	6.17	-5.87
俄罗斯	22.54	18.82	42.40	19.76	14.34	4.78	4.33	2.35	45.56	-3.16
其他亚洲国家	0.26	11.91	0.31	0.79	0.05	0.02	0.06	0.02	0.93	-0.62
中亚	13.46	15.27	20.55	8.98	3.55	1.18	2.38	1.14	17.24	3.31
东非	1.76	16.12	2.84	5.75	0.09	0.03	0.25	0.16	6.29	-3.45
其他欧洲国家	6.13	28.31	17.35	9.55	4.68	1.56	3.12	0.96	19.86	-2.51
EU-15	17.56	58.05	101.92	37.69	36.69	12.23	10.10	5.65	102.35	-0.43
EU 新成员国	8.22	36.69	30.17	12.15	8.49	2.83	5.32	1.67	30.46	-0.30
中非	0.01	13.30	0.02	1.35	0.00	0.00	0.19	0.00	1.54	-1.53
其他北美国家	0.01	15.44	0.01	2.70	0.26	0.09	0.17	0.00	3.21	-3.20
北非	7.34	23.13	16.98	26.20	1.91	0.64	3.94	0.94	33.63	-16.65
其他大洋洲国家	0.00		0.00	0.12	0.00	0.00	0.01	0.00	0.14	-0.14
其他南美国家	1.15	28.09	3.22	6.77	0.38	0.13	0.47	0.18	7.93	-4.70
东盟	0.10	13.20	0.14	9.10	0.41	0.14	0.67	0.01	10.33	-10.19
南非	0.80	21.64	1.72	2.54	0.06	0.02	0.16	0.10	2.87	-1.14
南亚	42.22	25.03	105.69	105.09	7.69	2.56	9.34	5.86	130.54	-24.85
西非	0.06	10.99	0.07	4.14	0.02	0.01	0.34	0.00	4.51	-4.44
西亚	12.63	24.00	30.30	24.28	3.57	1.19	4.12	1.68	34.84	-4.54
其他亚洲国家	0.21	40.59	0.86	6.25	0.32	0.11	0.37	0.05	7.09	-6.23

说明：播种面积、单产单位分别为十万公顷，公斤/百公顷；产量和各种消费量单位均为百万吨。

附表 11　　国外各区域玉米基期供求平衡表

	玉米生产			玉米消费						产销余缺
	播种面积	单产	产量	食物消费	饲料消费	种子消费	工业消费	其他消费	消费	
日本	0.00	17.46	0.00	2.51	9.51	3.17	1.14	0.00	16.33	-16.33
韩国	0.02	43.94	0.07	0.74	5.14	1.71	0.87	0.00	8.46	-8.39
美国	29.64	94.31	279.50	17.16	126.50	42.17	42.00	15.48	243.31	36.19
加拿大	1.13	82.15	9.29	1.46	6.54	2.18	1.44	0.51	12.13	-2.84
墨西哥	7.27	27.68	20.13	12.37	6.50	2.17	4.31	1.12	26.46	-6.33
阿根廷	2.48	67.80	16.83	0.54	2.59	0.86	1.15	0.93	6.08	10.75
巴西	12.31	33.91	41.74	4.95	21.47	7.16	4.67	2.31	40.56	1.18
澳大利亚	0.06	58.42	0.37	0.13	0.16	0.05	0.04	0.02	0.41	-0.03
新西兰	0.02	109.21	0.18	0.02	0.09	0.03	0.36	0.01	0.51	-0.34
俄罗斯	0.79	37.49	2.95	0.46	1.88	0.63	0.11	0.16	3.23	-0.28
其他亚洲国家	0.49	37.95	1.85	1.34	0.34	0.11	0.33	0.10	2.22	-0.37
中亚	0.22	51.06	1.11	0.15	0.73	0.24	0.08	0.06	1.27	-0.16
东非	11.22	13.77	15.45	14.38	1.02	0.34	1.23	0.86	17.82	-2.37
其他欧洲国家	3.21	39.37	12.64	2.10	6.72	2.24	1.42	0.70	13.19	-0.55
EU-15	4.42	86.65	38.26	4.56	24.40	8.13	3.91	2.12	43.12	-4.87
EU 新成员国	5.17	46.84	24.22	2.21	13.39	4.46	4.34	1.34	25.75	-1.52
中非	3.27	9.28	3.04	2.72	0.15	0.05	0.45	0.17	3.53	-0.50
其他北美国家	2.06	16.85	3.47	3.37	2.34	0.78	1.02	0.19	7.71	-4.24
北非	1.17	59.74	7.02	6.06	5.68	1.89	2.26	0.39	16.29	-9.27
其他大洋洲国家	0.00	11.08	0.00	0.00	0.00	0.00	0.00	0.00	0.00	0.00
其他南美国家	3.09	29.44	9.10	4.56	5.41	1.80	1.79	0.50	14.08	-4.97
东盟	8.37	30.06	25.17	8.21	12.53	4.18	3.21	1.39	29.53	-4.36
南非	3.47	30.22	10.49	5.59	2.64	0.88	0.47	0.58	10.16	0.33
南亚	9.31	21.27	19.79	7.68	9.03	3.01	2.06	1.10	22.88	-3.09
西非	6.33	16.00	10.13	5.64	1.11	0.37	2.96	0.56	10.64	-0.51
西亚	0.91	47.55	4.32	3.92	4.17	1.39	1.08	0.24	10.79	-6.47
其他亚洲国家	0.00	17.46	0.00	2.51	9.51	3.17	1.14	0.00	16.33	-16.33

说明：播种面积、单产单位分别为十万公顷，公斤/百公顷；产量和各种消费量单位均为百万吨。

附表 12　　国外各区域大豆基期供求平衡表

	大豆生产			大豆消费						产销余缺
	播种面积	单产	产量	食物消费	饲料消费	种子消费	工业消费	其他消费	消费	
日本	0.14	14.68	0.21	4.86	0.10	0.03	0.31	0.01	5.32	-5.11
韩国	0.09	15.75	0.14	2.60	0.03	0.01	0.13	0.01	2.77	-2.63
美国	29.74	26.55	78.94	17.75	2.58	0.86	24.72	4.37	50.28	28.67
加拿大	1.13	24.98	2.83	0.18	0.60	0.20	1.54	0.16	2.67	0.15
墨西哥	0.08	15.13	0.12	2.20	1.25	0.42	0.70	0.01	4.58	-4.46
阿根廷	13.59	25.65	34.87	0.86	0.60	0.20	2.27	1.93	5.86	29.01
巴西	21.00	24.23	50.88	9.76	0.97	0.32	6.43	2.82	20.31	30.58
澳大利亚	0.02	19.00	0.04	0.00	0.07	0.02	0.01	0.00	0.12	-0.08
新西兰	0.00		0.00	0.08	0.03	0.01	0.20	0.00	0.33	-0.33
俄罗斯	0.54	10.17	0.55	0.94	0.06	0.02	0.04	0.03	1.10	-0.55
其他亚洲国家	0.30	11.55	0.35	0.61	0.02	0.01	0.08	0.02	0.73	-0.39
中亚	0.03	14.45	0.04	0.12	0.03	0.01	0.01	0.00	0.17	-0.13
东非	0.27	11.03	0.30	0.95	0.03	0.01	0.10	0.02	1.10	-0.81
其他欧洲国家	0.37	15.95	0.59	0.51	0.12	0.04	0.29	0.03	0.99	-0.40
EU-15	0.24	28.93	0.69	6.47	1.91	0.64	2.38	0.04	11.44	-10.75
EU 新成员国	0.17	21.74	0.37	1.33	0.09	0.03	0.15	0.02	1.63	-1.26
中非	0.04	5.39	0.02	0.55	0.00	0.00	0.10	0.00	0.65	-0.62
其他北美国家	0.02	24.54	0.05	1.92	0.22	0.07	0.31	0.00	2.52	-2.48
北非	0.01	31.92	0.04	3.05	0.01	0.00	2.26	0.00	5.32	-5.28
其他大洋洲国家	0.00		0.00	0.04	0.00	0.00	0.02	0.00	0.05	-0.05
其他南美国家	2.91	21.03	6.12	4.03	0.35	0.12	1.57	0.34	6.41	-0.29
东盟	1.12	13.00	1.45	4.70	0.06	0.02	0.35	0.08	5.21	-3.76
南非	0.13	16.33	0.21	0.88	0.01	0.00	0.18	0.01	1.09	-0.88
南亚	6.86	9.64	6.62	18.32	0.32	0.11	2.38	0.37	21.49	-14.88
西非	0.61	9.06	0.55	0.97	0.01	0.00	0.14	0.03	1.16	-0.61
西亚	0.02	31.71	0.06	2.29	0.11	0.04	0.73	0.00	3.16	-3.10
其他亚洲国家	0.14	14.68	0.21	4.86	0.10	0.03	0.31	0.01	5.32	-5.11

说明：播种面积、单产单位分别为十万公顷，公斤/百公顷；产量和各种消费量单位均为百万吨。

附表 13　　国外各区域薯类基期供求平衡表

	薯类生产			薯类消费						产销余缺
	播种面积	单产	产量	食物消费	饲料消费	种子消费	工业消费	其他消费	消费	
日本	0.16	275.30	4.31	4.80	0.23	0.08	0.30	0.24	5.63	-1.33
韩国	0.04	232.68	0.98	0.86	0.57	0.19	0.24	0.05	1.92	-0.94
美国	0.51	410.58	20.90	18.29	1.24	0.41	1.82	1.16	22.91	-2.01
加拿大	0.17	293.40	4.97	2.76	0.24	0.08	0.68	0.28	4.03	0.94
墨西哥	0.07	247.98	1.80	1.85	0.04	0.01	0.22	0.10	2.23	-0.43
阿根廷	0.11	239.40	2.63	2.04	0.12	0.04	0.29	0.15	2.63	0.00
巴西	1.98	140.22	27.77	10.02	9.52	3.17	4.61	1.54	28.86	-1.09
澳大利亚	0.04	349.88	1.29	1.10	0.13	0.04	0.08	0.07	1.43	-0.14
新西兰	0.01	427.67	0.52	0.29	0.06	0.02	1.19	0.03	1.59	-1.07
俄罗斯	3.13	117.26	36.65	19.80	12.62	4.21	0.08	2.03	38.74	-2.09
其他亚洲国家	0.23	110.05	2.50	1.78	0.39	0.13	0.23	0.14	2.65	-0.15
中亚	0.35	150.40	5.19	3.28	0.96	0.32	0.61	0.29	5.46	-0.27
东非	6.00	73.70	44.25	33.93	2.39	0.80	6.46	2.45	46.03	-1.79
其他欧洲国家	2.23	138.33	30.78	11.53	15.42	5.14	2.46	1.71	36.26	-5.48
EU-15	1.21	366.59	44.52	28.87	6.40	2.13	6.04	2.47	45.91	-1.40
EU 新成员国	1.24	172.14	21.35	10.29	7.01	2.34	1.52	1.18	22.33	-0.98
中非	4.13	76.12	31.41	24.57	1.63	0.54	4.25	1.74	32.73	-1.32
其他北美国家	0.56	75.90	4.24	2.73	0.29	0.10	0.94	0.23	4.29	-0.06
北非	0.39	186.47	7.24	5.75	0.41	0.14	0.77	0.40	7.46	-0.22
其他大洋洲国家	0.03	120.28	0.33	0.31	0.01	0.00	0.01	0.02	0.35	-0.02
其他南美国家	1.47	122.23	18.01	10.86	4.38	1.46	1.26	1.00	18.96	-0.96
东盟	3.74	143.73	53.78	25.40	3.49	1.16	9.88	2.98	42.91	10.87
南非	0.12	175.51	2.19	1.82	0.18	0.06	0.11	0.12	2.30	-0.11
南亚	2.51	177.65	44.59	36.01	2.27	0.76	5.06	2.47	46.56	-1.98
西非	12.00	128.91	154.71	42.47	10.34	3.45	88.71	8.57	153.53	1.18
西亚	0.42	216.31	8.99	6.88	0.74	0.25	1.01	0.50	9.37	-0.38
其他亚洲国家	0.16	275.30	4.31	4.80	0.23	0.08	0.30	0.24	5.63	-1.33

说明：播种面积、单产单位分别为十万公顷，公斤/百公顷；产量和各种消费量单位均为百万吨。

附表 14　　国外各区域其他杂粮基期供求平衡表

	其他杂粮生产			其他杂粮消费						产销余缺
	播种面积	单产	产量	食物消费	饲料消费	种子消费	工业消费	其他消费	消费	
日本	0.10	21.22	0.22	0.00	0.00	0.00	0.24	0.01	0.25	-0.03
韩国	0.07	39.10	0.28	0.00	0.00	0.00	0.05	0.02	0.06	0.22
美国	5.53	33.80	18.68	3.69	7.71	2.57	1.76	1.03	16.78	1.90
加拿大	6.09	28.40	17.29	0.00	0.00	0.00	1.05	0.96	2.01	15.28
墨西哥	2.21	33.42	7.38	0.53	7.43	2.48	2.51	0.41	13.36	-5.98
阿根廷	1.14	34.52	3.92	0.17	1.99	0.66	0.18	0.22	3.22	0.70
巴西	1.39	20.15	2.80	0.00	0.00	0.00	0.44	0.16	0.59	2.21
澳大利亚	6.76	19.97	13.49	0.25	5.50	1.83	0.12	0.75	8.44	5.05
新西兰	0.07	54.91	0.36	0.04	0.26	0.09	0.77	0.02	1.19	-0.83
俄罗斯	16.01	16.82	26.93	2.96	17.56	5.85	2.42	1.49	30.29	-3.36
其他亚洲国家	0.11	19.60	0.22	0.01	0.00	0.00	0.05	0.01	0.07	0.15
中亚	1.52	11.85	1.80	0.12	0.12	0.04	0.18	0.10	0.56	1.24
东非	9.58	9.57	9.17	2.43	0.16	0.05	1.33	0.51	4.48	4.68
其他欧洲国家	8.63	21.38	18.46	1.90	9.77	3.26	3.16	1.02	19.10	-0.64
EU-15	14.53	44.28	64.32	2.39	14.99	5.00	9.60	3.56	35.54	28.77
EU 新成员国	9.37	28.38	26.59	2.34	12.03	4.01	2.69	1.47	22.54	4.05
中非	2.81	7.57	2.13	0.18	0.00	0.00	0.39	0.12	0.69	1.43
其他北美国家	0.35	12.95	0.45	0.15	0.02	0.01	0.06	0.02	0.26	0.19
北非	11.82	8.20	9.70	4.92	2.26	0.75	1.82	0.54	10.29	-0.59
其他大洋洲国家	0.00	23.33	0.00	0.00	0.00	0.00	0.00	0.00	0.01	-0.01
其他南美国家	1.07	22.20	2.38	0.55	0.64	0.21	0.39	0.13	1.93	0.45
东盟	0.43	9.40	0.40	0.91	0.12	0.04	0.00	0.02	1.08	-0.68
南非	0.58	11.72	0.68	0.55	0.20	0.07	0.06	0.04	0.91	-0.23
南亚	24.64	9.77	24.06	0.69	0.14	0.05	2.57	1.33	4.78	19.28
西非	25.33	9.23	23.38	13.16	0.98	0.33	5.66	1.30	21.43	1.95
西亚	6.12	18.78	11.50	1.73	10.20	3.40	1.80	0.64	17.77	-6.27
其他亚洲国家	0.10	21.22	0.22	0.00	0.00	0.00	0.24	0.01	0.25	-0.03

说明：播种面积、单产单位分别为十万公顷，公斤/百公顷；产量和各种消费量单位均为百万吨。

附录三　世界各粮食产品供求平衡表（1990—2005）

附表 15　　世界稻谷供需平衡表　　（万吨）

年份	产量	进口量	食物消费量	饲料 + 种子消费量	出口量	其他净需求量
1990	51482	1994	45362	2556	2255	3302
1991	51521	2212	45710	2641	2431	2952
1992	52715	2357	46449	2726	2615	3281
1993	52845	2497	47108	2867	2709	2659
1994	53735	2827	47837	2979	2984	2762
1995	54602	3202	48444	3009	3362	2988
1996	56746	2892	49015	3075	3074	4474
1997	57558	2873	49534	3033	3073	4791
1998	57769	3717	50109	3026	3914	4437
1999	60980	3571	50705	2956	3845	7044
2000	59774	3333	51231	2857	3650	5369
2001	59658	3591	51667	2722	3917	4944
2002	56738	3842	52000	2681	4146	1752
2003	58292	3880	52303	2661	4196	3012
2004	60073	4082	52514	2654	4585	4403
2005	62847	3985	52686	2633	4437	7076

资料来源：笔者根据 FAOSTAT 数据整理得到。

附表 16　　世界小麦供需平衡表　　（万吨）

年份	产量	进口量	食物消费量	饲料 + 种子消费量	出口量	其他净需求量
1990	47226	8456	31476	8358	10092	5756
1991	45655	9684	32006	8364	11631	3338
1992	55504	11183	36615	12724	11381	5968
1993	55896	11704	37308	12928	11755	5609
1994	52144	11550	37809	13044	11740	1101
1995	53714	11755	38444	13192	11837	1997
1996	57896	11596	39103	13178	11830	5380

续表

年份	产量	进口量	食物消费量	饲料+种子消费量	出口量	其他净需求量
1997	60726	12077	39802	13064	12490	7447
1998	58717	12080	40156	13061	12489	5091
1999	58232	12520	40366	12936	12775	4674
2000	58359	13409	40566	12976	13993	4232
2001	58661	12956	40596	13073	13614	4335
2002	56866	13713	40557	13173	14385	2463
2003	55359	13038	40699	12810	13504	1384
2004	62904	13587	41214	13043	14250	7985
2005	62005	14424	41896	13322	15217	5858

资料来源：笔者根据 FAOSTAT 数据整理得到。

附表 17　　世界玉米供需平衡表　　（万吨）

年份	产量	进口量	食物消费量	饲料+种子消费量	出口量	其他净需求量
1990	46151	5912	10603	29911	7152	4397
1991	46837	5261	10562	30660	6594	4282
1992	52954	6909	10909	34314	7025	7616
1993	47438	7048	11249	34927	7096	1213
1994	56707	6726	11377	37305	6792	7960
1995	51558	8039	11495	38365	8057	1679
1996	58593	7447	11603	40302	7432	6703
1997	58358	7701	11708	41920	7721	4709
1998	61301	7840	11790	42063	7898	7389
1999	60545	8326	11877	42266	8284	6445
2000	59114	8910	12002	42498	8990	4534
2001	61369	8959	12164	42684	9068	6412
2002	60166	9414	12355	43164	9559	4501
2003	63809	9687	12539	44227	9834	6896
2004	72465	9083	12735	46046	9121	13646
2005	71030	9873	12958	47176	9973	10245

资料来源：笔者根据 FAOSTAT 数据整理得到。

附表 18　　世界大豆供需平衡表　　（万吨）

年份	产量	进口量	食物消费量	饲料 + 种子消费量	出口量	其他净需求量
1990	10737	3957	6855	752	4041	3046
1991	10225	4108	6848	813	4240	2432
1992	11441	4897	7110	930	4752	3546
1993	11515	4746	7454	985	4608	3213
1994	13645	5547	7803	996	5461	4932
1995	12697	6111	8170	980	6031	3628
1996	13020	5777	8448	1047	5694	3608
1997	14441	6960	8848	1110	6891	4552
1998	16012	7360	9310	1138	7344	5580
1999	15780	7591	9723	1194	7537	4917
2000	16140	8298	10159	1328	8347	4604
2001	17793	10019	10697	1367	10070	5678
2002	18178	10253	11365	1358	10294	5414
2003	18748	11597	12210	1353	11747	5035
2004	20627	10904	13178	1384	11020	5949
2005	21484	12041	14116	1490	12145	5750

资料来源：笔者根据 FAOSTAT 数据整理得到。

附表 19　　世界薯类供需平衡表　　（万吨）

年份	产量	进口量	食物消费量	饲料 + 种子消费量	出口量	其他净需求量
1990	1238	243	252	1052	262	-86
1991	1336	295	256	1055	311	10
1992	1409	364	268	1172	379	-45
1993	1576	399	396	1204	413	-38
1994	1513	434	401	1198	444	-97
1995	1707	432	416	1329	445	-51
1996	1825	474	444	1402	488	-35
1997	2012	518	471	1483	532	45
1998	1988	573	492	1509	594	-35
1999	1905	595	508	1479	617	-105
2000	2003	702	521	1474	720	-10

续表

年份	产量	进口量	食物消费量	饲料+种子消费量	出口量	其他净需求量
2001	2154	793	530	1548	810	59
2002	2111	931	539	1609	937	-43
2003	2204	1137	555	1684	1137	-36
2004	2559	1155	588	1828	1162	136
2005	2511	1307	626	1893	1306	-8

资料来源：笔者根据 FAOSTAT 数据整理得到。

附表 20　　世界其他杂粮供需平衡表　　（万吨）

年份	产量	进口量	食物消费量	饲料+种子消费量	出口量	其他净需求量
1990	49251	2537	26426	13833	2772	8757
1991	49639	2788	27197	13983	2890	8357
1992	58697	3269	31150	17920	3341	9554
1993	62956	3139	32194	18449	3198	12256
1994	59570	2839	32916	18411	2893	8189
1995	61891	2348	33395	18261	2398	10185
1996	64768	2451	33959	18296	2513	12451
1997	62743	2552	35068	18362	2603	9262
1998	64501	2405	35975	18309	2459	10162
1999	66554	2749	36667	18808	2811	11017
2000	69717	3043	37827	18813	3096	13024
2001	68776	3300	38785	18357	3361	11574
2002	72239	2987	39230	17752	3055	15189
2003	75900	3487	39740	17953	3557	18137
2004	79227	3965	40589	18515	4039	20050
2005	70771	3536	41288	19292	3623	10011

资料来源：笔者根据 FAOSTAT 数据整理得到。

附录四 CWARMEM模型系统部分弹性数据

附表 21 中国各省市区农村居民食物消费收入弹性

	稻谷	小麦	玉米	大豆	薯类	杂粮	油菜籽	糖类	猪肉	牛肉	羊肉	禽肉	蛋类	奶类
北京	0.0315	0.0148	-0.0840	0.0669	-0.0980	-0.0765	0.0269	0.1570	0.6620	0.8091	0.7330	0.4800	0.5015	0.8441
天津	0.0220	0.0250	-0.0260	0.0342	0.0228	-0.0218	0.0416	0.0402	0.7900	0.8100	0.8063	0.7700	0.7700	0.7625
河北	0.0467	0.0330	-0.0373	0.0240	0.0420	-0.0349	0.0460	0.0830	0.8019	0.8698	0.8200	0.7800	0.8373	0.8911
山西	0.0218	0.0264	-0.0214	0.0334	0.0233	-0.0150	0.0406	0.0434	0.7903	0.8300	0.8100	0.8000	0.8010	0.8153
内蒙古	0.0320	0.0312	-0.0300	0.0364	0.0344	-0.0220	0.0438	0.0766	0.7930	0.8803	0.7724	0.8010	0.8110	0.8300
辽宁	0.0270	0.0210	-0.0325	0.0454	0.0350	-0.0220	0.0481	0.0687	0.8234	0.8000	0.8120	0.7600	0.8205	0.8227
吉林	0.0310	0.0200	-0.0360	0.0450	0.0350	-0.0260	0.0480	0.0660	0.8270	0.8000	0.8110	0.7501	0.8200	0.8240
黑龙江	0.0400	0.0305	-0.0342	0.0240	0.0420	-0.0349	0.0431	0.0840	0.7908	0.8700	0.8110	0.7740	0.8270	0.8650
上海	0.0284	0.0261	-0.0200	0.0450	0.0251	-0.0155	0.0460	0.0634	0.7906	0.8309	0.8100	0.7700	0.8000	0.8000
江苏	0.0325	0.0320	-0.0290	0.0450	0.0340	-0.0200	0.0484	0.0700	0.7930	0.8030	0.7745	0.8000	0.8000	0.8300
浙江	0.0202	0.0292	-0.0263	0.0300	0.0204	-0.0215	0.0400	0.0300	0.8000	0.8140	0.8082	0.7827	0.7500	0.8000
安徽	0.0397	0.0455	-0.1444	0.0115	-0.0870	-0.1564	0.1628	0.2690	0.8303	0.8875	0.7800	0.6740	0.6180	1.0899

续表

	稻谷	小麦	玉米	大豆	薯类	杂粮	油菜籽	糖类	猪肉	牛肉	羊肉	禽肉	蛋类	奶类
福建	0.0451	0.0204	-0.0495	0.0214	0.0340	-0.0182	0.0251	0.0765	0.7900	0.8500	0.6900	0.7830	0.8390	0.8939
江西	0.0300	0.0320	-0.0300	0.0452	0.0341	-0.0200	0.0485	0.0710	0.8305	0.7900	0.8101	0.7850	0.8300	0.8203
山东	0.0267	0.0260	-0.0228	0.0460	0.0251	-0.0154	0.0459	0.0645	0.8400	0.8300	0.8485	0.8100	0.8215	0.8400
河南	0.0405	0.0300	-0.0310	0.0255	0.0410	-0.0300	0.0454	0.0785	0.7936	0.8720	0.8073	0.7760	0.8273	0.8660
湖北	0.0325	0.0320	-0.0317	0.0280	0.0411	-0.0150	0.0437	0.0795	0.7937	0.7942	0.7830	0.7700	0.8271	0.8610
湖南	0.0324	0.0300	-0.0317	0.0360	0.0343	-0.0220	0.0439	0.0763	0.7934	0.8100	0.7744	0.7690	0.8290	0.8533
广东	0.0572	0.0100	-0.0439	0.0241	0.0354	-0.0083	0.0371	0.0678	0.8160	0.8715	0.7270	0.7794	0.8390	0.8939
广西	0.0567	0.0350	-0.0520	0.0236	0.0361	-0.0144	0.0437	0.0800	0.8226	0.8715	0.8097	0.7800	0.8391	0.8900
海南	0.0670	0.0325	-0.0370	0.0241	0.0424	-0.0349	0.0450	0.0836	0.8219	0.8720	0.8110	0.7800	0.8374	0.8900
重庆	0.0551	0.0239	-0.0483	0.0250	0.0301	-0.0086	0.0265	0.0787	0.7900	0.8500	0.6934	0.7829	0.8385	0.9040
四川	0.0220	0.0258	-0.0215	0.0339	0.0227	-0.0200	0.0406	0.0400	0.7903	0.8300	0.8099	0.8000	0.8200	0.8198
贵州	0.0670	0.0351	-0.0513	0.0236	0.0422	-0.0120	0.0471	0.0840	0.8226	0.8719	0.8000	0.7801	0.8386	0.8900
云南	0.0200	0.0294	-0.0260	0.0300	0.0200	-0.0215	0.0430	0.0345	0.8101	0.8131	0.8082	0.8273	0.7794	0.8200
西藏	0.0225	0.0263	-0.0266	0.0344	0.0200	-0.0235	0.0416	0.0335	0.7811	0.8000	0.8063	0.7700	0.7710	0.7730
陕西	0.0266	0.0260	-0.0340	0.0450	0.0300	-0.0133	0.0460	0.0645	0.8400	0.8400	0.8500	0.8100	0.8522	0.8400
甘肃	0.0472	0.0200	-0.0495	0.0241	0.0350	-0.0183	0.0271	0.0780	0.8200	0.8700	0.7300	0.7794	0.8400	0.8939
青海	0.0260	0.0210	-0.0320	0.0435	0.0310	-0.0120	0.0456	0.0645	0.8378	0.8300	0.8500	0.8110	0.8521	0.8400
宁夏	0.0260	0.0212	-0.0320	0.0455	0.0310	-0.0120	0.0450	0.0650	0.8300	0.8500	0.8500	0.7610	0.8205	0.8222
新疆	0.0200	0.0265	-0.0265	0.0343	0.0200	-0.0210	0.0421	0.0338	0.7810	0.8100	0.8066	0.7827	0.7828	0.7730

附表 22 中国各省市区城镇居民食物消费收入弹性

	稻谷	小麦	玉米	大豆	薯类	杂粮	油菜籽	糖类	猪肉	牛肉	羊肉	禽肉	蛋类	奶类
北京	-0.869	-0.002	0.020	0.016	0.017	0.005	0.000	0.127	0.713	0.871	0.789	0.517	0.540	0.909
天津	0.015	0.005	0.009	0.015	-0.011	0.002	-0.004	0.270	0.851	0.872	0.868	0.829	0.829	0.821
河北	-0.010	0.014	0.021	0.034	-0.002	0.002	0.054	0.016	0.864	0.937	0.883	0.840	0.902	0.960
山西	-0.005	0.021	0.013	0.014	-0.001	0.001	0.028	-0.143	0.851	0.894	0.872	0.862	0.863	0.878
内蒙古	0.002	-0.003	0.007	0.017	-0.009	0.000	0.071	0.331	0.854	0.948	0.832	0.863	0.873	0.894
辽宁	-0.014	0.003	0.017	0.013	-0.001	0.000	0.096	0.136	0.887	0.862	0.874	0.818	0.884	0.886
吉林	-0.004	0.001	0.025	0.018	-0.001	-0.001	0.046	-0.019	0.891	0.862	0.873	0.808	0.883	0.887
黑龙江	-0.005	0.021	-0.004	-0.007	0.003	-0.009	0.023	0.293	0.852	0.937	0.873	0.834	0.891	0.932
上海	0.010	0.001	-0.002	-0.040	0.092	-0.003	0.045	-0.549	0.851	0.895	0.872	0.829	0.862	0.862
江苏	-0.005	-0.041	-0.004	-0.017	-0.103	0.019	0.043	0.039	0.854	0.865	0.834	0.862	0.862	0.894
浙江	0.008	0.013	-0.002	-0.023	-0.030	-0.002	0.006	0.022	0.862	0.877	0.870	0.843	0.808	0.862
安徽	0.030	0.014	0.507	-0.004	0.049	-0.053	0.027	-0.098	0.894	0.956	0.840	0.726	0.666	1.174
福建	0.015	0.006	-0.014	-0.008	-0.642	-0.002	0.089	0.057	0.851	0.915	0.743	0.843	0.904	0.963
江西	-0.023	0.014	-0.004	-0.014	-0.013	0.000	0.016	0.626	0.894	0.851	0.872	0.845	0.894	0.883
山东	0.001	0.001	-0.002	-0.012	-0.023	-0.002	0.012	0.025	0.905	0.894	0.914	0.872	0.885	0.905
河南	-0.084	0.025	-0.001	0.016	-0.010	0.001	0.052	0.025	0.855	0.939	0.869	0.836	0.891	0.933

续表

	稻谷	小麦	玉米	大豆	薯类	杂粮	油菜籽	糖类	猪肉	牛肉	羊肉	禽肉	蛋类	奶类
湖北	-0.040	0.006	-0.001	0.002	-0.021	0.001	0.030	0.107	0.855	0.855	0.843	0.829	0.891	0.927
湖南	-0.048	-0.063	-0.003	0.009	-0.009	0.006	0.083	-0.121	0.854	0.872	0.834	0.828	0.893	0.919
广东	-0.117	0.002	-0.003	0.011	-0.036	0.035	-0.546	-0.028	0.879	0.939	0.783	0.839	0.904	0.963
广西	0.032	0.000	-0.001	-0.002	-0.011	0.004	0.084	0.019	0.886	0.939	0.872	0.840	0.904	0.958
海南	0.247	-0.026	-0.004	-0.002	-0.013	0.001	0.178	-0.015	0.885	0.939	0.873	0.840	0.902	0.958
重庆	-0.250	-0.069	-0.006	-0.021	-0.016	0.002	0.044	-0.120	0.851	0.915	0.747	0.843	0.903	0.974
四川	-0.005	-0.005	-0.001	-0.012	0.297	0.000	-0.061	-0.146	0.851	0.894	0.872	0.862	0.883	0.883
贵州	-0.002	-0.001	-0.002	0.014	-0.032	0.001	0.079	0.039	0.886	0.939	0.862	0.840	0.903	0.958
云南	-0.009	-0.018	0.001	-0.015	0.038	-0.001	-0.253	0.028	0.872	0.876	0.870	0.891	0.839	0.883
西藏	-0.021	-0.077	0.004	-0.005	-0.108	0.004	-0.072	-0.001	0.841	0.862	0.868	0.829	0.830	0.832
陕西	-0.004	0.065	0.009	0.010	0.003	0.004	0.070	-0.010	0.905	0.905	0.915	0.872	0.918	0.905
甘肃	-0.008	-0.036	-0.024	0.009	0.006	0.001	-0.047	0.019	0.883	0.937	0.786	0.839	0.905	0.963
青海	0.003	-0.007	-0.009	0.035	0.006	0.021	0.072	0.050	0.902	0.894	0.915	0.873	0.918	0.905
宁夏	0.002	-0.004	-0.017	0.005	0.014	-0.001	0.008	0.135	0.894	0.915	0.915	0.820	0.884	0.885
新疆	-0.001	-0.006	-0.062	-0.008	0.002	0.000	0.035	-0.001	0.841	0.872	0.869	0.843	0.843	0.832

附表 23　　中国各省市区稻谷单产弹性

	价格	种子	化肥	劳动力
北京	0.079	-0.025	-0.037	-0.022
天津	0.057	-0.021	-0.022	-0.034
河北	0.042	-0.016	-0.021	-0.013
山西	0.042	-0.015	-0.018	-0.025
内蒙古	0.043	-0.019	-0.017	-0.019
辽宁	0.047	-0.017	-0.021	-0.024
吉林	0.040	-0.016	-0.018	-0.014
黑龙江	0.043	-0.019	-0.019	-0.013
上海	0.036	-0.016	-0.013	-0.016
江苏	0.066	-0.025	-0.027	-0.026
浙江	0.052	-0.007	-0.035	-0.019
安徽	0.070	-0.038	-0.012	-0.039
福建	0.055	-0.026	-0.019	-0.013
江西	0.065	-0.032	-0.021	-0.017
山东	0.033	-0.013	-0.015	-0.013
河南	0.050	-0.010	-0.024	-0.041
湖北	0.045	-0.017	-0.020	-0.012
湖南	0.050	-0.021	-0.018	-0.017
广东	0.065	-0.024	-0.025	-0.028
广西	0.032	-0.014	-0.013	-0.010
海南	0.036	-0.014	-0.014	-0.016
重庆	0.045	-0.015	-0.020	-0.013
四川	0.037	-0.014	-0.014	-0.015
贵州	0.039	-0.016	-0.014	-0.016
云南	0.033	-0.011	-0.018	-0.015
西藏	0.016	0.000	0.000	-0.049
陕西	0.014	0.000	0.000	-0.043
甘肃	0.029	0.000	0.000	-0.092
青海	0.000	0.000	0.000	0.000
宁夏	0.055	-0.015	-0.025	-0.043
新疆	0.024	0.000	0.000	-0.064

附表 24 中国各省市区小麦单产弹性

	价格	种子	化肥	劳动力
北京	0.050	-0.016	-0.025	-0.020
天津	0.058	-0.012	-0.028	-0.040
河北	0.045	-0.016	-0.022	-0.020
山西	0.034	-0.014	-0.015	-0.012
内蒙古	0.040	-0.016	-0.018	-0.015
辽宁	0.057	-0.025	-0.025	-0.019
吉林	0.040	-0.019	-0.017	-0.011
黑龙江	0.049	-0.027	-0.015	-0.022
上海	0.036	-0.019	-0.012	-0.013
江苏	0.061	0.018	-0.059	-0.038
浙江	0.079	-0.020	-0.037	-0.048
安徽	0.070	-0.013	-0.024	-0.090
福建	0.062	-0.028	-0.026	-0.021
江西	0.033	-0.017	-0.011	-0.012
山东	0.041	-0.016	-0.018	-0.017
河南	0.032	-0.014	-0.015	-0.012
湖北	0.040	-0.014	-0.011	-0.039
湖南	0.049	-0.021	-0.020	-0.022
广东	0.000	0.000	0.000	0.000
广西	0.000	0.000	0.000	0.000
海南	0.000	0.000	0.000	0.000
重庆	0.077	-0.046	-0.024	-0.024
四川	0.061	-0.026	-0.025	-0.027
贵州	0.078	-0.047	-0.014	-0.052
云南	0.041	-0.019	-0.019	-0.010
西藏	0.021	0.000	0.000	-0.063
陕西	0.063	-0.020	-0.035	-0.024
甘肃	0.043	-0.026	-0.015	-0.012
青海	0.035	-0.015	-0.013	-0.019
宁夏	0.031	-0.015	-0.014	-0.011
新疆	0.039	-0.014	-0.021	-0.010

附表 25　　中国各省市区玉米单产弹性

	价格	种子	化肥	劳动力
北京	0.0655	-0.0237	-0.0245	-0.0251
天津	0.0486	-0.0200	-0.0175	-0.0137
河北	0.0304	-0.0123	-0.0102	-0.0134
山西	0.0461	-0.0151	-0.0197	-0.0189
内蒙古	0.0378	-0.0177	-0.0110	-0.0141
辽宁	0.0375	-0.0143	-0.0113	-0.0197
吉林	0.0444	-0.0122	-0.0196	-0.0230
黑龙江	0.0425	-0.0215	-0.0117	-0.0107
上海	0.0000	0.0000	0.0000	0.0000
江苏	0.0454	-0.0120	-0.0220	-0.0210
浙江	0.0666	-0.0150	-0.0320	-0.0320
安徽	0.0313	-0.0127	-0.0116	-0.0114
福建	0.0436	-0.0155	-0.0176	-0.0160
江西	0.0570	-0.0164	-0.0289	-0.0175
山东	0.0353	-0.0134	-0.0143	-0.0128
河南	0.0788	-0.0371	-0.0225	-0.0343
湖北	0.0420	-0.0135	-0.0187	-0.0167
湖南	0.0434	-0.0189	-0.0109	-0.0220
广东	0.0169	0.0000	0.0000	-0.0389
广西	0.0180	0.0000	0.0000	-0.0500
海南	0.0278	0.0000	0.0000	-0.0716
重庆	0.0347	-0.0121	-0.0147	-0.0125
四川	0.0637	-0.0265	-0.0215	-0.0253
贵州	0.0356	-0.0133	-0.0141	-0.0161
云南	0.0340	-0.0126	-0.0143	-0.0147
西藏	0.0100	0.0000	0.0000	-0.0297
陕西	0.0300	-0.0130	-0.0106	-0.0118
甘肃	0.0499	-0.0202	-0.0181	-0.0213
青海	0.0000	0.0000	0.0000	0.0000
宁夏	0.0403	-0.0102	-0.0156	-0.0325
新疆	0.0387	-0.0148	-0.0160	-0.0182

附表 26　　中国各省市区大豆单产弹性

	价格	种子	化肥	劳动力
北京	0.000	0.000	0.000	0.000
天津	0.000	0.000	0.000	0.000
河北	0.030	-0.012	-0.011	-0.024
山西	0.035	-0.019	-0.015	-0.011
内蒙古	0.029	-0.015	-0.011	-0.010
辽宁	0.035	-0.013	-0.017	-0.016
吉林	0.037	-0.011	-0.017	-0.030
黑龙江	0.047	-0.023	-0.022	-0.012
上海	0.000	0.000	0.000	0.000
江苏	0.047	-0.025	-0.020	-0.016
浙江	0.047	-0.021	-0.011	-0.040
安徽	0.056	-0.024	-0.028	-0.026
福建	0.054	-0.021	-0.012	-0.061
江西	0.040	-0.013	-0.022	-0.018
山东	0.044	-0.012	-0.024	-0.027
河南	0.050	-0.033	-0.011	-0.027
湖北	0.057	-0.029	-0.021	-0.029
湖南	0.050	-0.026	-0.013	-0.038
广东	0.052	-0.021	-0.025	-0.022
广西	0.038	-0.017	-0.015	-0.021
海南	0.068	-0.033	-0.022	-0.048
重庆	0.044	-0.021	-0.013	-0.040
四川	0.033	-0.011	-0.019	-0.013
贵州	0.055	-0.014	-0.015	-0.096
云南	0.033	-0.017	-0.013	-0.020
西藏	0.000	0.000	0.000	0.000
陕西	0.048	-0.010	-0.030	-0.036
甘肃	0.013	0.000	0.000	-0.047
青海	0.000	0.000	0.000	0.000
宁夏	0.010	0.000	0.000	-0.031
新疆	0.012	0.000	0.000	-0.034

附表 27　　中国各省市区棉花单产弹性

	价格	种子	化肥	劳动力
北京	0.000	0.000	0.000	0.000
天津	0.000	0.000	0.000	0.000
河北	0.028	-0.010	-0.017	-0.018
山西	0.066	-0.013	-0.057	-0.030
内蒙古	0.000	0.000	0.000	0.000
辽宁	0.041	-0.025	-0.020	-0.016
吉林	0.000	0.000	0.000	0.000
黑龙江	0.000	0.000	0.000	0.000
上海	0.042	-0.014	-0.019	-0.039
江苏	0.027	-0.013	-0.012	-0.015
浙江	0.045	-0.014	-0.028	-0.029
安徽	0.027	-0.013	-0.012	-0.016
福建	0.000	0.000	0.000	0.000
江西	0.042	-0.023	-0.012	-0.031
山东	0.026	-0.011	-0.014	-0.020
河南	0.034	-0.015	-0.019	-0.022
湖北	0.072	-0.032	-0.036	-0.040
湖南	0.042	-0.018	-0.025	-0.016
广东	0.000	0.000	0.000	0.000
广西	0.000	0.000	0.000	0.000
海南	0.000	0.000	0.000	0.000
重庆	0.040	-0.011	-0.010	-0.073
四川	0.039	-0.019	-0.022	-0.024
贵州	0.011	0.000	0.000	-0.044
云南	0.000	0.000	0.000	0.000
西藏	0.000	0.000	0.000	0.000
陕西	0.040	-0.020	-0.016	-0.038
甘肃	0.042	-0.025	-0.021	-0.018
青海	0.000	0.000	0.000	0.000
宁夏	0.000	0.000	0.000	0.000
新疆	0.027	-0.014	-0.013	-0.015

附表 28 中国各省市区油菜籽单产弹性

	价格	种子	化肥	劳动力
北京	0.000	0.000	0.000	0.000
天津	0.000	0.000	0.000	0.000
河北	0.000	0.000	0.000	0.000
山西	0.000	0.000	0.000	0.000
内蒙古	0.000	0.000	0.000	0.000
辽宁	0.000	0.000	0.000	0.000
吉林	0.000	0.000	0.000	0.000
黑龙江	0.000	0.000	0.000	0.000
上海	0.054	0.000	-0.027	-0.066
江苏	0.017	0.000	-0.012	-0.014
浙江	0.067	-0.001	-0.051	-0.039
安徽	0.070	-0.017	-0.038	-0.045
福建	0.080	0.000	-0.070	-0.036
江西	0.033	0.000	-0.026	-0.026
山东	0.040	-0.013	-0.012	-0.038
河南	0.042	-0.012	-0.022	-0.024
湖北	0.043	0.000	-0.030	-0.041
湖南	0.030	0.000	-0.015	-0.046
广东	0.000	0.000	0.000	0.000
广西	0.000	0.000	0.000	0.000
海南	0.000	0.000	0.000	0.000
重庆	0.040	-0.011	-0.022	-0.023
四川	0.039	0.000	-0.029	-0.035
贵州	0.036	0.000	-0.011	-0.086
云南	0.019	0.000	-0.015	-0.014
西藏	0.000	0.000	0.000	0.000
陕西	0.036	0.000	-0.024	-0.046
甘肃	0.022	0.000	-0.013	-0.034
青海	0.000	0.000	0.000	0.000
宁夏	0.000	0.000	0.000	0.000
新疆	0.023	0.000	-0.018	-0.016

附表 29　　中国各省市区糖类单产弹性

	价格	种子	化肥	劳动力
北京	0.000	0.000	0.000	0.000
天津	0.000	0.000	0.000	0.000
河北	0.000	0.000	0.000	0.000
山西	0.000	0.000	0.000	0.000
内蒙古	0.000	0.000	0.000	0.000
辽宁	0.094	0.000	-0.052	-0.040
吉林	0.053	0.000	-0.015	-0.069
黑龙江	0.077	0.000	-0.047	-0.025
上海	0.000	0.000	0.000	0.000
江苏	0.000	0.000	0.000	0.000
浙江	0.038	-0.011	-0.010	-0.010
安徽	0.000	0.000	0.000	0.000
福建	0.050	0.000	-0.027	-0.021
江西	0.025	0.000	-0.013	-0.012
山东	0.000	0.000	0.000	0.000
河南	0.000	0.000	0.000	0.000
湖北	0.000	0.000	0.000	0.000
湖南	0.000	0.000	0.000	0.000
广东	0.040	0.000	-0.020	-0.021
广西	0.027	0.000	-0.014	-0.017
海南	0.030	0.000	-0.012	-0.024
重庆	0.011	0.000	0.000	-0.022
四川	0.010	0.000	0.000	-0.022
贵州	0.011	0.000	0.000	-0.025
云南	0.039	0.000	-0.018	-0.028
西藏	0.000	0.000	0.000	0.000
陕西	0.058	0.000	-0.031	-0.035
甘肃	0.051	0.000	-0.027	-0.032
青海	0.042	0.000	0.000	-0.098
宁夏	0.016	0.000	0.000	-0.034
新疆	0.077	0.000	-0.037	-0.048

附表 30　　中国各省市区稻谷播种面积价格弹性

	稻谷	小麦	玉米	大豆	棉花	油菜籽	糖类
北京	**0.089**	-0.051	-0.040	0.000	0.000	0.000	0.000
天津	**0.036**	-0.014	-0.024	0.000	0.000	0.000	0.000
河北	**0.147**	-0.023	-0.033	-0.033	-0.024	-0.013	0.000
山西	**0.156**	-0.024	-0.043	-0.024	-0.025	-0.014	0.000
内蒙古	**0.197**	-0.053	-0.043	-0.043	-0.024	-0.014	0.000
辽宁	**0.186**	-0.044	-0.034	-0.034	0.000	0.000	-0.033
吉林	**0.206**	-0.044	-0.023	-0.064	0.000	0.000	-0.033
黑龙江	**0.187**	-0.043	-0.033	-0.034	0.000	0.000	-0.033
上海	**0.167**	-0.053	-0.063	-0.023	-0.014	-0.013	0.000
江苏	**0.205**	-0.064	-0.055	-0.025	-0.036	-0.015	0.000
浙江	**0.106**	-0.014	-0.013	-0.044	-0.015	-0.014	0.000
安徽	**0.147**	-0.013	-0.033	-0.053	-0.024	-0.013	0.000
福建	**0.138**	-0.022	-0.022	-0.012	-0.062	0.028	-0.041
江西	**0.208**	-0.022	-0.022	-0.013	-0.063	-0.033	-0.042
山东	**0.147**	-0.023	-0.013	-0.033	-0.024	-0.033	0.000
河南	**0.227**	-0.023	-0.013	-0.094	-0.014	-0.053	0.000
湖北	**0.248**	-0.022	-0.092	-0.013	-0.073	-0.023	0.000
湖南	**0.236**	-0.024	-0.084	-0.064	-0.035	-0.014	0.000
广东	**0.148**	0.000	-0.012	-0.043	0.000	0.000	-0.122
广西	**0.040**	0.000	-0.010	-0.020	0.000	0.000	-0.010
海南	**0.100**	0.000	-0.010	-0.010	0.000	0.000	-0.110
重庆	**0.140**	-0.040	-0.020	-0.030	-0.010	-0.010	-0.030
四川	**0.196**	-0.044	-0.034	-0.024	-0.025	-0.024	-0.043
贵州	**0.206**	-0.014	-0.024	-0.114	-0.015	-0.014	-0.013
云南	**0.136**	-0.044	-0.014	-0.024	-0.015	-0.024	-0.013
西藏	**0.120**	-0.020	-0.010	-0.040	0.000	-0.040	0.000
陕西	**0.246**	-0.034	-0.014	-0.015	-0.056	-0.045	-0.033
甘肃	**0.147**	-0.013	-0.023	-0.023	-0.024	-0.023	-0.012
青海	**0.000**	0.000	0.000	0.000	0.000	0.000	0.000
宁夏	**0.148**	-0.062	-0.022	-0.013	0.000	-0.012	-0.022
新疆	**0.224**	-0.026	-0.015	-0.036	-0.057	-0.026	-0.024

说明：加粗部分表明播种面积自身价格弹性，其他为交叉价格弹性。

附表 31　　中国各省市区小麦播种面积价格弹性

	稻谷	小麦	玉米	大豆	棉花	油菜籽	糖类
北京	-0.054	**0.096**	-0.044	0.000	0.000	0.000	0.000
天津	-0.090	**0.180**	-0.090	0.000	0.000	0.000	0.000
河北	-0.033	**0.147**	-0.023	-0.023	-0.014	-0.023	0.000
山西	-0.075	**0.265**	-0.035	-0.025	-0.016	-0.065	0.000
内蒙古	-0.024	**0.196**	-0.034	-0.025	-0.015	-0.055	0.000
辽宁	-0.023	**0.127**	-0.023	-0.023	0.000	0.000	-0.032
吉林	-0.026	**0.214**	-0.066	-0.026	0.000	0.000	-0.084
黑龙江	-0.023	**0.227**	-0.063	-0.024	0.000	0.000	-0.083
上海	-0.040	**0.130**	-0.040	-0.010	-0.010	-0.020	0.000
江苏	-0.026	**0.204**	-0.026	-0.066	-0.037	-0.026	0.000
浙江	-0.021	**0.000**	-0.013	-0.009	0.017	0.020	0.000
安徽	-0.031	**0.299**	-0.121	-0.041	-0.051	-0.031	0.000
福建	-0.023	**0.197**	-0.033	-0.033	-0.034	-0.033	-0.032
江西	-0.014	**0.156**	-0.024	-0.025	-0.036	-0.025	-0.023
山东	-0.023	**0.207**	-0.033	-0.033	-0.034	-0.033	0.000
河南	-0.022	**0.268**	-0.042	-0.052	-0.043	-0.052	0.000
湖北	-0.042	**0.238**	-0.052	-0.043	-0.043	-0.033	0.000
湖南	-0.013	**0.197**	-0.013	-0.024	-0.074	-0.043	0.000
广东	0.000	**0.000**	0.000	0.000	0.000	0.000	0.000
广西	0.000	**0.000**	0.000	0.000	0.000	0.000	0.000
海南	0.000	**0.000**	0.000	0.000	0.000	0.000	0.000
重庆	-0.023	**0.207**	-0.013	-0.044	-0.025	-0.044	-0.053
四川	-0.024	**0.166**	-0.024	-0.035	-0.026	-0.025	-0.023
贵州	-0.133	**0.227**	-0.023	-0.013	-0.024	-0.013	-0.012
云南	-0.013	**0.207**	-0.083	-0.014	-0.024	-0.024	-0.052
西藏	-0.019	**0.091**	-0.009	-0.029	0.000	-0.029	0.000
陕西	-0.024	**0.196**	-0.024	-0.054	-0.015	-0.014	-0.023
甘肃	-0.014	**0.246**	-0.044	-0.035	-0.076	-0.015	-0.013
青海	0.000	**0.120**	0.000	-0.040	0.000	-0.040	-0.040
宁夏	-0.031	**0.189**	-0.031	-0.011	0.000	-0.031	-0.071
新疆	-0.021	**0.159**	-0.021	-0.022	-0.022	-0.022	-0.011

说明：加粗部分表明播种面积自身价格弹性，其他为交叉价格弹性。

附表 32　　中国各省市区玉米播种面积价格弹性

	稻谷	小麦	玉米	大豆	棉花	油菜籽	糖类
北京	-0.042	-0.062	**0.108**	0.000	0.000	0.000	0.000
天津	-0.013	-0.023	**0.037**	0.000	0.000	0.000	0.000
河北	-0.024	-0.024	**0.126**	-0.024	-0.015	-0.014	0.000
山西	-0.034	-0.033	**0.197**	-0.024	-0.034	-0.034	0.000
内蒙古	-0.024	-0.034	**0.216**	-0.025	-0.026	-0.065	0.000
辽宁	-0.024	-0.024	**0.137**	-0.034	0.000	0.000	-0.033
吉林	-0.052	-0.062	**0.208**	-0.042	0.000	0.000	-0.022
黑龙江	-0.041	-0.061	**0.229**	-0.041	0.000	0.000	-0.061
上海	-0.016	-0.016	**0.094**	-0.017	-0.018	-0.016	0.000
江苏	-0.033	-0.093	**0.237**	-0.023	-0.054	-0.013	0.000
浙江	-0.024	-0.034	**0.256**	-0.064	-0.055	-0.044	0.000
安徽	-0.013	-0.103	**0.267**	-0.103	-0.014	-0.013	0.000
福建	-0.032	-0.022	**0.128**	0.088	-0.042	-0.042	-0.091
江西	-0.033	-0.033	**0.228**	-0.033	-0.043	-0.043	-0.022
山东	-0.042	-0.062	**0.338**	-0.072	-0.043	-0.042	0.000
河南	-0.051	-0.031	**0.269**	-0.032	-0.042	-0.042	0.000
湖北	-0.034	-0.054	**0.216**	-0.064	-0.025	-0.024	0.000
湖南	-0.054	-0.044	**0.236**	-0.045	-0.026	-0.045	0.000
广东	-0.013	0.000	**0.137**	-0.053	0.000	0.000	-0.082
广西	-0.031	0.000	**0.139**	-0.061	0.000	0.000	-0.051
海南	-0.012	0.000	**0.068**	-0.022	0.000	0.000	-0.041
重庆	-0.041	-0.041	**0.189**	-0.032	-0.012	-0.022	-0.041
四川	-0.034	-0.034	**0.216**	-0.035	-0.036	-0.035	-0.033
贵州	-0.025	-0.025	**0.145**	-0.025	-0.016	-0.025	-0.024
云南	-0.035	-0.025	**0.175**	-0.025	-0.026	-0.025	-0.033
西藏	-0.024	-0.034	**0.126**	-0.035	0.000	-0.024	0.000
陕西	-0.033	-0.023	**0.247**	-0.043	-0.054	-0.013	-0.052
甘肃	-0.034	-0.014	**0.266**	-0.054	-0.075	-0.024	-0.013
青海	0.000	0.000	**0.000**	0.000	0.000	0.000	0.000
宁夏	-0.014	-0.024	**0.116**	-0.014	0.000	-0.014	-0.013
新疆	-0.011	-0.031	**0.219**	-0.031	-0.032	-0.011	-0.051

说明：加粗部分表明播种面积自身价格弹性，其他为交叉价格弹性。

附表 33　　中国各省市区大豆播种面积价格弹性

	稻谷	小麦	玉米	大豆	棉花	油菜籽	糖类
北京	0.000	0.000	0.000	**0.000**	0.000	0.000	0.000
天津	0.000	0.000	0.000	**0.000**	0.000	0.000	0.000
河北	-0.024	-0.023	-0.023	**0.136**	-0.025	-0.024	0.000
山西	-0.084	-0.024	-0.033	**0.236**	-0.035	-0.034	0.000
内蒙古	-0.032	-0.042	-0.032	**0.198**	-0.033	-0.032	0.000
辽宁	-0.024	-0.044	-0.024	**0.145**	0.000	0.000	-0.033
吉林	-0.044	-0.053	-0.033	**0.196**	0.000	0.000	-0.033
黑龙江	-0.044	-0.054	-0.044	**0.216**	0.000	0.000	-0.043
上海	-0.012	-0.032	-0.022	**0.128**	-0.032	-0.032	0.000
江苏	-0.032	-0.042	-0.032	**0.167**	-0.033	-0.033	0.000
浙江	-0.013	-0.043	-0.023	**0.146**	-0.034	-0.034	0.000
安徽	-0.149	-0.029	-0.009	**0.221**	-0.009	-0.039	0.000
福建	-0.042	-0.032	-0.022	**0.138**	-0.032	0.008	-0.031
江西	-0.044	-0.044	-0.024	**0.196**	-0.035	-0.024	-0.043
山东	-0.022	-0.032	-0.032	**0.177**	-0.033	-0.033	0.000
河南	-0.021	-0.031	-0.041	**0.209**	-0.062	-0.021	0.000
湖北	-0.040	-0.050	-0.010	**0.280**	-0.111	-0.060	0.000
湖南	-0.013	-0.043	-0.043	**0.197**	-0.054	-0.043	0.000
广东	-0.042	0.000	-0.032	**0.108**	0.000	0.000	-0.061
广西	-0.040	0.000	-0.080	**0.130**	0.000	0.000	-0.030
海南	-0.112	0.000	-0.112	**0.208**	0.000	0.000	-0.011
重庆	-0.031	-0.021	-0.021	**0.119**	-0.011	-0.021	-0.031
四川	-0.043	-0.033	-0.023	**0.227**	-0.054	-0.033	-0.062
贵州	-0.076	-0.056	-0.025	**0.224**	-0.027	-0.026	-0.034
云南	-0.034	-0.044	-0.024	**0.175**	-0.025	-0.035	-0.033
西藏	-0.081	-0.041	-0.021	**0.149**	0.000	-0.021	0.000
陕西	-0.023	-0.043	-0.013	**0.236**	-0.044	-0.044	-0.042
甘肃	-0.025	-0.035	-0.015	**0.175**	-0.036	-0.035	-0.023
青海	0.000	-0.060	0.000	**0.120**	0.000	-0.060	-0.010
宁夏	-0.025	-0.035	-0.015	**0.144**	0.000	-0.016	-0.054
新疆	-0.033	-0.023	-0.033	**0.167**	-0.024	-0.023	-0.022

说明：加粗部分表明播种面积自身价格弹性，其他为交叉价格弹性。

附表 34　　中国各省市区棉花播种面积价格弹性

	稻谷	小麦	玉米	大豆	棉花	油菜籽	糖类
北京	0.000	0.000	0.000	0.000	**0.000**	0.000	0.000
天津	0.000	0.000	0.000	0.000	**0.000**	0.000	0.000
河北	-0.023	-0.043	-0.023	-0.023	**0.116**	-0.013	0.000
山西	-0.034	-0.054	-0.063	-0.024	**0.195**	-0.034	0.000
内蒙古	-0.024	-0.033	-0.033	-0.024	**0.126**	-0.014	0.000
辽宁	0.000	0.000	0.000	0.000	**0.000**	0.000	0.000
吉林	0.000	0.000	0.000	0.000	**0.000**	0.000	0.000
黑龙江	0.000	0.000	0.000	0.000	**0.000**	0.000	0.000
上海	-0.033	-0.023	-0.033	-0.034	**0.116**	-0.024	0.000
江苏	-0.052	-0.072	-0.042	-0.063	**0.207**	-0.033	0.000
浙江	-0.015	-0.065	-0.015	-0.066	**0.173**	-0.055	0.000
安徽	-0.072	-0.042	-0.042	-0.043	**0.197**	-0.053	0.000
福建	-0.033	-0.043	-0.033	-0.033	**0.156**	-0.033	-0.032
江西	-0.053	-0.043	-0.063	-0.034	**0.196**	-0.034	-0.033
山东	-0.023	-0.053	-0.063	-0.023	**0.176**	-0.043	0.000
河南	-0.033	-0.052	-0.062	-0.033	**0.217**	-0.043	0.000
湖北	-0.064	-0.074	-0.034	-0.034	**0.185**	-0.034	0.000
湖南	-0.043	-0.043	-0.043	-0.053	**0.176**	-0.043	0.000
广东	0.000	0.000	0.000	0.000	**0.000**	0.000	0.000
广西	0.000	0.000	0.000	0.000	**0.000**	0.000	0.000
海南	0.000	0.000	0.000	0.000	**0.000**	0.000	0.000
重庆	-0.023	-0.023	-0.043	-0.053	**0.136**	-0.013	-0.022
四川	-0.094	-0.084	-0.044	-0.035	**0.245**	-0.044	-0.013
贵州	-0.063	-0.083	-0.073	-0.084	**0.286**	-0.044	-0.022
云南	-0.054	-0.044	-0.054	-0.044	**0.185**	-0.024	-0.022
西藏	0.000	0.000	0.000	0.000	**0.000**	0.000	0.000
陕西	-0.033	-0.023	-0.053	-0.054	**0.216**	-0.054	-0.043
甘肃	-0.035	-0.045	-0.035	-0.036	**0.193**	-0.036	-0.034
青海	0.000	0.000	0.000	0.000	**0.000**	0.000	0.000
宁夏	0.000	0.000	0.000	0.000	**0.000**	0.000	0.000
新疆	-0.044	-0.044	-0.044	-0.044	**0.245**	-0.044	-0.053

说明：加粗部分表明播种面积自身价格弹性，其他为交叉价格弹性。

附表 35　　中国各省市区油菜籽播种面积价格弹性

	稻谷	小麦	玉米	大豆	棉花	油菜籽	糖类
北京	0.000	0.000	0.000	0.000	0.000	**0.000**	0.000
天津	0.000	0.000	0.000	0.000	0.000	**0.000**	0.000
河北	-0.024	-0.024	-0.024	-0.035	-0.016	**0.135**	0.000
山西	-0.025	-0.044	-0.024	-0.025	-0.026	**0.165**	0.000
内蒙古	-0.024	-0.054	-0.064	-0.035	-0.016	**0.195**	0.000
辽宁	0.000	0.000	0.000	0.000	0.000	**0.000**	0.000
吉林	0.000	0.000	0.000	0.000	0.000	**0.000**	0.000
黑龙江	0.000	0.000	0.000	0.000	0.000	**0.000**	0.000
上海	-0.034	-0.024	-0.024	-0.025	-0.035	**0.146**	0.000
江苏	-0.033	-0.083	-0.063	-0.023	-0.024	**0.217**	0.000
浙江	-0.073	-0.023	-0.033	-0.063	-0.093	**0.297**	0.000
安徽	-0.043	-0.043	-0.053	-0.053	-0.054	**0.247**	0.000
福建	-0.034	-0.064	-0.024	-0.024	-0.045	**0.206**	-0.023
江西	-0.033	-0.063	-0.023	-0.024	-0.065	**0.226**	-0.023
山东	-0.023	-0.023	-0.023	-0.023	-0.024	**0.137**	0.000
河南	-0.042	-0.052	-0.062	-0.042	-0.053	**0.278**	0.000
湖北	-0.025	-0.085	-0.055	-0.056	-0.027	**0.244**	0.000
湖南	-0.072	-0.032	-0.022	-0.052	-0.033	**0.208**	0.000
广东	0.000	0.000	0.000	0.000	0.000	**0.000**	0.000
广西	0.000	0.000	0.000	0.000	0.000	**0.000**	0.000
海南	0.000	0.000	0.000	0.000	0.000	**0.000**	0.000
重庆	-0.012	-0.032	-0.012	-0.042	-0.013	**0.118**	-0.011
四川	-0.083	-0.013	-0.013	-0.044	-0.044	**0.206**	-0.012
贵州	-0.034	-0.054	-0.044	-0.054	-0.035	**0.236**	-0.023
云南	-0.013	-0.033	-0.083	-0.014	-0.054	**0.226**	-0.042
西藏	-0.012	-0.062	-0.032	-0.042	0.000	**0.138**	0.000
陕西	-0.035	-0.045	-0.025	-0.016	-0.027	**0.204**	-0.054
甘肃	-0.033	-0.073	-0.023	-0.024	-0.024	**0.216**	-0.032
青海	0.000	-0.012	0.000	-0.012	0.000	**0.108**	-0.122
宁夏	-0.032	-0.082	-0.022	-0.033	0.000	**0.197**	-0.022
新疆	-0.027	-0.027	-0.027	-0.028	-0.030	**0.182**	-0.025

说明：加粗部分表明播种面积自身价格弹性，其他为交叉价格弹性。

附表 36　　中国各省市区糖类播种面积价格弹性

	稻谷	小麦	玉米	大豆	棉花	油菜籽	糖类
北京	0.000	0.000	0.000	0.000	0.000	0.000	**0.000**
天津	0.000	0.000	0.000	0.000	0.000	0.000	**0.000**
河北	0.000	0.000	0.000	0.000	0.000	0.000	**0.000**
山西	0.000	0.000	0.000	0.000	0.000	0.000	**0.000**
内蒙古	0.000	0.000	0.000	0.000	0.000	0.000	**0.000**
辽宁	-0.022	-0.022	-0.022	-0.022	0.000	0.000	**0.149**
吉林	-0.035	-0.035	-0.044	-0.035	0.000	0.000	**0.247**
黑龙江	-0.034	-0.024	-0.034	-0.035	0.000	0.000	**0.197**
上海	0.000	0.000	0.000	0.000	0.000	0.000	**0.000**
江苏	0.000	0.000	0.000	0.000	0.000	0.000	**0.000**
浙江	0.000	0.000	0.000	0.000	0.000	0.000	**0.000**
安徽	0.000	0.000	0.000	0.000	0.000	0.000	**0.000**
福建	-0.012	-0.022	-0.022	-0.023	-0.023	-0.013	**0.168**
江西	-0.023	-0.033	-0.033	-0.024	-0.034	-0.024	**0.248**
山东	0.000	0.000	0.000	0.000	0.000	0.000	**0.000**
河南	0.000	0.000	0.000	0.000	0.000	0.000	**0.000**
湖北	0.000	0.000	0.000	0.000	0.000	0.000	**0.000**
湖南	0.000	0.000	0.000	0.000	0.000	0.000	**0.000**
广东	-0.042	0.000	-0.051	-0.032	0.000	0.000	**0.169**
广西	-0.041	0.000	-0.011	-0.041	0.000	0.000	**0.129**
海南	-0.023	0.000	-0.033	-0.014	0.000	0.000	**0.098**
重庆	-0.013	-0.023	-0.013	-0.014	-0.114	-0.014	**0.308**
四川	-0.032	-0.022	-0.032	0.000	-0.033	-0.032	**0.218**
贵州	-0.035	-0.034	-0.034	-0.045	-0.036	-0.055	**0.347**
云南	-0.014	-0.024	-0.024	-0.035	-0.026	-0.015	**0.217**
西藏	0.000	0.000	0.000	0.000	0.000	0.000	**0.000**
陕西	-0.014	-0.014	-0.014	-0.024	-0.025	-0.024	**0.187**
甘肃	-0.032	-0.032	0.028	-0.042	-0.042	-0.032	**0.249**
青海	0.000	-0.044	0.000	-0.054	0.000	-0.054	**0.217**
宁夏	-0.034	-0.034	-0.023	-0.034	0.000	-0.024	**0.237**
新疆	-0.023	-0.023	-0.023	-0.024	-0.025	-0.024	**0.237**

说明：加粗部分表明播种面积自身价格弹性，其他为交叉价格。

致　谢

本书是我在博士学位论文基础上修改而成的，同时也是导师陆文聪教授主持的国家自然科学基金项目“全球化背景下中国粮食供求趋于均衡机理与政策研究（项目批准号：70571070）”的部分研究成果。在书稿出版之际，衷心感谢所有给予我支持和鼓励的人们。

首先感谢我的导师陆文聪教授，他对我的这篇博士论文从选题、研究框架设计、开题答辩、初稿修改到最后的定稿以及我的整个研究生阶段的培养都倾注了大量的汗水和心血。在五年半的时光里，陆老师尽心引领我在农业经济学领域里求索，他睿智的思想、开阔的视野和严谨的态度让我领悟到科研的乐趣，而他对科学事业的执着追求和忘我的奉献精神也让我看到了一个学者的风范，陆老师的无私帮助和指导使得我能够从一个懵懂的本科生成长为现在的我，在此对他表示最诚挚的谢意。

真诚感谢浙江大学卡特中心工作的各位老师。感谢黄祖辉教授、卫龙宝教授、韩洪云教授、张忠根教授等在博士论文开题过程中给我提出的宝贵建议；感谢林坚教授、钱文荣教授、杨万江教授、陈随军副教授、郭红东副教授、潘伟光副教授等老师在日常的学习工作过程中给予的熏陶和启迪。

感谢同师门的兄弟姐妹。在本论文的写作过程中，在浙江省物价局工作的大师兄陈跃华为我提供了详尽的全国农产品成本收益及价格时序数据资料；师弟李元龙、李万文和师妹吴连翠作为本课题的主要成员，在数据资料收集整理和模型程序化实现过程中付出了艰辛的劳动；而西爱琴师姐、张宁师姐、叶建师兄、董国新师兄、马永喜师弟、祁慧博师妹在论文的修改阶段给我提出了中肯的建议，并一直鼓励我坚持到最后。同时还要感谢杨春师姐、朱志良师兄、李文腾师兄、王双英师妹、吴飞师弟、范志敏师弟给予的支持和帮助。

感谢我的工作单位杭州电子科技大学在出版过程中给予的经费资助，感谢财经学院国际经济与贸易研究所的领导和同事为本书出版提供的帮助和鼓励。

最后深深感谢我的家人。远在千里之外耐心守候的父母和公婆，他们无私地为我提供了经济支持和精神鼓励，使我得以顺利完成论文。我的丈夫熊杰博士在我们共同求学和成长的日子里，尽其所能为我提供了良好的生活环境和学习环境，在他自己繁忙的学习和实验之余，默默付出了很多，太多的酸甜苦辣，不说感谢，珍藏心中。

将此书献给所有关心和帮助我成长的人们！

梅　燕

于杭州二〇〇九年九月